Roman Langer (Hrsg.)

‚Warum tun die das?'

Educational Governance
Band 6

Herausgegeben von

Herbert Altrichter
Xaver Büeler
Thomas Brüsemeister
Ute Clement
Martin Heinrich
Jürgen Kussau
Jochen Wissinger

Roman Langer (Hrsg.)

,Warum tun die das?'

Governanceanalysen zum
Steuerungshandeln in der
Schulentwicklung

VS VERLAG FÜR SOZIALWISSENSCHAFTEN

Bibliografische Information der Deutschen Nationalbibliothek
Die Deutsche Nationalbibliothek verzeichnet diese Publikation in der
Deutschen Nationalbibliografie; detaillierte bibliografische Daten sind im Internet über
<http://dnb.d-nb.de> abrufbar.

1. Auflage 2008

Lektorat: Stefanie Laux

VS Verlag für Sozialwissenschaften ist Teil der Fachverlagsgruppe
Springer Science+Business Media.
www.vs-verlag.de

Umschlaggestaltung: KünkelLopka Medienentwicklung, Heidelberg
Druck und buchbinderische Verarbeitung: Krips b.v., Meppel
Gedruckt auf säurefreiem und chlorfrei gebleichtem Papier

ISBN 978-3-531-15807-5

Inhaltsverzeichnis

Roman Langer

Steuerungs-Intentionen und Educational Governance – eine Einleitung

„Warum tun die das?" Diese irritierte Rückfrage – zumeist an sich selbst gestellt – dürfte wohl schon jedem einmal durch den Kopf gegangen sein, der / die in Schulentwicklungsprozesse involviert war.

LehrerInnen möchten (manchmal noch) wissen, welchen Sinn die neue Reformmaßnahme haben soll, die ihnen unverständlich und vielleicht sogar für guten Unterricht hinderlich erscheint. Schulleitungen mögen sich fragen, aus welchen Gründen bestimmte KollegInnen sich plötzlich so engagiert hinters Schreiben eines Schulprogramms klemmen – und welche Logik hinter dem steten Misstrauen anderer KollegInnen gegen nicht wenige ihrer Initiativen steckt. SchulpolitikerInnen sitzen vielleicht manchmal abends vor ihrem Glas Wein und sinnieren, warum ihre – doch eigentlich gut gemeinte und für jeden vernünftigen Menschen einleuchtende – Reformanregung mit solch enervierendem, zähem, ungreifbaren Widerstand zu kämpfen hat. SchülerInnen rätseln, was die LehrerInnen nun wieder bezwecken wollen mit dem, was sie bei ihrem letzten Fortbildungs-Tag ausgeheckt haben, und wie sie es ihnen nun recht machen können, um auch weiterhin kraftvoll Punkte und Zensuren zu erhalten.

Warum tun die das, die anderen? Akteure vermuten hinter dem Tun der anderen eine Forderung oder eine Erwartung, die an ihr eigenes Verhalten gerichtet ist. Also nicht nur: Warum tun die das? Sondern vor allem auch: Was soll das? Was wollen die jetzt von uns? Und wenn sie dies nicht schnell verstehen, kann sich das Rätseln zügig umwandeln in die Unterstellung von Irrationalität: „Das können die doch nicht ernst meinen!" – „Wo bleibt denn da der gesunde Menschenverstand?" – „Denken die eigentlich gar nicht darüber nach, was sie uns damit zumuten!"

Hier wird die eigene Handlungslogik, werden die eigenen Deutungsmuster implizit als die „eigentlich" rationalen gesetzt, vor deren Hintergrund dann die davon abweichenden Handlungen und Deutungen der anderen Akteure als tendenziell minderwertig, unvernünftig oder falsch gelten. Dass „die anderen" für ihre Handlungen und Deutungen gute Gründe haben mögen, die man selbst nur nicht versteht, oder die eben anderen Werten und Wünschen folgen als die eigenen – dies gerät unterm Druck des Arbeitsalltags gerne einmal aus dem Blick.

Dieses Buch möchte dazu beitragen, die Handlungslogiken, die „hinter" dem Handeln verschiedener Akteure des Schulsystems „stecken", und die Intentionen und Deutungsmuster, die die Handlungen dieser Akteure leiten, zu rekonstruieren und verständlicher zu machen.

Die analytische Hintergrundfolie für dieses Bemühen bildet ein integrativer sozialwissenschaftlicher Ansatz, der sich der Erklärung und Analyse der Steuerung, Regelung und Selbstorganisation komplexer gesellschaftlicher Systeme verschrieben hat: Die Governance-Forschung. Sie geht davon aus, dass verschiedene Akteure, die in einem System miteinander verbunden oder verstrickt sind, einander ständig steuernd beeinflussen. Ihre verschiedenen Handlungslogiken arbeiten sich dabei aneinander ab. In ihrem Wechselwirken, Gegeneinanderwirken und Zusammenwirken erzeugen die Akteure dann spezifische Effekte, die keiner von ihnen geplant, gezielt verfolgt oder auch nur gewollt hat – Effekte wie ein zu starkes Beharrungsvermögen von hoch problematischen Institutionen und Ideen; zu geringe oder unerwünschte Leistungen von Schulsystem, Schulpolitik, Schulen, LehrerInnen und SchülerInnen; mangelnde Widerstandskraft gegen als falsch erkannte Reformen; Verfestigen tiefer, politisch und moralisch aufgeladener Fronten; hilfloses Anerkennen, dass die „wirklichen Probleme" noch gar nicht berührt worden sind ...

Die governancetheoretische Perspektive wirft ihre Schlaglichter gezielt darauf, welche Logiken das unterschiedliche Steuerungs- oder Gegensteuerungshandeln verschiedener Akteure antreiben, welche Mechanismen das Zusammenwirken dieser verschiedenen Handlungslogiken regulieren, und schließlich auch, auf die Frage wie es möglich wäre, dass die Akteure stärker kooperieren könnten und ihre eigenen Verhältnisse gemeinsam reflexiv gestalten könnten – ohne dass bestimmte Akteure dabei übergangen werden. Nicht zuletzt geht es darum, zu rekonstruieren, inwiefern Schwierigkeiten der Implementierung von Neuerungen und scheinbare Irrationalitäten von Innovationsinitiativen nicht nur durch Missverständnisse zu Stande kommen, sondern aus handfesten – wenngleich hinter taktischem Reden und Verschweigen verborgenen – Interessenunterschieden resultieren.

Mit diesem governancetheoretischen Ansatz also will dieser Band die Rationalitäten hinter den Steuerungshandlungen im Schulsystem aufzeigen. Dies geschieht in drei Schritten: Zunächst werden grundlegende Konzepte der Educational Governance-Forschung erläutert und präzisiert, dann werden die Steuerungshandlungen verschiedener Akteure des Schulsystems unter die Lupe genommen, und schließlich werden ausgewählte Instrumente der „neuen Steuerung" beziehungsweise Handlungskoordination analysiert.

Der *erste Teil* des Bandes, *Educational Governance – von einseitiger Steuerung zu multilateraler Handlungskoordination*, umfasst zwei Beiträge, die zentrale Konzepte und Problemstellungen des Governance-Paradigmas präzisieren. Sie erläutern, inwiefern Vorstellungen von „Steuerung" bzw. der „Steuerbarkeit" schulischer Entwicklungen, auch angesichts der Versuche, Instrumente der „Neuen Steuerung" zu implementieren, revidiert und konzeptuell weiterentwickelt werden müssen, wenn man berücksichtigen will, dass sowohl Einzelschulen als auch das gesamte Schulsystem komplexe Systeme sind, in denen verschiedene Akteure einander wechselseitig beeinflussen. Die theoretischen Implikationen, die mit der Transformation von „Steuerung" zu „Governance" verbunden sind, werden exponiert.

Hans-Werner Fuchs klärt in seinem konzeptuellen Beitrag die Implikationen des Begriffs Educational Governance und die Formen neuer Steuerung im Bildungsbereich und besonders im allgemeinbildenden Schulwesen unter den Stichworten standards based reform, Wettbewerbssteuerung, Schulautonomie und Personalauswahl. Auf dieser Basis diskutiert Fuchs exemplarisch Erwartungen und Leistungen, die mit dem Konstrukt Educational Governance verbunden sind; er betont, dass mit Hilfe dieses Ansatzes belastbare und verallgemeinerungsfähige Erkenntnisse zur Wirkung neuer Steuerungsinstrumente generiert werden können. Überdies kann geprüft werden, ob die Ziele „Equity" und „Excellence" durch die neuen Formen der Handlungskoordination im Bildungssystem wirklich erreicht werden. Der Beitrag schließt mit Thesen zu Problemen, die aus der Implementierung von Elementen neuer Steuerung im Bildungswesen resultieren können.

*Martin Heinrich*s Beitrag befasst sich mit systematischen Lücken in den Vorstellungen outputorientierter Systemsteuerung. Hierbei insistiert er auf die Differenz zwischen „Informationen über das System" und „Steuerungswissen", die in der Diskussion vielfach nivelliert wird. In einer mehrschrittigen Ableitung zeigt er, welche Übersetzungsleistungen in einem Steuerungsmodell streng genommen notwendig wären, um von Evaluationsergebnissen zu konkreten Wirkungen zu kommen. Ausgehend von diesen Überlegungen diskutiert er eine revidierte Konzeption von „Steuerung". Anhand einer governancetheoretischen Analyse von Interviewtexten zur Implementierung von Evaluationsvorstellungen in der Schulpraxis zeigt Heinrich, wie eine solche Übersetzung von Evaluationsergebnissen misslingen kann. Hierbei greift er auf die in der Governanceforschung viel diskutierten basalen Formen der Handlungskoordination der Beobachtung, Beeinflussung und Verhandlung zurück. Nach der Kritik an Beobachtungs- und Beeinflussungsprozeduren erscheint Handlungskoordination im Modus der Verhandlung auf den ersten Blick als viel versprechender Weg, die geforderte Übersetzungsleistung von Evaluationsergebnissen zu realen Wirkungen in der Schule zu unterstützen. Dabei geraten allerdings die unerwünschten Nebeneffekte von Verhandlungsprozeduren leicht aus dem Blick. Heinrich warnt davor, das Übersetzungsproblem dadurch lösen zu wollen, dass man „simplifizierende Steuerungskonzepte" durch „naive Verhandlungskonzepte" ersetzt.

Nach diesen konzeptuell grundlegenden Beiträgen wendet sich der *zweite Teil* des Bandes, *Akteure – Steuerungs-Intentionen, -handlungen und -wirkungen*, der im Titel angesprochenen Kernfragestellung zu. Verschiedene Akteure des Schul- und Bildungssystems werden unter Bezugnahme auf empirische Untersuchungen daraufhin analysiert, warum sie so handeln, wie sie handeln: welche Intentionen sie verfolgen, auf welche Probleme und welche anderen Akteure sie Rücksicht nehmen, und wie sich ihre Handlungen auf andere Akteure auswirken und umgekehrt. Als Ausgangspunkt für die Analysen dienen derzeit laufende Reformprozesse im Schulsystem, die jeweils auf den ersten Blick vielleicht als kontraintentional, auf den zweiten Blick aber – unter der Berücksichtigung der jeweils spezifischen Perspektive unterschiedlicher AkteurInnen – als durchaus rational nachvollziehbar erscheinen, wenn man die hinter diesen Handlungen liegenden Motivstrukturen und Modi der Handlungskoordination genauer rekonstruiert.

Roman Langer befasst sich mit der Frage, welche Akteurkonstellationen und Intentionen dafür verantwortlich waren, dass PISA entstand. Er rekonstruiert die Entwicklung hin zu PISA als eine Governance-Dynamik des Zusammenwirkens verschiedener Staatsregierungen und internationaler Organisationen. Diese Dynamik spielte sich in drei Phasen ab, beginnend mit dem so genannten „Sputnik-Schock", den die U.S.A. angesichts des ersten sowjetischen Satelliten im Weltall erlebten und den sie mit einer Bildungsoffensive beantworteten. Auch die zweite Phase beginnt mit einem Schock, den die U.S.A. erlebten, der diesmal aber selbst erzeugt war durch den nationalen Bildungsbericht „A Nation at Risk". In der Folge übten sie, unterstützt von Frankreich, Druck auf die OECD aus, in der vergleichenden Analyse von Bildungssystemen aktiv zu werden. Die OECD gab dem Druck nach, wurde selbstständiger bildungspolitischer Akteur und erfand PISA. Die Definition einer politisch-ökonomischen Strategie für die EU-Staaten durch den Europäischen Rat und die zeitlich stattfindende erste PISA-Studie läuten schließlich die dritte Phase ein, in der wir uns heute befinden. Sie ist durch den dritten Schock gekennzeichnet, den diesmal die deutschsprachigen Länder erleben und auf den sie zunächst mit vielfältigem Aktionismus, dann mit Übernahme der in den U.S.A. entwickelten und von der OECD propagierten Bildungsstandards reagieren. Nach der Beschreibung dieser drei Phasen destilliert Langer mit mechanismenanalytischen Mitteln heraus, inwieweit sie einander strukturell gleichen. Schließlich identifiziert er die sozialen Faktoren, die die Governance-Dynamik angetrieben haben, und fügt sie zu einem theoretischen Erklärungs-Modell zusammen.

Thomas Brüsemeister und Martina Newiadomsky stellen fest, dass die Schulverwaltung, empirisch gesehen, ein nahezu unbekannter Akteur ist. Hohe Zeit, so die AutorInnen, empirisch zu untersuchen, wie Schulverwaltungen handeln und welche Wirkungen sie auf die Leistungsproduktion der Schulen erzeugen. Auf der Basis von Experteninterviews, die im Rahmen einer explorativen Studie erhoben wurden, rekonstruieren die AutorInnen nun drei empirisch vorfindliche Typen des Verwaltungshandelns: Das „neue Management", das unter starker Bezugnahme auf neue Steuerungsinstrumente engen Kontakt zu Schulen hält – durch Beratung und Einbeziehen in Arbeitsgruppen etwa; das „distanzierte Management", das für sich selbst reklamiert, mit Methoden der neuen Steuerung und des Managements zu arbeiten, aber mit Schulen formalistisch umgeht; und die „pädagogische Bürokratie" die sowohl durch breite Kenntnis und sichere Handhabung neuer Qualitätsverfahren als auch durch eine deutliche bürokratische Orientierung gekennzeichnet ist. Die AutorInnen schließen vorläufig, dass die gegenwärtig von der Bildungspolitik favorisierte Kultur der evaluationsbasierten Steuerung nicht durchweg unterstützt wird, oder wo dies der Fall ist, wie beim „distanzierten Management", sie sich von Innovation und Problemlösung vor Ort eher abkehrt.

Martin Heinrich fragt nach der Handlungsrationalität in Schulentwicklungsprozessen und illustriert sie am Beispiel der neuen Herausforderungen, die diese Prozesse für Schulleitungen mit sich bringen. Ausgangspunkt seiner Überlegungen ist das Phänomen der Irritation über das Handeln anderer Akteure in solchen Entwicklungsprozessen. Solche Irritationen erklärt er als Resultat einer mangelnden Schnittmenge verschiedener „subjektiver Rationalitäten". Aufgrund der Involviertheit der Akteure in die eigene Praxis fehlt vielfach der Abstand, der es erlauben würde, aus einer distanzierten Governance-Perspektive die Rationalität hinter den Handlungen der anderen zu erkennen, sodass sie leicht als irrational erscheinen. Quer zu diesen Differenzen in der Deutung der „Logik der Situation" kommt in Schulentwicklungsprozessen auf einer anderen Ebene noch der Unterschied zwischen einer organisationsbezogenen Steuerungslogik und einer eher pädagogisch, am Einzelfall orientierten Handlungslogik der Lehrkräfte hinzu. Heinrich benennt diese Differenz, indem er zwischen einer „Organisationslogik" und einer „Individuallogik" unterscheidet. In einer empirischen Analyse des Schulleitungshandelns in Schulentwicklungsprozessen zeigt Heinrich anschließend auf, wie insbesondere im Verhältnis von Lehrkräften und Schulleiter/innen die Orientierungen an diesen unterschiedlichen „Logiken" problematisch werden können. Anhand der Interpretation von Interviewsequenzen wird demonstriert, wie unterschiedliche Rationalitätsunterstellungen wirksam werden können und wie dies im Vergleich zum Schulalltag insbesondere in Schulentwicklungsprozessen die Ambivalenz in der Handlungskoordination potenzieren

kann. Im Resümee zu seinen Analysen diskutiert Heinrich neben dem analytischen Erkenntnisgewinn aus seinen Befunden auch mögliche praktische Konsequenzen für das Schulleitungshandeln. Die Anerkennung verschiedener „subjektiver Rationalitäten" sowie die Einsicht in die Differenz von „Organisationslogik" und „Individuallogik" könnten dazu beitragen, dass die verschiedenen Akteursgruppen sich nicht wechselseitig Irrationalität unterstellen, sondern eine
Verhandlungskultur ermöglicht wird, die die „jeweils andere Rationalität" des
Gegenübers akzeptiert und damit nach anfänglichen Irritationen und Unterstellungen von Irrationalität überhaupt erst rationale Verhandlung als Modus der
Handlungskoordination wiederherstellt.

Stephan Huber ordnet den Akteur Schulleitung zunächst schultheoretisch
ein, indem er empfiehlt, pädagogische und organisatorische Handlungslogiken
nicht mehr als Gegensatz zu begreifen, sondern anzuerkennen, dass es in der
Schulpraxis letztlich um die pädagogische Gestaltung von Organisationen und
um die organisationale Gestaltung pädagogischen Handelns gehe. Anhand eines
Überblicks über empirische Arbeiten aus der internationalen Schulqualitäts- und
Schulentwicklungsforschung weist Huber darauf hin, dass Schulleitungen mit
komplexen Aufgaben und Anforderungen konfrontiert sind, deren Wahrnehmung komplexer Kompetenzen bedarf – etwa für die Auseinandersetzung mit
steigender gesellschaftlicher Komplexität, auf die die Schule angemessene Ant-
worten finden muss, und für aktuelle Reformen des Bildungssystems, die neue
Ansprüche an die Leitung einer stärker selbständigen und eigenverantwortlichen
Schule stellen. Im Anschluss gibt Huber eine Übersicht über die wichtigsten
Merkmale erfolgreichen Führungshandelns. Er analysiert verschiedene Führungskonzepte aus der einschlägigen Literatur – transactional, transformational,
integral, instructional leadership – und fasst die Ergebnisse in einem integrativen
Führungskonzept zusammen, das den Zusammenhang zwischen einer klaren
Zielorientierung als „organisationspädagogisches Management", der Integration
verschiedener Rollen einerseits und aller an der Schule Beteiligten andererseits
herstellt sowie den Kontextbezug betont. Es wird argumentiert, dass Schulen
schrittweise zu einer kooperativen, zyklisch-dynamischen und reflexiven Führung und zur Etablierung kollaborativer Strukturen übergehen müssen. Damit
transformiert sich auch das bürokratische Handeln im Bewusstsein der Akteure
erst in ein kontextbezogenes Steuerungshandeln und verharrt nicht in der Erfüllung einer allgemein vorgegebenen Pflicht. Aus Governance-Sicht empfiehlt
Huber abschließend der Schulleitungsforschung, die verschiedenen Akteure im
Schulsystem einzubeziehen und systematisch hinsichtlich ihrer Gemeinsamkeiten und Unterschiede zu analysieren. Diese Multiperspektivität mitsamt ihrer
Heterogenität ist zudem vor dem Hintergrund des jeweiligen (Schul-)Kontextes

und der jeweiligen (Schul-)Kultur zu sehen. Dieser Komplexität ist mit entsprechenden Theorien und Forschungsdesigns gerecht zu werden.

Nils Berkemeyer, Tobias Feldhoff und Thomas Brüsemeister rekonstruieren die Handlungslogik eines im Bildungssystem noch verhältnismäßig „jungen" Akteurs: schulischer Steuergruppen. Mittels Analyse dreier organisationstheoretischer Ansätze weisen sie darauf hin, dass basale Prozesse der Reproduktion und Veränderung von Organisationen stärker als bislang analytisch erfasst werden müssten, weil sie Reformkonzepten antizipierbare Grenzen setzen. Dies illustrieren die Autoren, indem sie zeigen, dass Schulen ihre Entwicklungsprozesse zunächst durch kommunikativ-semantische Selbstbeschreibung zu steuern suchen. Diese Selbstbeschreibung stimmt aber nur in Teilen mit ihrer Praxis überein. Deshalb muss die Selbstbeschreibung der Schulen, so Berkemeyer et al., mit einer Fremdbeschreibung durch externe Akteure ergänzt werden, die die blinden Flecken der Selbstbeschreibung aufdecken und so zu einer realistischeren Beschreibung der Schule als Handlungsgefüge führen kann. Abschließend liefern die Autoren eine solche Fremdbeschreibung, die auf Daten aus einem Modellversuch zur Autonomisierung von Schulen basiert.

Der *dritte Teil* des Bandes schließlich, *Empiriebasierte Analysen Neuer Steuerungsinstrumente*, stellt erste wissenschaftliche Erfahrungen dar, die mit neuen Formen der Handlungskoordination auf verschiedenen Ebenen der politisch-administrativen Hierarchie gesammelt werden konnten, konkret mit föderalem Wettbewerb, der Einführung von Bildungsstandards und der Mitarbeiterbeurteilung.

Matthias Rürup diskutiert in seinem Essay die These, dass föderaler Wettbewerb um die besten Entwicklungsideen zur Verbesserung des Bildungssystems führe, und kommt zu skeptischen Ergebnissen. Bisherige Erfahrungen sprechen dafür, dass Entwicklungen eines Bundeslandes fast nie über dessen Grenzen hinaus übernommen und wirksam wurden. Sowohl der Länder- als auch der Parteienwettbewerb mindern eher die Wahrscheinlichkeit der Verbesserung bildungspolitischer Programme: Wahl-Erfolgszwang, Parteiräson, das Verhältnis der A- und B-Länder und das strukturelle Beharrungsvermögen des Schulwesens spielen hier die Rolle von Ursachen. Auch die Neuordnung der Bereiche, die durch Wettbewerb (der Prozess schulischer Leistungsproduktion) und Normierung (Ressourcen-Input und Leistungs-Output) geregelt werden, führt nicht zu einem intensivierten Lernen der Länder voneinander oder zu einer „härteren" oder differenzierteren politischen Auseinandersetzung um *best governance practices*. Rürup beobachtet, dass es zahlreiche Möglichkeiten gibt, die jeweils eigene bildungspolitische Strategie als bestmögliche zu legitimieren, und dass es m Grunde genommen einen politischen Konsens über die nötigen Innovationen gibt – die Programme und Ideen unterscheiden sich nur wenig. Schließlich verweist

Rürup auf die Daten, die die empirische Bildungsforschung erhoben hat: sie zeigen, wie komplex das Schulwesen ist – so komplex, dass es sich nicht als Gegenstand für plakative politische Auseinandersetzungen eignet, sodass seine Steuerung zunehmend in die Hand außerparlamentarischer Experten-Netzwerke gegeben wird.

Bettina Gördel analysiert den Prozess der Einführung von Bildungsstandards in drei deutschen Bundesländern aufgrund der Vorschläge der Klieme-Expertise und anhand des Modells des kooperativen Staates. Nach einer Rekonstruktion der Vorschläge der Klieme-Expertise und der Theorie des kooperativen Staates skizziert die Autorin auf der Basis einer umfangreichen empirischen Studie, wie sich der Prozess der Einführung von Bildungsstandards in Mecklenburg-Vorpommern, Brandenburg und Baden-Württemberg aus Sicht der offiziellen Beschreibungen der Bundesländer auf ihren Websites darstellt. Im Ergebnis weist Gördel nach, dass die (Infra-)Strukturen, die die Bundesländer aufbauen, einander gleichen und demselben evolutionistischen Trend unterworfen sind. Dies ist darauf zurückzuführen, dass die Bundesländer die notwendigen Bedingungen eines standardbasierten Monitoringsystems implementieren. Bei den Prozessen der Einführung, also hinsichtlich des Steuerungs- und Implementationshandelns, stellt Gördel demgegenüber hohe Variation zwischen den Bundesländern fest. Allerdings entsprechen diese unterschiedlichen Einführungskonzepte durchaus den Vorschlägen der Klieme-Studie und denen des kooperativen Staates: Durch vielfältige Koordination mit den betroffenen Akteuren vermeiden alle Länder eine Top-Down-Durchgriffssteuerung.

Jürgen Kussau schließlich rekonstruiert Einsatz und Wirkungen des Instruments der Mitarbeiterbeurteilung (MAB) im Schulsystem am empirischen Beispiel des Schweizer Kantons Zürich. Dort zeigt sich, dass die kommunalen Behörden in ihren MABen besondere Rücksicht auf lokale, personale und situative Kontexte nehmen und insofern einer „Logik der Angemessenheit" an die jeweils besondere Situation vor Ort folgen. Sie müssen das auch tun, um eine vertrauensbasierte Beziehung zu den Schulkollegien zu erhalten und valide Informationen zu erhalten. Freilich bleiben die validen Informationen verschwommen und vielgestaltig – dies beißt sich mit dem Wunsch nach eindeutigen und klaren Mitarbeiterbeurteilungen auf Basis weniger, vergleichbarer Kriterien. Kussau betont, dass die Informationen, die solche Verfahren erbringen, von den LehrerInnen vor Ort so verarbeitet werden müssen, dass diese daraus einen Nutzen für die Qualitätsverbesserung ihrer Arbeit ziehen können, den sie selbst einsehen – und dass, wenn dies nicht gewährleistet sei, das Resultat in misstrauischem Rückzug der LehrerInnen aus der Qualitätssicherungsarbeit bestehe. Genau hier, warnt Kussau, liegt aber das Problem: Der gegenwärtige Ansatz zur Qualitätssicherung im Schulsystem zielt auf eine Sammlung schein-eindeutiger, quantitativer und nicht in ihrer Wertigkeit gewichteter Daten im großen, nur noch industriell produzierbaren Maßstab ab, prüft aber nicht, wer diese Informationen wozu benötigt, in welche operativen Schritte die Daten übersetzt werden können und wie dies geschehen könnte. Solche Qualitätssicherung, vermutet Kussau, wird „erfolgreich scheitern": Es wird sich zeigen, dass nur die „weichen", unter Berücksichtigung der Logik der Angemessenheit erhobenen Informationen sich als wirklich nützlich erweisen werden.

Es ist wohl erlaubt zu sagen, dass sich in den Beiträgen dieses Bandes das Potenzial des Educational Governance-Ansatzes abzeichnet, die Komplexität des Bildungssystems besser zu erfassen, als es bisher gelungen ist. Gleichzeitig lassen sich Möglichkeiten zur Weiterentwicklung des Ansatzes skizzieren.

(1) Die Educational Governance-Forschung analysiert die Wirkungen von Steuerungsinstrumenten und -konzepten. Damit bietet sie im Verhältnis zu stärker konzeptuell und normativ operierenden Ansätzen der Erziehungswissenschaft und Pädagogik einen komplementären Ansatz. Die Beiträge dieses Bandes werfen zahlreiche Schlaglichter darauf, welche Steuerungsvorstellungen zu welchen empirischen Auswirkungen führen, und es ist abzusehen, dass in dieser Hinsicht bald tragfähige und komplexe analytische Modelle zu erwarten sind. Um sowohl Wirkungen als auch das Zustandekommen von Steuerungsintentionen und -handlungen noch genauer in den Blick nehmen zu können, wird die empirische Educational Governance-Forschung in Zukunft stärker auf längerfristig angelegte Beobachtungen setzen müssen.

(2) Die Educational Governance-Forschung erfasst verschiedene Akteure, die sich auf verschiedene strukturelle Positionen und auf verschiedene Hierachieebenen des Bildungssystems verteilen. Damit bewegt sie sich in Richtung einer qualitativen Mehrebenenanalyse, die die Komplexität handelnden Zusammenwirkens in Bildungssystemen nachzeichnen kann, wenn sie künftig stärker systematisiert werden könnte. Dabei könnte es nützlich sein, den akteurzentrierten Fokus der meisten hier vorgelegten Studien zu erweitern und die *Relationen* der Akteure in den Brennpunkt der Analyse zu nehmen – also die Frage zu stellen, welche Muster des Wechsel- und Zusammenwirkens, des wechselseitigen Reagierens und Beeinflussens sich im Bildungssystem eingespielt haben. Zusätzlich wären auch weitere Akteure einzubeziehen, insbesondere Eltern, Lehrerverbände und Schüler.

(3) Die Educational Governance-Forschung erfasst Intentionen, Deutungsmuster und Logiken, die die Steuerungs- und Governancehandlungen der verschiedenen Akteure anleiten. Dies gelingt ihr, indem sie qualitative Verfahren der Datenerhebung, Analyse und Interpretation anwendet, die es erlauben, relativ fein nachzuzeichnen, welchen Sinn Akteure mit ihren Handlungen verbinden. Dies stellt eine unbedingt notwendige Ergänzung zu den gegenwärtigen *big*

science-Massenstatistik-Tendenzen der empirischen Bildungsforschung dar: Hier kann rekonstruiert werden, *warum* Akteure handeln, wie sie handeln, und wie sich diese Handlungen zu erwünschten und unerwünschten Folgen verquicken. In Zukunft könnte sich die Educational Governance-Forschung zur Aufgabe machen, ergänzend vor allem danach zu fragen, wie *transintentionale und emergente* Effekte durch das handelnde Zusammenwirken der Akteure erzeugt werden. Denn nur wenn man genauer weiß, wie unerwünschte Zustände unabsichtlich erzeugt werden, wird man etwas genauer sagen können, an welchen Angelpunkten sozialer Dynamiken wirksame Eingriffe anzusetzen wären.

(4) Die Educational-Governance-Forschung erstellt empirisch begründete Erklärungsmodelle mittlerer Reichweite: beispielsweise Typologien des Schulleitungshandelns, die praktische Logik der Mitarbeiterbeurteilung, Dynamiken des Wechselwirkens zwischen föderalen Bildungspolitiken. Diese Modelle sind Ergebnisse der Analyse praktischer Problemlagen. Deshalb lassen sie sich zu analytischen Instrumenten ausarbeiten, die sowohl wissenschaftlich fundiert als auch dazu in der Lage sind, der politischen und pädagogischen Praxis im Bildungssystem nachhaltige Rahmenorientierungen zu geben. – Die Verknüpfung zwischen Empirie und Theorie sollte allerdings in Zukunft intensiviert werden, sodass erkennbar wird, wie empirische Studien zu einer *systematischen* Weiterentwicklung, Kritik und Stabilisierung dessen beitragen, was einmal Governance-Theorie heißen könnte, und wie, anders herum, gerade die bereits vorhandenen governanceanalytischen Konzepte empirische Daten so aufschlüsseln, dass unverständliche und scheinbar irrationale Eigenschaften des Bildungssystems erklärbar werden.

(5) Die Educational Governance-Forschung bietet neuartige Konzepte, die es erlauben, komplexe soziale Dynamiken zu beschreiben, und sie verfügt jetzt bereits über eine beachtliche Anzahl heuristischer und empirisch begründeter theoretischer Erklärungsmodelle für emergente Strukturen des Bildungssystems. Die Konzepte und Modelle stammen aus verschiedenen Fachwissenschaften; transdisziplinäre Multiperspektivität ist ein Kennzeichen von Educational Governance. – Um diese Konzepte und Modelle aber nicht zu einem zufällig wirkenden *patchwork* entgleisen zu lassen, dessen man sich in willkürlicher Weise bedienen kann (eine Verhaltensweise, die zwar für politische Zwecke nützlich ist, aber wissenschaftlich nicht auch noch gefördert werden sollte), bedarf es weiterer Klärung der governanceanalytischen Konzepte, einschließlich einer Reflexion ihrer historischen Abkunft und ihres Verhältnisses zu bereits bestehenden sozialwissenschaftlichen Erklärungsmodellen, deren analytische Potenziale die Educational Governance-Forschung nutzen sollte. Eine Systematisierung ihrer Konzepte und Modelle wäre ein Schritt hin zu einer Theorie, die dann tatsächlich diesen Band als eines ihrer Prolegomena betrachten könnte.

I

Educational Governance –

von einseitiger Steuerung zu multilateraler Handlungskoordination

Hans-Werner Fuchs

Educational Governance und neue Steuerung: Grundsätze – Beispiele – Erwartungen[1]

1 Einleitung

Seit einigen Jahren wird unter dem Blickwinkel und mit dem Ziel einer Sicherung bzw. Steigerung der Qualität schulischer Bildung über Möglichkeiten diskutiert, ebendiese Qualitätssicherung mit Hilfe neuer Steuerungsprozesse zu erreichen; zudem wurden bereits Strukturen verändert und erste Verfahren in die Praxis umgesetzt. Im Zentrum der Bemühungen steht die Implementation eines neuen Steuerungsparadigmas für Schule und Unterricht, das mit Blick auf die Bundesrepublik Deutschland u.a. in der Formel des „Überganges von der Input- zur Outputsteuerung" zum Ausdruck kommt. Die Maßnahmen im Zuge dieses Überganges – exemplarisch können die Gewährung größerer einzelschulischer Handlungsspielräume oder die Einführung von Bildungsstandards als neuer Steuerungsinstrumente genannt werden – führen zu Veränderungen im Beziehungsgefüge der jeweils involvierten Akteure. In einer politik- und sozialwissenschaftlichen Perspektive lassen sich das komplexe System von Steuerung und Einflussnahme im Bereich des Bildungswesens und die eingeleiteten Veränderungen unter dem Konstrukt „Educational Governance" untersuchen. Hierbei steht im Vordergrund, die Beteiligten – Politik und Verwaltung, die Schulen selbst, aber auch externe, z.b. privatwirtschaftliche Akteure – sowie ihre Aktivitäten, ihr Einflusspotential oder die Möglichkeiten und Reichweite von Entscheidungen der unterschiedlichen Ebenen analytisch zusammenzuführen.

Im Weiteren soll zunächst grundsätzlich geklärt werden, was der Begriff Educational Governance impliziert und worin sich Formen neuer Steuerung im Bildungsbereich konkret niederschlagen (2). Hieran schließt sich die Darstellung einiger Elemente neuer Steuerung im Bereich des Bildungswesens an, wobei eine Fokussierung auf das allgemeinbildende Schulwesen erfolgt (3). Auf dieser

---

1 Überarbeitete Fassung des Vortrages vom 5.10.2006 im Rahmen der KBBB-Herbsttagung in Schloss Rauischholzhausen.

Basis sollen dann exemplarisch Erwartungen und Leistungen diskutiert werden, die mit dem Konstrukt Educational Governance verbunden sind (4). Der Beitrag schließt mit Thesen zu Problemen, die aus der Implementierung von Elementen neuer Steuerung im Bildungswesen resultieren können (5).

2 Educational Governance

Den Kern des Konstrukts „Educational Governance" bildet fraglos der Governance-Begriff. Dieser ist kein „einheimischer" Terminus der Erziehungswissenschaft, sondern ein Import aus den Sozialwissenschaften. Dort wiederum haben sich bisher vor allem die Politikwissenschaft und die Soziologie mit dem Begriff und seinem inhaltlichen Gehalt befasst.[2] Ein Rückgriff auf die themenbezogene politik- und sozialwissenschaftliche Literatur zeigt indes, dass sich eine einschlägige, knappe und präzise Definition des Begriffes kaum finden lässt. Benz verweist darauf, dass Governance eines der komplexesten Konstrukte der Sozialwissenschaften sei, dass es unterschiedliche Verständnisse von Governance gebe und dass der Begriff sich insoweit einer lehrbuchartigen Kurzdefinition entziehe. Dies indes gelte ebenso für Termini wie Politik, Gesellschaft oder Verwaltung, mit denen vielschichtige Gegenstände und Sachverhalte beschrieben würden.

Governance stehe nicht für völlig neue Phänomene, sondern für ein verändertes Verständnis von Vorgängen oder für neue Realitäten, denen mit diesem Begriff Rechnung getragen werde. Im Konstrukt Governance konkretisiere sich der Umstand, dass in vielen Feldern des Handelns in Staat, Gesellschaft und Wirtschaft klare Abgrenzungen nicht mehr möglich seien. Vielmehr hätten sich Interdependenzen entwickelt, die an die Stelle traditioneller Formen der Politikgestaltung und der Rechtssetzung sowie der Verwaltung, Steuerung und Regelung in diesem Falle vorwiegend öffentlicher Angelegenheiten getreten seien (vgl. Benz 2004, 12ff.). Insofern steht Governance auch für die Tatsache, dass sich in vielen Feldern, unter ihnen auch und gerade das Bildungssystem, komplexe Mischformen des Handelns staatlicher, gesellschaftlicher und privatwirtschaftlicher Akteure entwickelt haben.

Begrifflich mit Governance konnotiert sind Tätigkeiten wie regieren, interagieren, lenken, steuern, regeln, koordinieren, leiten, kontrollieren, entscheiden, verwalten oder anweisen; sie verweisen auf die prozessuale Dimension von Governance. Daneben weist das Konstrukt aber auch strukturelle, funktionale und

---

2   Vgl. statt vieler Benz (Hg.) 2004; zu Governance im Bildungssystem vgl. auch Altrichter/Brüsemeister/Wissinger (Hg.) 2007, Kussau/Brüsemeister 2007.

instrumentelle Aspekte auf. Insoweit werden mit dem Terminus nicht ausschließlich Aktivitäten gekennzeichnet. Vielmehr geht es auch darum, zu untersuchen, in welcher Art und Weise die mit den genannten Begriffen verbundenen Vorgänge, z.b. die Implementation neuartiger Leitungsstrukturen im Hochschulbereich oder veränderte Formen der Personalauswahl an Schulen, realisiert werden. Mit Blick auf die Akteure stehen bei Governance das Verhältnis von staatlichem, gesellschaftlichem, privatem und privatwirtschaftlichem Handeln und die damit verbundenen Steuerungsprozesse, Verflechtungen, Wirkungen und Einflussmöglichkeiten im Vordergrund.

Überdies ist Governance ein Konstrukt, das sich nicht nur für die Analyse und den Vergleich von Konzepten auf regionaler oder nationaler, sondern auch auf internationaler Ebene eignet. So können im Rahmen der Educational-Governance-Forschung Bildungssysteme nach Staatengruppen oder auch nach Merkmalen typisiert werden. Untersucht werden u.a. Finanzströme hinsichtlich der Anteile staatlicher und privater Finanzierung von Bildung. Im Ergebnis resultieren hieraus Merkmalscluster, die dann z.B. als „State Based Governance", „Private Governance" oder „Anglo-Saxon Governance" zusammengefasst werden.[3] Ähnlich geht Fend vor, der im Anschluss an eine Analyse von PISA-Daten regionalspezifische Konfigurationen der Gestaltung und Steuerung schulischen Unterrichts analysiert. Die in die Untersuchung einbezogenen Staaten weisen die Erreichung hoher Schülerleistungen als verbindendes Merkmal auf; sie unterscheiden sich aber gerade in auf Governance bezogenen Aspekten wie dem Maß staatlicher Intervention im Schulwesen, nach Art und Umfang von Input- und Outputsteuerung, nach dem Autonomiegrad der Einzelschule oder der Rolle und Stellung der Lehrkräfte. Fend gelangt über die Identifikation von Merkmalsgruppen schließlich zu „erfolgreichen kontinentalen Konfigurationen", so z.B. einer „südostasiatischen Konfiguration" oder einer „skandinavischen Konfiguration", d.h. zu Gruppen von Ländern, deren Schulsysteme jeweils ähnliche Gestaltungs- und Steuerungsmerkmale aufweisen (vgl. Fend 2003).

Im Sinne des Versuchs einer die terminologische Herleitung abschließenden Definition kann Governance wie folgt beschrieben werden: „Governance ist die Gesamtheit der zahlreichen Wege, auf denen Individuen sowie öffentliche und private Institutionen ihre gemeinsamen Angelegenheiten regeln. Es handelt sich um einen kontinuierlichen Prozess, durch den kontroverse oder unterschiedliche Interessen ausgeglichen und kooperatives Handeln initiiert werden kann [können]. Der Begriff umfasst sowohl formelle Institutionen und mit Durchsetzungsmacht versehene Herrschaftssysteme als auch informelle Regelungen, die

---

3   So z.B. in einer Untersuchung im Rahmen des Sonderforschungsbereiches „Staatlichkeit im Wandel" (Universität Bremen); vgl. Windzio/Sackmann/Martens 2005.

von Menschen und Institutionen vereinbart oder als im eigenen Interesse liegend angesehen werden" (Schneider/Kenis, zit. nach Benz 2004, 17).

Die damit angedeutete Breite des Begriffs weist diesen als gerade auch für die Analyse von Prozessen im Bereich des Bildungswesens geeignet aus. Vor diesem Hintergrund lässt sich zusammenfassend sagen: Governance verweist insbesondere auf Handlungen wie Regieren, Steuern und Koordinieren; vorrangiges Ziel ist, wechselseitige Beziehungen zwischen Akteuren zu managen. Die Bearbeitung von Aufgaben basiert auf institutionalisierten Regeln sowie auf Systemen von Interaktionsmustern, mit denen die Handlungen der Akteure gelenkt werden sollen. Die Prozesse, die mit dem Governance-Begriff erfasst werden, umfassen sowohl staatliches als auch gesellschaftliches Handeln bzw. die Aktivitäten staatlicher und nichtstaatlicher Akteure (vgl. Benz 2004, 25). Governance als Form der Zusammenarbeit im Rahmen netzwerkartiger Strukturen wird zudem unterschieden von „Government" als dem im Wesentlichen autonomen Wirken staatlicher Akteure, welches das klassische Regierungshandeln auszeichnet. Insofern ist mit Governance neues bzw. verändertes, von früherem sich unterscheidendes Handeln konnotiert (vgl. a.a.O., 15, 17f.). Von „New Educational Governance" zu sprechen wäre nach diesem Verständnis letztlich ein Pleonasmus, da sich im Governance-Begriff selbst das Neue bereits ausdrücken soll.

3   Bildungssystem, Governance und neue Steuerung

Geht man davon aus, dass der Begriff „Reform" die Verbesserung des Bestehenden impliziert, so kann vor dem Hintergrund der Governance-Diskussion gefragt werden, inwieweit in den vergangenen Jahren Veränderungen im Bildungsbereich implementiert wurden, die sich auf eine verbesserte Steuerung im Bildungssystem bzw. seinen Subsystemen beziehen. Zwar führt eine Reduktion des Konstrukts ausschließlich auf Aspekte „neuer Steuerung" zu einer verkürzten Perspektive von Governance; dessen ungeachtet wurden in den vergangenen Jahren gerade im deutschen Bildungssystem diverse Maßnahmen eingeleitet, deren verbindendes Merkmal aus Governance-Perspektive insbesondere im Ziel einer veränderten Systemsteuerung gesehen werden kann.[4] Cum grano salis lassen sich die in Deutschland seit etwa 15 Jahren diskutierten, eingeführten oder in Einführung begriffenen Konzepte und Instrumente in vier Kategorien zusammenfassen:

---

4   Hinzuweisen ist zudem darauf, dass die nachfolgenden Aussagen nicht nur auf Deutschland selbst zutreffen. Vielmehr handelt es sich um auf internationaler Ebene beobachtbare Prozesse und Veränderungen, die mit einer gewissen zeitlichen Verzögerung nachgeholt wurden bzw. werden und insoweit nunmehr auch in Deutschland ‚angekommen' sind.

(1) Als Kern der Veränderungsprozesse kann der auch als „Standards-Based-Reform" bezeichnete Übergang von einer Input- zur Outputsteuerung angesehen werden. Hierbei geht es vor allem darum, über die Einführung von Bildungsstandards und Verfahren interner wie externer Evaluation erwartete Leistungen von Bildungsinstitutionen festzulegen und das Erreichen dieser Leistungen zu überprüfen (vgl. Bellmann 2006, 489; Böttcher 2006). Auf die Vielzahl an aus der Setzung von Standards resultierenden Fragen, z.b. nach ihren möglichen Formen, ihrer bildungstheoretischen Begründung, damit verbunden gesellschaftlichen Wertvorstellungen oder den zu ereichenden Zielen kann hier nur hingewiesen werden (vgl. Bundesministerium für Bildung und Forschung [BMBF] [Hg.] 2003, 35). Evaluationen erfolgen u.a. im Rahmen von Vergleichsarbeiten in festgelegten Fächern und Klassenstufen (z.b. VERA); zudem wird mittlerweile in der Mehrzahl der Bundesländer Schulen die regelmäßige Überprüfung der in den Schulprogrammen niedergelegten Entwicklungsziele und die Weiterentwicklung der Programme zur Pflicht gemacht. Als Verfahren externer Evaluation können exemplarisch das Programm EVIT in Schleswig-Holstein oder die Einführung einer Schulinspektion u.a. in Niedersachsen genannt werden; im Zusammenhang mit Letzterer wird explizit auf Vorbilder im internationalen Raum verwiesen (vgl. hierzu z.b. Böttcher/Kotthoff 2007). Instrumente sind dort z.b. der Schulbesuch durch Evaluations- bzw. Inspektionsteams sowie die Durchführung zumeist standardisierter Befragungen von Eltern, Schülern und Lehrkräften. Auch den in Wissenschaft und Öffentlichkeit intensiv diskutierten nationalen (KESS, LAU) und internationalen Leistungsvergleichsstudien (TIMSS, PISA) sowie nationalen (Bund/Länder) und internationalen Bildungsberichten (OECD) kommt der Charakter externer Evaluationsinstrumente zu (vgl. zum Begriff „evaluationsbasierte Steuerung" auch Altrichter/Heinrich 2006).

(2) Das zweite in diesem Zusammenhang relevante Themenfeld ist mit dem Begriff Wettbewerbssteuerung verbunden. Hierunter fällt z.b. die Idee, dass Schulen sich über Schulprogramme und andere Instrumente an einem „Quasi-Markt" etablieren und um Lernende werben sollen (vgl. Bellmann 2006, 489f.). Die Einführung von Markt- bzw. Wettbewerbselementen hat zur Folge, dass Schulen aller Stufen – mittlerweile, so z.b. in Nordrhein-Westfalen und Schleswig-Holstein, auch bereits in der Primarstufe – um Schülerinnen und Schüler konkurrieren.

(3) Veränderungen in den Bereichen Finanzen, Haushalt, Rechnungslegung und Mittelbewirtschaftung, die ebenfalls partiell unter dem Schlagwort „Schulautonomie" zusammengefasst werden, sind ein weiteres Feld neuer Steuerung. Im Blick auf Schulen von „Finanzautonomie" zu sprechen wäre indes unzutreffend, denn über eine solche verfügen Schulen in Deutschland bislang keines-

wegs. Es ist aber durchaus erkennbar, dass Schulen in den vergangenen Jahren sukzessive Möglichkeiten eigenständigerer Mittelbewirtschaftung eingeräumt wurden. Hierzu zählt auch, dass unter Beachtung bestimmter Bedingungen im Rahmen von Sponsoring Mittel eingeworben werden können. Die Befugnisse zur eigenständigeren Mittelbewirtschaftung sind zum gegenwärtigen Zeitpunkt in den deutschen Bundesländern sehr unterschiedlich ausgeprägt; insgesamt reichen sie jedoch noch nicht sehr weit. Für Schulen kann dies die eigenständige Verwaltung der Gelder für Lehr- und Lernmittel, Mobiliar und Geräte, Schülerreisen sowie Bürobedarf umfassen. Überdies kann die Befugnis erteilt werden, im Rahmen zumeist eng gezogener Grenzen Personalmittel selbst zu bewirtschaften. Zu erwähnen sind unter dem Blickwinkel von Educational Governance auch Public-Private-Partnership-Projekte (PPP), zu denen z.b. der Verkauf und die Rückmietung von Bildungsinfrastruktur zählen.[5] Mit Blick auf den Hochschulsektor kann auf die Umwandlung von Universitäten in Stiftungen verwiesen werden, die zu erheblichen Konsequenzen hinsichtlich einer selbständigen Haushaltsführung und Möglichkeiten der Einnahmenerzielung führen. Die angesprochenen Vorgänge ziehen komplexe Fragen im Haushaltsrecht, im Personalrecht, im Verwaltungsrecht und in anderen Rechtsgebieten nach sich.

(4) Auch hinsichtlich der Kategorie „Personal" lässt sich neue Steuerung identifizieren, auf das Schulwesen bezogen z.b. in den mittlerweile erweiterten Möglichkeiten, auf die Auswahl des Personals Einfluss zu nehmen. Dies gilt hinsichtlich der Lehrkräfte – so können in einigen Bundesländern Schulen mittlerweile direkt Stellen öffentlich ausschreiben – ebenso wie für Mitspracherechte bei der Bestellung von Schulleitungen. Hingewiesen wurde bereits auf die Schulen übertragene Möglichkeit, in begrenztem Rahmen Personalmittel selbst zu bewirtschaften und damit z.b. Vertretungskräfte anzustellen, die insbesondere zur Reduzierung von Unterrichtsausfall beitragen sollen.[6]

Mit dem knappen Überblick sind die zentralen Gegenstandsbereiche angesprochen, in denen sich Veränderungen vollziehen, die unter dem Stichwort „Bildungsreform" gefasst werden können und einen Zusammenhang mit Elementen neuer Steuerung aufweisen.[7] Ergänzend ist auf die mit den neuen Steuerungsmodi verbundenen zentralen Ziele zu verweisen, wie sie z.b. Böttcher plakativ in einem „4-E-Modell" (Effizienz, Effektivität, Evidenz, Erfolgsorientierung) zusammenführt (vgl. Böttcher 2002).

---

5   Zu Formen erweiterter Selbständigkeit im Schulwesen vgl. Avenarius/Kimmig/Rürup 2003.
6   So z.B. im Land Hessen im Rahmen des Konzepts ,Unterrichtsgarantie Plus'.
7   Vgl. Bellmann 2006, 490. Ergänzend ist darauf hinzuweisen, dass unter Begriffen wie Outputsteuerung oder Wettbewerbssteuerung ganz unterschiedliche Dinge verstanden werden können und auch verstanden werden; vgl. a.a.O.

4   Neue Steuerung: Erwartungen und Leistungen

Stellt man die Frage, was die im Zusammenhang mit Governance diskutierten Konzepte, Verfahren und Instrumente leisten *sollen*, so scheinen vor allem drei Aspekte relevant, in denen sich jeweils unterschiedliche Ebenen der Diskussion um neue Steuerung abbilden. Der erste und vorrangige ist mit dem Stichwort „Qualitätssicherung" verbunden. Die Sicherung oder – angesichts der Ergebnisse von PISA und anderen Lernleistungsstudien – die Steigerung der Qualität schulischen Unterrichts kann als das zentrale Ziel verstanden werden, das mit dem überwiegenden Teil der eingeleiteten Reformschritte erreicht werden soll. Der zweite Aspekt steht mit den einleitenden Hinweisen zum Thema Governance in einem engen Zusammenhang. An dieser Stelle sei nochmals darauf verwiesen, dass Governance im Gegensatz zu Government auf Formen der Zusammenarbeit staatlicher und nichtstaatlicher Akteure im Rahmen netzwerkartiger Strukturen verweist. Neue Steuerung im Sinne z.B. einer erweiterten Delegation von Verantwortung an die Einzelschule könnte insoweit als Eingeständnis der Tatsache gewertet werden, dass die politisch-administrative Ebene „Government" im Sinne strikter Inputvorgaben nicht mehr als taugliches Mittel zur Zielerreichung ansieht und darum nunmehr Verantwortung an nachgeordnete Ebenen, aber auch an nichtstaatliche Akteure abzugeben bereit ist. Drittens schließlich geht es um Maßnahmen, die mit Aspekten wie Effizienzsteigerung und Kostenreduktion verbunden sind. Dies mag vielleicht nicht im Vordergrund der Diskussion stehen, wird aber bei vielen der eingeleiteten Veränderungen „mitgedacht". Insbesondere gilt dies für PPP-Projekte, aber auch, wenn z.B. im Rahmen der Übertragung des Rechts der Mittelbewirtschaftung an die einzelne Bildungseinrichtung Finanzzuweisungen um eine „Effizienzrendite" gekürzt werden.

Über die Frage hinaus, was die neuen Steuerungsinstrumente leisten *sollen* (Ziele), ist auch zu prüfen, ob und inwieweit die intendierten Ziele erreicht werden (Wirkung). Diesbezüglich ist allerdings festzustellen, dass eine seriöse Einschätzung der mit „neuer Steuerung" verbundenen Wirkungen derzeit nur sehr eingeschränkt möglich ist. Viele Instrumente und Verfahren befinden sich gegenwärtig noch in der Phase der Implementation. Insoweit liegen belastbare und verallgemeinerungsfähige Erkenntnisse zur Wirkung der eingesetzten Instrumente bislang kaum vor. Aus einer bildungspolitischen Perspektive lässt sich darüber hinaus fragen, ob die Instrumente neuer Steuerung angemessen eingesetzt werden oder ob sie überhaupt die richtigen sind, um die im Schulwesen bestehenden zentralen Probleme zu lösen. Die Frage richtet sich zunächst an die für ihre Umsetzung bildungspolitisch verantwortlichen Akteure, durchaus aber auch an die

Bildungsforschung, soweit sie z.b. Politik beratend tätig ist und damit Entschei-
dungsfindungs- und Implementationsprozesse unterstützt.

Die Einführung neuer Steuerungsinstrumente zielt vor allem auf die Ver-
wirklichung von Gleichheit und Leistungsfähigkeit. Unter der Formal „Equity
and Excellence" werden Gleichheit und Leistungsfähigkeit auch in der internationalen Schulreformdiskussion als vorrangig zu realisierende Ziele diskutiert. Mit
den Begriffen sind zugleich zentrale Schwachstellen des deutschen Schulwesens
insoweit benannt, als ausweislich der Ergebnisse international-vergleichender
Lernleistungsstudien in den untersuchten Fächern zumeist ein nur durchschnittli-
ches Kompetenzniveau erreicht wird. Überdies bestehen mit Blick auf die Erreichung von Zielen wie Chancengleichheit oder Bildungsgerechtigkeit ebenfalls
erhebliche Defizite. Bislang ist noch weitgehend unklar, ob mit Hilfe der neuen
Steuerungsinstrumente die mit „Equity" und „Excellence" verbundenen Herausforderungen besser als bisher gemeistert werden können.

5 Educational Governance und neue Steuerung: Thesen

Nachfolgend finden sich einige den Beitrag beschließende Thesen, mit denen die
gegenwärtige Situation im Prozess des Überganges von der „alten" zur „neuen"
Steuerung gekennzeichnet werden soll:

(1) Es findet bislang noch kein tatsächlicher und konsequenter Übergang
von der Input- zur Outputsteuerung statt. Zwar werden Elemente der Outputsteuerung wie Standards und Evaluationen implementiert, ohne aber solche der Inputsteuerung, etwa im Bereich des Bildungsrechts, im gleichen Maße nachhaltig
zu reduzieren. Hieraus resultiert eine faktische Gleichzeitigkeit von Input- und
Outputsteuerung. Zur Zeit scheinen Politik und Administration noch nicht bereit
zu sein, umfassend Kompetenzen an die einzelne Bildungseinrichtung zu über-
tragen.

(2) Die unter dem Schlagwort „Schulautonomie" diskutierten oder bereits
eingeführten Elemente neuer Steuerung führen in der Praxis noch kaum zu einem
substantiellen Mehr an Freiheitsgraden für die Einzelschule. Zugleich ist mit
ihnen aber eine Vielzahl neuer Aufgaben verbunden, für deren Bewältigung
schulische Akteure jedoch weder – etwa im Sinne der Vermittlung von Mana-
gement-Kompetenzen – hinreichend qualifiziert noch Schulen personell verstärkt
worden sind.

(3) Lehrkräfte und Schulleitungen erhalten Vorgaben, z.B. zur fortlaufenden
internen Evaluation ihrer Arbeit, ohne hierauf angemessen vorbereitet worden zu
sein. In der Folge besteht die Gefahr, dass die Betroffenen die Vorgaben mehr

schlecht als recht erfüllen, ohne dass dies zu einer qualitativen Verbesserung von Schule und Unterricht führt.

(4) Externe Evaluatoren und Inspektoren sollen Schulen bewerten und bestimmen, was eine „gute Schule" ist, ohne dass in hinreichendem Maße und unter Einbeziehung der Betroffenen (Lehrende, Lernende, Eltern) geklärt worden wäre, was im jeweiligen Kontext unter einer „guten Schule" verstanden werden kann.

(5) Instrumente externer Evaluation (nationale und internationale Leistungsvergleiche, Vergleichsarbeiten und andere Verfahren) können nicht intendierte Nebeneffekte erzeugen, z.b. eine zunehmende Ausrichtung der Unterrichtsinhalte an den Testaufgaben („teaching to the test"). Dies wird letztlich ebenso billigend in Kauf genommen wie der Umstand, dass mit der Fokussierung auf bestimmte Testgegenstände – vor allem im Rahmen internationaler Leistungsvergleichsstudien – andere Inhalts- und Wirkungsbereiche von Schule gewollt oder ungewollt in ihrer Wertigkeit zurückgesetzt werden.

(6) Wettbewerb zwischen Schulen führt dazu, dass neben Gewinnern auch Verlierer generiert werden – dies liegt in der Natur des Wettbewerbsgedankens. Angemessene Instrumente zur Stützung der Verlierer im Wettbewerb sind bisher jedoch noch kaum entwickelt worden.

(7) Die Einführung von Bildungsstandards kann ein sinnvoller Schritt zur Qualitätssicherung schulischen Unterrichts sein. Während aber z.B. von Experten die Entwicklung nach oben offener und für alle Schülerinnen und Schüler gleicher, nicht schulformbezogener Grund- bzw. Mindeststandards vorgeschlagen worden war (vgl. BMBF [Hg.] 2003), hat sich die KMK zur Einführung schulformbezogener, umfassender und z.T. unklar formulierter Kompetenz- bzw. Regelstandards entschlossen. Überdies fehlen bislang assoziierte Elemente, z.B. eine Weiterqualifizierung der Lehrkräfte so, dass diese die Standards im Sinne einer Verbesserung ihres Unterrichts angemessen einzusetzen vermögen (vgl. Böttcher 2006).

(8) Neue Steuerung führt gegenwärtig zu Konsequenzen vor allem für die „untere Ebene", konkret: für die Einzelschule. Im Sinne einer umfassenden Steuerungsreform wären aber alle Akteure in den Prozess zu integrieren. Der Einbezug der politisch-administrativen Leitungsebene in den Wandel der Steuerungsmodi ist jedoch bislang nicht nur nicht vollzogen; er ist noch nicht einmal systematisch analysiert und benannt (vgl. Böttcher 2007).

Mit den Thesen soll nicht die Ansicht vertreten werden, Reformen im Bildungswesen, die die Implementation von Elementen neuer Steuerung zum Ziel haben, seien zurückzuweisen. Viele der eingeleiteten Maßnahmen sind nicht nur rational begründbar; zugleich sind sie angesichts des im deutschen Bildungssystem beobachtbaren Reformstaus auch notwendig. Überdies ist zu hoffen, dass langfristig eine konsequente Umsetzung des neuen Steuerungsparadigmas in die Praxis so gelingt, dass die in den Thesen skizzierten Probleme sich schließlich als Anlaufschwierigkeiten erweisen. Zu beachten ist indes, dass die mit neuer Steuerung intendierten Veränderungen nicht nur Chancen, sondern auch Risiken in sich bergen[8]; dies gilt nicht zuletzt für ein mögliches Misslingen der Neutarierung des prekären Verhältnisses von Freiheit und Verantwortung in den Schulen.

Literatur

Altrichter, Herbert/Thomas Brüsemeister/Jochen Wissinger (Hg.) (2007): Educational Governance. Handlungskoordination und Steuerung im Bildungssystem. Wiesbaden: VS.

Altrichter, Herbert/Martin Heinrich (2006): Evaluation als Steuerungsinstrument im Rahmen eines „neuen Steuerungsmodells" im Schulwesen. In: Wolfgang Böttcher/Heinz Günter Holtappels/Michaela Brohm (Hg.): Evaluation im Bildungswesen. Eine Einführung in Grundlagen und Praxisbeispiele. Weinheim, München: Juventa, S. 51-64.

Avenarius, Hermann/Thomas Kimmig/Matthias Rürup (2003): Die rechtlichen Regelungen der Länder in der Bundesrepublik Deutschland zur erweiterten Selbständigkeit der Schule. Eine Bestandsaufnahme. Berlin: BWV.

Bellmann, Johannes (2006): Bildungsforschung und Bildungspolitik im Zeitalter ‚Neuer Steuerung'. In: Zeitschrift für Pädagogik. 52, S. 487-504.

Benz, Arthur (2004): Einleitung, in: Ders. (Hg.), S. 11-28.

Benz, Arthur (Hg.) (2004): Governance. Wiesbaden: VS.

Böttcher Wolfgang (2007): Zur Funktion staatlicher „Inputs" in der dezentralisierten und outputorientierten Steuerung. In: Herbert Altrichter/Thomas Brüsemeister/Jochen Wissinger (Hg.), 185-206.

Böttcher, Wolfgang (2006): „Standards-Based-Reform" oder: Kann man für die Schulreform von den USA lernen? In: Eder, Ferdinand/Angela Gastager/Franz Hoffmann (Hg.): Qualität durch Standards? Beiträge zum Schwerpunktthema der 67. Tagung der AEPF. Münster: Waxmann, S. 71-84.

Böttcher, Wolfgang (2002): Kann eine ökonomische Schule auch eine pädagogische sein? Schulentwicklung zwischen Neuer Steuerung, Organisation, Leistungsevaluation und Bildung. Weinheim, München: Juventa.

Böttcher, Wolfgang/Hans-Georg Kotthoff (2007): Schulinspektion zwischen Rechenschaftslegung und schulischer Qualitätsentwicklung: Internationale Erfahrungen. In: Dies. (Hg.): Schulinspektion: Evaluation, Rechenschaftslegung und Qualitätsentwicklung. Münster: Waxmann, S: 9-20.

Bundesministerium für Bildung und Forschung (BMBF) (Hg.) (2003): Zur Entwicklung nationaler Bildungsstandards. Eine Expertise. Bonn/Berlin: BMBF.

Fend, Helmut (2003): Beste Bildungspolitik oder bester Kontext für Lernen? In: DIPF (Hg.): Trends in Bildung International (TiBi). Nr. 6, S. 1-11.

Kussau, Jürgen/Thomas Brüsemeister (2007): Governance, Schule und Politik. Zwischen Antagonismus und Kooperation. Wiesbaden: VS.

---

8   Vgl. in diesem Sinne z.B. Böttcher 2007, 203f., der auf die Risiken verweist, die mit einer Implementation betriebswirtschaftlichen Denkens in staatliche Bildungspolitik verbunden sein können.

Windzio, Michael/Reinhold Sackmann/Kerstin Martens (2005): Types of Governance in Education. A Quantitative Analysis. Bremen: Universität Bremen. (TranState Working Papers No. 25)

Martin Heinrich

Von der Steuerung zu Aushandlungsprozessen als neue Form der Handlungskoordination

1 Lücken in den Steuerungsvorstellungen

Die Vorstellung, dass die Handlungsrationalität in Schulentwicklungsprozessen durch eine Verbesserung der Informationssituation gesteigert werden könnte, ist unmittelbar plausibel: Nur wer weiß, *was* er/sie tut und *worauf* er/sie reagiert, kann auch begründet angeben, *warum* er/sie etwas tut. Und erst durch eine solche reflexive Begründbarkeit des eigenen Handelns kann dieses als rational und damit auch professionell gelten.

Aus dem Blick gerät bei diesem alltagstheoretischen Modell der durch Rationalität bestimmten Steuerung jedoch leicht die Differenz zwischen „Informationen über das System" und „Steuerungswissen" (vgl. Altrichter/Heinrich 2005). So vernachlässigt die Vorstellung outputorientierter Systemsteuerung durch die flächendeckende Erhebung standardbezogener Testleistungen beispielsweise die Übersetzungsprozesse, die durch die Lehrer/innen noch geleistet werden müssen, wenn nach einer solchen Evaluation die Leistungsrückmeldungen in operationalisierbare methodisch-didaktische oder schulorganisatorische Maßnahmen transformiert werden sollen. So fällt es Lehrer/innen vielfach schwer, das Innovationspotenzial solcher Leistungsrückmeldungen zu sehen (vgl. Schrader/Helmke 2003) und in der Konsequenz solches Feedback als Korrektiv und Innovationsimpuls für ihren Unterricht zu nutzen (vgl. Rolff 2002; Peek 2004; Schrader/Helmke 2004). Es wird deutlich, dass in dieser Akteurkonstellation zwischen den Ebenen unterschiedliche Überzeugungssysteme vorherrschen und hier nicht nur auf den verschiedenen Ebenen – beispielsweise bei den Lehrer/innen (vgl. Klug/Reh 2000), aber auch bei den Kultusbeamt/innen (vgl. Dedering/Tillmann/Kneuper 2003; Tillmann/Dedering/Kneuper/Kuhlmann/Nessel 2007) – die Kompetenzen fehlen, derartige Informationen kontextbezogen zu adaptieren und in wirkungsvolle Steuerungsinterventionen umzusetzen (vgl. Specht/Freudenthaler 2004). Aus der mangelnden Praxisnähe und dem daraus resultierenden „Unverständnis" gegenüber dem Sinn oder Unsinn solcher evaluationsbasierter Steuerungsvorstellungen resultiert dann bspw. eine mangelnde Bereitschaft der Lehrer/innen, einem solchen Steuerungsanspruch der Bildungsverwaltungen zu folgen (vgl. Heinrich 2007). Vor diesem Hintergrund betrachtet erscheint es geradezu geboten, jede Vorstellung von Steuerung unter einen „Naivitätsvorbehalt" zu stellen, dessen Unbegründetheit die jeweiligen Akteure erst durch rationale Argumentation belegen müssten, um nicht – im Sinne einer Dialektik der Aufklärung (vgl. Adorno/Horkheimer 1994) – in mythologische Metaphorik zurückzufallen:

> „Beim metaphorischen Gerede über ,entwickeln', ,steuern', neuerdings auch ,vermessen' scheint man den semantischen Unterschied von Bildspender und Bildempfänger gelegentlich zu vergessen. In dieser Sprachvergessenheit kommt vielleicht der illusionäre Charakter von Allmachts- und Ohnmachtsphantasien zum Vorschein, die Entwicklern wie Steuerleuten und Vermessern allesamt eigen sind." (Maritzen 2000, 216)

Diskriminiert man die Modernisierung des Schulwesens (Brüsemeister/Eubel 2003) also ausschließlich in den inzwischen gebräuchlichen Termini als Abfolge von Steuerungsinterventionen, dann besteht die Gefahr, dass man sich selbst dabei schon in die Immanenz der neuen Steuerungsrhetorik begibt, ohne dabei mit reflexiver Distanz diese neu entstandene Konzeptionalisierung kritisch zu befragen. An anderer Stelle haben wir (Altrichter/Heinrich 2005b) den hürdenreichen Weg beschrieben, der zwischen der Genese einer Steuerungsvorstellung und ihrer erfolgreichen Implementierung liegt.

Sinnfällig werden die Begründungsbedürfnisse, wenn man sich die Stationen eines Informationsbeschaffungs- und Steuerungsprozesses vergegenwärtigt, die durchlaufen werden müssen, bis schließlich Evaluationsergebnisse für Steuerungshandlungen genutzt werden und diese dann (messbare) „Systemwirkungen" zeigen. Schon das folgende, gegenüber den realen Prozessen unterkomplexe Modell zeigt deutlich, welche Übersetzungsleistungen anfallen werden, wenn man mit Evaluationsergebnissen Wirkungen „steuern" will:

Zunächst wird – zumeist nur von einigen, wenigen Akteuren aus dem Feld – ein Evaluationsbedarf konstatiert,

- dieser wird – oftmals von anderen Personen als von jenen, die den Evaluationsbedarf konstatierten – übersetzt in ein Evaluationsdesign.
- Dieses Evaluationsdesign erfährt wiederum zahlreiche Transformationen durch seine Durchführung, innerhalb derer nicht selten Frageintentionen fehlinterpretiert werden oder auch durch nicht antizipiertes Antwortverhalten eine Rekontextualisierung erfahren.

- Vergleichbares gilt für die dann folgende Auswertung, die oftmals durch Codierungen und kategorisierende Verallgemeinerungen erneute Rekontextualisierungen vornimmt.

- Die Ergebnisse werden von Expert/innen, Administrator/innen, Politiker/innen, Lehrer/innen, und Medien innerhalb ihrer jeweiligen Bezugssysteme divergent interpretiert und in Handlungspläne übersetzt.

- Schließlich werden von den verschiedensten Akteuren (Steuerungs-)Handlungen gesetzt – von formellen staatlichen Innovationsprogrammen bis hin zu informellen Konsequenzen einzelner Lehrer/innen,

- die zum Teil wieder in Vergessenheit geraten, oder auch nur partiell umgesetzt werden, auf geteiltes Interesse, Desinteresse oder offenen Widerstand stoßen,

- und schließlich vermittelt darüber zu intendierten, nicht-intendierten und transintentionalen Steuerungswirkungen führen.

Wie für alle anderen Wissenschaftsdisziplinen auch, gilt für die Pädagogik, dass eine leichtfertige Übernahme der Begriffe aus Betriebswirtschaftslehre, Organisationstheorie sowie Verwaltungswissenschaft (vgl. Heinrich 2001) leicht vergessen lässt, dass eine Adaption der hinter diesen Begriffen liegenden Konzeptionalisierungen für das pädagogische Feld durch die verschiedenen Akteure immer erst wieder und in jeder Situation neu geleistet werden muss. Eine solche Adaption kann aber, worauf Lorenz Lassnigg hinweist, nicht nur in einer isolierten, eklektischen Anwendung einzelner Erkenntnisse der jeweiligen Diskurse auf das neue Feld bestehen, sondern muss sich in der komplexen, nicht nach wissenschaftlichen Disziplinen strukturierten pädagogischen Wirklichkeit und deren Akteurkonstellationen behaupten können:

> „Die produktive Beteiligung an diesen Debatten erfordert paradoxerweise im praktisch-politischen Feld ein höheres Reflexionsniveau als es die Entwickler der Argumentationen in den wissenschaftlichen Quellen-Disziplinen meistens haben, da letztere nur die jeweils konsistente Argumentation innerhalb ihres disziplinären begrifflichen Rasters berücksichtigen müssen, während sich diese disziplinären Zugänge im praktischen Feld notwendigerweise überschneiden." (Lassnigg 2000, 110)

Damit liegt die höhere reflexive Herausforderung nicht in der auf Konsistenz abzielenden Theoriebildung, sondern in der konkreten Operationalisierung der theoretischen Diskurse für Steuerungshandlungen in der Praxis. Nimmt man diese Einsicht Lassnigs ernst, dann bedeutet dies aber auch, dass wir eines revidierten Steuerungsverständnisses bedürfen, wenn wir mit unseren Konzeptionalisierungen von Steuerungshandlungen nicht unterkomplex gegenüber einer in concretu dann ja doch ohnehin immer wieder noch komplexeren Praxis argumentieren wollen. Soll ein solches revidiertes Steuerungsverständnis allerdings auf dem gleichen Abstraktionsniveau – und dem damit verbundenen Anspruch auf Generalisierbarkeit – formuliert werden, dann läuft dies faktisch auf eine Relativierung des Ableitungszusammenhangs von Steuerungsintention und Steuerungswirkung hinaus. An anderer Stelle haben wir versucht, eine solche revidierte Fassung des Steuerungsbegriffs zu formulieren:

> „*Steuern* meint in einem sozialwissenschaftlichen Kontext Handlungen zu setzen und Entscheidungen zu treffen, die weitere Handlungen und Entscheidungen relevanter AkteurInnen in *bestimmter* Richtung beeinflussen. Über ‚Steuerung' zu sprechen impliziert dabei nicht die Annahme, dass Steuerungsintentionen zu 100% in entsprechende Folgehandlungen umgesetzt würden, noch, dass Steuerungshandlungen ohne Nebenwirkungen abliefen oder keine ‚transintentionalen Effekte' erzeugten. Unterstellt wird ebenfalls nicht, dass Steuerungshandlungen gleichsam ‚automatisch' ohne individuelle und soziale Vermittlungsschritte abliefen. Im Modernisierungsdiskurs von Steuerung zu sprechen, impliziert aber doch, dass – begründet durch eine gewisse (Steuerungs-)Logik oder ein (Steuerungs-)Konzept – versucht wird, die Zufälligkeit oder Beliebigkeit von Folgehandlungen einzuschränken." (Altrichter/Heinrich 2005a, 126)

Betrachtet man diese revidierte Fassung des Steuerungsbegriffs, dann wird auch verständlich, warum in der Autonomiedebatte der 1990er Jahre (vgl. Heinrich 2007, 15-24 & 59-70) von einer ineffektiven Übersteuerung des Systems gesprochen wurde, derer man nur durch eine Deregulierung Herr werden könne (vgl. Lange 1999a; 1999b; 2001; Maritzen 2000; 2001a). Die Ineffektivität zentralistischer Steuerung zeigte sich immer deutlicher, da sich innerhalb des oben beschriebenen Ableitungsprozesses vom Evaluationsbedarf bis hin zur Steuerungswirkung die Steuerungsintentionen immer mehr in nicht-intendierten Nebeneffekten verflüchtigten, je näher sie der „Praxis" kamen. Es wurde daher versucht, „Steuerungsaufträge" zunehmend an die Praktiker/innen vor Ort zu delegieren. Vor diesem Hintergrund kann die – auch international zu verzeichnende (vgl. Wissinger 2002) – Tatsache der gewünschten Aufwertung der Schulleitungen hin zu „transformational leaders" (vgl. Dubs 1994) bzw. „change agents" (Schratz 1998; 2005) interpretiert werden als ein Versuch des Staates/der Bildungsadministration, die Rückgewinnung von Steuerung über eine „Internalisierung der organisationsexternen Vorgaben" zu betreiben. Die Schulleitung in ihrer Zwitterstellung – einerseits schulintern, andererseits Teil der Schuladministration – soll hier als Vermittlungsinstanz fungieren. Diese Rolle zu erfüllen, stellt aber einen Drahtseilakt dar, innerhalb einer Zeit, in der nach jahrelanger Protegierung des Gedankens einer kollegial-partizipativen Schulentwicklung durch Schulautonomie die Vorstellung kollegialer Mitbestimmung forciert wurde. Vor dem Hintergrund des zuvor beschriebenen Ableitungsprozesses sowie des revidierten Verständnisses von Steuerung müssen die Akteure in der Praxis

von ihren traditionellen – letztlich vielfach am Konzept von Durchgriffssteue-
rungen orientierten – Steuerungsvorstellungen Abstand nehmen und diese aus-
weiten hin zu einem Konzept der „Handlungskoordination", das es erlaubt, auch
die Umdeutungen von Steuerungsintentionen durch andere involvierte Akteure
vorausschauend zu integrieren.

2 Der Blick auf Modi der Handlungskoordination

Wenn innerhalb des schulischen Mehrebenensystems (vgl. Brüsemeister 2004,
195ff.) von Erziehungswissenschaftler/innen die „Einzelschule als pädagogische
Handlungseinheit" (Fend 1986; 1988; vgl. auch Bastian 1997) etiketiert wird,
dann stellt die Blickweise auf Schule als Akteur der Transformation streng genommen ein Konstrukt dar, da es genau besehen schwer fällt zu diskriminieren,
wer dieser Akteur Schule denn nun ist, d.h. es versteckt sich hinter dieser Vorstellung die Idee eines „kollektiven" oder „korporativen Akteurs",[1] i.e. eine „Akteurkonstellation". Bei der Konstituierung „kollektiver Akteure" wird deutlich,
dass das *Wollen* der Einzelnen nicht identisch ist mit dem *Können* des kollektiven Akteurs (vgl. Schimank 1996, 245). In der als Organisationsentwicklung
konzipierten Schulentwicklung wird diese Differenz immer wieder virulent, da
bspw. das Kollegium einer Schule neben den Schüler/innen, Eltern und der
Schulleitung sowie weiterer denkbarer Akteure streng genommen nur ein Teil-
system des kollektiven Akteurs „Schule" darstellt. Und schon in diesem Teilsys-
tem ist die Differenz zwischen individuellem *Wollen* und kollektivem *Können*
unübersehbar. Die Interferenzen resultieren daraus, dass jede Akteurin/jeder
Akteur ihre/seine eigene wahrgenommene „Logik der Situation" (Esser 1999,
94) hat – und das obgleich die bestehenden Strukturen zumeist das Resultat gemeinsamer vorausgegangener Handlungskoordinationen sind, d.h. von dem infrage stehenden kollektiven Akteur selbst generiert wurden.

In nuce enthält der Begriff der Akteurkonstellation damit die analytische
Differenz zwischen den aufeinander treffenden differierenden Wirkungsvorstel-

---

1 Zur Differenz „kollektiver" und „kooperativer Akteure" führen Brüsemeister und Kussau aus:
„Der Educational Governanceforschung geht es bei der Analyse der Handlungskoordination
zunächst darum, Leistungsbeiträge einzelner Akteure zu identifizieren. Die Kategorie der Akteure umfasst dabei individuelle Akteure, wie beispielsweise Lehrer/innen, Schüler/innen und
Eltern. Weiter werden ,organisierte Akteure' mit ihren Unterkategorien ,kollektive Akteure'
und ,korporative Akteure' berücksichtigt. Bei kollektiven Akteuren hängt das Handeln von den
Präferenzen ihrer Mitglieder ab (z.B. bei Gewerkschaften). Hingegen sind korporative Akteure
wie z.B. eine Bildungsadministration dadurch gekennzeichnet, dass deren Führung ,unabhän-
gig' von den Interessen ihrer Mitglieder handeln kann [...]." (Brüsemeister/Kussau 2007, S.
26)

lungen von Steuerungshandelnden sowie den sich aus diesen Interdependenzen ergebenden transintentionalen Effekten (Kussau 2007). Die Handlungskoordination erfordert von den Akteuren immer wieder neu ein Interdependenzmanagement, da es fast „nie den eindeutig dominierenden Akteur bzw. die stabile dominierende Akteurkonstellation" (Schimank 1995, 53) gibt: „Actors are not fully in control of the activities that can satisfy their interests, but find some of those activities partially or wholly under the control of others." (Coleman 1990, 20, vgl. Lange/Schimank 2004, 19).[2] Die Rolle der „Anderen", d.h. der jeweils anderen Akteure in einer Konstellation wird zum zentralen Merkmal einer schulischen Governance, was Lange/Schimank dazu veranlasst, diesem Tatbestand in ihrer Begriffsbestimmung von Governance einen zentralen Stellenwert zu geben:

> „Wir können nun an diesem Punkt ganz allgemein festhalten, dass Governance Koordination und Steuerung mit dem Ziel des Managements von Interdependenzen bedeutet und auf institutionalisierten Regelsystemen beruht, die das Handeln der involvierten Akteure lenken, wobei üblicherweise verschiedene Regelsysteme (Hierarchie, Polyarchie, Netzwerk, Gemeinschaft, Markt und weitere Formen der Beobachtung, Beeinflussung oder Verhandlung) innerhalb eines Governance-Regimes kombiniert werden." (Lange/Schimank 2004, 14)

Handlungskoordination findet in Akteurkonstellationen dadurch statt, dass die einzelnen Akteure strukturelle Vorgaben bzw. Möglichkeiten (soziale Strukturiertheit der Situation) reproduzieren resp. adaptieren. Umgangssprachlich ist der Begriff der „Koordination" positiv konnotiert, was in der deskriptiven Verwendungsweise innerhalb des Governancekonzeptes nicht notwendig der Fall ist. Eine „Blockadehaltung" einiger Akteure beispielsweise, die den Fortgang eines Schulentwicklungsprojekts behindert, ist aus governancetheoretischer Sicht durchaus eine wirksame Form der Handlungskoordination, da es im Sinne einer Governance lediglich darum geht, *wie* Akteure durch bestimmte Handlungen oder Entscheidungen auf weitere Handlungen und Entscheidungen relevanter Akteure Einfluss nehmen. Eine Handlungskoordination in diesem Sinne ist dann „effektiv", wenn sie bewirkt, dass die gesetzten Handlungen oder getroffenen Entscheidungen in darauf folgenden Aushandlungsprozessen wieder – zustimmend oder ablehnend – aufgenommen werden. Handlungskoordination vollzieht sich damit vielfach bzw. insbesondere im Medium von Koordinationsproblemen: „Koordinationsprobleme treten analytisch gesehen verschärft auf, wenn man feststellt, dass im Mehrebenensystem verschiedene Akteure verschiedene Handlungsorientierungen und belief-systems haben [...]." (Brüsemeister 2005, 12)

---

2   Diesen Gedanken haben Brüsemeister und Kussau auf das Schulsystem bezogen und ganz grundsätzlich in ihrem Konzept einer „antagonistischen Kooperation" diskutiert (Brüsemeister/Kussau 2007).

3 Der Dreischritt von der Beobachtung zur Beeinflussung bis zur Verhandlung

Die von Brüsemeister angeführte Koordinationsproblematik verweist darauf, dass es – jenseits der inhaltlichen oder prozeduralen Ausrichtung – Formen gelingender und misslingender Handlungskoordination gibt, wobei der Begriff des Gelingens aus einer analytischen Governanceperspektive heraus nicht normativ missverstanden werden sollte (vgl. Heinrich 2006b). Die Rede von „gelingender Handlungskoordination" sollte nur darauf verweisen, dass es aus der Sicht der verschiedenen Akteure eines Minimums an Koordination bedarf, um im Sinne der eigenen Intentionen „effektiv" Handlungen zu koordinieren. Lange/Schimank (2004) nennen als grundlegende Modi der Handlungskoordination „Beobachtung", „Beeinflussung" und „Verhandlung", wobei letzterer Modus der Handlungskoordination die beiden anderen Formen voraussetzt.

Beobachtung als elementarer Modus der Handlungskoordination beschreiben Lange/Schimank (2004, 20) wie folgt: „Am elementarsten sind [...] Konstellationen *wechselseitiger* Beobachtung, in denen die Handlungsabstimmung allein durch einseitige oder wechselseitige Anpassung an das wahrgenommene Handeln der anderen – einschließlich ihres antizipierten Handelns – erfolgt." Bei der Frage nach der Wirksamkeit von Steuerungshandlungen im Kontext von Schulentwicklung ist der Tatbestand der „wechselseitigen" Beobachtung hervorzuheben. Solche Wechselseitigkeit der Beobachtung unterschiedlicher Akteure kann schließlich einen Teufelskreis provozieren, wenn die beobachteten Veränderungen im Verhalten des/der Anderen zum Maßstab des eigenen Handelns werden. Oftmals sind es gerade Projektionen von Maßstäblichkeiten, die dazu führen, dass einzelne Akteure ihr Handeln an eben jenen Richtlinien orientieren, die durch das „vorgelebte Handeln" dann generalisierend auf die Akteure mit Steuerungsabsicht zurückfallen. Ein anschauliches Beispiel dafür, wie die Beobachtung von Anderen etwa zu einer solchen Blockadehaltung führt, gibt ein nordrhein-westfälischer Lehrer in einem Interview zur administrativ verordneten Schulprogrammarbeit (vgl. Heinrich 2007, 235):

> „Wenn wir sagen, dass wir die Evaluation evaluieren dürften, und wenn das dann die gleichen Konsequenzen hätte, wie unsere Evaluation, dann würde ich das machen. Das heißt, dann müsste, nachdem er [der Schulaufsichtsbeamte; d. Verf.] das gemacht hat, müsste er seine Kriterien offen legen und müsste er meiner Meinung nach auch unter Beweis stellen, wie er unsere Schule sieht, wie er sie einschätzt und er müsste auch unter Beweis stellen, dass er Informationen über unsere Schule hat, dass er bestimmte Gegebenheiten auch durchschaut und dann auch bestimmte Gren-

zen sieht. Aber wenn er das eben nicht unter Beweis stellen kann, dann würde sich ja eigentlich zeigen, dass auch seine Evaluation in gewisser Weise wertlos ist."

Innerhalb dieser Konstellation wäre die hier kritisierte Schulaufsicht wohl zu einer Steuerungsintervention gezwungen. Diese könnte dabei sowohl darin bestehen, der Forderung des Lehrers zu entsprechen – und ihn damit auf seine eigene Argumentation zu verpflichten. Denkbar – und vielerorts wahrscheinlicher – wäre jedoch, dass die Schulaufsicht auf ihre Weisungsbefugnis verweisen würde, um den Lehrer damit zur Evaluation zu bewegen. Diesen Modus der Handlungskoordination würden Lange/Schimank dann als *Beeinflussung* beschreiben:

> „In Konstellationen *wechselseitiger Beeinflussung* findet Handlungsabstimmung – auf der Grundlage wechselseitiger Beobachtung – durch den gezielten Einsatz von Einflusspotentialen statt. Solche Potentiale beruhen u.a. auf Macht, Geld, Wissen, Emotionen, moralischer Autorität etc. Es geht jeweils darum, dem anderen ein Handeln abverlangen zu können, das er von sich aus nicht gewählt hätte – also um Fügsamkeit." (Lange/Schimank 2004, 20f.)

Im Rahmen von Schulentwicklungsprozessen ist die Handlungskoordination durch Beeinflussung wohl in vielen Situationen immer wieder gegeben – und zum Teil sogar durch juridisch und institutionell abgesicherte Steuerungshandlungen gestützt, wie sich dies bspw. am Phänomen der administrativ verordneten Schulprogrammarbeit festmachen lässt (vgl. Gruschka et al. 2003). Solche Formen der Beeinflussung stehen jedoch seit Jahren unter Kritik, da sie im Falle von Expertenorganisationen, innerhalb derer die einzelnen Akteure immer einen relativ hohen Grad an Handlungsautonomie haben, nicht selten wirkungslos bleiben: Die Vorgaben werden dann pro forma erfüllt, ohne dass sich aber an der Praxis, die durch die Steuerungshandlung innoviert werden sollte, tatsächlich etwas ändern würde. Weder die Schulaufsicht, noch die Schulleitung wird in der Lage sein, die Einlösung ihrer Ansprüche durch permanente Präsenz durchzusetzen.

Diese „Ohnmacht" wird von den Akteuren vor Ort auch antizipiert. Oftmals wird bspw. in der Studie zur administrativ verordneten Schulprogrammarbeit angeführt, dass die Schulaufsicht gar nicht über die personellen Ressourcen verfüge, um nach der prüfenden Lektüre des Programmtextes selbst die Implementation des darin Formulierten zu überwachen. Das Erfahrungswissen der Routiniers relativiert die Angst vor der zunehmenden Kontrolle. Entsprechend urteilt ein Lehrer, der seit 37 Jahren im Schuldienst ist, dass eine reale Einschränkung der Verfügungsrechte der Lehrer/innen durch die Schulprogrammarbeit von keinem ernsthaft befürchtet werde: „*Weil das Konzept von der Schule selbst erstellt ist und man macht, was man will. – Außerdem weiß man aus Erfahrung, dass, nachdem die Aufsicht das Programm abgesegnet hat, von dort keine Kontrolle kommt."* (zit. n. Heinrich 2007, 237). Indem allerdings die Kontrolle ihren Ernstcharakter verliert, schwindet tendenziell auch das Innovationspotenzial für die verordnete Schulentwicklung. Eben dieses Phänomen wurde ja in den 1990er Jahren als ineffektive Durchgriffssteuerung kritisiert und mit dem Terminus der „Übersteuerung" belegt (vgl. Maritzen 2000). Favorisiert werden daher in den neueren Steuerungsvorstellungen Verbindlichkeit schaffende Vereinbarungen. Solche werden erreicht durch *Verhandlung*, dem dritten von Lange/Schimank (2004, 22) beschriebenen Modus der Handlungskoordination:

> „Nur aus Verhandlungen zwischen Akteuren – auf der Basis wechselseitiger Beobachtungen und Beeinflussungen – können abgesprochene und nicht bloße auf der jederzeitigen Präsenz und Aktualisierbarkeit von Macht beruhende Handlungsabstimmungen hervorgehen, Hierarchie ersetzt in diesem Sinne Gewaltausübung durch Legitimitätsglauben – niemals vollständig, aber doch in erheblichem Maße. Und dieser Glauben erwächst nicht zuletzt daraus, dass in Verhandlungen beide Seiten die je eigene Position darlegen und damit ungeachtet des Ergebnisses vor anderen, vor allem aber vor sich selbst, ihr Gesicht wahren können."

Diese Beschreibung von Verhandlungsprozessen ist indes von Lange/Schimank zunächst nur deskriptiv gemeint. In der Schulentwicklungspraxis finden sich demgegenüber jedoch häufig Praxen, die hieraus ein idealtypisches Konzept von „herrschaftsfreier Aushandlung" und anschließender verbindlicher – zum Teil sogar vertraglicher – Vereinbarung ableiten. Hier zeigt sich dann, wie ein Modus der Handlungskoordination übersetzt wird in eine Steuerungskonzeption. Eine solche Steuerungskonzeption würde indessen wiederum von einer „übersichtlichen Akteurkonstellation" ausgehen, innerhalb derer zwar zunächst Hierarchien bestehen, diese aber durch eine Verhandlungspraxis mit Blick auf ein gemeinsames Ziel gleichsam „überwunden" werden. Die Konstellation in der Praxis ist indessen zumeist komplexer, wie erneut eine Interviewpassage aus der bereits zitierten Studie belegt. Hier formuliert ein Lehrer:

> „Also man merkt schon relativ schnell an dieser Schule, dass, also dass man sich weniger auf die anderen verlassen sollte. Aber man sollte sich nicht nur auf sich selbst verlassen, sondern man sollte seine Netzwerke haben mit den Leuten, mit den Kollegen, mit denen man was anfangen kann. Wenn man eine sehr gute Schulleitung hat, die so etwas unterstützt, dann hat man letztlich eine Instanz, die einem auch immer das eigene Tun legitimiert." (zit. n. Heinrich 2007, 273)

4   Vor- und Nachteile von Aushandlungsprozessen

Leitidee vom Verhandlungsprinzip in seiner normativ gewendeten Variante im
Sinne einer *Good Governance* (vgl. Heinrich 2006b) ist, dass im Gegensatz zu
Beeinflussungsprozeduren, die auf einseitigen Einflussnahmen von Akteuren
basieren, innerhalb von Verhandlungsabstimmungen auf die Präsenz und Aktua-
lisierung von Macht zugunsten bindender Vereinbarungen verzichtet werden
kann (vgl. Czada/Schmidt 1993; Czada 1998). Daher ist vielfach ein normativer
Aspekt von Governance inkludiert, wenn in Steuerungskontexten auf Verhandlungen als probates Mittel verwiesen wird. Unter deskriptiver Perspektive sind
Verhandlungsprozesse demgegenüber nur ein Governance-Mechanismus zur
Entscheidungsfindung neben anderen mit spezifischen Vor- und Nachteilen für
die Handlungskoordination:

> „Im Vergleich zu anderen Idealtypen der Entscheidungsfindung (Hierarchie, Mehr-
> heit und Los) weisen Verhandlungen allgemeine Vorteile und Probleme auf […].
> Als wichtigster Vorteil von Verhandlungen wird in der Theorie gesehen, dass Ent-
> scheidungen im Konsens getroffen werden können. Solche Entscheidungen sind be-
> sonders legitim, da sich niemand gegen seinen Willen unterwerfen muss, und daher
> besonders gut durchsetzbar. Auf der anderen Seite ist es oft schwierig und aufwen-
> dig, in Verhandlungssystemen überhaupt zu Entscheidungen zu kommen. Verhand-
> lungssysteme sind daher selten innovativ. Außerdem sind Verhandlungssysteme
> nicht geeignet, um Umverteilungsziele zu erreichen […].“ (Bandelow 2004, 95)

Der derzeit häufiger anzutreffende Rekurs auf das Verhandlungskonzept im
Rahmen einiger außerschulischer Bildungsprozesse (Heinrich et al. 2007, 125-
149) resultiert womöglich nicht zuletzt aus Erfahrungen mit den Implementati-
onsschwierigkeiten anderer Steuerungsmodelle wie beispielsweise dem New-
Public-Management. Innerhalb der Konzeption einer kollegial-partizipativen
Schulentwicklung durch Schulautonomie, in der die Mitbestimmung der einzelnen Kolleg/innen zunehmend Bedeutung erlangte, ist es vor diesem Hintergrund
auch nur konsequent, wenn Fend (1986) eine kommunikations- und konsensori-
entierte Schulleitung als wesentlichen Faktor „guter Schulen“ benennt (vgl. Hö-
her/Rolff 1996; Bonsen et al. 2002). Im Hintergrund von Konzepten, die zentral
auf Verhandlung als Aushandlungsmechanismus setzen, stehen somit Annahmen
sozialer Wirksamkeit, denen zufolge bei kollektiver Beteiligung die Selbstbindung der Akteure an Entscheidungen wächst. In dieser Zielvorstellung einer
Implementationswirksamkeit von auf Verhandlungsergebnissen basierender
Handlungskoordination werden aber andere Implementationsprobleme von In-

novationen ausgeblendet, wie sie im zuvor zitierten Passus von Bandelow formuliert wurden. Wenn es in Verhandlungssystemen „oft schwierig und aufwendig" ist, „überhaupt zu Entscheidungen zu kommen" (s.o.), dann bedeutet dies zumeist hohe Transaktionskosten. Schon die zeitliche Verzögerung von Entscheidungen kann einen „hohen Verlust" darstellen, wenn man bedenkt, dass in dieser Zeit nach dem alten – augenscheinlich als ineffektiv empfundenen – Verfahren weitergearbeitet wird, das eigentlich durch die Entscheidung innoviert werden sollte. Hinzu kommt die Gefahr einer Einigung, die von den Akteuren als „falscher Kompromiss" empfunden wird, der dann in einer zwar gemeinsam getragenen Entscheidung kulminierte, dessen Makel aber dann darin besteht, dass kaum ein Stakeholder seine Interessen vollgültig vertreten sieht. Oder in der etwas harscheren Formulierung Adornos: „Die peinliche Erinnerung daran, wie etwa in Gremien, auch bei subjektiv gutem Willen der Mitglieder, das Mindere sich durchsetzt, bringt die Vormacht des Allgemeinen zu einer Evidenz, für deren Schmach keine Berufung auf den Weltgeist entschädigt." (Adorno 1994, 302) Solche Enttäuschungen bei Akteuren lassen sich auch an den Schulentwicklungsbemühungen der letzten Jahre vielfach ablesen (vgl. Altrichter 2000; Altrichter/Heinrich 2005b). Und wenn Bandelow in diesem Zusammenhang bemerkt, dass Verhandlungssysteme „daher selten innovativ" (s.o.) seien, dann verweist dies auf einen weiteren neuralgischen Punkt bei der Verwendung von konsensorientierten Verhandlungsprozessen als Instrument der Schulentwicklung (vgl. Schlömerkemper 2000). Innovationen droht in Verhandlungsprozessen letztlich eine Assimilation an den Status quo ante (vgl. Altrichter/Posch 1999). Ein beliebter Modus der Handlungskoordination ist dann eine Form des pro-forma-Handelns, bspw. wenn der Auftrag der Behörde an die Schule lautete, ein Schulprogramm zu erstellen und dann auf Schulleitungsebene ein Papier erstellt wird, das dann tatsächlich nicht mehr ist als ein Papier. Das geschieht zuweilen auch unter Zustimmung des Kollegiums, das dankbar dafür ist, sich nicht mit „Verwaltungshandeln" beschäftigen zu müssen, ohne dass dabei bemerkt würde, dass die Schulprogrammarbeit erst durch diesen Modus der Bearbeitung des Auftrags in ein „Verwaltungshandeln" uminterpretiert bzw. transformiert wurde (vgl. Heinrich 2001/02).

Gegen die Vorstellung einer konsensualen Aushandlungsstrategie als einem Modus der Handlungskoordination wird vielfach indessen auch ein prinzipieller Vorbehalt formuliert: Solange im traditionellen System strukturell noch Mechanismen der einseitigen Beeinflussung qua Hierarchie fortbestehen (bspw. Schulaufsicht mit Weisungsbefugnissen) ist es unwahrscheinlich, dass sich die Beziehungen zwischen den Akteuren (im Beispiel oben zwischen Administration und Schulen) entscheidend verändern. Verhandlungen lassen sich nur führen, wenn auf allen Seiten auch Verhandlungspotenzial – sowohl im Sinne von Verhandlungsmasse als auch im Sinne von Macht – zur Verfügung stehen, wobei allerdings davon auszugehen ist, „dass es zwar sehr einseitige Einflusskonstellationen gibt, aber selten solche, in denen das Einflusspotential einer Seite gänzlich Null ist." (Lange/Schimank 2004, 20f.)[3] Nicht umsonst klagte die Verwaltung in den 80er/90er Jahren über einen massiven „Steuerungsverlust", der erst die Autonomiepolitik der 1990er Jahre notwendig machte (vgl. Lange 1999a; Maritzen 2000).

5   Aushandlung *statt* Steuerung oder Aushandlung *als* Steuerung?

Der vorliegende Text nahm seinen Ausgangspunkt von einer Kritik an simplifizierenden Steuerungskonzepten, indem er jedwede Vorstellung einer „linearen Steuerbarkeit" innerhalb komplexer Akteurkonstellationen unter einen „Naivitätsvorbehalt" stellte. Die Steuerungskritik mündete in das Plädoyer für eine Ausweitung der Perspektive auf Akteurkonstellationen und deren Formen der Handlungskoordination. Auf den ersten Blick mag es nun scheinen, als würde hier empfohlen, Formen der „Steuerung" durch Formen der „Aushandlung" zu ersetzen. Wenn die Stoßrichtung dieses Aufsatzes in dieser Richtung verstanden würde, wäre das allerdings ein kategoriales Missverständnis. Von der normativen Perspektive eines von Demokratievorstellungen und modernen Organisationstheorien inspirierten Schulentwicklers aus, wäre eine solche Aushandlungskultur – allein schon durch die mit solcher Partizipation wahrscheinlich verbundene Stärkung der Lehrer/innenprofession (vgl. Heinrich/Altrichter 2007) – sicherlich wünschenswert. Es besteht jedoch die Gefahr, dass wir damit „simplifizierende Steuerungskonzepte" durch „naive Verhandlungskonzepte" ersetzen. Auch in Verhandlungskonzepten gilt es, nicht hinter den erreichten Theoriestand einer Erforschung schulischer Governance zurückzufallen. Nimmt man nämlich eine deskriptive governancetheoretische Sichtweise ein – und vermeidet normative Fehlschlüsse – dann wird deutlich, dass es sich bei beiden Modi der Handlungs-

---

3   Lange/Schimank (2004b, S. 23) verweisen in diesem Zusammenhang beispielsweise auf die Bedeutung von so genannten „exit"-Optionen: „Für [...] Governance-Mechanismen gilt ferner, dass es einen Unterschied macht, ob bestimmten oder allen Akteuren der jeweiligen Konstellation ‚exit'-Optionen offen stehen und wie leicht realisierbar diese sind. Um dies nur an zwei Beispielen anzudeuten: Wenn in einer Beobachtungskonstellation einer von zwei Akteuren jederzeit ‚exit' wählen kann, ist seine Bereitschaft zur wechselseitigen Anpassung begrenzt, was wiederum für sein Gegenüber nicht ohne Bedeutung ist; und in Zwangsverhandlungs-Netzwerken, in denen die Akteure keine ‚exit'-Option haben und auch nicht ausgeschlossen werden können, aber ein Einstimmigkeitsprinzip herrscht, spielt die Vetomacht jedes einzelnen eine ganz entscheidende Rolle."

koordination um Formen der Steuerung handelt, die jeweils ihre Vor- und Nachteile zeigen:

• Die *direktive Durchgriffssteuerung* hat wenig Bindungskraft für die beauftragten Akteure, solange keine „geeigneten" Sanktionsmittel existieren. Im Falle von verbeamteten Lehrer/innen gibt es kaum Sanktionsmittel, die ein pro-forma-Handeln unterbinden könnten. Angesichts der für die professionelle Ausübung des Berufs notwendig großen Lehrerautonomie in der Expertenorganisation Schule (vgl. Heinrich 2006a) ist auch eine „Präsenz" oder „Aktualisierbarkeit der Macht" nicht möglich – zumindest nicht im Kernbereich der professionellen Tätigkeit: dem Unterricht.

• Die *konsensorientierten Aushandlungskonzepte* hingegen haben eine größere Chance auf Implementierung, da sie eine höhere Selbstbindung der Akteure evozieren. Zugleich aber gilt das nur für Verhandlungen, innerhalb derer die Beteiligten am Ende ihre wohlverstandenen Eigeninteressen (vielfach Partikularinteressen) auch in den Entscheidungen repräsentiert sehen. Die Gefahren einer Befriedungsstrategie durch eine Anpassung an den Status quo ante als auch einer irrationalen Entscheidungsfindung („falscher Kompromiss") drohen das Innovationspotenzial verdampfen zu lassen.

Vor dem Hintergrund dieser kontrastierenden Gegenüberstellung kann es aus analytischer governancetheoretischer Sicht also nicht um die Befürwortung oder Ablehnung der einen oder der anderen Verfahrensweise gehen. Die governancetheoretische Analyse mit ihrem Blick auf Akteurkonstellationen und Modi der Handlungskoordination kann lediglich den Blick dafür schärfen, wie sich kontraintentionale Effekte besser antizipieren und vermittelt darüber eventuell vermeiden lassen. Die governancetheoretische Analyse kann damit durch die Schärfung des Blicks sowie einer Ausweitung der Perspektive auf den systemischen Kontext nur ein Instrumentarium bereit stellen, das dann allerdings für eine Güterabwägung im Sinne utilitaristischer – d.h. auf den Gesamtnutzen bezogener – Kalkulationen für die Akteure vor Ort hilfreich sein kann.

Literatur

Adorno, Theodor W. (1994): Negative Dialektik. Frankfurt a.M.
Adorno, Theodor W./Horkheimer, Max (1994): Dialektik der Aufklärung. Philosophische Fragmente. Frankfurt a.M.
Altrichter, Herbert (2000): Konfliktzonen beim Aufbau schulischer Qualitätssicherung und Qualitätsentwicklung. In: Zeitschrift für Pädagogik, 41. Beiheft, S. 93–110.
Altrichter, Herbert/Brüsemeister, Thomas/Heinrich, Martin (2005): Merkmale und Fragen einer

Governance-Reform am Beispiel des österreichischen Schulwesens. In: Österreichische Zeitschrift für Soziologie 30, H. 4, S. 6–28.

Altrichter, Herbert/Gather-Thurler, Monica/Heinrich, Martin (2005): Arbeitsplatz: Schule (Editorial). In: Dies. (Red.): Arbeitsplatz Schule. Journal für Schulentwicklung 9, H. 2, S. 4–9.

Altrichter, Herbert/Heinrich, Martin (2005a): Schulprofilierung und Transformation schulischer Governance. In: Büeler, Xaver/Bucholzer, Alois/Roos, Markus (Hrsg.): Schulen mit Profil. Forschungsergebnisse – Brennpunkte – Zukunftsperspektiven. Mit einem Vorwort von Helmut Fend. Innsbruck, S. 125–140.

Altrichter, Herbert/Heinrich, Martin (2005b): Evaluation als Steuerungsinstrument im Rahmen eines „neuen Steuerungsmodells" im Schulwesen. In: Böttcher, Wolfgang/Brohm, Michaela/Holtappels Heinz-G. (Hrsg.): Evaluation im Bildungswesen. Weinheim, S. 51–64.

Altrichter, Herbert/Posch, Peter (1999): Wege zur Schulqualität: Studien über den Aufbau von qualitätssichernden und qualitätsentwickelnden Systemen in berufsbildenden Schulen. Innsbruck.

Bandelow, Nils C. (2004): Governance im Gesendheitswesen: Systemintegration zwischen Verhandlung und hierarchischer Steuerung. In: Lange, S./Schimank, U. (Hrsg.): Governance und gesellschaftliche Integration. Wiesbaden, S. 89–110.

Bastian, Johannes (1997): Pädagogische Schulentwicklung – Von der Unterrichtsreform zur Entwicklung der Einzelschule. In: Pädagogik 49, H. 2, S. 6–11.

Bonsen, Martin/von der Gathen, Jan/Iglhaut, Claus/Pfeiffer, Hermann (2002): Die Wirksamkeit von Schulleitung. Weinheim.

Brüsemeister, Thomas (2004): Schulische Inklusion und neue Governance – Zur Sicht der Lehrkräfte. Münster.

Brüsemeister, Thomas (2005): School Governance – Begriffliche und theoretische Herleitungen aus dem politikwissenschaftlichen und sozialwissenschaftlichen Diskurs. Eröffnungs-Paper des Symposions der KBBB „Konzeptuelle und empirische Grundlagen zur Erforschung schulischer Governance" auf der Tagung der Sektion Empirische Bildungsforschung „Veränderungsmessung und Längsschnittstudien", 17.-19.3. 2005, in Berlin.

Brüsemeister, Thomas/Kussau, Jürgen (2007): Governance, Schule, Politik – Zwischen Antagonismus und Kooperation. Wiesbaden.

Brüsemeister, Thomas/Eubel, Klaus-Dieter (Hrsg.) (2003): Zur Modernisierung der Schule. Leitideen – Konzepte – Akteure. Ein Überblick. Bielefeld.

Coleman, James S. (1990): Grundlagen der Sozialtheorie. Band I: Handlungen und Handlungssysteme. München.

Czada, Roland (1998): Verhandeln und Inter-Organisationslernen in demokratischen Mehrebenenstrukturen. In: Hilpert, U./Holtmann, E. (Hrsg.): Regieren und intergouvernementale Beziehungen. Opladen, S. 67–86.

Czada, Roland/Schmidt, Manfred G. (Hrsg.) (1993): Verhandlungsdemokratie, Interessenvermittlung, Regierbarkeit. Opladen.

Dedering, Kathrin/Kneuper, Daniel/Tillmann Klaus-Jürgen (2003): Was fangen „Steuerleute" in Schulministerien mit Leistungsvergleichsstudien an? Eine empirische Annäherung. In: Zeitschrift für Pädagogik, 47. Beiheft. Weinheim/Basel, S. 156–175.

Dubs, Rolf (1994): Die Führung einer Schule. Leadership und Management. Stuttgart.

Esser, Hartmut (1999): Soziologie – Allgemeine Grundlagen. Frankfurt a.M., New York.

Fend, Helmut (1986): „Gute Schulen – schlechte Schulen". Die einzelne Schule als pädagogische Handlungseinheit. In: Die Deutsche Schule 78, H. 3, S. 275–293.

Fend, Helmut (1988): Schulqualität. Die Wiederentdeckung der Schule als pädagogische Gestaltungsebene. In: Neue Sammlung 28, H. 4, S. 537–547.

Gruschka, Andreas/Heinrich, Martin/Köck, Nicole/Martin, Ellen/Pollmanns, Marion/Tiedtke, Michael (2003): Innere Schulreform durch Kriseninduktion? Fallrekonstruktionen und Strukturanalysen zu den Wirkungen administriell verordneter Schulprogrammarbeit. Frankfurter Beiträge zur Erziehungswissenschaft. Frankfurt am Main.

Heinrich, Martin (2001): Schulentwicklungsforschung in der „neuen Reformphase". Paradigmenwechsel, andere Nomenklatur, Aktivismus oder Marginalisierung? In: Die Deutsche Schule 93, H. 3, S. 304–318.

Heinrich, Martin (2001/02): Das Schulprogramm als effektives Reforminstrument? Von den Versuchen, alte Strukturen aufzubrechen. In: Pädagogische Korrespondenz, H. 28, S. 87–103.

Heinrich, Martin (2006a): Autonomie und Schulautonomie. Die vergessenen ideengeschichtlichen Quellen der Autonomiedebatte der 1990er Jahre. Münster.

Heinrich, Martin (2006b): Von der Autonomie in der Schulentwicklung zur New Education Governance. Überlegungen zu einem Paradigmenwechsel in der Schulreform am Beispiel empirischer Studien zur Schulprogrammarbeit. In: Heinrich, Martin/Greiner, Ulrike (Hrsg.): Schauen, was 'rauskommt. Kompetenzförderung, Evaluation und Systemsteuerung im Bildungswesen. Wien/Münster, S. 81–94.

Heinrich, Martin (2007): Governance in der Schulentwicklung. Von der Autonomie zur evaluationsbasierten Steuerung. Wiesbaden.

Heinrich, Martin/Altrichter, Herbert (2007): Schulentwicklung und Profession. Der Einfluss von Initiativen zur Modernisierung der Schule auf die Lehrerprofession. In: Helsper, Werner/Busse, Susan/Hummrich, Merle/Kramer, Rolf-Torsten (Hrsg.): Pädagogische Professionalität in Organisationen. Neue Verhältnisbestimmungen am Beispiel der Schule. Wiesbaden, S. 129–145.

Heinrich, Martin/Rauch, Franz/Minsch, Jürg/Schmidt, Esther/Vielhaber Christian (2007): Bildung für Nachhaltige Entwicklung: eine lernende Strategie für Österreich. Empfehlungen zu Reformen im Kontext der UNO-Dekade Bildung für Nachhaltige Entwicklung (2005-2014). Münster.

Höher, Peter/Rolff, Hans-Günter (1996): Neue Herausforderungen an Schulleitungsrollen: Management – Führung – Moderation. Jahrbuch der Schulentwicklung: Daten, Beispiele und Perspektiven. Bd. 9. Weinheim/München, S. 187–220.

Klug, Christian/Reh, Sabine (2000): Was fangen die Schulen mit den Ergebnissen an? Die Hamburger Leistungsvergleichsstudie aus der Sicht „beforschter" Schulen. In: Pädagogik H. 12, S. 16–21.

Kussau, Jürgen (2007): Governance der Schule im Kontext von Interdependenzen und sozialem Wissen. In: Brüsemeister, Thomas/Eubel, Klaus-Dieter (Hrsg.): Evaluation, Wissen und Nichtwissen. Anschlussfragen an evaluationsbasierte Steuerung. Wiesbaden, S. 203-232.

Lange, Hermann (1999a): Schulautonomie und Neues Steuerungsmodell. In: Recht der Jugend und des Bildungswesens 47, H. 4, S. 423–438.

Lange, Hermann (1999b): Qualitätssicherung in Schulen. In: Die Deutsche Schule 91, H. 2, S. 144–159.

Lange, Hermann (2001): Erziehungswissenschaft, Bildungspolitik und Schulen: Auf dem Weg zu einer realistischen Konzeption? In: Tillmann, Klaus J./Vollstädt, Werner (Hrsg.): Politikberatung durch Bildungsforschung. Das Beispiel: Schulentwicklung in Hamburg. Opladen, S. 191–206.

Lange, Stefan/Schimank, Uwe (2004): Governance und gesellschaftliche Integration. In: Dies. (Hrsg.): Governance und gesellschaftliche Integration. Wiesbaden, S. 9–46.

Lassnigg, Lorenz (2000): Zentrale Steuerung in autonomisierten Bildungssystemen. In: OECD (Hrsg.): Die Vielfalt orchestrieren. Steuerungsaufgaben der zentralen Instanz bei größerer Selbständigkeit. Innsbruck, S. 107–141.

Maritzen, Norbert (2000): Funktionen des Schulprogramms im Rahmen eines Steuerungskonzeptes. In: Erziehung und Unterricht. 150. Jg. H. 3/4, S. 215–225.

Maritzen, Norbert (2001a): Schulforschung und Bildungspolitik in Hamburg: Mühen einer Schulverwaltung, wissenschaftlich aufgeklärt zu handeln. In: Tillmann, Klaus-Jürgen/Vollstädt, Witlof (Hrsg.): Politikberatung durch Bildungsforschung. Das Beispiel: Schulentwicklung in Hamburg. Opladen, S. 33–58.

Maritzen, Norbert (2001b): Schulleistungsforschung und Schulentwicklung, zwei Seiten einer Medaille. In: Journal für Schulentwicklung 5, H. 2, S. 46–54.

Peek, Rainer (2001): Rückmeldestrategien als Element der Qualitätsentwicklung durch großflächige Tests. In: Journal für Schulentwicklung 5, S. 55–64.

Rolff, Hans-Günter (2002): Rückmeldung und Nutzung der Ergebnisse von großflächigen Leistungsuntersuchungen. Grenzen und Chancen. In: Rolff, Hans-Günter/Holtappels, Heinz Günter/Klemm, Klaus/Pfeiffer, Hermann/Schulz-Zander, Renate (Hrsg.): Jahrbuch der Schulentwicklung. Band 12. Weinheim/München, S. 75–98.

Schimank, Uwe (1995): Für eine Erneuerung der institutionalistischen Wissenschaftssoziologie. In: Zeitschrift für Soziologie 24, S. 42–57.

Schimank, Uwe (1996): Theorien gesellschaftlicher Differenzierung. Opladen.

Schlömerkemper, Jörg (2000): Konsens und Beteiligung! Ein Plädoyer für mehr Demokratie in der Bildungspolitik. In: Die Deutsche Schule 92, H. 1, S. 6–9.

Schrader, Friedrich-Wilhelm/Helmke, Aandreas (2003): Von der Evaluation zur Innovation? In: Empirische Pädagogik 18, H. 1, S. 140–161.

Schrader, Fiedrich-Wilhelm/Helmke, Andreas (2004): Evaluation – und was danach? In: Schweizerische Zeitschrift für Bildungswissenschaften 25, H. 1, S. 79–110.

Schratz, Michael (1998): Schulleitung as change agent: Vom Verwalten zum Gestalten von Schule. In Altrichter, H. et al. (Hrsg.): Handbuch der Schulentwicklung. Innsbruck/Wien, S. 160–189.

Schratz, Michael (2005): Abschied vom primus inter pares – Schulleitung zwischen Beruf und Berufung. In: Büeler, X./Buholzer, A./Roos, M. (Hrsg.): Schulen mit Profil. Forschungsergebnisse – Brennpunkte – Zukunftsperspektiven. Mit einem Vorwort von Helmut Fend. Innsbruck, S. 181–192.

Specht, Werner/Freudenthaler, Harald H. (2004): Bildungsstandards – Bedingungen ihrer Wirksamkeit. In: Erziehung und Unterricht 154, H. 7-8, S. 618–629.

Tillmann, Klaus-Jürgen/Dedering, Kathrin/Kneuper, Daniel/Kuhlmann, Christian/Nessel, Ina (2007): PISA als bildungspolitisches Ereignis. Oder: Wie weit trägt das Konzept der „evaluationsbasierten Steuerung"? In: Brüsemeister, Thomas/Eubel, Klaus-Dieter (Hrsg.): Evaluation, Wissen und Nichtwissen. Anschlussfragen an evaluationsbasierte Steuerung. Wiesbaden, S. 117–140.

Wissinger, Jochen (2002): Schulleitung im internationalen Vergleich – Ergebnisse der TIMSS-Schulleiterbefragung. In: Wissinger, Jochen/Huber, Stephan G. (Hrsg.): Schulleitung – Forschung und Qualifizierung. Opladen, S. 45–61.

II

Akteure –

Steuerungs-Intentionen, -Handlungen und -Wirkungen

Roman Langer

Warum haben die PISA gemacht?

Ein Bericht über einen emergenten Effekt internationaler politischer Auseinandersetzungen

1 Einleitung: Eine Governance-Dynamik auf höchster Ebene führt zu PISA

Warum gibt es eigentlich PISA (*Programme for International Student Assessment*)? Wer hat sich das ausgedacht? Welche Gründe hatte er dafür, PISA zu entwickeln und zu installieren? Auf welche Probleme versuchte er mit PISA zu reagieren, und welche Ziele wollte er mit PISA erreichen?

Wer eine Antwort auf diese Fragen sucht, stellt zunächst fest, dass sie reichlich dünn gesät sind. Es gibt Unmengen an Literatur zu, über, für und wider PISA; man hat den Eindruck, fast jede zweite Schul- und Bildungsforschungsstudie nähme auf PISA Bezug, und Reformvorschläge, die mit PISA-Ergebnissen begründet werden, sind inzwischen Legion. Aber dieser Berg von Büchern und Aufsätzen wirkt wie ein Heuhaufen, in dem sich wenige Nadeln gründlich versteckt haben, sobald man fragt: *Warum* sollen sich Schüler und Lehrer an PISA beteiligen? *Wer* hat PISA erfunden und *wozu*? *Welche Interessen* wurden damit verfolgt?

Der vorliegende Beitrag referiert das Ergebnis einer Literaturrecherche zu diesen Fragen. Er zeigt, dass die Wurzeln von PISA erstaunlich weit zurück reichen, bis in die späten 50er Jahre des vergangenen Jahrhunderts hinein, und dass sich der Entstehungsprozess in drei strukturell ähnlichen Phasen abgespielt hat. Treibende Kräfte waren mächtige westliche Staaten – zunächst vor allem die U.S.A., später auch bedeutende EU-Staaten – die mit bildungspolitischen Initiativen jeweils auf vermutete Bedrohungen ihrer politisch-ökonomischen Vormachtstellung reagierten. Richtung und Form des Prozesses ergaben sich dann aus wechselseitigen politischen Reaktionen zwischen Staatsregierungen und internationalen Organisationen. Damit liegt ein klassischer Fall einer Governance-Dynamik vor, die sich allerdings fast ausschließlich auf „höchster Ebene" abspielt: Das in Bildungsinstitutionen arbeitende „Fußvolk" spielte in diesem Prozess nahezu gar keine Rolle; jedenfalls erwähnt die Literatur es nicht.

In Anlehnung an die Methodologie der Mechanismen-Analyse (vgl. Langer 2006a) rekonstruiert der Aufsatz zunächst die Phasen des Prozesses, der zu PISA geführt hat: Phase I setzt beim so genannten „Sputnik-Schock" an und umfasst die Gründung der OECD; Phase II beginnt mit der Wirtschaftskrise Mitte der 70er Jahre, wird durch einen nationalen Bildungsbericht der U.S.A., der dort einen weiteren „Schock" auslöst, beschleunigt und sieht die Wandlung der OECD zu einem proaktiven bildungspolitischen Akteur, der die PISA-Idee gebiert; Phase III schließlich ist dadurch gekennzeichnet, dass die EU-Staaten sich auf eine gemeinsame Problem- und Zieldefinition einigen, dass sich fast zeitgleich der „PISA-Schock" ereignet sowie dadurch, dass die Staaten in Reaktion darauf das Bildungsstandards-Konzept der OECD übernehmen.

In der Darstellung der Phasen wird bereits auf Faktoren verwiesen, die dafür verantwortlich sind, dass diese Dynamik voran getrieben wurde – wenn man an ihr etwas ändern wollte, müsste man genau diese Faktoren mittels kollektiver Initiativen beeinflussen. Die Faktoren werden aber nur mit Ziffern benannt; explizit erläutert werden sie erst im Schlussabschnitt des Beitrags, der diese Faktoren schließlich zu einem knappen, heuristisch-theoretischen Modell der PISA-Governance-Dynamik zusammenfasst. Inwieweit ein solches Modell zur governancetheoretischen Analyse analoger Prozesse dient und möglicherweise eine „Optionenheuristik" (Wiesenthal 2002) für die Entwicklung gesellschaftspolitischer Alternativen zum PISA-Prozess eröffnet, bleibt weiterer Diskussion überlassen.

2 Phase I: Sputnik-Schock und OECD-Gründung

(Faktor 1) Der erste Faktor, der die später zu PISA führende Dynamik antreibt, ist in den analysierten Texten nur schwer zu fassen, lässt sich aber zumindest in hypothetischen Umrissen konturieren: Es handelt sich um so etwas wie eine globale (genauer: die nördliche Hemisphäre betreffende) politisch-ökonomische Großwetterlage, die im internationalen Staatensystem herrscht. Mitte der 50er Jahre bestand sie darin, dass die Nachkriegszeit, in der sich neue Staaten, neue Staatsgrenzen und neue Staatenbünde gründen, aufbauen und etablieren mussten, allmählich zu Ende ging. Eine neue Nachkriegsweltordnung etablierte sich, die bereits durch Konkurrenz um die ökonomische und technologische Vorherrschaft geprägt war. Hier beginnt die erste Phase der modernen westlichen Schulreformen, die später PISA hervor bringen sollten.

(Faktor 2) Als zweiter Faktor spielt eine Rolle, dass bestimmte westliche Staaten eine mächtige Position in dem internationalen Konkurrenzsystem einnehmen und diese nicht verlieren möchten. In der Nachkriegszeit waren das die U.S.A., die der anderen „Supermacht", der Sowjetunion gegenüber standen.

(Faktor 3) Innerhalb dieses Verhältnisses erlebt nun eine bedeutende Nation, hier die U.S.A., einen Schock durch ein plötzliches Ereignis, das ihr deutlich macht, dass ihre Stellung in der Konkurrenz wesentlich schlechter ist, als sie bislang glaubte – dies war der Sputnik-Schock 1957. Die Sowjetunion hatte den ersten Satelliten der Menschheit ins All geschossen, und die U.S.A. nahmen das als (überraschendes und erschreckendes) Zeichen der technologischen, vulgo auch militärischen Überlegenheit der UdSSR wahr.[1]

(Wirkung.) Und dies war für sie der Anlass zu handeln: Der U.S.-Kongress beschloss 1958 als eiliges Notfallprogramm einen *National Defense Education Act* (NDEA), ein umfassendes Programm zur Verbesserung des U.S.-amerikanischen Erziehungssystems. Die Begründung und das Ziel, das Präsident Eisenhower mit diesem Programm verband, lautete, dass "the United States needed to outdo its foe, the Soviet Union, "on the Communists' own terms— outmatching them in military power, general technological advance, and specialized education and research" (NYSED 2006, 12).

(Faktor 4) Der wichtigste Unterschied zwischen diesen und den späteren Phasen westlicher Schulsystemreformen besteht darin, dass die OECD (Organisation for Economic Co-operation and Development) anfangs noch keine große

---

[1] Vielleicht ist es erlaubt, eine kleine Geschichte zu zitieren, die schon an dieser Stelle ein Schlaglicht darauf wirft, dass derlei Wahrnehmungen viel mit interessengeleiteter Wahrnehmung zu tun haben können. Bracey (2005) berichtet: "In red ink, the March 24, 1958, post-Sputnik cover of Life magazine screamed, ‚Crisis in Education.' Two high school juniors stared out from the cover, a stern-faced Alexei Kutzkov in Moscow, and an easy-smiling Stephen Lapekas in Chicago. Inside, Alexei was seen conducting complicated science experiments, reading aloud from Sister Carrie in his English class, and using his free time to learn even more skills. By contrast, photos showed Stephen walking his girlfriend home, rehearsing for the school musical, practicing his swimming stroke, and otherwise having an easy time because 'the standards of education are shockingly low.' In one picture, Stephen retreats from a geometry problem on the blackboard. Says the text: "Stephen amused class with remarks about his ineptitude." (I tracked down Stephen Lapekas. He became an Air Force fighter pilot, then a commercial pilot. Not bad for a slacker in a system with "shockingly low" standards—his son said Life chose him because he looked so average; ‚he was a C student and thought of college as a golfer might think of a sandtrap.' Receiving little cooperation from the Russian Embassy, I enlisted the assistance of Anne Garrels, then the Moscow correspondent for National Public Radio, in the search for Alexei Kutzkov. The hunt intrigued her, but several months later she called to say that, in spite of the many specific facts I provided about Alexei, his school, and his teachers, she had been unable to find any evidence he ever existed. She questioned the story's veracity: 'There is no way in hell that an American journalist and photographer could have gotten into a typical Moscow high school at the time.')"

Rolle spielte. Kein Wunder: Sie wurde erst 1961 gegründet.[2] Dann zeigte sie
allerdings von Anfang an Ambitionen, Bildungspolitik zu betreiben. Sie führte in
ihrem Gründungsjahr eine „Konferenz über Wirtschaftswachstum und Investiti-
onen im Bildungswesen" durch (Martens/ Wolf 2006, 162, Fn. 15), strebte „eine
informelle Vereinheitlichung der Bildungspolitik" der westlichen Welt an und
versuchte, wohl nicht ganz ohne Einfluss des Sputnik-Schocks, „die Naturwis-
senschaften in den Schulen der Mitgliedsstaaten zum Zentrum zu machen"
(Crotti/ Osterwalder 2007, 6).

(Faktor 5) Schon früh nahm man in europäischen Ländern, wenn es um
Analysen und Reformen des Bildungssystems ging, auf die OECD Bezug. Das
gilt beispielsweise für Irland, das 1965 „the first formal impact of international
agencies on the Irish education system" (Sugrue 2006, 181) erlebte, als es sich
mit dem OECD-Bericht „Investment in Education" auseinandersetzte. In
Deutschland hatte erstmals Picht 1964 in seiner „deutschen Bildungskatastrophe" auf die OECD Bezug genommen (Leschinsky 2005, 835), und die KMK
folgte 1968 mit einem Beschluss zur „radikale[n] Revisionen aller Lehrpläne"
ebenfalls „Orientierungen der OECD" (Sill 2006, 293).

(Faktor 6) 1973 erschien dann ein OECD-Bildungsbericht über Deutschland, der auf einer Untersuchung durch eine Expertengruppe basierte, „die nam-
hafte Wissenschaftler und Sachverständige der westlichen Welt einschloss" und
den Titel trug: „Bildungswesen: mangelhaft" (Leschinsky 2005, 820). Die Hinweise dieses Berichtes blieben allerdings „faktisch ungehört … Denn die Kon-
fliktparteien – vertreten damals vornehmlich durch die nach vorne treibende
sozial-liberale Bundesregierung auf der einen und die Länder bzw. deren Organ,
die KMK (…) auf der anderen Seite – hatten sich längst auf die sie auseinander
führende Reise gemacht." (Leschinsky 2005, 822) Damit ist ein weiterer Faktor
für die westliche Erziehungs- und Bildungspolitik angesprochen, der sich in der
folgenden Phase noch als wesentlich erweisen wird: Das Verhältnis einer Natio-
nalregierung zu den Regierungen ihrer Länder (Staaten) beziehungsweise zur
inneren Opposition.

(Faktor 7) Die U.S.A., die auf den Sputnik-Schock zunächst ohne Einbezug
internationaler Organisationen reagiert hatten, forderten die OECD in den 60er
Jahren erstmals auf, „Indikatoren für eine systematische Bewertung der Qualität
von Bildungs- und Lernleistungen in den Mitgliedsstaaten […und] ein Handbuch für Faktoren zu entwickeln, die für eine effektive Investitionsplanung im
Bereich der Bildung relevant seien." (Martens/ Wolf 2006, 164)

---

2   Vorläuferorganisation der OECD war die OEEC (Organisation for European Economic Co-
     operation), deren Zweck es war, den wirtschaftlichen Wiederaufbau Europas im Rahmen des
     Marshallplans zu fördern.

(Faktor 8) Die OECD konnte sich im Folgenden als Dienstleistungsanbiete-rin und Informationsvermittlungsagentur in Bildungsfragen etablieren: Sie grün-dete 1968 das „Centre for Educational Research and Innovation" (CERI) und institutionalisierte ihre bildungspolitischen Ambitionen (Martens/ Wolf 2006, 163; Crotti/ Osterwalder 2007, 6) Sie erwarb sich Renommee, weil sie den Re-gierungen wissenschaftlich fundierte Analysen zur politischen Entscheidungs-findung zur Verfügung stellte (ohne selbst Daten zu erheben: Sie verwendete Daten der Mitgliedsstaaten; Martens/ Wolf 2006, 165) und als Forum für Dis-kussionen diente (vgl. Klausnitzer o. J., Abschnitt 4). Die OECD war aber weit davon entfernt, als eigenständiger, proaktiver bildungspolitischer Akteur auf den Plan zu treten; ihre Statistiken gaben den nationalen Bildungspolitiken keinerlei Richtung vor. In ihrer einzigen offiziellen Erklärung zur Bildungspolitik (*Decla-ration on Future Educational Policies in the Changing Social and Economic Context*, 1978) schlagen die OECD-Minister den Mitgliedsstaaten vor, Bildung als politische Priorität zu behandeln (Martens/ Wolf 2006, 162, Fn. 15)

3 Phase II: Stagflationskrise und „A Nation at Risk" – OECD wird zum Bildungs-Akteur

(Faktor 1) Inzwischen hatte sich die politische Großwetterlage verändert. Ab Mitte der 70er Jahre bestimmte eine Wirtschaftskrise, die „Stagflationskrise" (Mayntz / Scharpf 2005, Abs. 16), das Geschehen in der westlichen Welt. Die westlichen Regierungen reagierten darauf: Mitte der 80er Jahre schwenkt die wirtschaftspolitische Grundausrichtung der U.S.A. und der wichtigsten EU-Staaten um von keynesianisch-sozialdemokratischen Vorstellungen hin zu Libe-ralisierung, Deregulierung und Privatisierung des Handels und der Märkte, um Wachstum und Innovation zu erzeugen (vgl. Mayntz / Scharpf 2005 Abs. 15-18; Klausnitzer o.J., Abschnitt 2). Die Rolle des Staates wurde vom sorgenden Wohlfahrts- zum schlanken, Governanceprozesse zulassenden und moderieren-den Staat umgewandelt; die Kosten des öffentlichen Sektors sollten mittels *new public management*-Konzepten reduziert werden – „ein Beitrag, so die offizielle Lesart, zu Innovation und Wirtschaftswachstum." (Klausnitzer o. J., Abschnitt 4)
(Faktor 9-1) Schützenhilfe gaben *think tanks* (Lohmann 2001, Abs 3) wie die Vertreter der neoliberalen Wirtschaftstheorie der *Chicago School of Econo-mics* (vormals *Mont Pélerin Society*) mit ihren führenden Köpfen Friedrich v. Hayek und Milton Friedman (Ötsch 2007, 13-19).
(Faktor 7-1) Als Durchsetzungsinstrumente für die neue politische Ökono-mie konnten internationale Wirtschaftsorganisationen genutzt werden, die ers-tens den besorgten westlichen Staatsregierungen durch ihren inter- und suprana-

tionalen Charakter als Foren zur Verständigung dienten und zweitens von Haus aus über ökonomische Relevanzmuster verfügten, wie Weltbank, Internationaler Währungsfonds (IWF), Welthandelsorganisation (WTO) und – die OECD (Lohmann 2001, Abs. 3). Diese diagnostiziert 1987 laut Klausnitzer (o. J., Abschnitt 3) eine Minderung ökonomischer Leistungen, die sich in sinkendem Beschäftigungswachstum niederschlägt – durch die Wirtschaftskrise war die strukturelle Arbeitslosigkeit gewachsen, was eine Zeitlang noch soziale Bildungsziele und die Frage der Bildungsgleichheit auf die politische Tagesordnung gesetzt hatte (Martens/ Wolf 2006, 163) –, eine Verlangsamung der Produktivitätssteigerungsrate und eine Überteuerung des öffentlichen Sektors bei mangelnder Effektivität.

(Faktor 2) Die U.S.A. sorgten sich im Rahmen der Wirtschaftskrise insbesondere um die „negative Handelsbilanz und die hohe Importrate ausländischer Güter, symbolisiert durch das japanische Automobil" (Messow 2003, 183; Fn. 165). Sie fürchteten, ihre politische und ökonomische Führungsposition im internationalen Staatensystem zu verlieren. Die 1980 gewählte Reagan-Administration strebte als Gegenmaßnahme offensiv eine globale Führungsrolle an und ergriff zu diesem Zweck verschiedene Maßnahmen. Zwei davon sind im vorliegenden Zusammenhang von besonderem Interesse: Der nationale Bildungsbericht der U.S.A. „A Nation at Risk" und das Verhältnis der U.S.A. zu UNESCO und OECD.

(Faktor 3) Am 26.8.1981 startete eine Exzellenz-Initiative der U.S.-Regierung. Der *Secretary of Education*, Terrell Bell, rief die *National Commission on Excellence in Education* ins Leben, die 1983 ihren in scharfen Worten formulierten Bericht „A Nation at Risk" vorlegte (NCEE 1983, vgl. Becker 2000, 3). Darin wurden die niedrigen U.S.-amerikanischen Bildungsstandards angeprangert, eine „wachsende Flut der Mittelmäßigkeit" dignostiziert und erklärt, „that if such a system had been foisted on the nation by a foreign power, it would be considered an act of war." (Gamoran 2007, 82) Die schlechte Bildungsqualität wurde als Sicherheitsrisiko von nationaler Bedeutung eingestuft (Martens/ Wolf 2006, 165). Dieser Bericht erzeugte in den U.S.A. also einen Schock, vergleichbar mit dem sowjetischen Sputnikflug und mit dem späteren PISA-Schock in Deutschland, der Schweiz und etwas später auch in Österreich.

(Wirkung) – In den Reaktionen auf diesen Schock wird praktisch alles, was die heutige Reform des Bildungs- und vor allem Schulsystems in den deutschsprachigen Ländern kennzeichnet, grundgelegt. Unter Verweis auf die nationalen ökonomischen Folgen, die ein niedriger Bildungsstand im globalen Wettbewerb haben würde, wollten die U.S.A. das Bildungsniveau durch *high-stakes testing* anheben und initiierten in schneller Folge eine Reihe von Reformen zur Erhöhung der Schulqualität (Blömeke 2004). So wurde die Publikation von "A Nation at Risk" eine "landmark in the move to standards-based reform" (Gamoran 2007, 82); sie startete den "American accountability trend", der 2002 schließlich in der Gesetzesinitiative des Präsidenten George W. Bush, dem "No Child Left Behind Act", kulminierte (Höög, Bredeson und Johannsson 2006, 266).[3]

(Faktor 2/ Faktor 8) In ihrem strategischen Bemühen um die ökonomische und politische Hegemonie im Weltmaßstab ergriffen die U.S.A. noch eine weitere Initiative, die im Effekt eine weitere relative Aufwertung der OECD als eine für Bildung zuständige Organisation nach sich zog: Sie traten aus der UNESCO, der Bildungsorganisation der *United Nations*, aus. Der Hintergrund war, dass in den 50er Jahren sozialistische Staaten und in den 60er Jahren die unabhängig gewordenen Entwicklungsländer in die UNESCO eingetreten waren, mit der Folge, dass die Mehrheiten- und Prioritätenbildung dieser Organisation nicht mehr von westlichen Staaten kontrolliert werden konnte. Als die UNESCO 1980 eine Resolution zur „Neuen weltweiten Informations- und Kommunikationsordnung (NWICO)" verabschiedete, die die Abhängigkeit weltweiter Massenmedien von den vier größten Nachrichtenagenturen AP, UPI, AFP und Reuters reduzieren sollte, nahm die Reagan-Administration dies zum Anlass, die Organisation zu attackieren wegen nicht weniger als: Einschränkung der Pressefreiheit, Tyrannei der Mehrheit, pro-sowjetischer und anti-israelischer Haltung, „severe mismanagement" in der Haushaltspolitik, „an increasingly ideological agenda, and an anti-Western bias that opposed those values that Americans cherish".[4] Nach einigen formalen Schritten traten die U.S.A. zum 31. Dezember 1984 endgültig aus der UNESCO aus; Großbritannien und Singapur folgten (vgl. Hüfner 2003; DuBoff 2002).

(Faktor 7-2) Die U.S.A. werteten die OECD aber nicht nur indirekt auf, sondern setzten sie auch direkt unter Druck, international vergleichbare Bildungsindikatoren über die relative Leistungsfähigkeit der Bildungssysteme anzufertigen. Dies hatte einen innenpolitischen Hintergrund:

(Faktor 6) Die bildungspolitische Hoheit lag in den U.S.A., strukturell vergleichbar mit den Verhältnissen in der Bundesrepublik Deutschland, nicht bei der Bundesregierung, sondern bei den einzelnen Staaten. Um ihre bildungspolitischen Reformvorhaben ihnen gegenüber durchsetzen zu können, suchte die Reagan-Administration suchte nach Möglichkeiten, durch internationalen Druck ihre Staaten zum Einlenken zu bewegen (ohne dabei selbst als Initiator dieses Drucks dazustehen) – und instrumentalisierte für diesen Zweck die OECD.

---

3 Auch das spätere OECD-Kernkonzept der *literacy* wurde in dieser Zeit zum ersten Mal prominent: als *cultural literacy* veröffentlicht E. D. Hirsch das Konzept 1983 in der Zeitschrift *The American Scholar*, das sich sofort weit verbreitet. 1987 erscheint sein Buch *Cultural Literacy: What Every American Needs To Know* (Becker 2000: 5-6).

4 http://usinfo.state.gov/products/pubs/unesco/priority.htm, Abruf 22.1.2008

(Faktor 9-2) Dabei sprang ihr ein anderer Staat bei, der strukturell genau dasselbe Problem hatte: Frankreich. Die französische Staatsregierung wollte eine Bildungsreform durchsetzen[5], benötigte aber internationale Schützenhilfe, um die innenpolitische Opposition zu überwinden. (Faktor 7-3) Sie hielten den Druck auf die OECD über mehrere Jahre aufrecht. Diese weigerte sich zwar zunächst, der Forderung nach Bildung internationaler Leistungsvergleichsindikatoren nachzukommen, doch „der politische Druck seitens der USA war zu stark" (Martens/ Wolf 2006, 166): Sie drohten 1987 mit Austritt aus der OECD. Dass dies keine leere Drohung war, hatte der Präzedenzfall des Austritts aus der UNESCO vor Augen geführt.[6]

(Faktor 4) Die OECD gab dem Druck nach und veränderte ihre bildungspolitische Programmatik (Martens/ Wolf 2006, 166). 1988 startete sie das Indikatoren-Projekt INES, das seit Mitte der 90er Jahre eine ihrer Kernaktivitäten darstellt. Seit 1992 erscheint jährlich „Education at a Glance" (Bildung auf einen Blick), eine viel beachtete Aufbereitung statistischer Daten aus den Mitgliedsländern entlang jener Indikatoren (Klausnitzer o. J., Abschnitt 4). Zudem hat die OECD „der UNESCO die Weiterentwicklung des Handbuchs zur Klassifikation von Bildungssystemen (ISCED) abgenommen" (Martens/ Wolf 2006, 163). Schließlich ging sie dazu über, selbstständige bildungspolitische Initiativen zu unternehmen. Ihre Rolle änderte sich von der eines Forums und Katalysators zu der eines Akteurs der neuen Bildungspolitik.

(Faktor 8) Mitte der 90er Jahre ernannte sie nationale Koordinatoren, die die „Indikatorkultur" in Bildungskreisen verbreiten sollten (Klausnitzer o. J., Abschnitt 4); sie rekrutierte Fachwissenschaftler mit „nahezu unantastbare[r] Reputation [...], deren Ausrichtung auf quantitative Methoden der Datenaufarbeitung immer mehr den Diskurs bestimmte" (Martens/ Wolf 2006, 166).

---

5 Die französische Reforminitiative verfolgte inhaltlich eine völlig andere Stoßrichtung als die U.S.-amerikanische, was aber für den hier zur Rede stehenden Prozess keinen Unterschied machte.

6 Man kann solche Faktoren im Prinzip immer weiter aufschlüsseln. Der Zuschnitt des Erklärungsproblems entscheidet darüber, an welchen Grenzen die Analyse Halt macht. Da das Erklärungsproblem hier in der Entstehung der gleichförmigen und wirtschaftsorientierten Ausrichtung der westlichen internationalen Bildungspolitik liegt, wird auf weitere U.S.-spezifische Faktoren nicht eingegangen. Aber einer sei zumindest erwähnt: Die Austrittsdrohung ist Teil einer generellen unilateralen Orientierung der U.S.A. (vgl. für viele Nuscheler 2001), die sich zuletzt unter anderem auch in der Klimapolitik – Nicht-Ratifizierung des Kyoto-Protokolls – und im Vorgehen beim Irak-Krieg – Übergehen des Völkerrechts und der UNO – zeigte. Nicht so sehr die Präsidenten, sondern vor allem der stärker innenpolitisch orientierte U.S.-Kongress verfolgt unilaterale Politik, sobald er der Auffassung ist, dass internationale Entwicklungen die souveräne Handlungs- und Entscheidungsfähigkeit der U.S.A. – ihr Selbstbestimmungsrecht – einschränken.

(Faktor 10) Anfang der 90er Jahre kamen Akteure des INES-Projekts zur Auffassung, dass nicht genug Daten vorhanden waren, um die Bildungssysteme umfassend beurteilen zu können. Man benötigte ein System zur Flächen deckenden Erhebung von Bildungs- und Schulleistungsdaten in den Mitgliedstaaten. Damit war die Idee zu PISA geboren. Anfangs war sie von breiter Akzeptanz allerdings noch weit entfernt.

> Tom Alexander, damals Direktor der Bildungsabteilung, stellte diese Idee 1995 den Mitgliedstaaten vor. Die meisten waren dagegen: zu teuer, zu wenig politische Lerneffekte. [...] Alexander ließ sich nicht entmutigen. Er wollte dieses Projekt, ließ seine Leute trotz der Niederlage weiter daran werkeln und betrieb Lobbyarbeit im Hintergrund. 1997 wurde erneut darüber abgestimmt, und eine Mehrzahl der Länder stimmte diesmal zu – der Pisa-Startschuss war gefallen. Mehr als 300 Wissenschaftler wurden hinzugezogen, um Pisa auch methodisch unangreifbar zu machen. (Martens/ Leibfried 2007, Abs. 9)

(Faktor 9-3) Zur wirtschaftspolitischen Linie der OECD, der Reputation ihrer wissenschaftlichen Experten und zu Alexanders Lobbyarbeit gesellte sich die Verfolgung handfester wirtschaftlicher Interessen durch private Forschungseinrichtungen.[7] Elisabeth Flitner (zitiert nach Jahnke 2006, 13) erklärt deren Lobbyarbeit wie folgt:

> Die Großen unter den multinationalen Bildungsdienstleistern, wie diejenigen, die PISA anbieten, verfügen in der Regel über höhere Budgets, klarere Ziele, höhere Flexibilität, teilweise besseres Fachwissen und viel mehr internationale Erfahrung als Schulverwaltungen einzelner Staaten. Sie wirken, wie alle transnationalen Unternehmen, auf verschiedenen Ebenen als politische Akteure (...): Erstens versuchen sie, durch Stellungnahmen, Seminar- und Kongressangebote und öffentlichkeitswirksame Aktionen den bildungspolitischen Willensbildungs- und Entscheidungsprozess zu beeinflussen; zweitens nehmen sie direkten Kontakt zu Regierungen auf, um ihre Interessen vorzutragen, drittens üben sie durch ihre Verbindungen zu internationalen Organisationen Einfluss aus. (Flitner 2006, 246, zitiert nach Jahnke 2006, 13; vgl. auch Lohmann 2007, 6)

Das Jahr 1997 bildete den Abschluss der Konstitutionsphase des *bildungspolitischen* Akteurs OECD. Dies wurde durch einen Wandel der internationalen Hochschulpolitik flankiert. 1997 waren verschiedene in Europa einflussreiche Regierungen, nämlich diejenigen Deutschlands, Frankreichs und Italiens, mit ihren Hochschulsystemen unzufrieden. Sie strebten Reformen an, die allerdings (Faktor 6) nicht gegen die innenpolitischen Widerstände seitens der für das Bildungs-

---

7   Es handelt sich dabei um internationale Testagenturen, „die PISA entwickelt und an bisher achtundfünfzig Staaten verkauft haben: Die australische ACER Ltd., ETS und WESTAT Inc. Aus den USA und die in den Niederlanden basierte CITO-Gruppe." (Elisabeth Flitner: Rationalisierung der Schule. Zitiert nach Jahnke 2006: 13)

system zuständigen und der ihm angehörigen Akteure durchgesetzt werden konnten, und verständigten sich darauf, um diese Widerstände zu überwinden, einander zu unterstützen – und zwar (Faktor 7) mit Hilfe ihres internationalen Zusammenschlusses, der EU.

(Faktor 9-4) 1997 legte die OECD aber auch das PISA-Projekt erneut zur Abstimmung vor, und – die Mitgliedsländer der OECD segneten es ab. Martens/ Wolf (2006, 167) erklären diese auf den ersten Blick überraschende Zustimmung zu PISA mit „einsetzendem *peer pressure*": Die „Idee internationaler Vergleichsstudien [war] in nur kurzer Zeit zu einem Standard geworden, dem man sich öffentlich nicht widersetzen konnte. ... Dies hatte zur Folge, dass politische Entscheidungsträger unerwartet unter einen immensen Druck gerieten, Resultate vorzuweisen und *benchmarks* gegenüber anderen Staaten" (a.a.O. 165)

Die ideologische Form, in der europäische Regierungen auf ihren selbst produzierten Erwartungsdruck reagieren, scheint eine Art moralisches Zeitgeistargument zu sein. So zeichnet es jedenfalls Sugrue (2006, 189) an der Präambel einer Studie des Irischen Erziehungsministeriums nach. Durch diese Präambel, so Sugrue, ziehe sich ein „vague appeal, that, if we are to ‚move with the times', and not get ‚left behind' and further demonstrate that we are ‚good' Europeans", dass man sich dann der Einführung des OECD-orientierten Evaluationssystems *Whole School Inspection* (WSI – die irische Variante der *school accountability*) nicht entziehen könne.

Und während die OECD von nun an systematisch und stringent an PISA arbeitete, startete gleichzeitig, mit der „Sorbonne-Erklärung" der Bildungsminister Italiens, Deutschlands, Frankreichs und Großbritanniens im Mai 1998 eine straff organisierte, energisch und mit „generalstabsmäßig organisierter Zielverfolgung" (2005, 5) voran getriebene europäische Initiative zur Hochschulpolitik.

4   Phase III: Offizielle Problemdefinition der EU – PISA-Schock – Standard-Lösung

(Faktoren 1, 2 und 9) Das *peer pressure* beruhte spätestens ab 2000 auf einer *offiziellen gemeinsamen Problemdefinition* der europäischen Staaten, die wiederum auf eine bestimmte polit-ökonomische Großwetterlage reagierte, nämlich auf die verschärfte internationale ökonomische Konkurrenz im Zuge der postsozialistischen Globalisierungsprozesse. Erneut sehen sich einflussreiche westliche Staaten – diesmal nicht die U.S.A. und Frankreich, sondern alle Mitgliedsstaaten der EU – gezwungen, auf eine globale Entwicklung zu reagieren, die auch diesmal eine Wirtschaftskrise hervorgerufen hat, wenn auch nicht direkt, sondern vermittelt über Globalisierung und zunehmende Wissensbasierung. Erneut also gibt eine (vermittelte) ökonomische Bedrohung den Ausschlag für eine internationale Umgestaltung der nationalen Bildungssysteme. In aller Klarheit hat der Europäische Rat, der Zusammenschluss europäischer Staats- und Regierungschefs, diese Problemdefinition anlässlich seiner Tagung am 23. und 24. März 2000 in Lissabon formuliert:

> Die Europäische Union ist mit einem Quantensprung konfrontiert, der aus der Globalisierung und den Herausforderungen einer neuen wissensbasierten Wirtschaft resultiert. Diese Veränderungen [...] erfordern eine tiefgreifende Umgestaltung der europäischen Wirtschaft. [...] Die raschen und immer schneller eintretenden Veränderungen bedeuten, daß die Union jetzt dringend handeln muß, wenn sie die sich bietenden Chancen in vollem Umfang nutzen möchte. (Europäischer Rat 2000, 1)

Und der Europäische Rat hatte auf diese Herausforderungen eine Antwort, er legte ein „neues strategisches Ziel" fest (Europäischer Rat 2000, 1). Dieses Ziel besteht darin,

> die Union zum wettbewerbsfähigsten und dynamischsten wissensbasierten Wirtschaftsraum in der Welt zu machen [...]. Zur Erreichung dieses Ziels bedarf es einer globalen Strategie, in deren Rahmen der Übergang zu einer wissensbasierten Wirtschaft und Gesellschaft durch bessere Politiken für die [...] Bereiche Forschung und Entwicklung sowie durch die Forcierung des Prozesses der Strukturreform im Hinblick auf Wettbewerbsfähigkeit und Innovation und durch die Vollendung des Binnenmarktes vorzubereiten ist. (Europäischer Rat 2000, 2)

Die Problemdefinition wurde europaweit übernommen. Dies wird im Folgenden an den Beispielen des Europäischen Parlaments, des Deutschen Bundestages, der österreichischen Sozialpartner und schließlich der OECD illustriert.

Das *Europäische Parlament*

> ist der Auffassung, dass europäische Spitzenleistungen in der wissensbasierten Wirtschaft davon abhängen, dass eine hoch gebildete und hoch qualifizierte Arbeitnehmerschaft vorhanden ist und dass der Umfang und die Effizienz von Forschung und Innovation erheblich gesteigert werden; [… es] fordert die Kommission und die Mitgliedstaaten auf, die wissenschaftliche Forschung in allen Phasen des Innovationsprozesses von der Entwicklung einer Idee bis zur Umsetzung auf Unternehmensebene aktiv zu unterstützen (Europäisches Parlament 2005, Absatz 23).

Aus hochschulpolitischen Debatten des *Deutschen Bundestages* lässt sich folgende parteiübergreifende Auffassung heraus destillieren (vgl. v. Festenberg 2006).

> Durch Hochqualifizierung von Arbeitskräften und entsprechender Wertsteigerung des Humankapitals werden mehr wissenschaftlich-technische Innovationen erzeugt. Diese Innovationen werden in ökonomisch ertragreiche Produkte und Dienstleistungen umgesetzt. Dies sichert (oder steigert) langfristige Erfolge westlicher Unternehmen auf dem globalisierten Markt und dadurch wirtschaftliche Prosperität, Arbeitsplätze und Kaufkraft und damit den Wohlstand der westlichen Nationen. Für Hochqualifizierung und Wertsteigerung des Humankapitals sind die nationalen Bildungssysteme verantwortlich, aber ihre Leistungen in dieser Hinsicht sind defizitär. Deshalb müssen sie reformiert werden: durch Verschärfung der Konkurrenz zwischen Bildungsinstitutionen bei gleichzeitigerer strafferer Steuerung von außen und oben (Stärkung der Führungspositionen, Hochschulräte).

Eine Stellungnahme der *österreichischen Sozialpartner* mit der Überschrift „Chance Bildung" geht in die gleiche Richtung. Dort wird betont,

> dass Österreich und die EU ihre wirtschaftliche Stärke und damit auch Wohlstand und sozialen Zusammenhalt nur durch massive Anstrengungen im Bereich Qualifizierung und Bildung halten und ausbauen können. … Das Wissen und die Fähigkeiten der Menschen sind bestimmend für die Wettbewerbsposition Österreichs. Unternehmerische Initiative, Innovation und hohe Produktivität der österreichischen ArbeitnehmerInnen sind die Antriebsfedern der österreichischen Wirtschaft; adäquat ausgebildete und qualifizierte Erwerbspersonen tragen diese zentralen Elemente der Wirtschaftsentwicklung. Einem mittelfristigen Engpass an Fachkräften soll heute schon vorausschauend entgegengearbeitet werden. […] Bildung und Qualifizierung werden somit essenzieller Faktor im internationalen Wettbewerb etwa mit den aufstrebenden Ländern aus Mittel- und Osteuropa. (Sozialpartner Austria 2007, 1)

Der *Generalsekretär der OECD*, Jose Angel Gurria, schließlich meint:

> The economic significance of higher education is great, and it is growing. … [It is] central to the ability of nations to participate successfully in the global knowledge economy […] First, consider the economic importance of higher education. … In our work in the OECD, we are focusing on the link between education, investment

and growth. [...] If OECD countries want to remain successful economies, they need to put themselves in the driver's seat for the changes to come. [...] Last month's annual OECD ministerial council meeting focused on reforms necessary for delivering economic prosperity. There, prime minister Kostas Karamanlis ... stressed the importance of improving education and its contribution to economic growth. (Guarria 2006, 13-16)

(Faktor 7) Die OECD liegt mit ihren Problemdefinitionen Zielen im allgemeinen Konsens der mächtigen westlichen wirtschaftlichen und politischen Akteure auf nationaler und internationaler Ebene. Kein Wunder, dass sie und ihre Experten von den nationalen Regierungen große Handlungsspielräume eingeräumt bekamen. Seither nimmt die OECD die „uneingeschränkte Führungsrolle im Bereich der Bildungsindikatoren" ein (Martens/ Wolf 2006, 163).

(Faktor 3) Im Jahr 2000 wurde die PISA-Studie zum ersten Mal durchgeführt. Das Resultat ist bekannt. Den schon sprichwörtlichen Schock erlebten diesmal die deutschsprachigen Länder (Österreich erst mit Verzögerung nach der zweiten PISA-Welle), die ihr Bildungssystem vor PISA für vorbildlich hielten.

(Wirkung.) Die U.S.A. hatten nach ihren beiden Schocks – Sputnik und dem „A Nation at Risk" – jeweils umgehend mit der schnellern Verabschiedung umfang- und zahlreicher Programme zur Umgestaltung ihres Bildungssystems reagiert. Wie reagierten nun die deutschsprachigen Staaten? Die Literatur legt nahe: Durch unbedachte, schnelle Übernahme fertiger Lösungskonzepte ohne ausreichender wissenschaftliche und öffentliche Debatte.

(Faktor 5-1) In der Schweiz und in Deutschland „erfolgte seitens der Bildungspolitik *ohne* kritisches Hinterfragen rasche Zustimmung zu den kommunizierten Befunden und ein vehementer Aktionismus" (Becker 2007, 21). Die PISA-Ergebnisse wurden als Bildungsmisere interpretiert, deshalb sahen sich die bildungspolitischen Akteure unter „politischem Druck, ... schnell zu handeln" (Sill 2006, 300, vgl. Tillmann & Team 2008, 120).

(Faktor 10) Aber die deutschsprachigen Staaten verfügten nicht über fertige, wissenschaftlich ausgearbeitete und öffentlich durchdebattierte Lösungen für die durch PISA akzentuierten – und von Akteur zu Akteur sehr unterschiedlich interpretierten – Probleme (Sill 2006; Tillmann & Team 2008).

(Faktor 4) Ein Akteur hatte solche Konzepte allerdings ausgearbeitet in der Schublade liegen: die OECD. Es waren die in den U.S.A. seit Mitte der 80er Jahre als Reaktion auf „A Nation at Risk" eingesetzten Konzepte der Bildungsstandards, basierend auf den Kernkonzepten *literacy* und Kompetenzen, und des *High Stakes Testing*, der „Idee des permanenten Testens von Leistungen" (Sill 2006, 300).

(Faktor 5-2) Die Staaten übernahmen diese Instant-Lösungen und führten sie Umsetzungsbeschlüssen zu. So ist die „Standard-Politik" beispielsweise in

Österreich „seit 2000 durchgängig in allen Regierungsübereinkommen vertreten"
(Altrichter 2008). Eine kritische Auseinandersetzung mit diesen „Lösungs"-
Ansätzen fand nicht statt, obwohl die U.S.A. alles andere als einheitlich positive
Erfahrungen damit gemacht haben (vgl. z.b. AEA 2002). So waren basale Hin-
tergrundannahmen des PISA-Ansatzes beispielsweise kein Thema in wissen-
schaftlichen oder politischen Debatten.[8]

> Nicht diskutiert wurden etwa folgende Fragen: Werden mit PISA wirklich Aspekte
> erhoben, die für das tägliche Leben relevant sind und die Fünfzehnjährige in ihrem
> späteren Leben brauchen werden? Wie kann man wissen, was Menschen später an
> Basiskompetenzen benötigen, um für eine befriedigende Lebensführung in persönli-
> cher und wirtschaftlicher Hinsicht sowie für eine aktive Teilnahme am öffentlichen
> Leben gerüstet zu sein? Und um welche Kompetenzen soll es sich denn handeln?
> Und um welche nicht? Wie können diese gerechtfertigt, geschweige denn politisch
> legitimiert werden? (Becker 2007, 21)

Auch die Kompetenzmodelle der OECD wurden im Rahmen der Einführung von
Bildungsstandards unkritisch übernommen.

> In persönlichen Gesprächen mit Mitgliedern der Arbeitsgruppe [zur Entwicklung der
> Bildungsstandards für den mittleren Schulabschluss im Fach Mathematik] erfuhr
> ich, dass das Kompetenzstufenmodell von OECD/PISA von den wissenschaftlichen
> Beratern als ‚neuester Stand der Wissenschaft' eingebracht und weitgehend kritiklos
> übernommen wurde.[9] [...] In der außerordentlich kurzen Zeit der Arbeit an den Bil-
> dungsstandards war es weder möglich, die vorhandenen Curricula in den einzelnen
> Bundesländern zu analysieren und ein[en] Konsens in unterschiedlichen Auffassun-
> gen zu konkreten Fragen der Ziele des Mathematikunterrichts zu erreichen, noch
> verschiedene Ansätze für Kompetenzmodelle zu diskutieren. [...] Die Standards
> sind nicht im Resultat gründlicher wissenschaftlicher Analysen internationaler und
> nationaler Entwicklungen entstanden, sondern sind Ergebnis eines politisch moti-
> vierten Beschlusses auf ministerialer Ebene, der in sehr kurzer Zeit umzusetzen war.
> (Sill 2006, 299-300)

---

8   In öffentlichen politischen Debatten allerdings schon, Lehrerverbände und -gewerkschaften auf
     der einen sowie Bildungspolitiker aller Couleur und Hierarchieebenen stritten ebenso leiden-
     schaftlich um Interpretationen der PISA-Ergebnisse, wie die Massenmedien sie kommentierten
     – aber nachhaltige analytische Auseinandersetzungen mit den Problemlagen vor Ort, mit offi-
     ziellen und heimlichen Lehrplänen oder mit gesellschaftlichen Bildungszielen gab es wenig,
     stattdessen wurde PISA auf verschiedenste Weise zum Vertreten eigener Interessen instrumen-
     talisiert (Radtke 2000).
9   Zu einem entsprechenden Befund für Irland kommt Sugrue (2006: 188): Die Einführung des
     dortigen Evaluationssystems "Whole School Inspection (WSI)" sei mehr oder weniger unbe-
     dacht aus OECD-Vorstellungen übernommen worden, nach dem Motto: „[B]ecause OECD
     says so, WSI (in whatever form it takes) is almost axiomatically a good thing."

(Faktor 6) Für diese unkritische Übernahme war (in Deutschland) möglicherweise mit verantwortlich, dass Bund, repräsentiert durch das Bundesministerium für Bildung und Forschung (BMBF), und Länder, repräsentiert durch die Kultusministerkonferenz (KMK), zwischen denen traditionell bildungspolitische Grabenkämpfe ausgetragen werden, einander noch zusätzlich zur Eile antrieben: Sie hatten unabhängig voneinander zwei verschiedene Verfahren zur Einführung von Bildungsstandards entwickelt, und versuchten die nun gegeneinander durchzusetzen (Sill 2006, 296-297).

(Faktor 12) Die offizielle Kommunikation der Aufgaben und Ziele von PISA durch die Protagonisten des Assessment-Programms stellt vor allem dar, dass es darum gehe, den Regierungen der an PISA beteiligten Staaten bildungspolitisch relevante Informationen zu liefern.

> Primäre Aufgabe von PISA ist es, den Regierungen der teilnehmenden Länder auf periodischer Grundlage Prozess- und Ertragsindikatoren zur Verfügung zu stellen, die für politisch-administrative Entscheidungen zur Verbesserung der nationalen Bildungssysteme brauchbar sind. (Baumert, Stanat & Demmrich 2001, S. 15, zit. n. Becker 2001, 13)

> Das Programm untersucht, inwieweit es in den teilnehmenden Staaten und ihren unterschiedlichen Bildungssystemen gelingt, junge Menschen auf die Anforderungen der Wissensgesellschaft und auf das Lernen über die Lebensspanne vorzubereiten. [... Es erfasst] Kompetenzen, denen heute eine Schlüsselstellung für die gesellschaftliche Teilhabe und Weiterentwicklung zugesprochen werden kann. [...] Die Auftraggeber, das sind die OECD-Staaten und weitere interessierte Staaten (sogenannte Partnerstaaten), erwarten von dem internationalen Vergleich empirisch fundiertes Steuerungswissen. Die teilnehmenden Staaten möchten von PISA zum Beispiel erfahren, wo sie im internationalen Vergleich stehen, welche Bildungsergebnisse andere Staaten erreichen und unter welchen Bedingungen das geschieht, wie sich Bildungssysteme im Verlauf der Zeit entwickeln und vor allem auf ergriffene Maßnahmen reagieren. (Prenzel et al. 2006, 3)

Die im vorigen Abschnitt skizzierten politökonomischen Rahmenzielsetzungen der OECD und ihres Indikatorenprogramms werden dagegen weniger explizit mitkommuniziert.

> [S]o meinen offensichtlich auch die Autoren der deutschen PISA-Konsortiums auf eine Diskussion der bildungspolitischen Kontexts der OECD-Tätigkeiten – und vor allem des INES-Projekts – verzichten zu können. Das erscheint problematisch, weil der internationale OECD-Text zu den Rahmenbedingungen explizit feststellt, dass die Absprachen der OECD-Regierungen zu PISA "in the context of OECD objectives" und "on the basis of shared, policy-driven interests" stattfindet (OECD, 1999, 17 und 3). Gehen die deutschen Autoren davon aus, diese seien irrelevant? (Klausnitzer o. J., Abschnitt 4)

Das Kommunikationsverhalten der PISA-Verantwortlichen wurde deshalb in letzter Zeit zweimal hart kritisiert (Jahnke/ Meyerhöfer 2006; Hopmann/ Brinek/ Retzl 2007). Nahezu überein stimmend konstatieren Meyerhöfer (2006, 73-74) und Hopmann/ Brinek (2007, 14-15) eine Art Vier-Phasen-Modell des Umgangs mit Kritikern: Zunächst wurde Kritik ignoriert und totgeschwiegen, dann wurden die Kritiker als inkompetent oder von unlauteren Motivationen getrieben diffamiert, anschließend wurden vereinzelte Probleme zwar zugestanden, aber im gleichen Atemzug als belanglos bagatellisiert, und schließlich wurde behauptet, dass die Kritik altbekannt und längst widerlegt sei – ohne allerdings dass auf Literatur verwiesen worden wäre, in der diese Widerlegungen verzeichnet seien.

Besonders große Auskunftsfreude der PISA-Experten konnte auch im Rahmen der Recherchen zu diesem Artikel nicht festgestellt werden. Von elf im Rahmen eines Seminars zu Bildungsgovernance angeschriebenen Experten – übrigens auch solchen, die eine PISA-kritische Haltung einnehmen – antworteten vier gar nicht, zwei lehnten ein Gespräch ab, der Rest verwies auf andere Experten oder auf Bücher, in denen aber über die Entstehungsgeschichte von PISA, die Gegenstand des Gesprächs sein sollte, nur sehr spärliche Auskunft gegeben wird.[10] Hopmann/ Brinek (2007, 13-14) geben an, dass die von ihnen um Stellungnahmen oder Beiträge zu ihrem Sammelband gebetenen PISA-Verantwortlichen sich schlicht verweigert hätten:

> However, repeated invitations to address these issues in open symposia, or to contribute to this volume, remained either unanswered or were turned down. [...] Even an invitation to contribute a summary of the counterarguments to this volume was turned down. (Hopmann/ Brinek 2007, 13-14)

Hopmann und Brinek beklagen ebenso wie Jahnke und Meyerhöfer, dass eine wissenschaftliche Auseinandersetzung so nicht möglich sei. Die Verweigerungshaltung der PISA-Akteure wird (unter anderem) zum Teil darauf zurückgeführt, dass PISA ein derart komplexes Produkt sei, dass niemand es zur Gänze durchschaue, „auch die Projektleitung nicht. Man wird dadurch in der Debatte immer wieder an ‚Verantwortliche' verwiesen, die aber auch wieder nur einen bestimmten Teil des Ganzen vertreten" (Meyerhöfer 2006, 74) und „sich von Teilen des Produkts distanziert haben." (a.a.O., 85) Zu einem weiteren Teil werden die oben erwähnten Geschäftinteressen verantwortlich gemacht, die mit dem PISA-Projekt verknüpft sind, aber ebenfalls konsequent verschwiegen werden (Lohmann 2007, 7):

> PISA has a large "market share" to defend: most of public money spent on educational research nowadays is being put into PISA and similar approaches (the stan-

---

10   In diesem Zusammenhang danke ich Eva Prenninger und Karin Schiendorfer für wertvolle Recherchen.

dards and testing business); many chairs in education have turned to related topics and issues, thus providing a significant market for collaborators in the field. This is all too big and too seductive to be put at risk just because of a few other scholars who do not support the whole enterprise or the way it is done. (Hopmann/ Brinek 2007, 15)

In welchen Situationen ist die inkriminierte Art der Kommunikation nützlich? Es ist wohl kaum von der Hand zu weisen, dass das Ziel der PISA-Protagonisten und ihrer Gefolgschaft feststeht.

Die Ableitung von Kompetenzen entspricht weniger einem pädagogischen Anliegen als politischen Ideen und Interessen. Im Falle von PISA ist es die modernisierungstheoretische Vorstellung der OECD von einer hochkomplexen Wissensgesellschaft, in der hohe Qualifikationsanforderungen in der Arbeitswelt und im gesellschaftlichen Alltag dominieren und in der Wohlstand und Wohlfahrt von der effizienten wie effektiven Verwertung von Humankapital abhängen. [...]Bildung im Sinne von Kompetenzen [stellt] in den Augen der OECD einen Produktionsfaktor dar, der relevant für die Leistungsfähigkeit von Volkswirtschaften (mit einem dominierenden tertiären Wirtschaftssektor) ist. [...] Es ist offensichtlich, dass die Definition von Kompetenzen wertrational ist, und ... auf politischen Positionen der OECD [beruht] ... [Sie] entspringt der Vorstellung von Gesellschaften in einer Welt, die durch ökonomischen Wettbewerb gekennzeichnet ist, und in der Bildung die wichtigste Produktivkraft in Zeiten der Globalisierung darstelle (Becker 2007, 21-23).[11]

Wo aber ein Ziel einmal feststeht, als „richtig" erkannt ist und es dem eigenen Interesse entspricht, diese Zielvorstellung durchzusetzen, da braucht es im Grunde keinen Dialog mehr mit Akteuren – wie etwa dem in den Bildungseinrichtungen arbeitenden „Fußvolk" – die unbequemer Weise einen vielstimmigen Chor abgeben und, noch unbequemer, auch verschiedentlich jenen Zielvorstellungen opponieren und andere Zielvorstellungen priorisieren.[12] Auf die Aufgaben und Leistungen von Schulen gehen die PISA-Protagonisten deshalb nicht weiter ein (Becker 2007, 22), und sie brauchen sich auch nicht um Kenntnis der komplexen Problemlagen jeweils vor Ort zu kümmern, denn sie wissen, woran sie interessiert sind. Und wenn man Interessen vertritt und feststehende Ziele verfolgt, dann betreibt man *Werbung* für ein Produkt, also ständige Wiederholung derselben, möglichst bildhaften Argumente, ohne einen Dialog anzustreben. Vermeiden von Dialog und Übergehen, Herunterspielen oder Diffamieren von Kritik

---

11 Am „Ziel der wirtschaftlichen Blockbildung in der globalen Auseinandersetzung wird" auch nach Ansicht von Schnitzer (2005: 8), die er am Beispiel der hochschulpolitischen Lissabon-Strategie erläutert, deutlich, dass die Europäische Union „die Bildungspolitik ... wirtschaftspolitisch instrumentalisieren will."

12 Die freilich auch oft einseitig ausfallen und der Verfolgung egozentrischer Interessen weit geschuldet sind, als die Angehörigen des „Fußvolks" in offiziellen Kommunikationen je zugestehen würden.

erscheint solchen Akteuren als angemessen, die der Auffassung sind, dass man nicht die Frösche fragen dürfe, wenn man einen Sumpf trocken legen wolle. Ob eine solche Politik nach Gutsherrenart wenigstens nebenbei noch eine emanzipierte Gesellschaft anstrebt, kann bezweifelt werden.

5 Zusammenfassung: Die Governance-Dynamik, die zu PISA führte

Abschließend referiere ich noch einmal die Faktoren, die im erwähnten Prozess eine Rolle spielen, und fasse sie zu der Governance-Dynamik zusammen, die letztlich zu PISA geführt hat.

(1) Da ist zunächst eine politisch-ökonomische „Großwetterlage", eine bestimmte Konstellation des globalen Staatensystems, die man governancetheoretisch als „Akteurkonstellation" bezeichnen kann, freilich eine Konstellation besonders mächtiger Akteure. Sie ist über die verschiedenen Phasen hinweg immer durch Konkurrenz geprägt, und spielt in allen Phasen die Rolle einer Hintergrundfolie, die die Problemdefinitionen der staatlichen Akteure prägt.

(2) Innerhalb dieses internationalen Systems nehmen mächtige Staaten, zuerst vor allem die U.S.A., in Phase III dann wichtige EU-Staaten, eine Vormacht-Position ein, die sie behalten möchten.

(3) Die vormächtigen Staaten nehmen ein spezifisches Ereignis als Schock wahr, weil sie plötzlich den drohenden Verlust ihrer politischen und ökonomischen (wohl dann auch: militärischen) Vormacht fürchten. Dieses Ereignis kann extern verursacht werden, wie beim Sputnik-Schock, oder eigeninitiativ hervor gerufen werden, wie der „A Nation at Risk"- und der PISA-Schock. Der Schock jedenfalls ruft in allen drei Phasen eine unmittelbare Wirkung hervor – nämlich eine sehr schnell initiierte und durchgeführte Reform des Bildungssystems unter der Maßgabe, die eigene Position in der internationalen Konkurrenz zu sichern und zu verbessern.

(4) In der Schock-Situation steht ein internationaler Akteur, der eigene bildungspolitische Ambitionen verfolgt (hier die OECD, in den Phasen I und III bereitwillig, in Phase II nur widerwillig), den Staatsregierungen zur Verfügung, um deren Reformen mit Zuarbeit zu versorgen.

(5) An den bildungspolitischen Analysen und Forderungen dieses internationalen Akteurs orientieren sich in Phase I und Phase III dann wiederum andere Staaten, und zwar ohne große Vorbehalte: Sie glauben die kommunizierten Analyseergebnisse und Interpretationen, und sie übernehmen Lösungsvorschläge nahezu unbesehen. In Phase II, allerdings die an „A Nation at Risk" anschließt, scheint diese „Orientierung der anderen am internationalen Akteur" keine Rolle

zu spielen – hier orientieren sich die Staaten (U.S.A. und Frankreich) nur an sich selbst.

(6) Der sechste Faktor ist das innenpolitische Verhältnis der „Schock"-Staaten zwischen ihrer Bundesregierung und -adminstration und den föderierten Landes- oder Staatsregierungen beziehungsweise der nationalen bildungspolitischen Opposition. Die Ausgestaltung dieses Verhältnisses entscheidet darüber, ob Faktor 7 wirksam wird.

(7) Der siebte Faktor besteht im Verhältnis der Staaten zu internationalen Organisationen. Dieser Faktor nimmt die Ausprägung „Staat übt Druck auf internationale Organisation aus" an, wenn Faktor 6 in Richtung „Bundesregierung steht im Konflikt mit oppositionellen Ländern" gepegelt ist. Denn sie Bundesregierung will dann die internationale Organisation instrumentalisieren, um sich innenpolitisch durchzusetzen – so geschehen in Phase I und teilweise in Phase II. Soweit aber der Faktor 6 auf „Übereinstimmung zwischen Bund und Ländern" gepegelt ist, nutzen Bundesregierungen internationale Organisationen als Austauschforum *und* als Machtinstrument, allerdings nicht gegen ihre politischadministrativen Sub-Einheiten, sondern einfach im Verhältnis zu ihrer Bevölkerung, und sie lassen sich darüber hinaus selbst von den internationalen Organisationen beeinflussen. Dies ist in Phase II teilweise und in Phase III ausschließlich der Fall.

(8) Faktor 8 betrifft die Akkumulation von Reputation durch die internationale Organisation. Je höhere Reputation sie erwirbt – und zwar nicht in erster Linie in der Bevölkerung, sondern bei entscheidungsmächtigen Akteuren wie eben Staatsregierungen – desto mehr Handlungsspielräume werden ihr von diesen Akteuren eingeräumt, desto intensiver kann sie sich als bildungspolitischer Akteur institutionalisieren und desto stärker wirken sich ihre Handlungen auf andere Akteure aus. In Phase III wird die Reputations-Akkumulation nicht mehr erwähnt, vermutlich weil sich das (hohe) Reputationsniveau der OECD hier nicht entscheidend verändert.

(9) Faktor 9 besteht in der Frage, ob die Akteure, die eine bildungspolitische Initiative ergreifen, durch andere Akteure unterstützt werden. Dieser Faktor wird, was den Prozess der Erzeugung von PISA angeht, erst in Phase II wirksam, aber gleich auf vielfache Weise: Die europäischen Staaten erhalten bei der (bildungspolitisch anschließend relevant werdenden) Analyse und Umorientierung ihrer Wirtschaftspolitik Unterstützung von *think tanks*, die U.S.A. als Initiatoren politischen Drucks auf die OECD erhalten Unterstützung von Frankreich, und die bildungspolitischen Initiativen der OECD selbst schließlich erhalten Unterstützung durch die Regierungen ihrer Mitgliedsstaaten und deren *peer pressure*, das sie aufeinander ausüben. In Phase III erlangt die Ausprägung dieses Faktors eine besondere Qualität: Die EU-Staaten einigen sich auf eine gemeinsame Problem-

definition hinsichtlich der globalen ökonomisch-politischen Lage. Später treten zusätzlich organisationale Akteure unterstützend auf den Plan, die nicht in erster Linie politische Interessen verfolgen, sondern vornehmlich Geld verdienen wollen, für die also das „eigentliche" Ziel der bildungspolitischen Reform eher nur Mittel zum Zweck ist. Im vorliegenden Fall sind dies private Forschungseinrichtungen.[13]

(10) Eine Rolle spielt nun, ob entscheidende Akteure der Auffassung sind, dass sie die Eigenschaften des (internationalen oder nationalen) Bildungssystems genügend kennen, um problemlösende Gestaltungsmaßnahmen zu ergreifen – dann werden sie trivialerweise kein System zur Erkenntnisgewinnung erzeugen – oder ob sie meinen, nicht in genügendem Ausmaß über diese Kenntnisse und auch nicht über Instrumente zur Problemlösung und zielführenden Systemgestaltung zu verfügen. Dieser Faktor taucht in der obigen Beschreibung zwar erst ab Phase II auf, es ist aber anzunehmen, dass er auch vorher schon wirkte – er könnte erklären, warum die U.S.A. die OECD schon in Phase I aufforderten, eine Bildungsstatistik zu erstellen, und warum sich andere Staaten schon damals auf OECD-Bildungs-Analysen bezogen.

(11) Der letzte im Text beschriebene Faktor schließlich besteht in der Art des Kommunikationsverhältnisses zwischen PISA-Verantwortlichen und anderen Akteuren der Bildungssysteme in den Nationalstaaten. Sie hat die Form einer relativ abgeschlossenen Produktwerbung.

Zusammengefasst lautet also die Governance-Dynamik, die zu PISA geführt hat, wie folgt: (1) Es gibt eine globale politisch-ökonomische Konkurrenzsituation, in der (2) einige Staaten eine Vormachtstellung einnehmen. (3) Die Vormächtigen nehmen schockartig Bedrohung ihrer Situation wahr und (10) verfügen ihrer Meinung nach nicht über genügend Informationen und Lösungsansätze, um die Bedrohung sofort abzuwenden. (4) Es gibt bildungspolitisch ambitionierte internationale Organisationen, an denen sich (5) zahlreiche Staaten – nicht nur die vormächtigen – hinsichtlich ihrer Bildungspolitik orientieren. Die Vormachtstaaten, mit (9) Unterstützung durch weitere einflussreiche Akteure, (7) instrumentalisieren die internationalen Organisationen, um sich (6) gegen binnenpolitische Gegenkräfte durchzusetzen, dabei (8) verleihen sie den Organisationen aktiv oder mittelbar Reputation und Handlungsspielraum; diese werden dadurch eigen-

---

13   Es wäre möglich, hier auch die große Menge an Personen hinzu zu rechnen, die mittelbar oder unmittelbar von der PISA-Bildungsstandards-Industrie profitieren – sei es durch die Besetzung eines der zahlreichen Lehrstühle für standardisierte empirische Bildungsforschung, durch Einstellung in nationale PISA- oder Bildungsstandards-Projekte oder durch Reputations- und Einflussgewinn.

initiativ und erstellen ein Produkt (hier: PISA), für das die Organisationen fortan (11) aktiv werben, um es durchzusetzen.

Nach zwei Anläufen ist es den Staaten schließlich gelungen, ein dauerhaftes System einzurichten, das die Bildungssysteme nach und nach zur gezielten Zuarbeit im Sinne des Erhalts der politisch-ökonomischen Vormachtstellung bringt.

Literatur

American Evaluation Association [AEA]: Position Statement on High Stakes Testing. In PreK-12 Education. URL: http://www.eval.org/hst3.htm. Zugriff 3.4.08

Altrichter, Herbert (2008): Veränderungen der Systemsteuerung im Schulwesen durch die Implementation einer Politik der Bildungsstandards. In: Brüsemeister, Thomas/Eubel, Klaus-Dieter (Hg.): Evaluation, Wissen und Nichtwissen. Wiebaden: VS, S. 75–116

Becker, Dietrich H. (2000): Ein Kerncurriculum für die amerikanische Schule. Theoretische Grundlagen, Praxis und Kritik des Reformansatzes von E. D. Hirsch Jr. Mit einem Exkurs über die beginnende Kerncurriculumdiskussion in Deutschland. Magisterarbeit, Fernuniversität Hagen. URL: www.fernuni-hagen.de/imperia/md/content/magister/becker.doc, Zugriff 31.3.08

Becker, Rolf (2007): Lassen sich aus den Ergebnissen von PISA Reformperspektiven für die Bildungssysteme ableiten? In: Schweizerische Zeitschrift für Bildungswissenschaften, Jg. 29, H. 1, S. 13–31

Blömeke, Sigrid (2004): Empirische Befunde zur Wirksamkeit der Lehrerbildung In: Blömeke, Sigrid/ Reinhold, Peter/ Tulodziecki, Gerhard/ Wildt, Johannes (Hg.): Handbuch Lehrerbildung. Bad Heilbrunn/ Braunschweig: Klinkhardt/ Westermann 2004, S. 59–91

Bracey, Gerald (2005): Education's 'Groundhog Day'. Point of View Essay. Education Policy Studies Laboratory, Division of Educational Leadership and Policy Studies, College of Education, Arizona State University. Ohne Seitenangaben. URL: http://www.asu.edu/educ/epsl/EPRU/POV/EPSL-0502-103-EPRU.pdf. Zugriff: 3.4.08

Crotti, Claudia/Osterwalder, Fritz (2007): Editorial: Leistungsmessung und Evaluation der Bildungssysteme – Grundannahmen und Kontexte. In: Schweizerische Zeitschrift für Bildungswissenschaften, Jg. 29, H. 1, S. 5–12

DuBoff, Richard (2002): Schurkenstaat. In: ZNet, 28.4.2002. URL: http://home.arcor.de/m_enning/politik/frieden_duboff.htm. Zugriff: 29.3. 08

Europäische Kommission (2006): Strategiepaket zur erneuerten Lissabon-Strategie für Wachstum und Beschäftigung (2008-2010) der Europäischen Kommission. URL: http://www.lissabonstrategie.at/Lissabon/Berichte/strategiepaket.htm. Zugriff: 8.2.08

Europäischer Rat (2000): Schlussfolgerungen des Vorsitzes. Lissabon. URL: http://www.bmwa.gv.at/NR/rdonlyres/2327D88E-1ED4-4CAE-9C7C-B67053C66DBC/0/SchlussfLissabon2000.pdf. Zugriff 3.4.08

Europäisches Parlament (2005): Entschließung des Europäischen Parlaments zur Halbzeitüberprüfung der Lissabon-Strategie. Nr. 38 /PE 356.371. URL: http://www.manneuropa.de/sonstige_wirtschaft/halbzeit_lissabon09-03-2005.pdf. Zugriff: 8.2.08

Festenberg, Moritz v. (2006): Das Bild der Universität in Bundestagsdebatten. Eine empirische Analyse von Bundestagsreden zur Hochschulpolitik. Diplomarbeit. Unveröffentlicht. Hamburg

Flitner, Elisabeth (2006): Pädagogische Wertschöpfung. Zur Rationalisierung von Schulsystemen durch public-private-partnerships am Beispiel von PISA. In: Jürgen Oelkers/ Rita Casale/ Rebekka Horlacher/ Sabina Larcher Klee (Hg.): Rationalisierung und Bildung bei Max Weber. Beiträge zur historischen Bildungsforschung. Bad Heilbrunn: Klinkhardt, S. 245–266.

Gamoran, Adam (2007): School accountability, american style: dilemmas of high stakes testing. In: Schweizerische Zeitschrift für Bildungswissenschaften, Jg. 29, H. 1, S. 79–94

Gurria, Angel (2006): Opening Remarks. In: OECD 2006: Education Policy Analysis. Focus in Higher Education. 2005-2006. OECD Publishing.

Höög, Jonas/Bredeson, Paul V./Johansson, Olof (2006): Conformity to New Global Imperatives and Demands: the case of Swedish school principals. In: European Educational Research Journal, Vol. 5, No. 3–4, pp. 263–275

Hopmann Stefan/Brinek, Gertrude (2007): Introduction. PISA According to PISA – Does PISA Keep What It Promises? In: Hopmann, Stefan/Brinek, Gertrude/Retzl Martin (Hg.) PISA zufolge PI-SA – PISA According to PISA Hält PISA, was es verspricht? LIT Verlag, Wien/Berlin, S. 9–19

Hopmann, Stefan/Brinek, Gertrude/Retzl Martin (Hg.) (2007): PISA zufolge PISA – PISA According to PISA Hält PISA, was es verspricht? Wien/Berlin: Lit

Hüfner, Klaus (2003): Zum Verhältnis USA – UNESCO Vortrag auf einer Veranstaltung des Verbandes für Internationale Politik und Völkerrecht e. V. am 22.01.2003 in Berlin. URL: http://www.vip-ev.de/text24.htm. Zugriff: 29.3.2008

Huisken, Freerk (2005): Der "PISA-Schock" und seine Bewältigung – Wieviel Dummheit braucht/verträgt die Republik? Hamburg: VSA

Jahnke, Thomas (2006): Zur Ideologie von PISA & Co. In: Jahnke, Thomas/ Meyerhöfer, Wolfram (Hg.): PISA & Co. Kritik eines Programms. Hildesheim, Berlin: Franzbecker, S. 9–29

Klante, Ulrike (2007): Lobbyismus – informelle Formen und Methoden der politischen Einflussnahme. Ein kapitalbasiertes Tauschzyklusmodell des Lobbyismus auf der Grundlage einer empirischen Analyse der Airbus-Werkserweiterung (2001-2004) in Hamburg. Diplomarbeit. Unveröffentlicht. Hamburg

Klausnitzer, Jürgen (o. J.): PISA – einige offene Fragen zur OECD Bildungspolitik. O. O. URL: http://www.links-netz.de/K_texte/K_Klausnitzer_oecd.html#back1. Zugriff: 29.3.08

Langer, Roman (2005): Anerkennung und Vermögen. Eine Analyse von Selbstorganisationsprozessen in Bildungsinstitutionen. Bd. I: Methodologie und Sozialtheorie. Bd. II: Empirie und Theorie bildungsinstitutioneller Selbstorganisation. Münster: Monsenstein & Vannerdat

Langer, Roman (2006): Hinter den Spiegeln universitärer Governance. Dynamiken informeller Selbstregulierung in der Universität. Münster et al.: Lit

Langer, Roman (2006a): Transintentionale Mechanismen sozialer Selbstorganisation. In: Schmitt, Marco; Florian, Michael; Hillebrandt, Frank (Hg.): Reflexive soziale Mechanismen. Von soziologischen Erklärungen zu sozionischen Modellen. Wiesbaden: VS; S. 65-104

Leschinsky, Achim (2005): Vom Bildungsrat (nach) zu PISA. Eine zeitgeschichtliche Studie zur deutschen Bildungspolitik. In: Zeitschrift für Pädagogik, Jg. 51, H. 6, S. 818–839

Lohmann, Ingrid (2001): After Neoliberalism. Können nationalstaatliche Bildungssysteme den ‚freien Markt' überleben?
URL: http://www.erzwiss.uni-hamburg.de/Personal/Lohmann/AfterNeo.htm. Zugriff 2.4.08

Lohmann, Ingrid (2007): Was bedeutet eigentlich "Humankapital"? GEW-Bezirksverband Lüneburg und Universität Lüneburg: Der brauchbare Mensch. Bildung statt Nützlichkeitswahn. Bildungstage 2007,
URL: http://www.erzwiss.uni-hamburg.de/Personal/Lohmann/Publik/Humankapital.pdf. Zugriff 2.4.08

Martens Kerstin/Wolf, Klaus-Dieter (2006): Paradoxien der Neuen Staatsräson Die Internationalisierung der Bildungspolitik in der EU und der OECD. In: Zeitschrift für Internationale Beziehungen. 13. Jg. (2006) Heft 2, S. 145-176

Martens, Kerstin/Balzer, Carolin/Sackmann, Reinhold/Weymann, Ansgar (2004): Comparing Governance of International Organisations – The EU, the OECD and Educational Policy. TranState Working Papers No. 7, SFB 597 "Staatlichkeit im Wandel", Bremen

Martens, Kerstin/ Leibfried, Stephan (2007): Die PISA-Story. In: Die Zeit Nr. 49, 27.11.2007. URL: http://www.zeit.de/2007/49/PISA?page=all. Zugriff: 31.3.08

Mayntz, Renate/ Scharpf, Fritz W. (2005): Politische Steuerung - Heute? MPIfG Working Paper 05/1. URL: http://www.mpifg.de/pu/workpap/wp05-1/wp05-1.html. Zugriff: 8.2. 07

Messow, Eike (2003): Schule in der Global City New York – multikulturelle Gesellschaften zwischen Leistung, Integration und Chancengleichheit. Eine sozial- und bildungsgeographische Analyse des öffentlichen Schulsystems von New York City unter besonderer Berücksichtigung der Einflussfaktoren auf das Bildungsverhalten eines Schulkindes und aktuellen Reformmaßnahmen. Dissertation. Heidelberg: Ruprecht-Karls-Universität, Mathematisch-Naturwissenschaftliche Fakultät. URL: http://archiv.ub.uni-heidelberg.de/volltextserver/volltexte/2003/3692/pdf/Dissertation_Eike_Messow_2003.pdf. Zugriff 29.3.08

Meyerhöfer, Wolfgang (2006): PISA & Co als kulturindustrielle Phänomene. In: Jahnke, Thomas/Meyerhöfer, Wolfram (Hg.): PISA & Co. Kritik eines Programms. Hildesheim, Berlin: Franzbecker, S. 63–99

National Commission on Excellence in Education [NCEE] (1983). A nation at risk. The imperative for educational reform. URL: http://www.ed.gov/pubs/NatAtRisk/index.html. Zugriff: 31.03.08.

New York State Education Department [NYSED] (2006): Federal Education Policy and the States, 1945-2004: A Brief Synopsis. States' Impact on Federal Education Policy Project. New York. URL: http://www.archives.nysed.gov/edpolicy/altformats/ed_background_overview_essay.pdf

Nuscheler, Frieder (2001): Multilateralismus vs. Unilateralismus. Policy Paper 16 der Stiftung Entwicklung und Frieden, Bonn.

Ötsch, Walter O. (2007): Bilder der Wirtschaft. Metaphern, Diskurse und Hayeks neoliberales Hegemonialprojekt. Arbeitspapier Nr. 0709. Johannes-Kepler-Universität, Linz

Picht, Georg (1964): Die deutsche Bildungskatastrophe. Olten

Prenzel, Manfred/Artelt, Cordula/Baumert, Jürgen/Blum, Werner/Hammann, Marcus/Klieme, Eckard/Pekrun, Reinhard (PISA-Konsortium Deutschland) (Hg.) (2006): PISA 2006. Die Ergebnisse der dritten internationalen Vergleichsstudie. Zusammenfassung. URL: http://pisa.ipn.uni-kiel.de/zusammenfassung_PISA2006.pdf (Zugriff 2.4.08).

Radtke, Frank-Olaf (2003): Die Erziehungswissenschaft der OECD. Aussichten auf die neue Performanz-Kultur, in: Nittel, D./Seitter, W: (Hg.): Die Bildung des Erwachsenen. Erziehungs- und sozialwissenschaftliche Zugänge. Bielefeld: 277-304

Reitz, Tillmann/ Draheim, Susanne (2006): Die Rationalität der Hochschulreform. Grundzüge eines postautonomen Wissensregimes. In: Soziale Welt Jg. 57, S. 373-396

Rürup, Matthias (2008): Föderaler Wettbewerb als Modus deutscher Bildungsreform? – Anspruch, Differenzierung und aktuelle Tendenzen. Erscheint in: Langer, R. (Hg.): Warum tun die das? Steuerungsintentionen maßgeblicher Akteure des Schulsystems. (Arbeitstitel) Wiesbaden: VS

Schnitzer, Klaus (2005): Von Bologna nach Bergen. In: Leszczensky, Michael/Wolter, Andrä (Hrsg.): Der Bologna-Prozess im Spiegel der HIS-Hochschulforschung. HIS-Kurzinformation April 2005. Hannover, S. 1–10

Sill, Hans-Dieter (2006): PISA und die Bildungsstandards. In: Jahnke, Thomas/ Meyerhöfer, Wolfram (Hg.): PISA & Co. Kritik eines Programms. Hildesheim, Berlin: Franzbecker, S. 293–330

Sozialpartner Austria, Beirat für Wirtschafts- und Sozialfragen der (2007): Chance Bildung. Konzepte der österreichischen Sozialpartner zum lebensbegleitenden Lernen als Beitrag zur Lissabon-Strategie. Bad Ischl.

Sugrue, Ciaran (2006): A Critical Appraisal of the Impact of International Agencies on Educational Reforms and Teachers' Lives and Work: the case of Ireland. In: European Educational Research Journal, Vol. 5, No. 3–4, pp. 181–195

Tillmann, Klaus-Jürgen/Dedering, Kathrin/Kneuper, Daniel/Kuhlmann, Christian/Nessel, Isa (2008): PISA als bildungspolitisches Ereignis. Oder: Wie weit trägt das Konzept der evaluationsbasierten Steuerung? In: Brüsemeister, Thomas/Eubel, Klaus-Dieter (Hg.): Evaluation, Wissen und Nichtwissen. Wiesbaden: VS, S. 117–140

Vincent-Lancrin, Stéphan (2006): Trend zu einer expliziten Politik der Internationalisierung des Hochschulsektors (Deutsche Zusammenfassung). In: Education Policy Analysis: Focus on Higher Education – 2005-2006 Edition. OECD multilingual summaries. URL: www.oecd.org/dataoecd/12/44/38140921.pdf, Zugriff 12.2.08

Wiesenthal, Helmut 2002: Soziologie als Optionenheuristik. Mittagsvorlesung auf dem 31. Kongress der Deutschen Gesellschaft für Soziologie „Entstaatlichung und soziale Sicherheit", 7.-11. 10. 2002 in Leipzig. Ungekürzte Fassung. http://www.angoy.de/hw/downloads/optionenx.pdf, Abruf: 3.4. 08

Thomas Brüsemeister & Martina Newiadomsky

Schulverwaltung – Ein unbekannter Akteur?

1 Einleitung

In der Alltagserfahrung ist die Schulverwaltung ein konstitutiver Bestandteil der Schule. Beinahe jeder musste schon einmal auf das „Amt" oder hatte mit der „Behörde" zu tun. In der empirischen Bildungsforschung war und ist die Schulverwaltung jedoch bislang kaum Thema. Statt der Frage „Warum tun die das?" muss hier ganz basal gefragt werden: „Wer ist denn da?" Dass die Schulverwaltung als Forschungsgebiet eine Terra incognita war und ist, hat damit zu tun, dass in der Schul- und insbesondere der Professionsforschung vor allem die ‚pädagogische Beziehung' zwischen Lehrer und Zögling im Zentrum stand, der gegenüber sich die Verwaltung als mindestens unliebsamer, wenn nicht störender Akteur ausnahm.

In der Zwischenzeit der Nichtbeachtung durch die Bildungswissenschaft hat sich in der Politik ein gravierender Formwandel vollzogen. Seit Jahren stehen Verwaltungen der Industrieländer im Allgemeinen sowie auch speziell schulische Verwaltungen unter Modernisierungsdruck, sich in Richtung „New Public Management" (NPM) und „Neuem Steuerungsmodell" (NSt) umzugestalten. Wie tief diese Modernisierungsbemühungen den Verwaltungsapparat verändert haben und sich *in diesem Zusammenhang* auch die schulischen Steuerungsbemühungen ausgestalten, ist nicht untersucht. Kurz: Die Empirische Bildungsforschung weiß wenig bis nichts über den Akteur Schulverwaltung und die Art seines Handelns. Ein Überblick kompliziert sich zudem, da sich die Schulverwaltung in zahlreiche Ebenen weiter differenzieren lässt, die gerade in jüngerer Zeit erweiterte Aufgaben – z.B. der Bildungsplanung oder der Rezeption von Forschungsbefunden – übernehmen und in den Bundesländern teilweise mit verschiedenen Namen versehen werden.

Trotzdem: Schulverwaltung ist ein relativ feststehender Begriff für Akteure, die sich zum einen nahe der Ebene der bildungspolitischen Zentrale (wie z.B. Abteilungen der Bildungsplanung) befinden und sich zum anderen bis in die einzelnen Gebietskörperschaften hinein erstrecken, wie bei der Schulaufsicht.

Des Weiteren wurden für die Schulverwaltung formale Kriterien wie legale
Herrschaftsausübung, bürokratischer Verwaltungsstab und Amtshierarchie,
Fachqualifikation und Aktenmäßigkeit, Orientierung an sachlichen Zwecken
hervorgehoben (vgl. Weber 1964, 124-126; 551-556). In der Form der Bürokra-
tie, aber auch des New Public Management – dazu anschließend mehr – sind die
Aufrechterhaltung einer organisatorischen und rechtlichen Ordnung zentrale
Gesichtspunkte der Orientierung. Dies ist gleichursprünglich legale Herrschafts-
ausübung mittels gesatzten Rechts (a.a.O., 125).

Zu den bürokratischen Formen der Verwaltung sind in den letzten Jahren
zumindest partielle Orientierungen der Bildungsverwaltungen an Leitbildern und
Programmen einer „wirkungsorientierten Verwaltungsführung" (Buschor 1993)
hinzugekommen. Maßgeblich sind dafür Modelle der Neuen Steuerung und des
NPM (Schedler/Proeller 2000). Gegenüber der bisherigen rein bürokratischen
Fassung einer ‚input-orientierten' Verwaltung setzen diese Modelle stärker auf
ein ‚output-orientiertes' Management, das sich an Daten orientiert, die auf verschiedenen Ebenen im Schulsystem erhoben werden sollen. Über die Varianten
einer bürokratischen und einer am NPM ausgerichteten Verwaltung hinweg
bleibt für die Bildungsverwaltung die Orientierung an „Ordnung, Gleichbehand-
lung und Rechtsgleichheit" (Bähr 2006, 134) ein gemeinsames Muster. Im NPM
und NSt halten jedoch zumindest der Semantik nach stärkere Orientierungen an
Effizienz und Effektivität Einzug, die aus der betriebswirtschaftlichen Organisa-
tionslehre übernommen sind und ein stärkeres Management beinhalten (Dubs
1996a; 1996b).

Darüber hinaus wird grundsätzlich von der Educational Governance-
Forschung die Frage aufgeworfen, wie die Entwicklung und Sicherung der einzelschulischen Qualität im Zuge eines Interdependenz- und Schnittstellenmanagements einzelner Akteure über formelle Grenzen des Einflussbereiches hinweg
erreicht werden kann (Brüsemeister/Heinrich/Kussau 2007). Für die Schulverwaltung ist in diesem Zusammenhang die Frage aufgeworfen, wie sie Qualitätsmaßnahmen, die sie für die Einzelschule entwickelt, „an den Mann bringt".
Konkret wird gefragt, ob und wie sich die Schulverwaltung in ihren Perspektiven
und Handlungsweisen mit den Belangen der Einzelschulen verschränkt.

Wir bearbeiten diese Fragestellungen empirisch mittels einer Sekundäraus-
wertung qualitativer Leitfadeninterviews, die im Rahmen eines Lehrforschungs-
projekts an der FernUniversität Hagen durchgeführt wurden. An Hand der Interviews wird der „unbekannte Akteur" Schulverwaltung, seine inneren Strukturen
und sein Schnittstellenmanagement gegenüber Schulen etwas genauer unter die
Lupe genommen. Vier Typen des schulischen Verwaltungshandelns werden
rekonstruiert, die verschiedene Formen des Schnittstellenmanagements gegenüber den Schulen implizieren. Die explorative Typologie beansprucht nicht mehr

als einen Aufriss, die der künftigen Forschung vielleicht Hinweise zu geben vermag.[1]

Unserem Thema nähern wir uns zunächst (2.) mit einem wissenschaftlichen Überblick zum Kontext der bildungspolitischen, auf die Schulverwaltung bezogenen Diskussionen. Sodann gehen wir (3.) auf die methodische Anlage des Projekts ein, um (4.) anschließend Befunde vorzustellen, die wir (5.) in einem Fazit resümieren.

2 Schulverwaltung im Spannungsfeld verschiedener Aufgaben

Zunächst beschäftigen wir uns mit wissenschaftlichen Diskussionen zur Schulverwaltung. Diese Beschäftigung steht unter dem Schatten einer in Deutschland nicht vorhandenen Schulverwaltungsforschung.[2] Im Folgenden können deshalb nur Eindrücke vermerkt werden, die aufzuarbeiten einer zu entwickelnden Schulverwaltungsforschung bedürfen. Da wir uns für das gegenwärtige Handeln von Schulverwaltungsakteuren interessieren, setzen wir auch nicht an einer chronologischen Darstellung an, sondern an einem auffälligen Befund aus der jüngeren Vergangenheit.

Schulverwaltung und New Public Management
Spätestens zu Beginn der 1990er Jahre setzten nach den USA, Großbritannien, Australien und Neuseeland auch im deutschsprachigen Raum Bemühungen der Politik um eine Modernisierung der Verwaltung ein, orientiert an Modellen des „New Public Management (NPM)" (Schedler/Proeller 2000). Im deutschsprachigen Raum wird dies unter der äquivalenten Bezeichnung des „Neuen Steuerungsmodells (NSt)" diskutiert. Bürokratische Verwaltungseinrichtungen wurden von der Politik und begleitenden ExpertInnen für nicht mehr effizient und effektiv gehalten. Erste Reformmodelle werden in der Stadt Tilburg durchgeführt; eingerichtet wird zudem eine „Kommunale Geschäftsstelle für Verwaltungsvereinfachung" (KGSt 1993). Konturen einer solchen modernisierten Verwaltung lassen sich exemplarisch mit Ernst Buschor, dem damaligen „Kultusminister" des Kantons Zürich, skizzieren. An seinen Bemühungen orientierten sich im

---

1   Dem Herausgeber möchten wir für seine zahlreichen konstruktiven Hinweise sehr danken.
2   Daran ändern auch die zwar informativen, aber eher dokumentierend gehaltenen Berichte zu Schulverwaltungen einzelner Bundesländer nicht viel (Schnell 2006; Saalfrank 2005). Eine Ausnahme bildet die Untersuchung von Hopf/Nevermann/Richter (1980), die sich jedoch auf eine Zeit vor dem NPM bezieht. Die Verwaltungsforschung der Historiker wird von anderen Disziplinen kaum einbezogen.

deutschen Sprachraum Mitte bis Ende der 1990er Jahre zahlreiche Schulverwaltungen. Buschor hebt mehrere Elemente hervor, wobei er betont, dass holländische Schulen dem Modell des NPM am nächsten kommen:

> „*Wettbewerb statt Regelsteuerung:* Wettbewerb schafft Innovation und Mobilität im Gegensatz zur herkömmlichen umfassenden Steuerung über Vorschriften; NPM lehnt Vorschriften nicht ab, begrenzt sie aber primär auf die zu erreichenden Wirkungen und Leistungsergebnisse wie Schulstufenabschlüsse (Abitur, Übertrittsprüfungen usw.). [...]
>
> *Möglichst weitgehende Deregulierung:* Die Regulierung ist auf das für das Endziel der Wirkung Erforderliche zu begrenzen. Es sind dies insbesondere die Wirkungen und zu erreichenden Bildungsleistungen der einzelnen Schulstufen bei einer maximalen Freiheit der Gestaltung des Ressourceneinsatzes (Löhne, Klassengrößen, Lehrformen und Lehrmittelbeschaffung usw.).
>
> *Trennung der strategischen und operativen Führung:* [...] New Public Management will – im Sinne eines marktwirtschaftlichen Ansatzes – über Ergebnisse steuern und den Formen des Faktoreinsatzes bewußt den ‚Produzenten' der Leistungen überlassen (Delegation statt Dezentralisierung). [...] Während der regulierende Staat die operative Kontrolle über die detaillierte Ressourcenzuweisung vornimmt (Stellenbewilligung und Kreditbewilligung detailliert nach Konten), werden im NPM Leistungen (Outputs) mit Qualitätsvorgaben kostendeckend ausgeschrieben und an die (internen oder externen) Bestbieter mit Leistungsaufträgen vergeben. Staatseigene Schulen werden damit gleichermaßen zu ‚Dienstleistungsunternehmen' wie allfällige Anbieter aus dem gemeinwirtschaftlichen Bereich [...] oder rein private, erwerbswirtschaftlich orientierte Anbieter." (Buschor 1998, zit. nach Brüsemeister/Eubel 2003, 233-234)

Maximale Freiheit der Gestaltung des Ressourceneinsatzes, eine Steuerung über Ergebnisse, Schulen als Dienstleistungsunternehmen, die Trennung von strategischer und operativer Führung: Solche Elemente haben im Schulsystem zu Reformprogrammen geführt, die unter anderem auf den Ausbau der Entscheidungsfähigkeiten der einzelnen Schulen zielen. Grundgedanke ist, dass die einzelne Schule am besten weiß, wie sich vor Ort Ressourcen einsetzen lassen, welche Lehrerstellen benötigt oder umgeschichtet werden müssen, um auf spezielle Unterrichtsbedürfnisse und Belange bestimmter Schülergruppen eingehen zu können. Leitlinie ist, die Eigenverantwortung der einzelnen Schule zu stärken. Eine solche Autonomiepolitik setzt in allen Bundesländern spätestens Mitte der 1990erJahre ein und dauert bis heute an, wie Untersuchungen belegen (Rürup 2007).

Nicht betrachtet wurde jedoch, wie im Zusammenhang mit einer erweiterten schulischen Autonomie auch die Verwaltung selbst umgestaltet wurde. Dabei gibt es zwar Hinweise, dass NPM und NSt im deutschsprachigen Raum nur bedingt realisiert wurden (zur Schweiz vgl. Maag Merki/Büeler 2002) und dass

Teile der bisherigen bürokratischen Steuerungsstruktur bleiben. Eine offene Forschungsfrage ist somit, welche hybriden Formen zwischen Bürokratie und Management entstanden sind (Kussau/Brüsemeister 2007, 118f.) und wie sie sich konzeptionell erfassen ließen. Die Grenzen zwischen NPM und Bürokratie bleiben im Unklaren.

Der gravierende Formwandel, der im Übergang von Bürokratie zu Management enthalten ist, ist unter Anderem hinsichtlich der Konsequenzen für das Personal kaum erfasst. Während das Handeln in der Bürokratie gerade von personalen Kompetenzen abstrahiert – das Amt wird in Absehung der Person ausgeführt –, ist im Management umgekehrt eine im Prinzip lebenslange Verbesserung des eigenen self-management gefordert. Zum Beispiel sprechen Argyris/Schön (1999) in diesem Kontext von einer ‚personal mastery'. Der Kulturbruch speziell der Personalpolitik, der erscheint, wenn man Bürokratie- und Managementansätze nebeneinander legt, ist ebenfalls weitgehend unerforscht. Jedoch geben Naschold und Bogumil bereits im Jahr 2000 Hinweise auf Basis empirischer Daten, dass viele Verwaltungen in Deutschland zwar behaupten, Elemente von NSt/NPM zu nutzen, sie jedoch nicht wirksam im eigenen Personal- und Weiterbildungsbereich verankern.[3] Ähnliche Befunde hinsichtlich einer nur begrenzten Umsetzung des NSt/NPM, die sich allenfalls in „Modernisierungsinseln" wiederfinden, sind durch aktuelle Befunde zu den Verwaltungen der Kommunen in Deutschland wiederholt worden (Bogumil u.a. 2007; ähnlich Wegrich 2006), allerdings nicht für die Schulverwaltung spezifiziert.

Trotzdem finden sich für den Bereich der Schule immer wieder vereinzelte Berichte, die Akteure der Schulverwaltung im Lichte neuer Steuerungsaufgaben positioniert sehen (z.B. Ernst/Fedke 2003). Dazu gehört auch das von Rosenbusch (2005) erörterte „pädagogische Führungshandeln" von Schulleitungen. Er beschreibt damit, wie Schulleitungen Veränderungen für die Personal- und Organisationsentwicklung initiieren, indem sie Personen „sich entwickeln […] lassen" (a.a.O., 123). Ähnlich wie im Konzept der Accountability (Knauss 2003) wird hier Führung als Aktivierung von Aktivitäten anderer Akteure verstanden. Diese Vorstellung findet sich, wiederum für Schulleitungen formuliert, ebenfalls im Konzept der „transformational leadership" (Wissinger 2000), bei dem es darum geht, dass die Schulleitung Zielorientierungen und Leitlinien entwirft und versucht, das Kollegium auf die Einhaltung dieser Konzepte zu verpflichten. Gegenüber derartigen, von der School-Effectiveness- und School-Improvement-Forschung (Wissinger 2007) inspirierten Konzepten versucht Bonsen (2003) zu

---

3   Für unsere Interviews mussten wir entsprechend vermuten, dass wir Kompetenzen finden, die sich die Betreffenden individuell „on the job" angeeignet haben. Entsprechend haben wir biographische Antwortmöglichkeiten (episodische Interviewanteile) mit in das Erhebungsverfahren eingebaut.

zeigen, in welcher Weise das Führungshandeln von Schulleitungen auf organisations- und führungstheoretischen Annahmen basiert. Diese verschiedenen Ansätze zum Führungshandeln verweisen darauf, dass verschieden ForscherInnen davon ausgehen, im Handeln der Verwaltungsakteure sei der Aspekt der Kommunikation, wenn auch nicht ausschließlich, wichtiger geworden. Weitere wissenschaftliche Beschäftigungen mit der Konstitution und dem Aufgabenfeld von „Leitungsakteuren" – die selbst für den Bereich der Schulleitung noch deutlich ausgeweitet werden müssten – finden sich jedoch in der empirischen Bildungsforschung für den Bereich der Schulverwaltung kaum.

Zwar wird für aktuelle Aufgaben der Schul*aufsicht* vor allem die Zusammenarbeit mit der in allen Bundesländern neu geschaffenen Schulinspektion hervorgehoben (Böttcher/Kothoff 2007; Kussau/Brüsemeister 2007, 221ff.). Jedoch ist zu bemerken, dass die empirische Bildungsforschung auch zu „älteren" Aufgaben der Schulaufsicht kaum Erkenntnisse hat. Zwar wird z.B. von Rosenbusch (2002) eine Beratungsaufgabe der Schulaufsicht hervorgehoben, die zu früheren Aufgaben hinzugenommen sei. Unklar ist jedoch etwa, ob und wie im Rahmen der früher von der Bildungspolitik favorisierten freiwilligen Schulentwicklungspolitik (Altrichter/Heinrich 2007, 83-86) eine Orientierung der Schulverwaltung an einer fallorientierten, d.h. auf eine einzelne Schule bezogenen Schulentwicklungsarbeit bestand. Unklar ist weiter, ob und wenn ja wie diese Orientierung unter der gegenwärtig massiv bildungspolitisch aufgebauten evaluationsbasierten Steuerung (Altrichter/Heinrich 2006), die flächendeckende Berichtsysteme favorisiert, fortgeführt wird. Bei aller Unsicherheit der Datenlage lässt sich jedoch vermuten, dass die Schulaufsicht mit zwei Kulturen konfrontiert zu sein scheint. Die *gegenwärtig* favorisierte Kultur ist die der Evaluation. Sie überantwortet der Schulaufsicht vor allem die Aufgabe, den Schulen im Verein mit der Schulinspektion standarisierte Daten rückzumelden. Im Kontrast dazu steht eine vermutete *frühere* Kultur der Schulaufsicht, von der unklar ist, ob und wenn ja in welchem Ausmaß sie gegenwärtig weiter betrieben wird. In dieser Kultur setzt die Schulaufsicht – nach allem, was sich dahingehend vermuten lässt – auf eine lokale Schulentwicklung und die Kenntnis der Besonderheiten jeweiliger Schulen. Diesbezüglich lässt sich vermuten, dass die Schulaufsicht (personale) Beziehungen zu einzelnen Schulen hergestellt und Wissen über das „soziale Kapital" einer Schule in einer Region aufgebaut hat, d.h. über förderliche und hemmende Bedingungen der einzelnen Schulen für die Betreibung von Unterrichts- und Schulentwicklungsprozessen zumindest ansatzweise Bescheid weiß. Unklar ist, wie selektiv derartige zu vermutende Beziehungen waren oder sind – d.h. auf wie viele Schulen eines Einzugsbezirkes sie sich überhaupt erstreck(t)en –, und in welche Konflikte diese Beziehungen geraten, wenn die Schulaufsicht in ein enges Bündnis mit der neu geschaffenen Schulinspektion eintreten muss, um auf Basis von Inspektionsberichten mit der einzelnen Schule einen Entwicklungsfahrplan zu verabreden. In Frage steht mithin das empirische Ausmaß eines Interdependenzmanagements zusammen mit den Schulen und der Inspektion. Stützt sich die Schulaufsicht hierbei mehr auf die frühere Kultur und eigene Beziehungen zu den Schulen, ihr Wissen um die lokalen Ressourcen der jeweiligen Schulen? Verbindet sie früher initiierte Entwicklungsprogramme, die sie mit den einzelnen Schulen vereinbart hat, mit neuen Aufgaben, die aus der Schulinspektion folgen? Arbeitet sie innerhalb der bisherigen Kultur der Schulentwicklung, oder in der neuen evaluationsbasierten Kultur, oder in einem Amalgam beider Kulturen?

Im analytischen Sinne verweist jedenfalls die Educational Governance-Forschung darauf, dass die Möglichkeiten zur Entwicklung und zur Gestaltung der einzelschulischen Qualität zum einen zwar von den rechtlichen Befugnissen der jeweiligen Akteure entscheidend vorbestimmt werden (Fend 2006), dass jedoch zum anderen die Realisierung, Entwicklung und Gestaltung der einzelschulischen Qualität von der Mobilisierungsfähigkeit der jeweils örtlichen Ressourcen – d.h. auch der Ressourcen speziell der Schulaufsicht sowie allgemein der Schulverwaltung – abhängen. Analytisch wird dabei ein weiter Begriff von Ressourcen zu Grunde gelegt. Er bezieht sich nicht nur auf rechtlich gegebene Ressourcen, sondern ebenfalls Möglichkeiten der Interpretation, um Schulentwicklungs-, Evaluations- oder allgemeiner gesagt Steuerungsmaßnahmen zusammen mit den betreffenden NutzerInnen relevant zu machen (Fend 2006, 174ff.; Kussau/Brüsemeister 2007, 63ff.). Derartige lokale Möglichkeiten zur Interpretation und Gestaltung lassen personale Fähigkeiten auch der Schulverwaltung in den Fokus rücken.

Sowohl empirische Bildungsforschung als auch Educational Governance-Forschung heben in diesem Zusammenhang zwar ebenfalls die Bedeutung eines regionalen Bildungsmanagements hervor (Fürst 2004a, 2004b). Für die Schulverwaltung, die ebenfalls einen Part im regionalen Bildungsmanagement übernimmt, gibt es dazu jedoch keine Forschungsbefunde. Vermuten lässt sich, dass sie auf Grund ihrer Tradition, der teilweise langjährigen Beziehungen zu einzelnen Schulen eine wichtige Rolle spielt sowie auch andere Leistungen erbringt und Ressourcen aufgebaut hat als die neu aufgebauten Schulinspektionen – vor allem Rechtssicherheit und Erfahrungsbezug (‚Man kennt seine Pappenheimer'). Diese Leistungen und Ressourcen zu nutzen sind wichtig, da öffentliche Haushalte nach wie vor knapp sind und da die Schul- und Unterrichtsqualität offensichtlich nicht nur von einem Akteur allein hergestellt, sondern in einem Mehrebenensystem von vielen Akteuren erbracht wird.

Derartige Verflechtungen zwischen Akteuren werden von der Bildungspolitik explizit bemüht und die Schulverwaltung darin eingeordnet[4]:

- Schulen werden zu selbständig handelnden Einheiten erklärt.
- Daraus ergibt sich für die Verwaltung als erste Konsequenz, von Schulen Rechenschaftslegung zu verlangen und entsprechende Systeme dafür zu organisieren.
- Als zweite Konsequenz müssen klare bildungspolitische Ziele in Form von Leistungsstandards formuliert werden, damit sich die Rechenschaftslegung daran orientieren kann.
- Weiter wird eine veränderte Begleitung von Schulen erforderlich, die mit Ergebnissen der Schulinspektion sowie der empirischen Bildungsforschung abgestimmt werden soll, um die Qualitätsentwicklung der Schulen zu reflektieren und den Schulen zurückzuspiegeln.

Gemäß der neuen bildungspolitischen Programmatik arbeiten Expertinnen und Experten auf verschiedenen Ebenen der Schulverwaltung – inklusive der Schulaufsicht – in einem veränderten Schnittfeld zwischen Bildungspolitik, Wissenschaft, Schulentwicklung, Evaluation und Verwaltungsaufgaben. Dieses Schnittfeld wird zunehmend von einem Management bestimmt, das sich an Outputs beziehungsweise Daten zur Qualitätsentwicklung von Schulen orientiert. Somit scheint das Aufgabenfeld von „manageriellen" Schulverwaltungen aktuell deutlich breiter als das einer konventionellen bürokratischen Verwaltung. Es reicht von einem Monitoring des gesamten Schulsystems mitsamt externer Evaluation bis hin zur Beratung von Schulen, inklusive einer weiterhin zu leistenden „verwaltenden" Grundversorgung der Schulen sowie einer Orientierung an Aufgaben der Schulentwicklung.

Die empirische Bildungsforschung hat es bislang weitgehend versäumt, die Umbildung der Schulverwaltung systematisch-empirisch zu begleiten. Neben der normativ gehaltenen Literatur, die Akteuren der Schulverwaltung bestimmte Konzepte für ein Managementhandeln unterstellt bzw. anempfiehlt, sind die empirischen Befunde hinsichtlich der tatsächlich eingeleiteten Veränderungen für die Konstitution der Schulverwaltung und die Beziehungen, die sie zu anderen aufbaut, schwach. Wesentliche Aspekte des Verwaltungshandelns und seiner Organisationsstrukturen – wie z.B. Personalpolitik, Personalstrukturaufbau, Organisationsstrukturen, Handlungs- und Orientierungsweisen im Sinne von Führung – müssen als kaum untersucht gelten.

Der bis hierhin kursorisch angegebene Stand der Forschung lässt vor allem zwei Punkte offen; diese beiden Punkte seien an dieser Stelle schon als Ergeb-

---

4   Mündlicher Vortrag von Doris Ahnen (in 2004 Vorsitzende der KMK), auf der Tagung „Steuerungswissen im Bildungssystem", 28.1. 2005, an der Universität Mainz.

nisse unserer explorativen Interviewstudie, die wir nachfolgend vorstellen, vorweggenommen:

(1) Mit welchem Typus bzw. mit welchen Typen von Organisationen haben wir es bei der gegenwärtigen Schulverwaltung zu tun? Mit bürokratie- oder managementorientierten Typen, oder mit Typen, die sich *zwischen* Bürokratie und Management bewegen?

(2) Welche Führungsstile des administrativen Personals gibt es? Die Führung kann formalistisch sein – so wie es das Bürokratiemodell bezeichnet –, oder mehr Kommunikation/Management beinhalten, wie es Modelle des NPM/NSt vorsehen.

3   Methodische Anlage des Projekts

Im explorativen Projekt „Neue Bildungs- und Schulverwaltung" wurde 2005 eine kleine Zahl von Leitfadeninterviews mit Akteuren der Schulverwaltung durchgeführt. Sie wurden zur neuen Steuerung befragt, um angesichts der bestehenden Forschungslücken zum schulischen Verwaltungshandeln zumindest Grundmuster des Handelns und Erlebens von Schulverwaltungsakteuren kenntlich zu machen. Angesetzt wurde an der von der Bildungspolitik und teilweise auch von der Schulverwaltung selbst betonten Neuorganisation in Richtung NPM/NSt. Entsprechend interessierten wir uns dafür,

- wie weit NSt/NPM im Selbstverständnis und im Handeln der Akteure „angekommen" ist
- wie in jüngerer Zeit eine Modernisierung der Verwaltung bzw. ein Umbau der eigenen Arbeitsorganisation erlebt wurde
- wie Elemente der neue schulischen Steuerung – von älteren Themen wie Schulautonomie bis zu neueren Themen der Evaluation – reflektiert und angewendet werden
- wie die „Steuerleute" eigene Kompetenzanforderungen sowie die Reichweite und Grenze ihres Wirkungshandelns einschätzen
- wie Innovations- und Vermittlungswege zwischen Schulverwaltungen und Einzelschulen aussehen
- und in diesem Zusammenhang: welche konkreten *Beziehungen zu den Schulen* entlang dieser verschiedenen arbeitsorganisatorischen Dimensionen vom Leistungsanbieter organisiert werden.

Initiiert wurde die Untersuchung zunächst im Rahmen einer Lehrforschungsveranstaltung an der FernUniversität in Hagen. Es wurde ein Interviewleitfaden entwickelt und von Professor Heinz Rosenbusch schriftlich kommentiert. Zeitgleich wurde eine „AG Schulverwaltungexperten" gegründet, die sich mit weiteren Theoriehintergründen beschäftigte, und im Jahr 2006 die Interviews auswertete. An dieser AG nahmen NachwuchswissenschaftlerInnen der Universität Dortmund (Nils Berkemeyer, Tobias Feldhoff) teil. Zwischen Sommer und Herbst 2005 wurden sechs Leitfadeninterviews durchgeführt; sie dauerten durchschnittlich etwas mehr als eine Stunde. Jedes Interview wurde vollständig transkribiert. Insgesamt liegen ca. 150 Seiten Interviewantworten vor. Gemäß dem Charakter unserer Untersuchung und der geringen Fallzahl ging es nicht um eine systematische Berücksichtigung verschiedener Organisationsebenen, sondern um eine explorative Auslotung der Breite und Tiefe des Untersuchungsbereichs „Schulverwaltungshandeln".[5]

Im Zuge der Auswertung wurden die Interviewpassage theoretisch kodiert (Flick 2002). Verschiedene Aussagen in den Interviews wurden schrittweise verdichtet, erstens zu Aussagen über die Art der eigenen Organisation (mehr Bürokratie, oder mehr Management), zweitens zu Aussagen zum Führungsstil (mehr formalistische Führung, oder mehr kommunikative Führung). Die entstehenden Typen wurden durch Vergleiche mit anderen sich herausbildenden Typen abgesichert.

4   Ergebnisse

Die Auswertung der Interviews hat dazu geführt, vorläufig von vier verschiedenen Typen des schulischen Verwaltungshandelns auszugehen. Die Typen ergeben sich entlang von zwei Achsenunterscheidungen: In der nachfolgend angeführten Tabelle 1 von links nach rechts gelesen (x-Achse) ist die Organisationsart abgetragen. Sie kann eher managementorientiert sein (linke Zelle), oder eher bürokratisch orientiert (rechte Zelle). Von oben nach unten gelesen (y-Achse) ist der Führungsstil abgetragen. Er kann eher kommunikativ und auf ein Interdependenzmanagement (das Erreichen anderer Ebenen) gerichtet sein (obere Zeilen). Oder er kann (untere Zeilen) eher formalistisch gefasst sein (und Kompetenzen bzw. Fähigkeiten jeweils voneinander abgegrenzt benennen). Diese beiden Achsendimensionen ergeben ein Vierfelderschema von Typen des schulischen Verwaltungshandelns (vgl. Tab. 1):

---

5   Die erfassten Funktionen der Befragten sind: Schulamtsdirektion, Hauptdezernat, Ministerialabteilung, Schulreferat, Referatsleitung, Schulamtsleitung, Schulberatung.

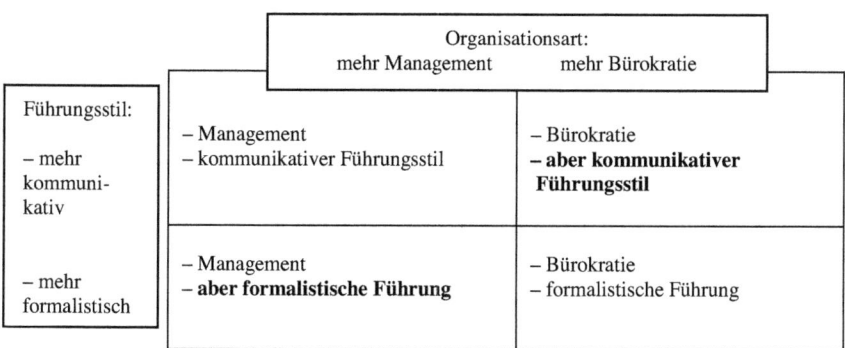

Tabelle 1:   Vier Felder des schulischen Verwaltungshandelns

Entlang der beiden Dimensionen ergeben sich zunächst zwei erwartbare Typen des schulischen Verwaltungshandelns: eine eher formalistische Führung zu einem dazu passenden, eher an Bürokratie ausgerichteten Organisationstypus (Typ 1: konventionelle Bürokratie); und einen neuen, eher an Kommunikation orientierten Führungsstil, mit einem dazu passenden eher managementbasierten Organisationstypus (Typ 2: neues Management) (vgl. Tab. 2):

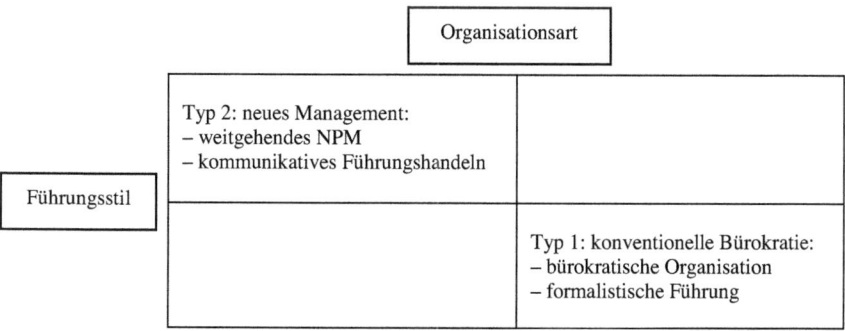

Tabelle 2:   Erwartbare Typen

Zum „Typ 1: konventionelle Bürokratie" ließ sich – wie wir erwartet hatten – keiner der von uns Befragten zuordnen. Dies lässt sich vorsichtig – bei aller Begrenztheit der explorativen Befunde – als Beleg für das Vordringen von NSt und NPM interpretieren.

Auch „Typ 2: neues Management", der weitgehende Adaptionen des NPM sowie ein kommunikatives Führungshandeln beinhaltet, war erwartet worden; er wurde aber im Gegensatz zum Bürokratie-Typ in deutlich ausgeprägter Form angetroffen. Charakteristische Aussagen dieses Typs zur Organisationsart und zum Führungsstil werden im Folgenden genannt (aus Gründen der Anonymisierung nur als Paraphrasierungen):

Aussagen zur Organisationsart:

- In den Interviews wird betont, man bemühe sich, NPM umzusetzen, was zeigt, dass *Anteile* davon in die eigene Organisation eingebaut werden, d.h. das NPM nicht in Reinform vorliegt, sondern sich – wie vermutet – mit der bestehenden Bürokratie vermischt.
- Eine Befragte macht den Wechsel in die Schulverwaltung davon abhängig, dass Elemente des NPM vorhanden sind.
- Das NPM wird als so weit verankert bzw. als so weit selbstverständlich angesehen, dass man sich eine Zeit davor kaum mehr vorstellen könne.
- Eine Verwaltung werde immer Steuerungsaufgaben beinhalten, zu denen heute jedoch auch Beratungsaufgaben dazukämen.
- Probleme in den Abteilungen werden nur als gemeinsam lösbar angesehen.
- Aufgaben der Organisationsentwicklung werden nicht nur für Schulen, sondern auch für die eigene Verwaltung reklamiert.
- Eine Kontrolle der Schulen solle so stattfinden, dass die Kriterien vorher gemeinsam mit den Schulen erarbeitet werden; ein „Von-oben-herab-Kontrollieren" wird als kaum möglich erachtet.
- Es wird erläutert, dass das Umgehen mit Bildungsstandards, Schülerleistungstests, Evaluation sowie auch der schulischen Organisationsentwicklung zu den eigenen Arbeitsaufgaben gehört.

Aussagen zum Führungsstil:

- Es wird eng mit anderen Abteilungen zusammen gearbeitet.
- Gegenüber den Schulen wird das Managementprinzip der Organisationsentwicklung verwendet.
- Der Aufwand für Organisationsentwicklung wird als hoch eingeschätzt, sofern Vertrauen aufgebaut werden soll und es sich um sensible Beziehungen zu Schulen handele; in diesem Zusammenhang wird auch ein Entwicklungsaufwand explizit angesprochen.
- Die eigene Steuerung wird grundsätzlich gekennzeichnet als ein Angewiesensein auf Kommunikation
- Aufgaben der Moderation werden deutlich benannt.

- Die eigene Arbeit wird mitunter als netzwerkartig beschrieben; es werden Arbeitsgruppen eingerichtet; in ihnen sind auch Schulen vertreten.
- Es wird die Notwendigkeit betont, fortlaufend Kontakt zu Schulen zu halten, da dies zu Informationen führt, auf denen eigene Entscheidungen aufbauen.
- Die Nachhaltigkeit der eigenen Entscheidungen wird mit dem Kontakthalten zu Schulen in Verbindung gebracht; es wird betont, dass man sich Zeit lassen müsse.
- „Gute Steuerung" wird als Mix von Beraten, Anregen, Begleiten und Unterstützen gesehen.

Diese charakteristischen Aussagen des „neuen Managementtypus" deuten auf das Vordringen einer Managementorientierung im schulischen Verwaltungshandeln hin und sind, wie bereits erwähnt, erwartbar gewesen. Denn Organisationsart und Führungsstil werden in der Regel nahezu automatisch eng gekoppelt: Man erwartet in der managementbasierten Organisation einen management- und kommunikationsorientierten Führungsstil und in der bürokratisch ausgerichteten Organisation einen eher formalistischen Führungsstil.

Von einer derart strikten Homologie zwischen Organisationstypus und Führungsstil können wir jedoch angesichts weiterer Befunde aus unseren Interviews gerade nicht ausgehen. Wir haben zwei „Mischtypen" gefunden:

- in der „modernen" Schulorganisation, in der Management groß geschrieben wird, einen Formalismus, der im Prinzip der Haltung bürokratischen Handelns entspricht,
- und im Kontrast dazu in eher traditionell bzw. bürokratisch ausgerichteten Schulorganisationen einen Führungsstil, der stark an Kommunikation und Interdependenzmanagement gegenüber Schulen ausgerichtet ist.

Wir können Schulverwaltungsakteuren also grundsätzlich Freiheitsgrade in ihrem (subjektiven) Führungsstil unterstellen, d.h. der Führungsstil ist nur lose an die (objektive) Funktions- oder Organisationsart gekoppelt.

Die „Mischtypen" machen deutlich, dass sich hinter den symbolischen und formalen Organisationsfassaden „Bürokratie" oder „NPM" Führungsstile und Perspektiven auf schulische Qualitätsentwicklung verbergen können, die man bei vordergründiger Betrachtung dort nicht erwartet. Dies deuten unsere beiden Mischtypen 3 und 4 an:

„Typ 3: distanziertes Management", unser erster „Mischtyp", verortet sich selbst innerhalb der Organisationsart NSt bzw. NPM. Jedoch wird im Führungsstil eher ein Formalismus sichtbar, der so recht nicht zu der Organisationsart zu passen scheint (vgl. Tab. 3):

Typ 2: neues Management: – weitgehendes NPM – neues kommunikatives Führungshandeln	
Typ 3: distanziertes Management: – weitgehendes NPM – aber **formalistische Führung** **> Rückzug auf formale Ebenen**	Typ 1: konventionelle Bürokratie: – bürokratische Organisation – formalistische Führung

Tabelle 3:   Erster Mischtyp „distanziertes Management"

Nachfolgend Aussagen zum Führungsstil von Typ 3 „distanziertes Management":

- Es wird die Wichtigkeit von Zuständigkeiten (!) betont.
- Die eigene Managementkompetenz, die fachliche Kompetenz, Kreativität, Kenntnisse von Evaluationsverfahren, und vor allem die Durchsetzungsfähigkeit werden betont.
- Es wird hervorgehoben, dass das Führungshandeln darauf gerichtet ist, die Eigenkompetenz anderer Akteure zu befördern.
- Von den Mitarbeitern in der Abteilung werden Eigeninitiativen zur Weiterbildung erwartet.
- Das Produzieren von Entscheidungen und Vorgaben für die Schulen – im Rahmen von Bildungsstandards und darauf bezogenen Evaluationen – werden als primär angesehen; erst an zweiter Stelle werden Moderations- und Vermittlungsaufgaben genannt; insgesamt mit dem Ziel, die Eigenverantwortung der Schulen zu stärken.
- Die Frage nach der Wirksamkeit des eigenen Führungshandelns bei Lehrkräften wird als kaum relevant angesehen; stattdessen wird pauschal erwartet, dass Schulen ihre Eigenkompetenz stärken und Verantwortung übernehmen.
- Es wird der große Aufwand beim Verständlichmachen von Standards und bei der Einführung der Schulinspektion betont.

Interpretationen zu Typ 3 „distanziertes Management"
In den Interviews des Typ 3 werden zwar ebenfalls wie in Typ 2 „neues Management" neue Steuerungsformen detailliert im Zusammenhang mit der eigenen Arbeit geschildert; ebenfalls wird die Notwendigkeit einer Vermittlungsarbeit gegenüber Schulen angesprochen. Jedoch scheint auf Grund von Schwierigkeiten, sich den Schulen verständlich zu machen, erstens ein verbales Insistieren auf der Bedeutung der eigenen Position und Kompetenz einzutreten, etwa auf der (aktuell de facto wohl nicht besonders großen) Durchsetzungsfähigkeit. Zweitens

richtet man an die Schulen die Erwartung, mehr Eigenkompetenz und Verantwortung zu zeigen. Damit ist in der Perspektivenverschränkung mit den Schulen eine gewisse Lücke gelassen. Oder anders gesagt, bezogen auf ein Weiterverfolgung von Qualitätsmaßnahmen bis vor Ort zu den Schulen selbst: Erwartungen werden an die Schulen *externalisiert*; eigene Aufgaben der Schulverwaltung begrenzen sich auf das Insistieren darauf, dies den Schulen deutlich zu machen, wobei die eigene Verwaltung als mit neuen Qualitätsmaßnahmen durchtränkt und auch legitimiert *erscheint*. In den Interviews dieses Typs finden sich jedoch Indizien dafür, dass Qualitätsmaßnahmen nur in geringem Ausmaß bis zu den Schulen begleitet werden; ein Interdependenzmanagement ist in diesem Sinne kaum ausgeprägt.

Diese Charakterisierung wird deutlicher, wenn man nun zum Vergleich den zweiten Mischtyp heranzieht, den wir vorläufig als Typ 4 „pädagogische Bürokratie" bezeichnen, durchaus in Anlehnung an Rosenbusch (2005, 123), der von „pädagogischer Führung" spricht[6] (vgl. Tab. 4):

Typ 2: neues Management:	Typ 4: pädagogische Bürokratie:
– weitgehendes NPM	– bürokratische Organisation
– neues kommunikatives Führungshandeln	– **aber kommunikativer Führungsstil**
	> Ethos der Beziehungspflege/ pädagogische Heimat für Schulen
Typ 3: distanziertes Management:	Typ 1: konventionelle Bürokratie:
– weitgehendes NPM	– bürokratische Organisation
– aber **formalistische Führung**	– formalistische Führung
> Rückzug auf formale Ebenen	

Tabelle 4: Zweiter Mischtyp „pädagogische Bürokratie"

Auch zu diesem vierten Typ nun einige Aussagen zum Führungsstil:

- Das eigenverantwortliche Entscheiden der Schulen wird vor Ort bei der jeweiligen Schule besprochen, face to face an konkreten Problemen der jeweiligen Schule.
- In den Kompetenzen der Verwaltung wird ein breiter Mix aus Juristik und Pädagogik befürwortet; der Begriff des Managements wird generell nur in geringem Maß verwendet.
- Das eigene Führungshandeln wird mit einer pädagogischen Linie in Verbindung gebracht, womit eine semantische Brücke zu den Schulen geschlagen wird.

---

6   Bei Rosenbusch fehlt die sozialethische Seite, die wir unten hervorheben werden. Für das operative Tun sind die Beschreibungen von Rosenbusch jedoch treffend.

- Die Unterrichts- und Schulentwicklung wird dahingehend befragt, ob sie für die Kinder zu einem ‚pädagogischen Zuhause' führt.

Damit wird nicht nur die Schulentwicklung an das Primat der Unterrichtsentwicklung gebunden, sondern auch ein implizites Ethos des eigenen Verwaltungshandelns sichtbar, das sich konkret an dem Grad messen lassen will, in dem sich Kinder in der Schule wohl fühlen, wobei gleichzeitig hier erhebliche Defizite festgestellt werden.

Auch dieser Typ 4 berichtet übrigens wie die Typen 2 und 3 detailliert über neue Steuerungsmaßnahmen in Zusammenhang mit der eigenen Arbeit. Charakteristischer Weise findet sich jedoch in Typ 4 erstens eine Abgrenzung gegenüber einer Managementkommunikation. Zweitens wird ein Ethos sichtbar, den Schulen beizustehen. Die Akteure des Typus 4 „pädagogische Bürokratie" ringen in und mit den Schulen zusammen offensichtlich um eine „andere Verbindlichkeit" neuer schulischer Steuerungselemente.

5   Fazit und Ausblick

Angesichts der in Deutschland schwach ausgebauten Schulverwaltungsforschung müssen wir den Titel des vorliegenden Buches für unser Thema grundlegender interpretieren. Wir können nicht fragen „Warum tun die das?", da zunächst überhaupt erst Strukturen des Akteurs Schulverwaltung untersucht werden müssen. Die Frage lautet: „Wer ist da überhaupt?"

Hinsichtlich der inhaltlichen Ergebnisse unserer explorativen Studie kann festgehalten werden, dass eines der vier Felder des schulischen Verwaltungshandelns empirisch nicht besetzt ist. Keiner der InterviewpartnerInnen lässt sich analytisch dem Feld einer reinen Bürokratie und einer rein formalistischen Führung zuordnen. Damit scheinen insgesamt neue Management- und Steuerungsmethoden im Entscheidungshandeln der schulischen Verwaltungsakteure vorgedrungen zu sein.

Ein weiterer Befund spezifiziert diese Aussage in bestimmten Hinsichten: Verwaltungsakteure versetzen sich unterschiedlich intensiv in Belange der einzelnen Schule (SchülerInnen, LehrerInnen, Eltern) hinein. Die Grade, in denen sie ihr Handeln von dieser Perspektivenverschränkung bestimmen lassen, variieren stark. Unsere vorläufige Typenbildung deutet dazu Folgendes an:

Das Hineinversetzen scheint in Typ 2, „neues Management", der die Elemente der neuen schulischen Steuerung deutlich hervorhebt, arbeitsorganisatorisch verankert. An vielen Stellen werden Bezüge zu Schulen skizziert – als

Notwendigkeit des Kontakthaltens, im Zusammenhang mit Beratungsaufgaben, durch Einbeziehen der Schulen in Arbeitsgruppen.

Typ 3, „distanziertes Management", scheint dies weniger als Typ 2 zu praktizieren. Obwohl die Akteure dieses Typs für sich selbst reklamieren, mit Methoden der neuen Steuerung und des Managements zu arbeiten, findet sich gleichzeitig eine formalistische Umgangsweise mit Schulen, denen Eigeninitiative und Kompetenzen abverlangt werden, ohne dass man meint, sich intensiv mit ihnen auseinandersetzen zu müssen; so gibt es offensichtlich kaum Präsenz in den Schulen vor Ort. Diese Ebenenabgrenzung lässt das Weiterverfolgen und Begleiten der Schulen hinsichtlich der Verankerung von Qualitätsmaßnahmen an Grenzen stoßen. Anders ausgedrückt: Das, was in der Verwaltung, und das, was in den Schulen passiert, sind getrennte, womöglich sogar gegenläufige Dinge.

Geradezu als Gegensatz zum „distanzierten Management" erscheint Typ 4, „pädagogische Bürokratie", der sich am stärksten in Belange der Schulen hinein versetzt. Überraschenderweise ist dies ein Mischtyp, der sowohl durch breite Kenntnis und sichere Handhabung neuer Qualitätsverfahren, als auch durch eine deutliche bürokratische Orientierung gekennzeichnet ist – doch die Bürokratienähe schlägt sich überraschenderweise nicht im Führungsstil nieder. Im Unterschied zu Typ 3 zeigt Typ 4 keine Distanzierung von den Perspektiven der Schulen, sondern gerade ein Ethos, das Befindlichkeiten und Erfahrungen in den Schulen berücksichtigt. Es findet sich eine „tiefere Verantwortung" für Belange der einzelnen Schule, die sich konkret in einer Vielzahl von Reflexionen über das eigene Handeln und das der Schulen niederschlägt und darauf gemünzt ist, Schulen begleiten und unterstützen zu wollen, oder: Schulen auf gleicher Augenhöhe beizustehen. In dieser Verschränkung mit der Entwicklung von Schulen werden formale Zuständigkeitsbereiche *perspektivisch* regelmäßig überschritten, was jedoch keine Legitimationsprobleme aufwirft, sondern nur auf eine unter der Hand längst veränderte Art der Verwaltungspraxis hindeutet, die von der bisherigen Forschung kaum erfasst ist.

Unsere beiden Mischtypen drehen damit gewissermaßen Erwartungen um. Während wir gemäß der Programmatik des NPM/NSt vom Management einen eher kommunikativen Führungsstil erwarten müssen, zeigt sich dieser gerade in der „pädagogischen Bürokratie" – während sich der Formalismus einer Bürokratie auch im distanzierten Managementtyp findet (vgl. Tab. 5):

Typ 3: distanziertes Management: – weitgehendes NPM – aber **formalistische Führung**	Typ 4: pädagogische Bürokratie: – bürokratische Organisation – aber **kommunikativer Führungsstil**
Formalismus/ Rückzug auf formale Ebenen/	Ethos der Beziehungspflege/ gemeinsame (konflikthafte) Erfahrungen mit Schulen
Ebenenabgrenzung; Betonung des eigenen Durchsetzungsvermögens	Perspektivische Verschränkung, „Ringen" mit Schulen
– Evaluation im Vordergrund – Von anderen Eigeninitiative und Verantwortung erwarten > *Externalisierung*	Wunsch nach anderer Verbindlichkeit > *Internalisierung* der Belange von Schulen
	pädagogisches Zuhause für SchülerInnen herstellen (und darauf bezogene Defizite bemerken)
	Daran angebundene OE und UE
	Langfristige Entwicklungsaufgaben wahrnehmen
	Bestehende Abstimmungsmodi mit Schulen
Wahrnehmen hoher Transaktionskosten	Transferproblematik nicht in gesonderten Verfahren, sondern innerhalb der Beziehung

Tabelle 5:   Vergleich zweier Typen

Für die schulische Qualitätssicherung deuten sich damit bei Typ 4 spezielle Herangehensweisen an. Sie beinhalten eine „Internalisierung" der Belange von Schulen (während der Typ „distanziertes Management" diese Belange externalisiert). Ob es sich hierbei um eine neue Form der „intelligenten", pädagogischen Bürokratie handelt, die ihre Arbeit innerhalb eines Abstimmungsmodus mit den Schulen organisiert, den Transfer von Wissen bzw. die Implementierung nicht über gesonderte Verfahren nachschaltet, eine dialogorientierte Form der Handlungskoordination praktiziert und eine große Schnittmenge zum professionspraktischen Denken der Lehrkräfte aufweist[7]; und/oder ob wir die Fortsetzung des Ethos der Bürokratie vorfinden, die verantwortungsethisch im Sinne eines nicht nachlassenden Engagements für eine Sache handelt, hier der Schulqualität – dies wird die weitere Forschung zeigen müssen.

---

7   Diesen Hinweis verdanken wir Martin Heinrich.

Sichtbar wird jedenfalls, dass ein Teil der Befragten erheblich näher an der Perspektive der einzelnen Schule ist – einschließlich konkreter Defizite, die benannt werden, und Vorschläge, die vor Ort umgesetzt werden – als die Management- und auch die Evaluationspraxis, die Schulen gleichsam „aus der Ferne" mit verschiedenen Tests konfrontiert. Dies gibt Hinweise darauf, dass die gegenwärtig von der Bildungspolitik favorisierte Kultur der evaluationsbasierten Steuerung kaum unterstützt wird. Wegen der ebenfalls deutlich zu bemerkenden Loyalität der Exekutive zur Bildungspolitik wird dies jedoch nur „zwischen den Zeilen" zum Ausdruck gebracht. Sachlogische Widersprüche und Inkonsistenzen kommen jedoch an vielen Stellen in den Interviews zur Sprache.

Aus einer größeren Beobachtungsdistanz heraus zeigt sich, dass der Akteur Schulverwaltung offensichtlich differenziert ist, und zwar nicht nur hinsichtlich seiner Organisationsart, sondern auch seines Führungsstils. Die empirische Bildungsforschung hat sich mit diesem Akteur bislang so gut wie nicht beschäftigt. Und bevor die Frage beantwortet werden kann, welche Einflussnahmen dieser Akteur auf neue Steuerungsmaßnahmen hat bzw. in welchem Ausmaß er sie mitgestaltet, sollte man nach unserer Ansicht wissen, wie der Akteur strukturiert ist und in welchen Beziehungen er zu anderen Akteuren steht. Mit den skizzierten ersten Projektergebnissen, die wir weiter verfolgen, möchten wir einen Anstoß geben, diesen Fragen weiter nachzugehen.

Literatur

Altrichter, Herbert/Brüsemeister, Thomas/Wissinger, Jochen (Hg.) (2007): Educational Governance – Handlungskoordination und Steuerung im Bildungssystem. Wiesbaden: VS.

Altrichter, Herbert/Heinrich, Martin (2007): Kategorien der Governance-Analyse und Transformation der Systemsteuerung in Österreich. In: Altrichter, Herbert/Brüsemeister, Thomas/Wissinger, Jochen (Hg.) (2007): Educational Governance – Handlungskoordination und Steuerung im Bildungssystem. Wiesbaden: VS, S. 55–103.

Altrichter, Herbert/Heinrich, Martin (2006): Evaluation als Steuerungsinstrument im Rahmen eines „neuen Steuerungsmodells" im Schulwesen. In: Böttcher, Wolfgang/Holtappels, Heinz Günter/Brohm, Michaela (Hg.): Evaluation im Bildungswesen. Eine Einführung in Grundlagen und Praxisbeispiele. Weinheim, München: Juventa, S. 51–64.

Argyris, Chris/Schön, Donald A. (1999): Die lernende Organisation. Grundlagen, Methode, Praxis. Stuttgart: Klett-Cotta.

Bähr, Konstantin (2006): Erwartungen von Bildungsadministrationen an Schulleistungstests. In: Kuper, Harm/Schneewind, Julia (Hg.): Rückmeldung und Rezeption von Forschungsergebnissen – Zur Verwendung wissenschaftlichen Wissens im Bildungssystem. Münster, u.a.: Waxmann, S. 127–141.

Bogumil, Jörg/Grohs, Stephan/Kuhlmann, Sabine/Ohm, Anna K. (2007): Zehn Jahre Neues Steuerungsmodelle. Eine Bilanz kommunaler Verwaltungsmodernisierung. Berlin: edition sigma.

Bonsen, Martin (2003): Schule, Führung, Organisation. Eine empirische Studie zum Organisations- und Führungsverständnis von Schulleiterinnen und Schulleitern. Münster, u.a.: Waxmann.

Böttcher, Wolfgang/Kotthoff, Hans Georg (Hg.) (2007): Schulinspektion: Evaluation, Rechenschaftslegung und Qualitätsentwicklung. Münster, u.a.: Waxmann.

Brüsemeister, Thomas/Heinrich, Martin/Kussau, Jürgen (2007): Zur Governance von Übergängen der Qualitätsentwicklung und -sicherung im Schulwesen. In: Eckert, Thomas (Hg.): Übergänge im Bildungswesen. Münster: Waxmann, S. 67–82.

Brüsemeister, Thomas/Eubel, Klaus-Dieter (Hg.) (2003): Zur Modernisierung der Schule. Leitideen – Konzepte – Akteure. Ein Überblick. Bielefeld: transcript

Buschor, Ernst (1998): Schulen in erweiterter Verantwortung – Die Schweizer Anstrengungen und Erfahrungen. In: Avenarius, Hermann/Baumert, Jürgen/Döbert, Hans/Füssel, Hans-Peter (Hg.): Schule in erweiterter Verantwortung. Positionsbestimmungen aus erziehungswissenschaftlicher, bildungspolitischer und verfassungsrechtlicher Sicht. Beiträge zur Schulentwicklung. Neuwied: Luchterhand, S. 67–88.

Ditton, Hartmut (2000): Qualitätskontrolle und Qualitätssicherung in Schule und Unterricht. In: Zeitschrift für Pädagogik, 41. Beiheft, S. 73–92.

Dubs, Rolf (1996a): Schule, Schulentwicklung und New Public Management. St.Gallen: Institut für Wirtschaftspädagogik.

Dubs, Rolf (1996b): Schule und New Public Management. Beiträge zur Lehrerbildung 14, S. 330–337.

Ernst, Christian/Hubertus Fedke (2003): Bildungsverwaltung vor neuen Herausforderungen – das Beispiel Berlin. In: Döbert, Hans, u.a. (Hg.): Bildung vor neuen Herausforderungen. Historische Bezüge – Rechtliche Aspekte – Steuerungsfragen – Internationale Perspektiven. Neuwied: Luchterhand, S. 177–186.

Fend, Helmut (2006): Neue Theorie der Schule. Einführung in das Verstehen von Bildungssystemen. Wiesbaden: VS.

Flick, Uwe (2002): Qualitative Sozialforschung – Eine Einführung. Reinbek: Rowohlt.

Fürst, Dietrich (2004a): Regional Governance. In: Benz, Arthur (Hg.) (2004): Governance – Regieren in komplexen Regelsystemen. Eine Einführung. Wiesbaden: VS, S. 45–64.

Fürst, Dietrich (2004b): Chancen der Regionalisierung im Bildungsbereich. Regional governance – ein neuer Ansatz der Steuerung regionaler Entwicklungsprozesse. In: Lohre, Wilfried/Engelking, Gerhard/Götte, Zita/Hoppe, Claudia/Kober, Ulrich/Madelung, Petra/Schnoor, Detlev/Weisker, Katrin (Hg): Regionale Bildungslandschaften. Grundlagen einer staatlich-kommunalen Verantwortungsgemeinschaft. Beiträge zu „Selbstständige Schule". Hg. von Projektleitung „Selbstständige Schule". Troisdorf, S. 35–55.

Heinrich, Martin (2007): Governance in der Schulentwicklung. Von der Autonomie zur evaluationsbasierten Steuerung. Wiesbaden: VS.

Hopf, Christel/Nevermann, Knut/Richter, Ingo (1980): Schulaufsicht und Schule. Eine empirische Analyse der administrativen Bedingungen schulischer Erziehung. Stuttgart: Klett–Cotta.

KGSt (1993): Das Neue Steuerungsmodell. Begründung, Konturen, Umsetzung (KGSt-Bericht 5). Köln: Kommunale Geschäftsstelle für Verwaltungsvereinfachung.

Knauss, Georg (2003): Accountability: Chance und Impuls für Schulentwicklung. In: Döbert, Hans, u.a. (Hg.): Bildung vor neuen Herausforderungen. Historische Bezüge – Rechtliche Aspekte – Steuerungsfragen – Internationale Perspektiven. Neuwied: Luchterhand, S. 129–138.

Kussau, Jürgen/Brüsemeister, Thomas (2007): Governance, Schule & Politik. Zwischen Antagonismus und Kooperation. Wiesbaden: VS.

Maag Merki, Katharina/Büeler, Xaver (2002): Schulautonomie in der Schweiz. Eine Bilanz auf empirischer Basis. In: Rolff, Hans-Günter/Holtappels, Heinz Günter/Klemm, Klaus/Pfeiffer, Hermann/Schulz-Zander, Renate (Hg.): Jahrbuch der Schulentwicklung. Daten, Beispiele und Perspektiven. Band 12. Weinheim, München:Juventa, S. 131–161.

Reynolds, David (2005): School Effectiveness: Past, Present and Future Directions. In: Holtappels, Hans-Günter/Höhmann, Katrin (Hg.): Schulentwicklung und Schulwirksamkeit. Systemsteuerung, Bildungschancen und Entwicklung der Schule. Weinheim, München: Juventa, S. 11–25.

Rosenbusch, Heinz (2005): Organisationspädagogik der Schule. Grundlagen pädagogischen Führungshandelns. Neuwied: Luchterhand.

Rosenbusch, Heinz (2002): Schulaufsicht im Wandel der Zeit. Vortrag am 1. Dillinger Tag der bayrischen Schulaufsicht, 8.11.2002, Ms.

Rürup, Matthias (2007): Innovationswege im deutschen Bildungssystem. Die Verbreitung der Idee „Schulautonomie" im Ländervergleich. Wiesbaden: VS.

Saalfrank, Wolf-Thorsten (2005): Schule zwischen staatlicher Aufsicht und Autonomie. Konzeptionen und bildungspolitische Diskussion in Deutschland und Österreich im Vergleich. Würzburg: Ergon.

Schedler, Kuno/Isabella Proeller (2000): New Public Management. Bern, u.a.: Haupt.

Schnell, Herbert (2006): Schulaufsicht und die Steuerung der Schulentwicklung. Das Beispiel Hessen. Norderstedt: books on demand.

Weber, Max (1964): Wirtschaft und Gesellschaft. Grundriss der verstehenden Soziologie. 2 Halbbände, Köln, Berlin (Lizenzausgabe Tübingen 1956): Kiepenheuer & Witsch.

Wegrich, Kai (2006): Steuerung im Mehrebenensystem der Länder. Governance-Formen zwischen Hierarchie, Kooperation und Management. Wiesbaden: VS.

Wissinger, Jochen (2007): Does School Governance matter? Herleitungen und Thesen aus dem Bereich „School Effectiveness and School Improvement". In: Altrichter, Herbert/Brüsemeister, Thomas/Wissinger, Jochen (Hg.) (2007): Educational Governance – Handlungskoordination und Steuerung im Bildungssystem. Wiesbaden: VS, S. 105–129.

Wissinger, Jochen (2000): Rolle und Aufgaben der Schulleitung bei der Qualitätssicherung und -entwicklung von Schulen. In: Zeitschrift für Pädagogik 6, S. 851–865.

Stephan Gerhard Huber

Steuerungshandeln schulischer Führungskräfte aus Sicht der Schulleitungsforschung

1 Schulleitung und Schultheorie

Versucht man, das Thema Schulleitung einzubetten in die deutsche schultheoretische Diskussion, so macht man zunächst eine eigentlich erstaunliche Beobachtung: In der deutschsprachigen fachwissenschaftlichen Diskussion zur Theorie der Schule wurde der wichtige Teilaspekt der Funktion der Schulleitung bzw. der Schulleiterin oder des Schulleiters lange Zeit vernachlässigt. Der Begriff Schulleitung taucht in den bisherigen Arbeiten zur Theorie der Schule kaum auf, wenngleich man davon ausgehen kann, dass hin und wieder Schulleitung unter anderen Begriffen wie beispielsweise Organisation oder Organisationsstruktur etc. subsumiert wird. Sowohl bei Fend (1980) als auch bei von Hentig (1993), Apel (1995) oder Diederich und Tenorth (1997) bleibt Schulleitung jedoch unberücksichtigt.

Eine der wenigen Ausnahmen stellt historisch gesehen Gaudig (1917) in der Reformpädagogik dar: Hier findet man Hinweise auf die Funktion des Schulleiters und auf Eigenschaften, die zur Ausübung seiner Funktion nötig sind, sowie Ansätze einer Einbeziehung von Fragen der Organisation. Er widmet das umfangreichste Kapitel seines Buches „Die Schule im Dienste der werdenden Persönlichkeit" der Organisation Schule und ihrer Leitung. Gaudig spricht hier vom „Gesamtgeist" der Schule, verstanden als „Inbegriff der Dispositionen aller Einzelnen, die bei den inneren und äußeren Gemeinschaftshandlungen wirksam werden" (S. 243).

In den aktuellen Überblicksarbeiten zur Schulpädagogik ist zwar das Stichwort Schulleitung zu finden, jedoch stehen die sehr knappen Ausführungen nur in einem verwaltungsbezogenen und juristischen Zusammenhang. Hier sind als Ausnahmen beispielsweise Keck und Sandfuchs (1994) sowie vor allem H. Meyer (1997a,b) anzuführen.

Insgesamt finden sich hingegen in der mehr als 200jährigen Geschichte der Pädagogik als wissenschaftlicher Disziplin neben vielen Arbeiten über Unterricht und Lehr- und Lernprozesse sowie über Funktion und Tätigkeit von Lehrerinnen und Lehrern in der deutschsprachigen Fachliteratur so gut wie keine Aussagen über die Rolle und Funktion von Schulleitung. Ein Verständnis von Schule als Organisation hielt erst recht spät Einzug in die wissenschaftliche Fachdiskussion. Einzelne Nichtpädagogen kritisierten dies schon recht früh, wie Bernfeld (1925), der die „Institutionenblindheit" der Pädagogik beklagt (vgl. auch Becker, 1962; Fürstenau, 1969; Nevermann, 1982), aber auch Pädagogen wie beispielsweise Rumpf (1966) oder Vogel (1977).

Terhart (1986) zitiert Wolgast (1887) als Beispiel für eine immer noch aktuelle pädagogische Auffassung, nach der „Buereaukratie und Pädagogik [...] zueinander passen wie Feuer und Wasser" (Terhart, 1986, 206). Eine Vermittlung von Pädagogik und Bürokratie wurde angestrebt, aber letztendlich nicht geleistet.

Es bedürfte einer eigenen Arbeit, zu erklären, wieso diese wichtigen Aspekte bisher in der deutschsprachigen schultheoretischen Diskussion, in der Schulpädagogik und auch insgesamt in der Erziehungswissenschaft so wenig Beachtung gefunden haben. Hier müssen einige Anmerkungen genügen:

Zunächst mögen in Deutschland politische Gründe eine Rolle spielen, denn aus den Erfahrungen des Faschismus heraus wurden Führungsrolle und Führungsaufgaben in der Pädagogik lange Zeit tabuisiert. Zudem gibt es durchaus biographische Gründe bei vielen wissenschaftlichen Pädagogen, da ihnen die einschlägigen praktischen Erfahrungen als Grundlage für die theoretische Reflexion fehlen. Einen weiteren Grund kann man mit Rosenbusch (1995) bereits im Selbstverständnis der Pädagogik sehen: Die traditionelle Pädagogik, besonders die sie prägende Reformpädagogik, sieht pädagogische Arbeit primär als personales, einmaliges, ja geradezu als intimes Geschehen in der dialogischen Beziehung Edukand-Edukator (z.B. Kind-Eltern oder Schüler-Lehrer), das sich durch Unwiederholbarkeit auszeichnet und das in einer direkten Kommunikationssituation stattfindet. Erfolge wie auch Scheitern von Erziehung sind somit persönlich zu verantworten. Für erzieherischen Misserfolg werden die Ursachen nicht in Rahmenbedingungen oder der Methodenwahl gesucht, sondern er wird als existentielles Versagen empfunden. Eine so verstandene Pädagogik konnte Aspekte der Gruppe[1] und vor allem solche der Institution und ihrer Verwaltung mit ihren regelhaften Organisationsabläufen und universalen bürokratischen Strukturen, noch dazu verstanden im Sinne der idealtypischen Bürokratievorstellungen Max Webers, nur als diametral verschieden von und zutiefst unvereinbar mit pädago-

---

1   Erst durch die deutsche Jugendbewegung wurde die Wirkung der Gruppe, vor allem die Ge-
      genüberstellung Gruppe-Gruppenführer, propagiert. In den sechziger Jahren ging es, von der
      Sozialpsychologie beeinflusst, um die Beachtung des zu Erziehenden innerhalb einer Gruppe.
      Weitergehende Aspekte fanden jedoch kaum Berücksichtigung.

gischem Geschehen empfinden. Wie auch Terhart (1986) darlegt, liegen hier entscheidende Wurzeln für eine Nichtbeachtung organisationaler Einflüsse auf pädagogisches Geschehen. Zusätzlich hat ein Grundverständnis der Schulpädagogik als Allgemeine Didaktik dazu beigetragen, die Institution Schule in erster Linie als „verwaltete Addition von Unterricht" zu sehen und nicht als „pädagogische Handlungseinheit" (Fend, 1980).

Dies alles führte zur Ignorierung von Aspekten der Organisation und damit zu einer Nichtbeachtung der Rolle von Schulleitung.

Eine weitere Erklärung für die geringe Würdigung von Schulleitung ist in den Besonderheiten der Entstehung der Schulverwaltung in Deutschland zu sehen. Sie hätte ein eigenständiges Berufsbild des Schulleiters mit wesentlichen eigenen Vorstellungen von seiner Zieltätigkeit als Widerspruch betrachtet zu den bürokratischen Prämissen, nach denen Schule funktionieren solle, nämlich als Dienstbehörde in einer hierarchisch untergeordneten Position.

Schulleitung steht dabei an der Schnittstelle zweier verschiedener Subsysteme oder unterschiedlicher Systembereiche. Dies hat Rosenbusch (1994a, 1999) herausgearbeitet, der in diesem Zusammenhang von einer notwendigen „vertikalen Strukturdifferenzierung" spricht und damit folgendes meint: Einerseits ist Schulleitung Teil der linearen Verwaltungshierarchie des Schulsystems; andererseits ist sie ebenso auch Teil der komplexen Hierarchie innerhalb der Schulen selbst, die ganz anderen Prämissen folgt: Alle Lehrer sind Vollakademiker und sind hierarchisch in ihrer Funktion weitgehend gleich gestellt[2]; der Schulleiter ist auch Lehrer; Entscheidungen der Lehrerkonferenz sind für die Schulleitung bindend; die Lehrkräfte haben darüberhinaus einen juristisch gesicherten Handlungsfreiraum durch die Institution der Pädagogischen Freiheit.

Für Schulleiterinnen und Schulleiter – so konstatiert Rosenbusch (1994a) – bedeutet diese Position zwischen linearer Hierarchie und komplexer Hierarchie, dass sie zwei unterschiedliche Handlungsrationalitäten beachten müssen, nämlich die zielorientiert-rationale des administrativen und bürokratischen Agierens nach personenunabhängigen, festgelegten Prinzipien einerseits und die Flexibilität erfordernde, nicht berechenbare, auf Einzelpersonen eingehende, kommunikativ-interaktionale Rationalität des pädagogischen Handelns andererseits. Schulleitung steht zwischen bürokratisch-administrativem und pädagogisch-innovativem Handeln. Bei der die Schule prägenden Entkoppelung der technischen Vollzugsebene (der gewöhnlichen Arbeit in den Klassenzimmern) von der offiziell-formalen Struktur (den Regeln der Organisation) ist die Schulleitung die „Transmissionsstelle" (Terhart, 1986, 1997). Eine Folge der bürokratischen Prä-

---

2   Auf der Annahme, dass alle Lehrenden gleich sind und Einmischung in die Arbeit eines anderen deshalb nicht geduldet wird, beruht das für Schulen charakteristische "Autonomie-Paritäts-Muster" (vgl. Lortie, 1975; Altrichter & Posch, 1999).

missen ist, dass Schulleitung in Deutschland traditionell zu einer Unterschätzung ihrer pädagogischen Wirkungsmöglichkeit neigt: Als Leiter der untersten Dienstbehörde sieht sich der Schulleiter eher einer administrativen Aufgabenstellung in Zusammenhang mit der Sorge für einen geordneten Schulbetrieb und Unterricht gegenüber.

Die „Schnittstellen"-Position von Schulleitung macht es schwer, sie innerhalb der Interessensfelder der Schultheorie zu positionieren. In den Interessensbereich einer soziologisch orientierten Schultheorie, die versucht, die Institution Schule in einem größeren Zusammenhang des Bildungswesens und der Gesellschaft zu erklären, also eher vor dem Hintergrund der Makroebene zu diskutieren, fällt Schulleitung nicht. Hier geht es um Schule und ihre gesellschaftliche(n) Funktion(en) oder zum Beispiel um die Diskussion über Schulstufen oder Schularten. Auf der Mikroebene ist Schulleitung ebenfalls wenig interessant. Für die eher dort anzusiedelnden Theorien der Schule sind Lehr-Lernprozesse und individuelle Lebensgeschichten von Schülern und Lehrkräften von zentraler Bedeutung; sie versuchen, den Blick für die Vielfalt der pädagogischen Möglichkeiten zu schärfen. Eine mögliche Mesoebene findet wenig Beachtung. Hier wäre Schulleitung einzuordnen. An dieser Schnittstelle zwischen Makro- und Mikroebene ist sie beispielsweise als Mediator und Vermittler wichtig bei der Umsetzung vorgegebener Reformen oder beim Zulassen von Innovationen vor Ort. Sollen die Ebenen zusammengebracht werden im Hinblick auf eine „umfassendere" Theorie der Schule, dann muss diese zentrale Schnittstelle mehr Beachtung finden und angemessen theoretisch berücksichtigt werden.

Terhart (1986, 1997) argumentiert, dass Organisationsverständnis und pädagogisches Verständnis nicht gegeneinander zu setzen seien, sondern integriert behandelt werden sollten. Schulleitungshandeln zwischen Organisation und Erziehung soll weder das eine noch das andere einseitig favorisieren. Besonders, wenn es um Qualitätssteigerung geht, muss organisationsbezogenes mit pädagogisch-schulgestalterischem Handeln zusammengebracht werden. Die Einflussnahme der Schulleitung auf die Organisation besitzt durchaus strukturelle Ähnlichkeiten mit pädagogischem Handeln an sich, denn bei beidem wird der Versuch unternommen, etwas nur bedingt Steuerbares zu steuern, wobei auch ungewollte Nebenwirkungen und paradoxe Effekte auftreten können.

Die zentrale Frage ist, welchen Einfluss die Organisation (mit ihrer Struktur) und das Leitungs- und Führungshandeln in ihr auf die Zieltätigkeit von Schule, nämlich Erziehung und Unterricht, haben. Oder anders akzentuiert: Wie müssen die Organisation (mit ihrer Struktur) und das Leitungs- und Führungshandeln beschaffen sein, damit die Zieltätigkeit sinnvoll und wirksam ausgeübt werden kann? Diese für die Schulleitungsforschung entscheidende Fragestellung ist gerade auch unter Gesichtspunkten der Governance von Interesse, die ja die

Formen (Strukturen) und Mechanismen der Koordinierung zwischen interdependenten Akteuren untersucht. Bislang wurden keine empirischen Untersuchungen zu Schulleitung explizit unter dem Aspekt der Governance im deutschsprachigen Raum durchgeführt, wohl aber international. Es liegen international mehrere Studien zu erfolgreichem Schulleitungshandeln vor, die den Fragestellungen der Governance wichtigen Aufschluss geben können. Die Ergebnisse dieser Studien werden in den nachfolgenden Abschnitten dargestellt, um die diversen Handlungsmöglichkeiten, die Schulleiterinnen bzw. Schulleitern zur Verfügung stehen und im Schulalltag auftreten können, zu skizzieren und ihre innere Logik zu erklären. Auf diese Weise soll sich der übergreifenden Fragestellung dieses Bandes „Warum tun die, d.h. Schulleiterinnen bzw. Schulleiter, das?" angenähert werden. Dies geschieht, indem zunächst die Rolle von Schulleitung als Schulgestalter samt den von ihr geforderten Kompetenzen thematisiert wird. Diesem Abschnitt folgt eine Analyse verschiedener idealtypischer Führungskonzepte, die an Schulleitung angelegt werden können, um aufgrund ihrer Diskussion zu einem für den Schulalltag integrativen Führungskonzept für Schulleitung zu gelangen. Auf diese Weise werden zum einen die in der Schulrealität vorkommenden, möglichen Handlungsweisen von Schulleiterinnen und Schulleitern und ihre strukturellen Bedingungen beschrieben, um die Organisation Schule und die an ihr beteiligten Personengruppen zu koordinieren. Zum anderen wird aber auch ein Desiderat für die Bedingungen von Schulleitungshandeln aufgezeigt, nämlich die organisatorischen Strukturen und individuellen Kompetenzen, in und mit denen Schulen erfolgreicher geführt werden können.

2 Schulleitung und empirische Schulforschung

2.1 Schulleitung als Schlüsselfaktor für die Qualität und Wirksamkeit von Schule

Die Bedeutung der Schulleitung für die Qualität und Wirksamkeit von Schulen ist in den letzten Jahrzehnten von den Ergebnissen der internationalen und nationalen Schulforschung überzeugend untermauert worden: Umfangreiche empirische Bemühungen der quantitativ ausgerichteten Schulwirksamkeitsforschung – vorwiegend in Nordamerika, Großbritannien, Australien und Neuseeland, aber auch in den Niederlanden sowie den skandinavischen Ländern – ergaben, dass die pädagogische Steuerung von Schule durch die Schulleitung ein zentraler Faktor für die Qualität einer Schule ist (vgl. beispielsweise für Großbritannien: Reynolds, 1976; Rutter et al., 1979, 1980; Mortimore et al., 1988; Sammons et al., 1995; für die USA: Brookover et al., 1979; Edmonds, 1979; Levine/Lezotte,

1990; Teddlie/Stringfield, 1993; für die Niederlande: Creemers, 1994; Scheerens/Bosker, 1997; für den deutschsprachigen Raum: Fend, 1987, 1998; eine kritische Übersicht bietet Huber, 1999a).

Die Ergebnisse zeigen, dass erfolgreiche, als „gut" eingeschätzte Schulen über eine fähige und gute Schulleitung verfügen (dies korreliert hochsignifikant). Für nicht-erfolgreiche Schulen fehlen empirische Belege, allerdings führen Rosenbusch und Schlemmer (1997) an, dass Fehlentwicklungen häufig mit ungeeignetem Schulleitungspersonal zusammenhängen. Hinter einer wirksamen Schule steht also eine entsprechend wirksame Schulleitung. Zwar kann man von einer direkten Beziehung zwischen Schulleitungshandeln und Schülerleistung nicht ausgehen, jedoch durchaus von einer indirekten durch die Auswirkung des Schulleitungshandelns auf Schulkultur (im Sinne der Art und Weise, wie die formale und informelle Aufbau- und Ablauforganisation und allgemein Kommunikation und Interaktion an der Schule gehandhabt werden) und das Selbstverständnis der Lehrkräfte, auf deren Einstellungen und Verhalten sowie auf deren Motivation. Dies wirkt sich wiederum auf die Unterrichtspraxis und daher auf die Qualität von Unterricht und Erziehung bzw. auf die Qualität von Lehren und Lernen aus (vgl. Leithwood/Montgomery, 1986; van de Grift, 1990; Sammons et al., 1995). Gray (1990) betont, dass die zentrale Bedeutung pädagogischer Führung eine der klarsten Aussagen der Schulwirksamkeitsforschung sei.

In den meisten Kompilationen von Schlüsselfaktoren einer „guten", wirksamen Schule bzw. Korrelaten für Schulwirksamkeit taucht „Schulleitung" an vorrangiger Stelle auf, so dass die Argumentationskette, die mit der Aussage Rutters von 1979 beginnt „Schools matter, schools do make a difference" (Schule spielt eine Rolle für die Entwicklung der Schüler, Schule macht einen Unterschied), berechtigterweise so fortgesetzt werden kann: „School leaders matter, they are educationally significant, school leadership does make a difference." (Huber, 1997) – Schulleitung spielt eine Rolle, sie ist pädagogisch bedeutsam, Schulleitung wirkt sich auf die Qualität einer Schule aus.

2.2 Schulleiterinnen und Schulleiter als wichtige "Change Agents" für die Entwicklung der Schule

Auch aktuelle Studien zu Schulentwicklung bzw. Schulverbesserung betonen die Relevanz von Schulleitung, besonders in Hinblick auf den angestrebten kontinuierlichen Verbesserungsprozess in einer jeden Schule (vgl. van Velzen, 1979; van Velzen et al., 1985; Stegö et al., 1987; Dalin/Rolff, 1990; Joyce, 1991; Caldwell/Spinks, 1992; Huberman, 1992; Leithwood, 1992a; Bolam, 1993; Bolam et al., 1993; Fullan, 1991, 1992, 1993; Hopkins et al., 1994, 1996; Reynolds et al., 1996; Altrichter et al., 1998; eine kritische Übersicht bietet Huber, 1999b). Es herrscht Übereinstimmung über die entscheidende Rolle von Schulleitung für die Entwicklung der Einzelschule (vgl. z.b. Erhebungen bereits aus den achtziger Jahren von Leithwood/Montgomery, 1986; Hall/Hord, 1987; Trider/Leithwood, 1988). Schulleitung ist wesentliches Bindeglied sowohl bei staatlichen Reformmaßnahmen als auch bei schuleigenen Innovationsbemühungen, wenn es darum geht, Schulverbesserungsprozesse (im Sinne der Handlungsfelder für Schulmanagement, nämlich Organisation (Aufbau- und Ablauforganisation), Personal und Unterricht) zu initiieren, sie zu unterstützen, zu begleiten und das Erreichte zu institutionalisieren und dadurch Teil der Schulkultur werden zu lassen.

2.3 Veränderte Anforderungen an Schule und deren pädagogische Steuerung

Über die jeweilige Einzelschule hinaus muss die Rolle der Schulleitung im Bezug auf den Gesamtkontext gesehen werden, in dem Schulen agieren: Eingebettet in ihr kommunales Umfeld und in das Bildungssystem des jeweiligen Landes, das wiederum in das politische und gesellschaftliche System insgesamt eingebettet ist, können Schulen – und ihre Leitung – nicht umhin, auf die gesellschaftlichen, kulturellen und ökonomischen Veränderungen und Entwicklungen zu reagieren, mit ihnen Schritt zu halten, womöglich diesen sogar in Einzelfällen vorzugreifen oder daraus entstehenden Problemen auch entgegenzuwirken. Veränderte Lebenswelten in Arbeit und Familie und eine wachsende Multikulturalität durch die Vielseitigkeit einer pluralistischen, postmodernen und globalisierten Gesellschaft bedingen eine Komplexitätszunahme in den meisten Lebensbereichen. Die sich exponentiell entwickelnde Wissenskumulation, ein Informationsmarkt mit einem schwer überschaubaren und stetig wachsenden Angebot an außerschulischen Informationsmöglichkeiten (durch Funk, Fernsehen, Printmedien und v.a. neuerdings das Internet) und eine immer größere Ausdifferenzierung und Spezialisierung in der Arbeitswelt sind weitere Facetten dieses schnellen Wandels (vgl. Naisbitt, 1982; Coleman, 1986; Beck, 1986; Naisbitt/Aburdene, 1990; Krüger, 1996). Schule kann sich deshalb nicht mehr als Institution verstehen, die einen festgefügten Kanon althergebrachten Wissens übermittelt. Sie wird immer mehr zu einer Organisation, die sich kontinuierlich erneuern muss, um auf gegenwärtige und zukünftige Bedürfnisse einzugehen (vgl. Dalin/Rolff, 1990). Dies bedeutet für Schulleitung die Notwendigkeit, sich professionell als Motor und Moderator zu verstehen für die Entwicklung von

Schule hin zu einer eigene Reform- und Veränderungskräfte entfaltenden, sich selbstverwaltenden, lernenden Organisation (vgl. u.a. Caldwell/Spinks, 1988, 1992; Fullan, 1993, 1995).

Zusätzliche Schwerpunkte im Aufgabenspektrum von Schulleitung werden bedingt durch veränderte Strukturen im Bildungssystem, die unvermeidlich besonders starke Auswirkungen auf die Einzelschule und somit eben auf die Rolle von Schulleitung haben. Dezentralisierungstendenzen, also eine erweiterte Eigenverantwortung von Schule und der eventuell einsetzende „Wettbewerb" zwischen den Schulen (vgl. Bullock/Thomas, 1997) können als Belastungen für Schulleiterinnen und Schulleiter interpretiert, aber ebenso gut auch positiv als neue Aufgaben und Herausforderungen angegangen werden.

Neben Dezentralisierungstendenzen gibt es international betrachtet jedoch zunehmend entsprechende Zentralisierungsbemühungen, also eine legislative und administrative Gegenbewegung hin zu stärkerer zentraler Einflussnahme und Kontrolle beispielsweise durch verstärkte Rechenschaftspflicht, Qualitätskontrolle durch Schulinspektionen bzw. externe Evaluation, einen festgeschriebenen Lehrplan mit landesweit einheitlichen Testverfahren, die direkte Vergleiche zulassen etc.

In vielen Ländern der Welt haben sich also die Rolle und Funktion des Schulleiters gewandelt. Zu den tradierten und sowieso vielfältigen Aufgabenfeldern kommen völlig neue hinzu, und auch die Gestalt gewohnter Tätigkeiten verändert sich, so dass sich Schulleiter insgesamt einem veränderten Spektrum an Anforderungen und Herausforderungen gegenübersehen.

2.4 Komplexes Aufgabenspektrum für Schulleitung

In der internationalen Schulleitungsforschung gibt es bereits eine Vielzahl von unterschiedlichen Klassifizierungsvarianten von Schulleitungsaufgaben, die Schulleitungshandeln in Aufgabenbereiche bündeln und diesen Verantwortlichkeiten sowie Tätigkeiten zuordnen (vgl. Klassifizierungen von Morgan et al., 1983; Jones, 1987; Leithwood/Montgomery, 1986; Glatter, 1987; Caldwell/Spinks, 1992; Esp, 1993; Jirasinghe/Lyons, 1996).

Da die Leitungs- und Führungsaufgaben von Schulleitung sehr komplex sind und ineinander greifen, kann nicht von einer klar umrissenen spezifischen „Rolle" von Schulleitung gesprochen werden, sondern höchstens von einem bunten Patchwork vieler verschiedener Aspekte. Zu diesem komplexen Anforderungsspektrum gehören verschiedene Aufgaben bzw. Rollensegmente in der Arbeit mit und für Menschen sowie in der Verwaltung von Ressourcen bzw. allgemein administrative Tätigkeiten (vgl. Huber, 1999c): In der Arbeit mit

Menschen innerhalb der Schule ist der Schulleiter z.b. Organisationsentwickler, Personalentwickler, „People Person", auch selbst Lehrkraft und will oft Vorbild sein. In der Arbeit mit Menschen außerhalb der Schule fungiert er als „Homo Politicus", Repräsentant seiner Schule sowie Vermittler bzw. Mediator. In der Arbeit bei der Verwaltung von Ressourcen ist er aber auch Verwalter und Organisator, Finanzmensch und Unternehmer.

2.5 Das Amalgam "Schulleitungskompetenz"

Die geschilderten äußerst vielfältigen und umfangreichen Tätigkeitsbereiche bzw. Rollensegmente setzen umfangreiche Kompetenzen voraus. Eine sehr fundierte Annäherung an diesen Themenbereich der Kompetenzen für Schulleitung ermöglicht der international wichtig gewordene Kompetenzansatz auf der Basis von „Job Analysis", also von Tätigkeits- und Anforderungsanalysen. Der Kompetenzansatz wurde besonders im Bereich der amerikanischen Wirtschaft und Industrie in den siebziger Jahren angewandt und zur Analyse von Schulleitungtätigkeiten und deren Voraussetzungen in den USA bereits zur selben Zeit verwendet, später auch in Großbritannien, Australien, Neuseeland, Kanada etc. Die notwendige „Kompetenz" wird in Abhängigkeit von der zu besetzenden Stelle gesehen und definiert als die Fähigkeit, die zur Position und Aufgabe gehörenden Tätigkeiten und Funktionen effektiv auszuführen bzw. die für die jeweilige Stelle definierten Standards zu erfüllen.

„Kompetenz" kann – allgemein formuliert – als ein grundlegendes Charakteristikum einer Person aufgefasst werden, das eine effektive und/oder überdurchschnittlich erfolgreiche Leistung bewirkt, etwa in Form eines Motivs, einer Eigenschaft, einer Fähigkeit, eines Aspekts des Selbstbilds oder der sozialen Rolle oder eines Fundus an Wissen, aus dem die Person schöpft (vgl. Whitty/Willmott, 1991). Man kann also in Anbetracht der Aufgabenkomplexität von Schulleitern von einem komplexen Kompetenzgefüge ausgehen und somit von einem komplexen und mannigfaltigen Amalgam von Schulleitungskompetenzen, um das abverlangte und erforderliche Handlungsvermögen zu besitzen. Solch ein umfassender und „ganzheitlicher" Kompetenzansatz berücksichtigt demzufolge Fähigkeiten und Fertigkeiten, Wissen, Motive, Eigenschaften und Einstellungen. Zudem sind die Ausprägungsweisen von Kompetenzen kontextabhängig, variieren also aufgaben- und situationsabhängig.

Auch wenn das Amalgam „Schulleitungskompetenz" eigentlich nicht in isolierte Einzelkompetenzen atomisiert werden kann, macht es doch Sinn, um einer Veranschaulichung willen, zumindest einzelne Kompetenzbereiche darzustellen: Schulleiter müssen vor allem über „soziale Kompetenzen" verfügen, denn Fähigkeiten im zwischenmenschlichen Bereich sind unabdingbare Grundlage für eine gelungene professionelle Interaktion, deren Bedeutung mit den veränderten Rahmenbedingungen einer Schule in Selbstverwaltung sogar noch zugenommen hat. Dazu kommen „personale Kompetenzen", also persönliche Fähigkeiten und Einstellungen, wie zum Beispiel Offenheit für Innovation und Initiativen, Flexibilität im Denken und Handeln, die Fähigkeit, mit Veränderungen zu leben und Unsicherheiten auszuhalten, analytische Fähigkeiten, aber auch Zeitmanagement oder Umgang mit Stress (Stressbewältigungsstrategien). „Administrative Kompetenzen" werden zur Erfüllung der Aufgaben als „Manager der Organisation Schule" vorausgesetzt. Dazu gehört zum Beispiel auch ein angemessener juristischer bzw. schulrechtlicher, betriebswirtschaftlicher aber auch organisationspsychologischer Wissensfundus.

In der Literatur des Kompetenzansatzes findet man oft detailliertere Übersichten, meist in Form von Listen, die konkrete Kompilationen der für die Besetzung einer Position erforderlichen Kompetenzen beinhalten (vgl. u.a. Boyatzis, 1982; Boak, 1991).

3   Merkmale erfolgreicher Führung – Erfolgreiche Führung ist vom Kontext beeinflusst und beeinflusst ihn

Schulleitung ist, wie bereits dargestellt, bedeutsam für die Qualität und Wirksamkeit von Schulen. Allerdings drängt sich die Frage auf: Wie genau „wirkt" eine Schulleiterin oder ein Schulleiter bzw. Schulleitung sich auf verschiedene Ebenen und Akteure der Einzelschule aus?

Erkenntnisse darüber zu gewinnen, ist eines der Desiderate deutschsprachiger Schulforschung (vgl. Huber, 2003). International hingegen gibt es mehrere Untersuchungen. Hallinger/Heck (1998) geben einen breiten Überblick über Studien, die zwischen 1980 und 1995 diesen Zusammenhang untersuchten. Bei zahlreichen Studien über die direkte, indirekte bzw. reziproke Wirkung des Schulleitungshandelns stellt sich als Hauptergebnis heraus, dass Schulleitung einen messbaren, aber indirekten Effekt auf Schulwirksamkeit und damit auf Schülerleistungen hat (vgl. Hallinger u. Heck 1998).

Im deutschsprachigen Raum versuchten Bonsen et al. (2002) das mit einer empirischen Studie zu beantworten. Zwischen 1998 und 2000 erhoben sie zu diesen Fragen empirische Daten an 25 Schulen in Nordrhein-Westfalen und fünf Gymnasien im schweizerischen Kanton Basel-Land. Lehrer wurden nach ihrer Einschätzung von Schulleitungshandeln befragt, Schulleitungspersonen wurden interviewt, wie sie ihr Handeln selbst einschätzten. Als zentrale Handlungsdimensionen von Schulleitern an als ‚gut' identifizieren Schulen fanden sie heraus:

1) Zielbezogene Führung, 2) Innovationsbereitschaft und 3) Organisationskompetenz.

Leithwood und Riehl (2003) beschreiben sechs Ansprüche erfolgreicher Führung in Schulen, die aufgrund aktueller Forschungen in diesem Bereich für die meisten schulischen Kontexte abstrahiert werden können. Diese Anforderungen an eine wirksame Schulleitung sind, (1) dass als ihr Ausgangspunkt die Schulleiterin bzw. der Schulleiter in Zusammenarbeit mit dem gesamten Lehrerkollegium gesehen wird, um (2) die Führungsverantwortung in Schulen auf mehrere Personen zu verteilen. Eine erfolgreiche Schulleitung beinhaltet dann (3) die Führung der Organisation Schule und ihres Kollegiums im Sinne der Personal- und Organisationsentwicklung über allgemeine Zielsetzungen und individuelle Zielvereinbarungen. Zudem ist eine wirkungsvolle Schulleitung (4) orientiert am jeweiligen schulischen Kontext, um dem Anspruch Genüge leisten zu können, (5) den Lernfortschritt aller Schüler zu unterstützen und (6) eine hohe Gleichheit und soziale Gerechtigkeit in der Schulgemeinschaft zu fördern. (Dies beinhaltet innovative Lehr- und Lernformen, stabile Gemeinschaften innerhalb der Schule und den Kontakt zu den Eltern.)

Befragt nach ihrer Vorstellung eines idealen Schulleiters bei einer Studie in Deutschland (Huber/Niederhuber, 2004), nannten die Lehrer verschiedene Eigenschaften, Einstellungen, Fertigkeiten und Fähigkeiten. Es kristallisierten sich dabei sieben zentrale Merkmale einer idealen Schulleiterin bzw. eines idealen Schulleiters heraus. So identifiziert sie/er sich (1) selbst stark mit der Schule und betont in seiner Arbeit insbesondere (2) die Bedeutung von Unterricht und Erziehung. Sie/er sollte daher (3) über pädagogische Visionen zur Entwicklung der Schule verfügen und dahingehend (4) optimale Bedingungen für die Arbeit der Lehrkräfte an der Schule schaffen. Sie/er weiß (5) um die Schwierigkeiten und die Leistung, die dazu gehört gute Erziehungs- und Unterrichtsprozesse zu gestalten, und verfügt (6) über profunde Kenntnisse von guten und innovativen Lehr-Lern-Methoden. Außerdem zeigt eine ideale Schulleiterin bzw. ein idealer Schulleiter (6) Führungsstärke, Mut und Entschlussfreudigkeit und verhält sich gleichzeitig kooperativ, wertschätzend und anerkennend gegenüber den Mitarbeitern. Im Umgang mit der Öffentlichkeit ist sie/er (7) geschickt und schafft es, einen guten Ruf der Schule aufzubauen.

Hierfür werden verschiedene Ziele und Motive beschrieben, wobei diese von den Lehrern schulart- bzw. kontextabhängig, also für jede Einzelschule unterschiedlich, umschrieben werden: Für die befragten Grundschullehrer ist das Verhältnis zwischen Schulleitung und den Eltern besonders wichtig, für die Realschullehrer scheinen die Kontakte zu den potentiellen späteren Arbeitgebern der Schulabgänger zentral zu sein, und die befragten Gymnasiallehrer betonten die Attraktivität der Schule, um Schüler zu werben und auch Sponsoren zu finden für zusätzliche Anschaffungen und Aktivitäten an der Schule.

Die Ergebnisse dieser Untersuchung – sie stimmen mit denen anderer Studien und der internationalen Literatur grundsätzlich überein – zeigen: Schulleitungshandeln wird von Lehrkräften als bedeutsam eingeschätzt.

Mulford und Johns (2004) beschreiben in ihrem Modell zu erfolgreicher Schulleitung eine Kombination aus unterschiedlichen Faktoren, die erfolgsentscheidend sind. Zum einen handelt es sich dabei um Faktoren, die das „Warum" von Schulleitungshandeln bestimmen, wie der Kontext und die persönlichen Werte eines Schulleiters. Andererseits sind es Aspekte, die das „Wie" bestimmen, z.B. Visionen des Schulleiters, und das „Was" bzw. den Outcome erfolgreicher Führung beeinflussen, z.B. die Lehrerkräfte (vgl. Day et al., 2000; Moos, 2004).

Der Einfluss eines Schulleiters auf seine Schule insgesamt, so die Beschreibung in der Literatur, wird mitbedingt durch eine Reihe von Faktoren, die unabhängig vom persönlichen Führungsstil des Schulleiters wirken, z.B. Ressourcenausstattung, Innovationsfreude des Kollegiums etc. Wirksames Schulleitungshandeln wird also eng gebunden an den Kontext der jeweiligen Schule gesehen. Deshalb kann man hinsichtlich der Auswirkungen eines bestimmten Führungsverhaltens keine eindeutigen Aussagen machen, sondern muss dieses immer im Gesamtkontext der jeweiligen Schule betrachten. Eindeutige Ursache-Wirkungs-Beziehungen lassen sich als Grund für positive Entwicklung nur selten nachweisen. Meist kommt es aus mehreren Gründen zu Konstellationen an der Schule, die in ihrer Gesamtwirkung dann erst eine entsprechend von den Lehrern berichtete Auswirkung auf die Schule bedingen.

Schulleitungspersonen müssen deshalb, so die Literatur, versuchen, mit solchen komplexen Konstellationen umzugehen und kognitive Landkarten der Situation und den Arbeitsbeziehungen in der Schule zu entwickeln. Um entsprechende Handlungskompetenzen auf- bzw. auszubauen, ist eine Professionalisierung pädagogischer Führungskräfte notwendig. Dazu gehören eine angemessene Auswahl, eine umfangreiche Qualifizierung und schulinterne und -externe Unterstützungssysteme.

Einen internationalen Literaturüberblick über den aktuellen Stand der Schulleitungsforschung, insbesondere zur Wirksamkeit von Schulleitungshandeln, bieten Huber et al. (2008).

Dass erfolgreiche Schulleitung eine normative Dimension beinhaltet, ist unbestritten. Grundlegende gesellschaftliche Werte und die Frage, in welchen gesellschaftlichen Kontexten Schule zu verorten ist, müssen von einer erfolgreichen pädagogischen Führungskraft stets mitreflektiert werden. Jedoch darf Demokratie als oberstes Ziel von Bildung und Erziehung kein abstraktes Konstrukt bleiben, sondern muss im Schulalltag integriert werden. Schulleitung und Lehrer sind Vorbild im Umgang miteinander und im Umgang mit Schülerinnen und Schülern (vgl. Rosenbusch, 1997, 2005; Huber, 2003, 2004; Moos, 2004; Moos/Huber, 2007). Demokratisches Verhalten zeigt sich im Respekt vor der Würde des Menschen und den kulturellen Traditionen, in der Ehrfurcht vor und im Recht auf freie und kritische Meinungsäußerung sowie in der Wichtigkeit und Akzeptanz gemeinschaftlicher Entscheidungen und gemeinschaftlichen Handelns im Interesse des Allgemeinwohls.

4 Ansätze eines professionellen Umgangs mit der Komplexität: Neue Führungskonzeptionen und Führungsmodelle

Angesichts dieser Komplexität von Schulleitungsaufgaben und der Komplexitätszunahme sind Überlegungen notwendig, wie Schulleitungen das leisten können. Welche Ansätze können hier hilfreich sein, wenn man Schulleitung nicht als ein „multifunktionales Wunderwesen" verstehen will und kann? Welche Lösungskonzepte werden international diskutiert und erforscht? Die Ansätze versuchen zunächst einmal eine Reduktion der Komplexität, um Steuerungshandeln als solches überhaupt erst wieder sichtbar und die jeweils dahinter liegenden Vorstellungen von Steuerungshandeln kritisch diskutierbar zu machen.

Betrachtet man die vielfältigen Aufgaben und Verantwortlichkeiten von Schulleitung sowie die Kompetenzen, die nötig zu sein scheinen, v.a. unter dem Gesichtspunkt, dass Schulleitung für die Qualität und Entwicklung der Einzelschule von zentraler Bedeutung ist, darf die einzelne Schulleiterin oder der einzelne Schulleiter nicht einfach unkritisch als „multifunktionales Wunderwesen" propagiert werden. Niemand kann ernsthaft annehmen, dass Schulleiter die „Superhelden der Schule" sind oder werden (sollen). Entscheidend scheint jedoch, dass ihre Rolle schwerlich mit „alten" Führungskonzeptionen ausgefüllt werden kann. Die Idee vom Schulleiter als einem „monarchischen", „autokratischen" oder „väterlichen" Vorstand der Schule greift selbstverständlich nicht mehr, aber auch die eines reinen „Managers" oder „Verwaltungschefs" wird der aktuellen Situation nicht gerecht. Eine Reihe moderner Führungskonzeptionen versucht, aufgrund gestiegener Anforderungen verändertes Führungsverhalten modellhaft zu erfassen.

4.1 Transactional Leadership

Solange es darum geht, Schule als stabiles System zu sehen, in dem die vorhandenen Strukturen optimal verwaltet werden müssen, um effektiv und effizient die erwarteten Ergebnisse hervorzubringen, mag sich ein Konzept bewähren, nach dem der Schulleiter in erster Linie dafür sorgt, dass die Schule als Organisation gut und möglichst reibungslos funktioniert.

Dafür steht die Konzeption von „Transactional Leadership" (vgl. z.B. Southworth, 1998): Der Schulleiter ist der Manager der „transactions", der Arbeits- und Austauschprozesse, die grundlegend für effektive und auch effiziente Arbeitsabläufe in dieser Organisation sind, vom täglichen büroorganisatorischen Prozedere im Einzelnen über die Verwaltung von Gebäuden, finanziellen und personellen Ressourcen, Zeitressourcen aller in der Schule Arbeitenden bis hin zu Kommunikationsprozessen innerhalb der Schule und nach außen.

All dies, konkret werdend in einer Fülle von kleinen und größeren „Transaktionen" bzw. „Interaktionen", macht die Alltagsroutine von Schulleitung aus und darf nicht unterschätzt werden in seiner Bedeutung als Grundlagenarbeit dafür, dass überhaupt Lehr-Lernprozesse ablaufen können. Dabei bewegt sich Schulleitung innerhalb der nicht berechenbaren, auf Einzelpersonen eingehenden, kommunikativ-interaktionalen Rationalität des pädagogischen Handelns und nicht in erster Linie des administrativen und bürokratischen Agierens nach personenunabhängigen, festgelegten Prinzipien.

4.2 Transformational Leadership

Sobald aber rasche und umfassende Wandlungsprozesse es erfordern, Schulentwicklung als einen ständigen Prozess zu begreifen und zu vollziehen, sind andere Führungskonzeptionen gefragt: Hier gilt „Transformational Leadership" (vgl. bereits Burns, 1978; Leithwood, 1992b; Caldwell/Spinks, 1992) als richtungsweisend.

„Transformational Leaders" verwalten nicht nur Strukturen und Aufgaben, sondern konzentrieren sich auf die dort arbeitenden Menschen und ihre Beziehungen und bemühen sich, deren Kooperation und Engagement zu gewinnen. Sie versuchen, auf die „Kultur" der jeweiligen Schule aktiv Einfluss zu nehmen, damit sie eine Basis für mehr Zusammenarbeit, mehr Zusammenhalt und mehr selbstverantwortliches Lernen und Arbeiten wird. Hier wird sehr stark „Führung" im Vergleich zu „Management" betont. So verstandene Schulleitung gilt als besonders erfolgreich in Schulentwicklungsprozessen.

Dieses Konzept steht dem des „Transactional Leadership" gegenüber. Während Leitungskräfte, die dem letztgenannten Konzept folgen, ihre Energien in so genannte „Veränderungen erster Ordnung" investieren, also die verwaltungstechnischen Gegebenheiten zu verbessern versuchen, betont der „Transformational Leader" die „Veränderungen zweiter Ordnung", nämlich die zugrunde liegenden tragenden und wesentlichen Führungsverantwortlichkeiten wie beispielsweise das Entwickeln von gemeinsamen Zielvorstellungen, das Verbessern von schulinterner Kommunikation, das Entwickeln von effizienten, kooperativen Entscheidungsfindungs- und Problemlösestrategien sowie einem von allen mitgetragenen Schulethos. Das heißt, dass das pädagogische Führungspersonal über ein hohes Maß an Motivations- und Einbindungskompetenzen verfügen sollte, welches die Potentiale der Mitarbeiter freisetzt, einbindet und fruchtbar macht.

Eine solche Katalysatorenfunktion ist ein wichtiger Aspekt von „Transformational Leadership". Dabei geht es Schulleitung im Sinne von „Transformational Leadership" – neben den Prozessen – auch stark um den „Outcome" (vgl. Southworth, 1998). Über das reibungslose Funktionieren der Prozesse in der Schule hinaus konzentriert sich Führung in diesem Sinn auf das Ergebnis, den Erfolg der Lehr-Lernprozesse, auf die Schulleistung und auf die Relation zwischen Ergebnissen und Entwicklungsprozessen, die zu einer Verbesserung der Ergebnisse führen (sollen).

4.3 Management versus Leadership

Louis und Miles (1990) betonen ebenfalls beim Schulleitungshandeln den Unterschied zwischen den Aufgabenbereichen „Management", also Leitung, bezogen auf Tätigkeiten im verwaltenden und organisatorischen Bereich, und „Leadership", also Führung, bezogen auf pädagogische Zielvorstellungen, auf Inspirieren und Motivieren anderer. Für sie umschließt „pädagogische Führung" jedoch sowohl die eher administrativen, verwaltungstechnischen Aspekte, wie beispielsweise das Verwalten und Verteilen von Ressourcen und das Planen und Koordinieren von Aktivitäten, als auch Aspekte der Führungsqualität, wie zum Beispiel das Fördern einer kooperativen Schulkultur mit einem hohen Grad an Zusammengehörigkeitsgefühl aller der Schule Zugehörigen, das Entwickeln von schulischen Perspektiven und Fördern einer gemeinsamen „Schulvision", das Stimulieren von Kreativität und Initiative.

4.4 Integral Leadership

Imants und de Jong (1999) versuchen hingegen, „Management" und „Leadership" nicht als Gegenpole zu begreifen, sondern als zusammenhängend. Sie verstehen ihre Führungskonzeption „Integral School Leadership" als eine Integration von Führungs- und Leitungsaufgaben. Dies meint, dass die Steuerung von Bildungsprozessen und die Ausführung von Managementaufgaben von einer integrativen Perspektive aus zusammenfallen. Das zugrunde liegende Verständnis von „Leadership" sieht Führung bewusst als „Steuerung" des Verhaltens der anderen. Pädagogische Führung meint dann eine Steuerung des pädagogischen Handelns der Lehrkräfte und eine Steuerung der Lernprozesse der Schüler: Die zentrale Frage für eine Schulleiterin bzw. einen Schulleiter ist demnach, wie sie bzw. er am besten das pädagogische Handeln der Lehrkräfte und das „Lernhandeln" der Schüler positiv beeinflussen kann. Die von Schulleitern oft als Kontrast erlebte Kombination von pädagogischer Führung einerseits und administrativem Management andererseits verliert dabei ihre Widersprüchlichkeit.

4.5 Instructional Leadership

Nordamerikanische Studien, v.a. aus dem Forschungsparadigma der „School Effectiveness", betonten bereits in den achtziger Jahren die Bedeutung von ""Instructional Leadership" (vgl. z.B. De Bevoise, 1984; Hallinger/Murphy, 1985). Diese Führungskonzeption fokussiert diejenigen Aspekte von Schulleitungshandeln, die den Lernfortschritt der Schülerinnen und Schüler am ehesten betreffen; darunter sind sowohl managementorientierte als auch führungsorientierte Tätigkeiten, also etwa das Vereinbaren von Zielen ebenso wie die geeignete Verwendung von Ressourcen für den Unterricht, das Fördern kooperativer Beziehungen innerhalb des Kollegiums (zur gemeinsamen Unterrichtsvorbereitung etwa), aber v.a. die Beurteilung und Beratung von Lehrkräften im Unterricht, zum Beispiel auf der Grundlage von Unterrichtsbesuchen.

4.6 Instructional Leadership versus Transformational Leadership

„Transformational Leadership" versucht Veränderungsprozesse durch Partizipation von unten nach oben anzuregen. „Instructional Leaders" initiieren durch ihre direkte Einflussnahme auf Curriculum und Unterricht Veränderungsprozesse „erster Ordnung": Sie benennen pädagogische Ziele, geben direkte Supervision für Lehrprozesse und koordinieren den Unterrichtsplan. „Transformational Leaders" hingegen stimulieren über den Austausch mit anderen Personen Veränderungsprozesse „zweiter Ordnung", beispielsweise, indem Schulleiter ein Klima schaffen, in dem sich die Lehrkräfte einer Schule selbst aktiv und kontinuierlich der Verbesserung von Lehr-, Lernprozessen widmen können und somit Lerneffekte „erster Ordnung" erzielen.

Anders als „Instructional Leadership" versteht „Transformational Leadership" Führung als Aufgabe der gesamten Organisation und ihrer Mitglieder, nicht als Eigenschaft eines Einzelnen. Leithwood (1994) hebt die so genannten Personeneffekte dieser Führungstheorie hervor. Im Kontext von Schule äußern sich diese Effekte bei Lehrern z. B. durch Veränderungen in Handlungsweisen oder Übernahme neuer Konzepte und Unterrichtsmethoden. „Transformational Leadership" und „lernende Organisation" werden zu untrennbaren Begriffen.

Geteilte Führungsverantwortung ist jedoch kein Garant für Dynamik und organisatorischen Fortschritt im System Schule. Im Gegenteil, Verlauf und Ergebnis gemeinschaftlich verantworteter Veränderungsprozesse können schnell diffus und ungewiss werden (vgl. Jackson, 2000). „Transformational Leadership" erfordert vom Schulleiter eine hohe Toleranzgrenze für Uneinigkeit und Ungewissheit sowie die Fähigkeit, sich mit chaotisch ablaufenden Veränderungsprozessen arrangieren zu können. Wissenschaftliche Untersuchungen (vgl. Bishop/Mulford, 1996; Sheppard/Brown, 1996) zeigen jedoch, dass Lehrer vielfach wenig Motivation und geringes Engagement besitzen, sich an Führungsaufgaben zu beteiligen.

Im Vergleich beider theoretischer Führungskonzepte ist zu erkennen, dass die Modelle mehr Gemeinsamkeiten als Unterschiede aufweisen (vgl. Hallinger, 2003). Der gemeinsame Fokus von Schulleitungshandeln im „Instructional" wie im „Transformational" Führungsmodell liegt auf Schulentwicklungsmaßnahmen:

- Unterstützung gemeinsam getragener pädagogischer Ziele,
- Formulierung und Verkörperung von Werten,
- Entwicklung eines Klimas allgemein hoher Erwartungen und einer Schulkultur, die sich auf die Entwicklung von Lehren und Lernen konzentriert,
- Gestaltung von Belohnungssystemen, die ausgerichtet sind an einer Reflexion der Ziele für Lehrer und Schüler,
- Organisation eines differenzierten Weiterbildungsangebots.

Als Unterschiede beider Führungskonzepte können folgende Punkte gelten:

- die Ziele von Veränderungsprozessen (Effekte erster vs. zweiter Ordnung),
- Koordination und Kontrolle (Strategie des Controlling) vs. Verantwortungsübertragung (Strategie des Empowerment),
- individuelle vs. geteilte Führungsverantwortung.

Instructional Leadership (I.L.)	Transformational Leadership (T.L.)	Gemeinsamkeiten und Unterschiede
Kommunikation klarer schulischer Ziele	Klare Vision Gemeinsame schulische Ziele	I.L. betont die Klarheit und den organisatorischen Charakter gemeinsamer Ziele, die entweder durch den Schulleiter oder durch und mit Lehrerkollegium und Schulgemeinschaft bestimmt werden. T.L. betont die Verbindung zwischen Personalzielen und gemeinsamen organisatorischen Zielen.
Koordination des Curriculums; Supervision und Evaluation der Vorgaben; Überwachung des Lernfortschritts der Schüler; Sicherung von Unterrichtszeit	Entwicklung einer „lernenden Organisation" mit echter Partizipation, in der die Mitglieder ein hohes Maß an Verantwortung übernehmen	Keine Vergleichsmöglichkeiten zu diesen Koordinations- und Kontrollfunktionen im T.L.
Unterstützung durch Supervision und Koordination des Curriculums	Individuelle Unterstützung	I.L. will individuelle Unterstützung über Supervision und Koordination des Curriculums erreichen. T.L. benennt das Zusammenspiel individueller Bedürfnisse als Voraussetzung zur Organisationsentwicklung.
Hohe Erwartungen	Hohe Erwartungen	
Bereitstellung von Anreizen für Lernende	Belohnungen	Belohnungssysteme müssen auf die pädagogischen Ziele ausgerichtet sein.
Bereitstellung von Anreizen für Lehrende		
Bereitstellung von Möglichkeiten zur Weiterbildung für Lehrende	Intellektuelle Anregung	I.L. fokussiert Weiterbildung und Personalentwicklung, die auf die pädagogischen Ziele ausgerichtet sind. T.L. fokussiert Professionalisierung des Personals, die nicht notwendigerweise immer unmittelbar mit schulischen Zielen verbunden ist.
Hohe Transparenz	Konzeptbildung *(Modeling)*	Beide verfolgen denselben Zweck. Schulleiter sichern Transparenz zur Entwicklung von Werten und Zielen.
Schaffung eines positiven Schulklimas	Bildung von Kultur	I.L. hat die Bildung einer Kultur ebenfalls zum Ziel. Allerdings ist dieses Ziel implizit: eingeordnet in die Dimension „Schaffung eines positiven Schulklimas".

Tabelle 1: Gegenüberstellung Instructional und Transformational Leadership nach Hallinger (2003, S. 344), ergänzt durch den Verfasser

Bei der Übertragung beider Führungsmodelle in den schulischen Kontext ist festzustellen, dass es *das* Führungsmodell, passend für alle Schulen, nicht gibt. Schulleiter müssen ihr Führungshandeln an den Erfordernissen der spezifischen und lokalen Situation ihrer jeweiligen Schule orientieren. Bestimmtes Führungsverhalten hat unter unterschiedlichen organisatorischen und strukturellen Bedingungen unterschiedliche Wirkungen. Möglicherweise ist ein reines „instructional" Führungsverhalten in solchen Situationen wirkungsvoller und dementsprechend angemessener, in denen es gilt, schnelle und direkte Entscheidungen zu treffen. Kontextvariablen, an denen eine pädagogische Führungskraft ihr Handeln orientieren muss, sind sozialer Hintergrund der Schüler, Besonderheiten des schulischen Umfelds, die Aufbau- und Ablauforganisation, die vorhande Schulkultur, die Erfahrungen und Qualifikationen der Lehrkräfte und der weiteren Mitarbeiter, die finanziellen Ressourcen, die Schulgröße etc. Führung ist ein interaktiver Prozess in einem komplexen Kontext.

4.7 Ein integratives Führungskonzept

Ein integratives Führungskonzept geht von einer klaren Zielorientierung aus. Gemäß der Führungskonzeption eines „organisationspädagogischen Managements" (vgl. Rosenbusch, 2005) ist es pädagogischen Werten verpflichtet, die den Umgang mit den Schülerinnen und Schülern ebenso bestimmen sollen wie die Kooperation mit dem Kollegium. Es weist Verwaltungsaspekten die klare Funktion zu, Instrumente zum Erreichen genuin pädagogischer Zielvorstellungen zu sein. Diese Ziele sollen die Organisation Schule bestimmen und so verändern, dass sie zur bewusst gestalteten erzieherisch bedeutsamen Wirklichkeit wird. Das Führungshandeln soll auch Modell dafür sein, wozu die Schule erziehen will, das heißt, es soll einen anschaulichen und modellhaften sozialen Erfahrungsraum für alle Beteiligten gestalten, in dem pädagogische Zielvorstellungen verwirklicht werden können zum Nutzen der Organisation und des Einzelnen.

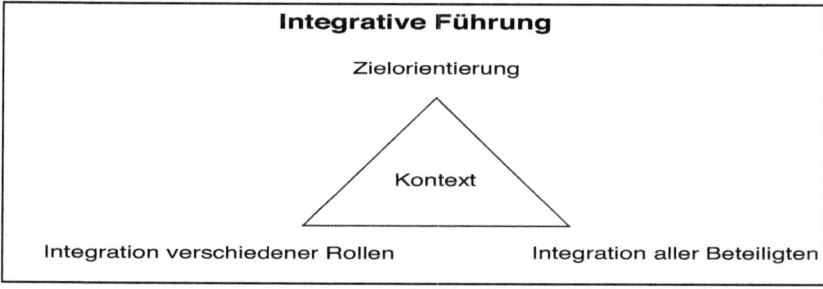

Ein integratives Führungskonzept verbindet diese Zieljustierung an pädagogischen Prämissen, wie sie die Organisationspädagogik fordert, mit einer Integration verschiedener Rollen, wie sie der einzelne Schulleiter und die einzelne Schulleiterin in ihrer Person leisten müssen, und einer Integration aller an Schule Beteiligten, wie sie kooperative Führung umsetzt. Das "Feintuning" des Schulleitungshandelns in einem solchen integrativen Führungskonzept bringt der Kontext mit sich: Führungshandeln ist kontextspezifisch.

5   Kooperative Führung

Kooperation war und ist Maxime pädagogischen Handelns. In der erziehungs- und bildungstheoretischen Tradition ist zwar natürlich nicht immer der Begriff „Kooperation" für die Handlungskoordination der schulischen Akteure benutzt worden, aber oft wurde von Handlungsformen wie Partnerschaft, Gemeinschaft, pädagogischer Bezug, sozialintegrativer, demokratischer Erziehungsstil usw. gesprochen. Kooperation in Schulen muss unter einer pädagogischen Perspektive gesehen werden, denn, anders als in der Wirtschaft, ist sie sowohl Mittel als auch Ziel an sich. Aufgabe aller Lehrkräfte und besonders der Schulleitung ist, Voraussetzungen und konkrete Möglichkeiten für die kooperative Interdependenzbewältigung der Akteure zu schaffen, durch Kooperation Entwicklungsprozesse in Gang zu setzen, die die Problemlösungsfähigkeit und Leistungsfähigkeit der Schüler und die der Schule insgesamt zu erhöhen versprechen. Kooperation ist aber nicht nur intendierte Arbeitsform für Schüler und Lehrkräfte, sondern betrifft ganz maßgeblich auch die Schulleitung: Die Schulleitung schafft Rahmenbedingung der Handlungskoordination und Interdependenzbewältigung zwischen den verschiedenen Akteuren der Kooperation, unterstützt die Umsetzung an der Schule und ist zudem Vorbild für kooperatives Handeln.

Leithwood und Riehl (2003) favorisieren einen schrittweisen Übergang von einer individuellen zu einer kollektiven Führungsverantwortung in Schulen. Unterschiedliche Führungskonzepte, sowohl formale als auch informelle, können bei der Entwicklung gemeinsamer Ziele und kollaborativer Strukturen beteiligt sein. Entscheidend ist, dass Lehrerinnen und Lehrer aktiv an Entscheidungen mitwirken können und dass ihre Beiträge Würdigung finden. Ebenso proklamieren Leithwood und Riehl (2003) die Möglichkeit und Notwendigkeit, die Zukunftsfähigkeit von partnerschaftlicher Führungsverantwortung kontinuierlich kritisch zu reflektieren. Zielvereinbarungen sollen regelmäßig evaluiert und ggf. modifiziert werden, um neue Wege zur Bewältigung schulinterner Aufgaben aufzuzeigen. Der Führungsprozess in dieser Form ist zyklisch und dynamisch;

Veränderungen aufgrund anhaltendem, individuellem und kollektivem Lernen sind zugleich Mittel und Ziel von erfolgreicher Führung. Organisationales Lernen ist dabei die entscheidende Einflussvariable zwischen Leitungshandeln, Arbeit der Lehrerinnen und Lehrer und Leistungen der Schüler (Outcome). Die Schulleitung bestimmt über Zielvereinbarungen und Konzeptbildung, was wesentlich für das „Kerngeschäft" von Schule ist: das Lehren und Lernen. Dies hat direkten Einfluss auf die Arbeit der Lehrerinnen und Lehrer, deren Unterrichtsorganisation und -gestaltung, deren Interaktion mit den Schülern und ihre Erwartungen an diese. Eine positive Wahrnehmung der Arbeit der Lehrkräfte durch die Schüler fördert wiederum deren Interesse an Mitbestimmung, Engagement und schulischem Selbstbild.

Deutlich wurde bereits, dass kooperative Führung eher ein umfassendes Konzept ist denn ein bloßer Führungsstil. „Führungsstil" fokussiert das Führungsverhalten auf personale Kompetenzen, bei „kooperativer Führung" stehen die Kooperation bedingenden bzw. fördernden Strukturen im Mittelpunkt.

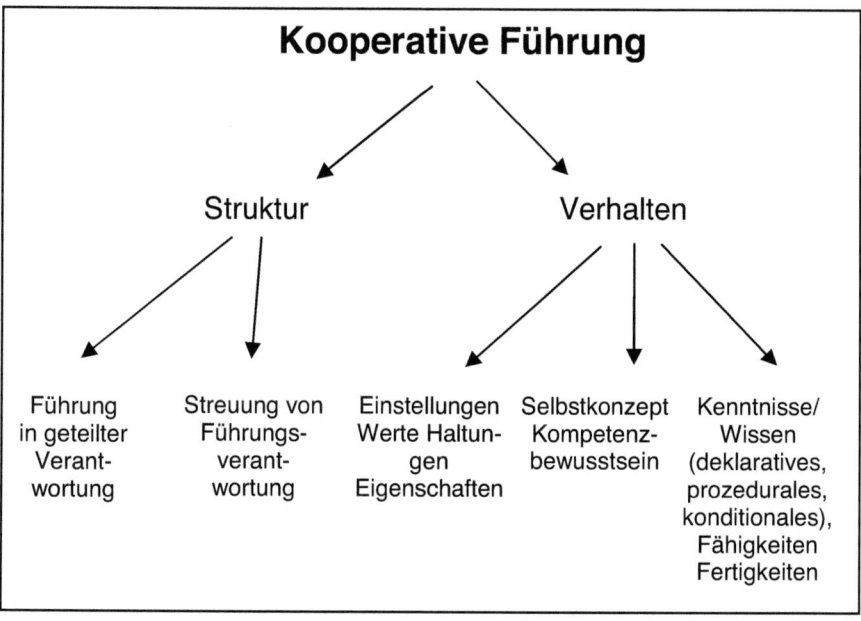

Kooperative Führung wird oft als ein bestimmtes Verhalten einer individuellen Führungsperson aufgefasst, das wiederum ein Amalgam von personalen Kompetenzen im umfassenden Sinn voraussetzt, die kooperativ Führende bei sich (weiter)entwickeln sollten. Darunter sind bestimmte Einstellungen, Werte, Haltungen, Eigenschaften, Kenntnisse, deklaratives, prozedurales und konditionales Wissen, Fähigkeiten und Fertigkeiten, ein entsprechendes Selbstkonzept und auch das erforderliche Kompetenzbewusstsein.

Zu kooperativer Führung im Sinne eines Amalgams personaler Kompetenzen und daraus resultierendem Verhalten gehören v.a.:

- die Einsicht, dass durch Kooperation eine Leistungssteigerung möglich ist,
- die Fähigkeit, die entsprechenden Anlässe und Situationen zu erkennen, in denen kooperative Führung besonders angebracht ist, und andere, in denen sie weniger angebracht ist,
- eine Reflexion der eigenen Rolle,
- die Annerkennung der Kollegen (mit ihrem jeweiligen Erfahrungs- und Wissensvorsprung),
- soziale Kompetenzen, u.a. Empathie/Einfühlungsvermögen sowie ein stimmiges, adressatengerechtes Kommunikationsverhalten,
- Zuversicht, Vertrauen und Glaubwürdigkeit,
- soziale Nähe und gegenseitiges Vertrauen,
- ein konstruktiver Umgang mit Konflikten,
- die Fähigkeit zur Moderation.

Über diese vorwiegend intrapersonalen Grundvoraussetzungen hinaus ist kooperative Führung zu erkennen an

- der Partizipation der Lehrkräfte und anderer an Schule Beteiligter an Entscheidungsprozessen (Empowerment und Einbindung der Mitarbeiter, Streuung von Führungsverantwortung, Abgeben und Annehmen von Führungsverantwortung),
- der Delegation von Verantwortung,
- gemeinsamer Zielermittlung/-vereinbarung.

Kooperative Führung ist mehr als Führung durch Zielvorgaben, nämlich Führung durch gemeinsame Zielvereinbarung. Dazu gehört auch eine Zielintegration (nämlich die Leistungsziele der Organisation und die eigenen aufeinander abzustimmen).

Hier wird bereits deutlich, dass kooperative Führung allen Beteiligten ein hohes Maß an Sozialkompetenz abverlangt, nicht nur der Leiterin bzw. dem Leiter. Sie kann nur erfolgreich sein, wenn wechselseitiges Vertrauen, Unterstützung, Solidarität und Partnerschaft bei der Gestaltung der Beziehung zwischen

Vorgesetztem und den Mitarbeitern vorhanden sind. Grundvoraussetzungen sind die Bereitschaft und das Engagement aller Beteiligten, ihre Einstellungen und Verhaltensweisen zu reflektieren und gegebenenfalls zu modifizieren.

Nachhaltigkeit und Glaubwürdigkeit erreicht kooperative Führung allerdings erst dann, wenn sie nicht nur Absicht Einzelner, sondern auch eine Tatsache der Struktur ist (Fischer, 1990). Das heißt, zu kooperativem Verhalten Einzelner auf der Basis von deren Kompetenzen müssen die entsprechend notwendigen organisatorischen Strukturen kommen.

Geht es um die Struktur der Führungsorganisation, so kann kooperative Führung sich grundsätzlich einerseits als Streuung von Führungsverantwortung und andererseits als Führung in geteilter Verantwortung manifestieren.

Streuung von Führungsverantwortung ist an Schulen recht häufig, vor allem an größeren Schulen: Zusätzlich zur Schulleiterin oder dem Schulleiter arbeiten andere Funktionsträger in Führungsaufgaben, etwa der Stellvertretende Schulleiter, die Mitglieder der Schulleitung, eventuell Fachbetreuer oder eine Steuergruppe etc. (Die in Kollegien zusätzlich vorhandenen informellen Führungsstrukturen sollen hier zunächst nicht thematisiert werden.) Dabei hat jeder (bzw. jede Gruppe) seine (ihre) Aufgaben und trägt die Verantwortung für das operative Geschäft in diesen Bereich. Die Gesamtverantwortung liegt allerdings immer bei der Schulleiterin bzw. dem Schulleiter selbst. Führungsaufgaben (und die Verantwortung für diese Teilbereiche) sind zwar breiter gestreut, aber die „Funktion Schulleiter(in)" bleibt übergeordnet und in den Händen einer einzelnen Person.

Anders ist Führung in geteilter Verantwortung: Hier wird die Funktion bzw. Rolle der Schulleitung nicht ein Einzelner innehaben, sondern zwei oder mehr Personen, die gleichberechtigt sind. Überlegungen gehen zum Beispiel in Richtung einer klaren Funktionsteilung zwischen einem Pädagogischen Leiter und einem Verwaltungsleiter (für die administrativen Aufgaben). Ein anderes Beispiel wäre eine kollegiale Schulleitungsstruktur in Form eines Schulleitungs-Teams mit völlig gleichberechtigten Mitgliedern und vollständiger Teilung der Verantwortung nach innen wie nach außen. Geradezu basisdemokratisch ist die Vorstellung des Ersatzes einer Schulleiterfunktion durch die Institutionalisierung von Prozeduren, in denen das ganze Kollegium Entscheidungen trifft.

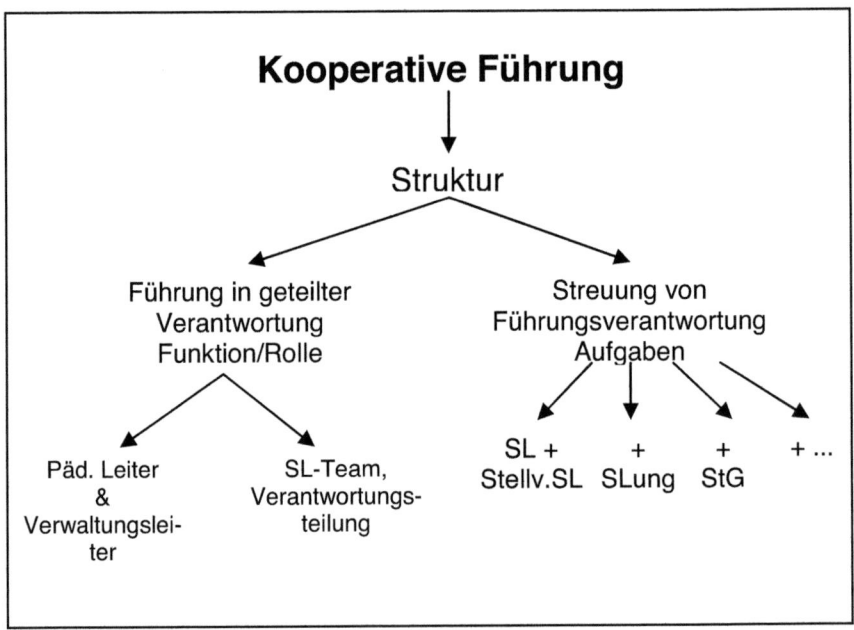

Im Ausland sind verschiedene Formen von strukturell geteilter Schulleitung als Idealtypen in der Diskussion und in unterschiedlichen Mischformen in der Realität zu beobachten. Ein vielverwendeter Terminus ist „distributed leadership".

Die Grundidee von „distributed leadership" ist eine breite Aufteilung von Führungsaufgaben/Leitungsaufgaben und Führungsverantwortung über die Organisation Schule (vgl. dazu die Literaturübersicht von Woods et al., 2004, oder Harris/Mujs, 2006, sowie die theoretischen und empirischen Arbeiten von Jim Spillane). Betont wird, dass nicht einfach neue Strukturen bei altem Denken der Handelnden gemeint sind, sondern eine fundiert "andere" Auffassung von Leitung/Führung, die eine andere Art zu denken voraussetzt. Das Konzept steht quer zu der Vorstellung von der Wahrnehmung von Führungsaufgaben durch den Träger einer formalen Rolle innerhalb einer Organisation, die personenbezogen ausgeübt wird, denn es geht von der Vorstellung aus, dass Leitung und Führung eher einer Funktion innerhalb einer Organisation entspricht. Im Gegensatz zur gängigen Auffassung, dass „Leitung bzw. Führung" sich in den Handlungsweisen von Individuen in bestimmten Positionen manifestiert, geht das Konzept „distributed leadership" davon aus, dass es in jeder Organisation (hier: in jeder Schule) eine Vielfalt von zielsetzenden, richtungsweisenden, Einfluss ausübenden, Entscheidungen treffenden Aktivitäten gibt (ausgeübt durch unterschiedliche Individuen auf unterschiedlichen „Ebenen"). All diese Aktivitäten sind im Grunde „Leitung und Führung", ganz gleich ob die Handelnden nun eine formale Führungsrolle innehaben oder nicht. „Distributed leadership" ist also eine Art konzertierte Aktion, das Gesamt der Expertise, der Entscheidungen, der Zielsetzungen und -umsetzungen in einer Schule. Als eine Art „Kleister" (englisch „glue"), der die innerschulische Kohärenz dieses vielfältigen Führungshandelns bewirkt, bezeichnet Harris (2002) die jeweilige Schulkultur und das (meist implizite) gemeinsame Wertesystem.

Daraus leitet sich zweierlei ab: Zum einen ist es eine Absage an rein funktionsbedingte Hierarchien, an ein System von Anordnung und Ausführung, bürokratisch-kleinschrittiger Kontrolle und Überwachung. Einem Lehrerkollegium als Gruppe aus im Wesentlichen gleichwertigen und gleich gut ausgebildeten Experten dürfte gerade diese Vorstellung entgegenkommen. Es ist ein Plädoyer für das Ernstnehmen von Mündigkeit, Expertise und Verantwortung. Zum anderen aber folgt daraus eine große Verantwortungsbereitschaft des Einzelnen, die die Selbstverpflichtung zu beruflicher Weiterentwicklung, zu Fortbildung, zu Reflexion und Selbstevaluation (in welcher Form auch immer) beinhaltet. Hinzukommen muss die Bereitschaft zum Austausch über Werte, Ziele und Methoden, zu kollegialer Kooperation, zum Abgleich des eigenem Handelns mit dem der anderen, zum Feedbackgeben und -annehmen, dazu Vertrauen und Selbstvertrauen sowie die Bereitschaft, auch selbst für die Ergebnisse des Handelns geradezustehen, also „rechenschaftspflichtig" zu sein. Im Grunde bedeutet „distributed leadership" gemeinsames Lernen.

Forschung zu „distributed leadership" hat erst begonnen, und folglich gibt es noch wenig empirisch gewonnene Erkenntnisse, was es ganz konkret an Änderungen sowohl in der Definition und Selbstdefinition der (sicher weiter vorhandenen, aber anders auszugestaltenden) formalen Führungsrollen einerseits, im Selbstverständnis der Lehrkräfte andererseits und letztlich auch in den Strukturen der Schulen bedeutet. Ebenso sind auch Erkenntnisse über die Wirksamkeit dieser Konzepte noch in den Anfängen begriffen, aber die Ergebnisse können mit Spannung erwartet werden (Gronn, 2000; Harris, 2002; Spillane et al., 2001).

Verwandte Begriffe in der internationalen Literatur, die aber teilweise unterschiedlich verwendet werden, sind: delegated leadership, democratic leadership, dispersed leadership, consultative leadership, supported leadership, dual leadership, shared leadership.

In der Realität finden sich international vielfältige Mischformen. Grundlage ist die Überzeugung vom Wert und Sinn von Führungs-/Leitungsteams bzw. von Leitung im Team, die Erkenntnis, dass Leitung/Führung geteilt werden sollte, und zwar auf allen Ebenen.

Studien zur Wirksamkeit von „distributed leadership" bzw. kooperativer Führung (vgl. z.B. Wiendieck/Wiswede, 1990; Lotmar/Tondeur, 1991; Peters, 1993; Jetter, 2000; Bonsen et al., 2002; Gronn, 2002) nennen vor allem folgende Vorzüge, die teils auf Effizienz, teils auf Wertehaltung abzielen:

- fundiertere und abgewogenere Entscheidungen,
- mehr Akzeptanz der getroffenen Entscheidungen,
- Chance der Professionalisierung vieler,
- das Erleben stärkerer persönlicher Bereicherung durch die Mitarbeiter,
- Reduktion von Stress und Isolation,
- höhere Arbeitszufriedenheit,
- höhere Motivation,
- Verantwortungssteigerung,
- bessere Qualität der Arbeit,
- schnellere Ergebnisse,
- eine geringere Anzahl von abgebrochenen Projekten,
- effizientere Prozesse,
- mehr Erfolg.

Bedingungen dafür sind:

- offene Kommunikation,
- ausreichende Zeitfenster dafür,
- Vereinbarungen über grundlegende pädagogische Vorstellungen und Strategien,
- kontinuierliche Reflexion,
- Bereitschaft zur Teilung von Verantwortung und auch dazu, den anderen im Team Rechenschaft zu geben,
- Gegenseitiges Vertrauen und Achtung voreinander

6   Abschließende Bemerkungen

Dieser Beitrag versuchte, eine Entwicklungslinie aufzuzeigen: Als Leiterin bzw. als Leiter einer untersten Dienstbehörde sah sich die Schulleiterin bzw. der Schulleiter vorwiegend einer administrativen Aufgabenstellung gegenüber. Die stufenweise Transformierung des Schulsystems in Richtung Einführung stärker eigenverantwortlicher Schulen in vielen Ländern setzt die Dezentralisierung von Entscheidungs- und Ressourcenverantwortung voraus und favorisiert Führung durch Zielvorgaben und -vereinbarungen sowie ständige Überprüfung des Outcomes (Controlling), um evtl. entgegensteuernde Maßnahmen zu ergreifen.

Die Organisationspädagogik bietet einen Rahmen für ein neues Steuerungshandeln von Schulleitungen, das organisationsentwicklerische Thesen mit pädagogisch-professionellen Maximen zu verbinden vermag und administratives Handeln einer eindeutigen pädagogischen Zieljustierung unterwirft. Wenn „Schule als Institution erzieht" (Bernfeld, 1925), „muss Schule ein Modell dafür sein, wozu sie erzieht" (Rosenbusch, 1997b, S. 330). Dies bedeutet auch, dass Schulleitung zur erzieherisch bedeutsamen Wirklichkeit von Schule gehört und die Art und Weise, wie Schulleitung wahrgenommen wird, pädagogisch relevant ist. Als Konsequenz muss auch in diesem Bereich erzieherisch bedeutsame Wirklichkeit bewusst pädagogisch gestaltet werden, und zwar so, dass sie ein wichtiger Teil der (intentionalen) Erziehung wird. Das heißt, es muss eine kommunikative Alltagspraxis verwirklicht werden, die mit den Erziehungs- und Bildungszielen konkordant ist bzw. diesen zumindest nicht widerspricht. Das bedeutet, dass die materiellen Voraussetzungen für die Zieltätigkeit vor Ort und auch die Rahmenbedingungen wie Organisation, Regeln, nicht-unterrichtliche Aspekte so konzipiert sein müssen, dass ihre erzieherisch relevanten Potentiale fruchtbar werden. Schule und Schulorganisation als primär bürokratische, ungeplante, funktionale erzieherisch bedeutsame Wirklichkeit müssen in Richtung einer intentionalen erzieherisch gestalteten Wirklichkeit verändert werden. Das ist Thema und Anliegen der Organisationspädagogik (vgl. Rosenbusch, ebd.).

Dabei steht kooperatives Handeln im Mittelpunkt. Kooperation soll so gestaltet sein, dass sie die Problemlösungs- und Leistungsfähigkeit der Schüler fördert; Schulen sollten deshalb schrittweise zu einer kooperativen, zyklisch-dynamischen und reflexiven Führung und zur Etablierung kollaborativer Strukturen übergehen. Dieses organisationale Lernen verknüpft Leitungshandeln, Lehrerarbeit und Schülerleistung.

Damit transformiert sich auch das bürokratische Handeln im Bewusstsein der Akteure erst in ein kontextbezogenes Steuerungshandeln und verharrt nicht in der Erfüllung einer allgemein vorgegebenen Pflicht. Mit anderen Worten: Erst in der Transformation des bürokratischen Handelns in einer pädagogischen Organisation zu einem pädagogisch legitimierten Steuerungshandeln innerhalb von Schule kommt es zu einer eigentlichen Professionalisierung der Schulleitungen als pädagogische Führung – und eben nicht mehr, zugespitzt formuliert, als Zwitterwesen aus „Verwaltungstechnokraten" und „Philanthropen".

Aus Sicht der Governance müsste Schulleitungsforschung darauf achten, die verschiedenen Akteure innerhalb der Schule und im Schulsystem für schulisches Steuerungshandeln und Schulleitungshandeln in Betracht zu ziehen und die Gemeinsamkeiten und Unterschiede zwischen den Akteursgruppen und innerhalb der Akteursgruppen zu beachten. Diese Multiperspektivität mitsamt ihrer Heterogenität ist zudem vor dem Hintergrund des jeweiligen (Schul-) Kontextes (und der jeweiligen (Schul-) Kultur zu sehen), was die Kontingenzzusammenhänge sehr komplex macht. Forschung müsste (zunehmend) dieser Komplexität mit entsprechenden Theorien und Forschungsdesigns inklusive multi-methodischer, multiperspektivischer und mehrebenenanalytischer Datenerhebungs- und - analyseverfahren gerecht werden.

Literatur

Altrichter, Herbert/Posch, Peter (1999): Wege zur Schulqualität: Studien über den Aufbau von quali- tätssichernden und qualitätsentwickelnden Systemen in berufsbildenden Schulen. Innsbruck: StudienVerlag.

Altrichter, Herbert/Schley, Wilfried/Schratz, Michael (1998): Handbuch zur Schulentwicklung. Innsbruck: StudienVerlag.

Apel, Hans-Jürgen (1995): Theorie der Schule. Donauwörth: Auer.

Becker, Hellmut (1962). Die verwaltete Schule. In Ders. (Hrsg.), Quantität und Qualität. Freiburg: Rombach, S. 147–174)

Beck, Ulrich (1986): Risikogesellschaft. Auf dem Weg in eine andere Moderne. Frankfurt a. M.: Suhrkamp.

Bernfeld, Siegfried (1925): Sisyphos oder die Grenzen der Erziehung. Frankfurt a. M.: Suhrkamp.

Boak, George (1991): Developing managerial competences: The management learning contract approach. London: Pitman.

Bolam, Ray (1993): School-based management, school improvement and school effectiveness: Overview and implications. In C. Dimmock (Ed.), School-based management and school effec- tiveness. London: Routledge, S. 219–234

Bolam, Ray/McMahon, Agnes/Pocklington, Keith/Weindling, Dick (1993): Effective management in schools: A report for the Department for Education via the School Management Task Force Professional Working Party. London: HMSO.

Bonsen, Martin/von der Gathen, Jan/Pfeiffer, Hermann (2002): Die Wirksamkeit von Schulleitung. Weinheim.

Boyatzis, Richard E. (1982): The Competent Manager. New York: Wiley.

Brookover, Wilbur/Beady, Charles/Flood, Patricia/Schweitzer, John/Wisenbaker, Joe (1979): School social systems and student achievement: Schools can make a difference. New York: Praeger.

Bullock, Alison/Thomas, Hywel (1997): Schools at the Centre? A Study of Decentralisation. London: Routledge.

Burns, James MacGregor (1978): Leadership. New York: Harper and Row.

Caldwell, Brian J./Spinks, Jim M. (1988): The self-managing school. London: Falmer Press.

Caldwell, Brian J./Spinks, Jim M. (1992): Leading the self-managing school. London: Falmer Press.

Coleman, James S. (1986): Die asymmetrische Gesellschaft. Vom Aufwachsen mit unpersönlichen Systemen. Weinheim: Beltz.

Creemers, Bert (1994): The Effective Classroom. London: Cassell.

Dalin, Per/Rolff, Hans-Günter (1990): Das Institutionelle Schulentwicklungsprogramm. Soest: Soester Verlag-Kontor.

Day, Christopher/Harris, Alma/Hadfield, Mark/Tolley, Harry/Beresford, John (2000): Leading Schools in Times of Change. Buckingham: Open University Press.

De Bevoise, Wynn (1984): Synthesis of research on the principal as instructional leader. Educational Journal, 41(5), pp. 14–20.

Diederich, Jürgen/Tenorth, Heinz-Elmar (1997): Theorie der Schule. Berlin: Cornelsen Scriptor.

Edmonds, Ronald (1979): Effective schools for the urban poor. Educational Leadership, 37(1), pp. 15–27.

Esp, Derek (1993): Competences for School Managers. London: Kogan Page.

Fend, Helmut (1980): Theorie der Schule. München: Urban & Schwarzenberg.

Fend, Helmut (1987): „Gute Schulen – schlechte Schulen" – Die einzelne Schule als pädagogische Handlungseinheit. In U. Steffens/T. Bargel (Hrsg.), Beiträge aus dem Arbeitskreis Qualität von Schule. Heft 1. Wiesbaden: Hessisches Institut für Bildungsplanung und Schulentwicklung (HIBS), S. 5579.

Fend, Helmut (1998): Qualität im Bildungswesen. Schulforschung zu Systembedingungen, Schulprofilen und Lehrerleistung. Weinheim: Juventa.

Fischer, Reinhard (1990): Leiterbestellung - mehr Demokratie und Transparenz. Lehrer und Gesellschaft, 43 (1990) 65, S. 10–12.

Fürstenau, Peter (1969): Neuere Entwicklungen der Bürokratieforschung und das Schulwesen. Ein organisationssoziologischer Beitrag. In P. Fürstenau/C.-L. Furck/C.W. Müller/W. Schulz/F. Wellendorf (Hrsg.), Zur Theorie der Schule. Weinheim: Beltz, S. 47–66.

Fullan, Michael (1991): The new meaning of educational change. London: Cassell.

Fullan, Michael (1992): Successful school improvement. Buckingham, Philadelphia: Open University Press.

Fullan, Michael (1993): Change forces. The school as a learning organisation. London: Falmer Press.

Fullan, Michael (1995): Schools as Learning Organizations: Distant dreams. Theory into practice, 34(4), pp. 230-235.

Gaudig, Hugo (1917): Schule im Dienste der werdenden Persönlichkeit. Leipzig: Quelle & Meyer.

Glatter, Ron (1987): Tasks and Capabilities. In N. E. Stegö et al. (Eds.), The role of school leaders in school improvement. Leuven: ACCO, S. 113–121.

Gray, John (1990): The Quality of Schooling: Frameworks for Judgements. British Journal of Educational Studies, 38 (3), pp. 204–233.

Gronn, Peter (2002): Distributed leadership. In K. Leithwood, P Hallinger, K Seashore-Lois, G Furman-Brown, P.Gronn, W Mulford, & K. Riley (Hrsg.), The Second International Yearbook in Educational Leadership. Kluwer: Dorddrecht.

Hall, Gene E./Hord, Shirley (1987): Change in schools: Facilitating the process. Albany: State University of New York Press.

Hallinger, Philip (2003): Leading Educational Change: reflections on the practice of instructional and transformational leadership. Cambridge Journal of Education, 33(3), pp. 329–351.

Hallinger, Philip & Murphy, Joseph (1985): Assessing the Instructional Management Behaviour of Principals. Elementary School Journal, 86(2), pp. 217–247.

Hallinger, Philip, Heck, Ronald H. (1998): Exploring the Principal's Contribution to School Effectiveness: 1980-1995. Journal for School Effectiveness and School Improvement, 9, pp. 157–191.

Harris, Alma (2002): Distributed Leadership in Schools: Leading or Misleading? Vortrag und Manuskript für die Konferenz der British Educational Leadership, Management & Administration Society.

Hentig, Hartmut von (1993): Schule neu denken. München: Hanser.

Hopkins, David/Ainscow, Mel/West, Mel (1994): School Improvement in an Era of Change. London: Cassell.

Hopkins, David/West, Mel & Ainscow, Mel (1996): Improving the Quality of Education for All: Progress and Challenge. London: David Fulton Publishers.

Huber, Stephan Gerhard (1997): Dovetailing school effectiveness and school improvement. Towards a model of the educational improvement and effectiveness landscape. Paper prepared for the European Conference on Educational Research 1997, Frankfurt a. M.

Huber, Stephan Gerhard (1999a): School Effectiveness: Was macht Schule wirksam? Internationale Schulentwicklungsforschung (I). Schul-Management, 30(2), 10–17.

Huber, Stephan Gerhard (1999b): School Improvement: Wie kann Schule verbessert werden? Internationale Schulentwicklungsforschung (II). Schul-Management, 30(3), 7–18.

Huber, Stephan Gerhard (1999c): Schulleitung international. Studienbrief im Studium "Vorbereitung auf Leitungsaufgaben in Schulen". Hagen: Fernuniversität Hagen.

Huber, Stephan Gerhard (2003): Qualifizierung von Schulleiterinnen und Schulleitern im internationalen Vergleich: Eine Untersuchung in 15 Ländern zur Professionalisierung von pädagogischen Führungskräften für Schulen. Kronach: Wolters Kluwer.

Huber, Stephan Gerhard Hrsg.) (2004): Preparing School Leaders for the 21st Century: An International Comparison of Development Programmes in 15 Countries. London, New York: RoutledgeFalmer (Taylor & Francis):

Huber, Stephan Gerhard & Niederhuber, Susanne (2004): Schulleitung aus der Sicht von Lehrkräften. Pädagogik, 56(7-8), S. 44-47.

Huberman, Michael (1992): Critical Introduction. In M. Fullan (Eds.), Successful School Improvement. Milton Keynes: Open University Press, pp. 1–20.

Imants, Jeroen/de Jong, L. (1999, Januar): Master Your School: the development of integral leadership. Paper presented at the International Congress for School Effectiveness and Improvement, San Antonio, Texas.

Jirasinghe, Dilum/Lyons, Geoffrey (1996): The Competent Head: A job analysis of heads' tasks and personality factors. London: The Falmer Press.

Jones, Anne (1987): Leadership for Tomorrow's Schools. Oxford: Basil Blackwell.

Joyce, Bruce (1991): The doors to school improvement. Educational Leadership, 48(8), pp. 59–62.

Keck, Rudolf W./Sandfuchs, Uwe (Hrsg.) (1994): Wörterbuch Schulpädagogik. Bad Heilbrunn: Klinkhardt.

Krüger, Heinz-Hermann (1996): Strukturwandel des Aufwachsens – Neue Anforderungen für die Schule der Zukunft. In Helsper, Werner/DuBois-Reymand, Manuela/Bathke, Gustav-Wilhelm (Hrsg.), Schule und Gesellschaft im Umbruch. Weinheim: Beltz, S. 253–276

Leithwood, Kenneth A./Montgomery, Deborah J. (1986): Improving Principal Effectiveness: The Principal Profile. Toronto: OISE Press.

Leithwood, Kenneth A. (1992a): The principal's role in teacher development. In M. Fullan & A. Hargreaves (Hrsg.): Teacher development and educational change. London: The Falmer Press, pp. 86-103.

Leithwood, Kenneth A. (1992b). The Move Toward Transformational Leadership. Educational Leadership, 49(5), pp. 8–12.

Leithwood, Kenneth A. (1994): Leadership for School Restructuring. Educational Administration Quarterly, 30, pp. 498–518.

Leithwood, Kenneth A./Riehl, Carolyn (2003): What Do We Already Know About Successful School Leadership. University of North Carolina at Greensboro. URL: http://www.cepa.gse.rutgers.edu/What%20We%20Know%20_long_%202003.pdf.   Zugriff 3.4.08

Levine, Daniel U./Lezotte, Lawrence W. (1990): Unusually Effective Schools: A review and analysis of research and practice. Madison: National Centre for Effective School Research.

Lortie, Dan C. (1975): Schoolteacher. A sociological study. Chicago: The University Press.

Louis, Karen Seashore/Miles, Matthew B. (1990): Improving the urban high school: What works and why. New York: Teachers' College Press.

Meyer, Hilbert (1997a): Schulpädagogik. Band I: Für Anfänger. Berlin: Cornelsen Scriptor.

Meyer, Hilbert 1997b): Schulpädagogik. Band II: Für Fortgeschrittene. Berlin: Cornelsen Scriptor.

Moos, Lejf (2004): Introduction. In L. Moos, J. MacBeath (Hrsg.), Democratic Learning: The challenge to school effectiveness. London: RoutledgeFalmer.

Morgan, Colin/Hall, Valerie/Mackay, Hugh (1983): The selection of secondary school head-teachers. Open University Press: Milton Keynes.

Mortimore, Peter/Sammons, Pam/Stoll, Louise/Lewis, David/Ecob, Russel (1988): School Matters: The Junior Years. Wells: Open Books.

Mulford, Bill/Johns, Susan (2004): Successful School Principalship. Leading & Managing. 10(1), pp. 45–76.

Naisbitt, John (1982): Megatrends. London: Futura Press.

Naisbitt, John/Aburdene, Pat. (1990): Megatrends 2000. New York: William Morrow.

Nevermann, Knut (1982): Der Schulleiter. Juristische und historische Aspekte zum Verhältnis von Bürokratie und Pädagogik. Stuttgart: Klett.

Reynolds, David (1976): The Delinquent School. In P. Woods (Hrsg.), The process of schooling. London: Routledge & Kegan, S. 217–229.

Reynolds, David et al. (Hrsg.) (1996): Making good schools: Linking school effectiveness and school improvement. London: Routledge.

Rosenbusch, Heinz Stephan (1994a): Zur Herausbildung der Schulleitung in Deutschland. In H. Buchen, Herbert/Horster, Leo/Rolff, Hans-Günter (Hrsg.), Schulleitung und Schulentwicklung (Kapitel A.2.1). Stuttgart: Raabe.

Rosenbusch, Heinz Stephan (1995): Reform der Schulverwaltung aus organisationspädagogischer Sicht. Schulleitung und Schulaufsicht als erzieherisch bedeutsame Wirklichkeit. Schul-Management, 4, S. 36–42.

Rosenbusch, Heinz Stephan (1997b): Organisationspädagogische Perspektiven einer Reform der Schulorganisation. SchulVerwaltung, 10, S. 329–334.

Rosenbusch, Heinz Stephan (1999): Schulleitung und Schulaufsicht. In E. Rösner (Hrsg.), Schulentwicklung und Schulqualität. Kongressdokumentation 1. und 2. Oktober 1998. Dortmund: IFS-Verlag, S. 243–258

Rosenbusch, Heinz Stephan (2005): Organisationspädagogik der Schule. Kronach: Wolters Kluwer.

Rosenbusch, Heinz Stephan/Schlemmer, Elisabeth (1997): Die Rolle der Schulaufsicht bei der pädagogischen Entwicklung von Einzelschulen. Schul-Management, 28(6), S. 9–17.

Rumpf, Horst (1966): Die administrative Verstörung der Schule. Neue Deutsche Schule. Essen: Neue deutsche Verlags-Gesellschaft.

Rutter, Michael/Maughan, Barbara/Mortimore, Peter/Ouston, Janet (1979): Fifteen Thousand Hours. London: Open Books.

Rutter, Michael/Maughan, Barbara/Mortimore, Peter/Ouston, Janet (1980): Fünfzehntausend Stunden: Schulen und ihre Wirkung auf ihre Kinder. Weinheim: Beltz.

Sammons, Pam/Hillman, Josh/Mortimore, Peter (1995): Key Characteristics of Effective Schools: A review of school effectiveness research. London: OFSTED.

Scheerens, Jaap/Bosker, Roel (1997): The Foundations of Educational Effectiveness. Oxford: Pergamon.

Southworth, Geoff (1998): Leading Improving Primary Schools: The work of head teachers and deputy heads. London: The Falmer Press.

Stegö, N. Eskil et al. (Hrsg.) (1987): The Role of School Leaders in School Improvement. Leuven: ACCO.

Teddlie, Charles /Stringfield, Sam C. (1993): Schools Make a Difference: Lessons learned from a 10-year study of school effects. New York: Teachers' College Press.

Terhart, Ewald (1986): Organisation und Erziehung. Neue Zugangsweisen zu einem alten Dilemma. Zeitschrift für Pädagogik, 32(2), S. 205–223.

Terhart, Ewald (1997): Schulleitungshandeln zwischen Organisation und Erziehung. In Wissinger , Jochen (Hrsg.), Schulleitung als pädagogisches Handeln. München: Oldenbourg, S. 7–20.

Trider, Donald & Leithwood, Kenneth A. (1988): Influences on principal's practices. Curriculum Inquiry, 18(3), pp. 289–311.

Van de Grift, W. (1990): Educational leadership and academic achievement in elementary education. School Effectiveness and School Improvement, 1(3), pp. 26–40.

Van Velzen, Willem G. (1979): Autonomy of the School. S'Hertogenkosch: PKC.

Van Velzen, Willem G./Miles, M. B./Ekholm, M./Hameyer, Uwe/Robin, D. (1985): Making School Improvement Work. Leuven: ACCO.

Vogel, Peter (1977): Die bürokratische Schule. Kastellaun: Henn.

Whitty, Geoff/Willmott, Elisabeth (1991): Competence-based teacher education: Approaches and issues. Cambridge Journal of Education, 21(3), pp. 309–318.

Wolgast, Heinrich (1887): Der Bureaukratismus in der Schule. Preußische Reform, 46/47, ohne Seitenzahlen.

Woods, Philip A./Bennett, Nigel/Harvey, Janet A./Wise, Christine (2004): Variabilities and Dualities in Distributed Leadership: Findings from a Systematic Literature Review. Educational Management Administration & Leadership, 32(4), pp. 439–457.

MartinH einrich

Wechselseitige Rationalitätsunterstellungen von Schulleitungen und Lehrkräften – zur Potenzierung von Ambivalenz in Schulentwicklungsprozessen

1 Rationalität als eine Frage der Perspektive – Schulleitungen im komplexen Rationalitätengefüge

„Warum tun die das?" Diese irritierte Rückfrage – zumeist an sich selbst gestellt – dürfte wohl schon jedem einmal durch den Kopf gegangen sein. Auf den ersten Blick erscheinen Handlungen anderer Akteure im sozialen Umfeld oftmals als rätselhaft, da die hinter den Aktivitäten liegenden Intentionen und Motivstrukturen nicht unmittelbar ersichtlich sind. Als Akteuren, die in der Praxis vielfach unter Handlungsdruck stehen, bleibt uns in den wenigen Sekunden, in denen wir auf die Handlung eines Gegenübers reagieren müssen, nicht ausreichend Zeit für eine Rekonstruktion nicht unmittelbar evidenter oder auch latenter Sinnstrukturen (vgl. Oevermann 2000). So ist man schnell dazu verleitet, solche Handlungen, wenn sich ihre Rationalität für uns nicht unmittelbar erschließt, mangels Erklärungswissen als irrational einzustufen, zu typologisieren – oder gar zu pathologisieren.

Innerhalb von Schulentwicklungsprozessen ist dieses Phänomen gegenüber dem sonstigen Schulalltag vermehrt anzutreffen, da es bei solchen Entwicklungsprozessen ja gerade darum geht, Handlungsroutinen aufzubrechen und in dem „Neuen" als dem Unbekannten für viele Akteure Handlungsunsicherheit entsteht, die wiederum zu wechselseitiger „Fragwürdigkeit" des neuen Handelns der anderen führt. In solchen Konstellationen tritt dann zwar vielfach ebenfalls zutage, dass auch der alten, vermeintlich „bewährten" Handlungskoordination zuweilen Irrationalität inhäriert, dies aber aufgrund des „Herkommens" nicht ins Bewusstsein geraten ist. Demgegenüber stehen Neuerungen immer unter dem Vorbehalt, dass sie ihre Rationalität erst unter Beweis stellen müssen. Argumen-

tativ wäre in solchen Situationen eine Beweislastumkehr vielfach aufschluss-
reich, geschieht aber aufgrund der normativen Kraft des Faktischen eher selten.
Zudem handelt es sich ja bei Schwierigkeiten der Implementierung von
Neuerungen oftmals nicht nur um Missverständnisse, sondern auch um divergierende Interessen oder eben „taktisches Handeln", d.h. um Formen der Handlungskoordination, die erst aus einer distanziert-analytischen Governance-
Perspektive betrachtet dann eben doch durchaus rational sind bzw. „ihre eigene
Rationalität" haben. Bezieht man aber das Unverständnis einzelner Akteure gegenüber dem Handeln anderer Personen mit in die Analyse der Handlungskoordination ein, so müsste man streng genommen von mehreren zugleich existieren-
den „subjektiven Rationalitäten" sprechen. Dies ist dann nicht einmal als Aus-
nahmezustand zu klassifizieren, sondern angesichts der allgemeinen, sozialem
Handeln unterliegenden Logik womöglich eher der „Normalfall". Denn Handeln
findet immer schon unter der Antizipation der Reaktion des Gegenübers statt,
und der Gegenüber antizipiert ebenfalls – ja, alle Akteure antizipieren. So entsteht ein komplexes Bedingungsgefüge aus Intentionen und Antizipationen, die
im Bewusstsein der Einzelnen jeweils unter einem Konsistenzzwang stehen, d.h.
jede/r für sich diese zu einem „in sich stimmigen Bild" zusammenfügen muss,
um handlungsfähig zu bleiben. So entsteht für jede/n Einzelne/n eine bestimmte,
subjektive Auffassung von der „Logik der Situation" (Esser 1999, 94). Weisen
diese verschiedenen „subjektiven Rationalitäten" eine nur unzureichende
Schnittmenge auf, kann dies zuweilen in einem circulus vitiosus gegenseitig
fälschlicherweise unterstellter Intentionen, Antizipationen, Irrationalitäten oder
Pathologien kulminieren, innerhalb dessen die Kalkulation der möglichen Reaktion des/der jeweils Anderen in Handlungsverzicht implodieren kann – was freilich auch eine Handlung darstellt. Dieses Intentions-Antizipations-Gefüge wird
desto komplexer, je ausdifferenzierter die Umwelt ist.

Für Schulleitungen, die tagtäglich mit den Interessen zahlreicher Akteure
(von der Schulaufsicht über die Eltern bis hin zu den Schüler/innen sowie
schließlich den Lehrer/innen) konfrontiert sind, ergibt sich damit ein wahrer
Dschungel von Interpretationen und Antizipationen. An dem von Schley/Schratz
(2005) entwickelten Führungsmodell werden die vielfachen Interdependenzen –
oder nimmt man die Verbindungslinien als visuellen Indikator – „Verstrickun-
gen" der Schulleiter/innen in Kontexten proaktiver Schulentwicklung geradezu
„sinnbildlich" deutlich.

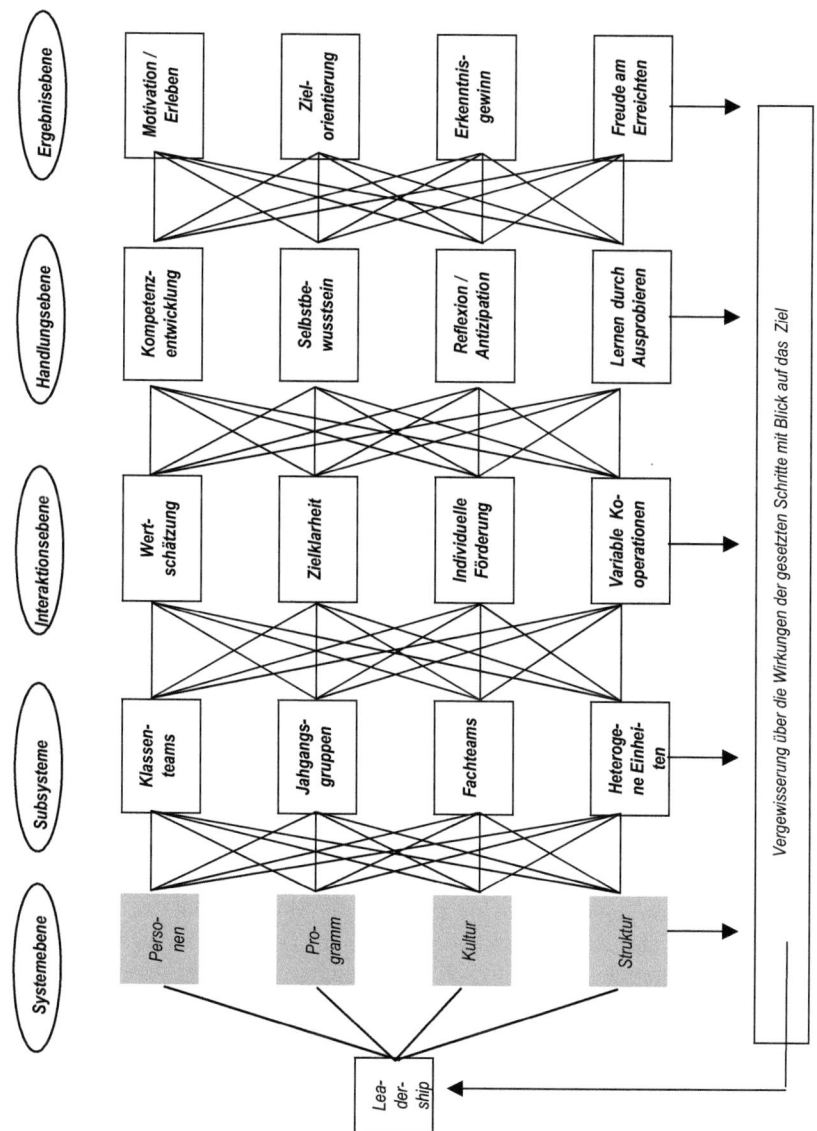

Abbildung 1: Wirkungskette ergebnisorientierter Führung nach Schratz (2005, 182)

Reflektiert man diese strukturell komplexe Rolle der Schulleitung im Kontext neuerer Schulentwicklungsbemühungen, dann werden an dieser Stelle zwei aus der School Effectiveness- und der School Improvement- Forschung stammende Führungskonzepte bedeutsam (vgl. Wissinger 2000): das Konzept der „instructional leadership role" einerseits und das Konzept der „transformational leadership role" andererseits:

> „Während das Konzept der ‚instructional leadership role' ein traditionelles, im Primarstufenbereich entwickeltes Verständnis der Schulleitungsrolle repräsentiert, das die berufliche Kompetenz als Lehrer betont und Fragen der Führung ausschließlich auf den Unterricht und dessen Kontrolle orientiert, konzeptualisiert die ‚transformational leadership role' Fragen der Führung als Fragen der schulischen Restrukturierung erster und zweiter Ordnung (Leithwood 1994), d.h. a) als Fragen schulischer Verantwortung für die Qualität des Unterrichts und die Lernleistungen der Schüler und b), zur Absicherung auf die Veränderung des Unterrichts und des Lernens bezogener Initiativen, als Fragen der Professionalisierung des Lehrberufs sowie der Selbstorganisation und Neustrukturierung der jeweiligen Schule. Dieses Führungskonzept akzentuiert entweder Rolle und Aufgaben des Schulleiters bzw. der Schulleiterin als Funktionsstelleninhaber und als Persönlichkeit, die die Initiative zur Verbesserung der schulischen Arbeit und des Lernens ergreift und die an der Schule beteiligten Gruppen unter dem Gesichtspunkt gemeinsam geteilter Ziele und dazu zu ergreifender Maßnahmen zusammenführt. Oder aber es formuliert ein umfassenderes Führungsverständnis, das vom Unterricht und der Funktion des einzelnen Lehrers über die Funktion des mittleren Managers oder des mit Führungsaufgaben zeitlich befristet betrauten Lehrers oder auch des informellen Leaders bis hin zu den Aufgaben der Schulleitung und der Schulverwaltung reicht [...]." (Wissinger 2007, 115)

Wenn angesichts einer auf Organisationsentwicklung abzielenden Schulentwicklung Schulleiter bzw. Schulleiterin als „Funktionsstelleninhaber und als Persönlichkeit" (s.o.) die „an der Schule beteiligten Gruppen unter dem Gesichtspunkt gemeinsam geteilter Ziele und dazu zu ergreifender Maßnahmen" (s.o.) zusammenführen sollen, dann geraten sie leicht in die Situation, ihre subjektive Deutung der Dinge, also ihre „subjektive Rationalität" (vgl.o.) mit einem viel weiterreichenden Anspruch auf Gültigkeit zu formulieren, da sie darauf verweisen können, dass ihre Intentionen ja nicht nur einem persönlichen Interesse folgen, sondern der Organisation als Ganzer dienlich sind, d.h. einer „Organisationslogik" folgen. An dieser Stelle werden nun jedoch im Sinne einer Legitimationsfunktion zwei Ebenen unzulässig vermischt:

1. die Ebene verschiedener „subjektiver Rationalitäten" und
2. die Ebene einer Unterscheidung von „Organisationslogik" einerseits und „Individuallogik" andererseits.

Während die erste Ebene nunmehr im Vorangegangenen bereits expliziert wurde, bedarf es zur Klärung der zweiten Ebene, d.h. der Unterscheidung von „Organisationslogik" und „Individuallogik" noch einiger Erläuterungen. In den 90er Jahren wurden in großem Maße Erkenntnisse aus der Organisationstheorie und der Theorie der Organisationsentwicklung in der Schulentwicklung adaptiert, so bspw. auch die Implementierung des Schulprogramms als „offizielles Entwicklungsinstrument" (s.u.). Die Selbstverständlichkeit, mit der die Begriffe „Organisation", „Organisationsentwicklung" und „Organisationstheorie" inzwischen in pädagogischen Kontexten – insbesondere denen der Schulentwicklung – Verwendung finden, ist ein Indikator für die Integration der mit diesen Begriffen verbundenen Theoreme in die kuranten Denkmuster von Schulreform. Diese Adaptionsprozesse verliefen keinesfalls reibungslos (vgl. Heinrich 2001, 308f.), noch ohne kontraproduktive Nebeneffekte. Gleichwohl konstatieren Böttcher/Terhart:

> „Es ist heute sinnlos geworden, den handlungsbezogenen Voluntarismus mancher pädagogischer Theorien gegen einen organisationsbezogenen Mechanismus der frühen Bürokratietheorie antreten zu lassen. Dass pädagogisches Handeln immer schon organisiert ist, dass seine Voraussetzungen im Organisatorischen abgesichert sind, und dass schließlich auch Handeln organisierte (intendierte und nicht-intendierte) Konsequenzen hat, ist allgemein anerkannt." (Böttcher/Terhart 2004, 8)

Die Autoren diagnostizieren damit eine letztlich konstruktive Integration der Theorieangebote, die von der modernen Organisationstheorie und -forschung für die Erziehungswissenschaften bereitgestellt wurden. Im Medium solcher sozialwissenschaftlicher Reflexion und erziehungswissenschaftlicher Rekonzeptualisierung organisationstheoretischer Ansätze wurde Böttcher/Terhart zufolge eine Versachlichung ursprünglich ideologisch besetzter Positionen möglich:

> „Die Zeiten eines zuallererst auf ‚den Menschen' setzenden Organisations-*pessimismus'* wie auch diejenigen eines wissenschaftsgläubigen Organisations-*optimismus'* in der Erziehungswissenschaft sind heute vorbei. Diese beiden Programmatiken (oder Doktrinen?) lassen sich heute nicht mehr überzeugend gegeneinander in Stellung bringen." (Böttcher/Terhart 2004, 8)

Diese Einschätzung von Böttcher und Terhart ist bezogen auf den sozialwissenschaftlichen Diskurs – und nur hierfür formulieren sie diese ja auch – gut nachvollziehbar. Fraglich ist allerdings, ob dies auch für die Akteure der schulischen Praxis gilt bzw. gelten kann. Denn den Akteuren vor Ort fehlt womöglich eben jene Möglichkeit zur Distanzierung, die allein es dann sinnlos erscheinen lässt, einen „zuallererst auf ‚den Menschen' setzenden Organisations*pessimismus*" (s.o.) im Sinne einer „Individuallogik" gegen einen „wissenschaftsgläubigen Organisations*optimismus*" (s.o.) auszuspielen. Versucht man die von mir in diesem Kontext verwendeten Begrifflichkeiten im Sinne einer Arbeitsdefinition zu fassen, so könnte man wie folgt unterscheiden:

- *Organisationslogik* bezeichnet die Vorstellung von einer „Rationalität", die sich auf der Aggregatebene von Organisationen ergibt. D.h. bestimmte Handlungen können vor diesem Hintergrund plausibel als „der Organisation dienlich" argumentiert werden. Der Blick richtet sich damit primär auf die Organisation als Ganze und weniger auf die Vor- oder Nachteile, die diese Handlungen für Einzelpersonen haben könnten.

- *Individuallogik* bezeichnet dann in diesem Zusammenhang die Vorstellung einer Rationalität, die sich auf der Ebene einer Einzelperson ergibt. Da es sich im Falle der vorliegenden Studie um Fragen pädagogischer Professionalität handelt, richtet sich der Blick vor diesem Hintergrund darauf, ob bestimmte Handlungen als Handlungen einzelner Lehrkräfte „vernünftig" oder eben „unvernünftig" erscheinen.

Versucht man die vorangegangenen Überlegungen zusammenzufassen und die für eine Analyse von Schulentwicklungsprozessen relevanten Kategorien abzuleiten, dann erscheinen zumindest folgende Differenzierungen hilfreich. Man sollte unterscheiden zwischen

- Irritationen oder Ambivalenzen, die sich aus verschiedenen „Interessen" einerseits oder aber „subjektiven Rationalitäten" andererseits ergeben können, und

- der Frage danach, inwieweit solche Rationalitätsunterstellungen und Mehrdeutigkeiten daraus resultieren, dass ggf. Schulleitungshandeln qua funktionaler Rollenzuschreibung dazu zwingt, eher einer „Organisationslogik" zu folgen und Lehrerhandeln eher dazu verleitet, einer „Individuallogik" zu folgen, die nach dem „richtigen pädagogischen Handeln im Einzelfall" fragt.

Man wird den vorliegenden Differenzierungen wahrscheinlich leicht nachweisen können, dass sie noch nicht trennscharf sind bzw. die Unterscheidung einer „Organisationslogik" und einer „Individuallogik" eines größeren organisations- und professionstheoretischen Überbaus bedürfte. Diese zum gegenwärtigen Zeitpunkt noch existierende theoretische Unterbestimmtheit der entwickelten Kategorien soll hier gar nicht in Abrede gestellt werden. Statt aufwändiger theoretischer Klärungsversuche soll jedoch im Folgenden vielmehr anhand einiger Interviewsequenzen geprüft werden, ob diese tentative Herangehensweise, die versucht, vom Phänomen der Irritation über das Handeln anderer auszugehen und dies im schulischen Kontext verortet, nicht heuristisch aufschlussreich sein kann. Anhand einer Interviewstudie (vgl. Heinrich 2007) zum Phänomen der administrativ verordneten Schulprogrammarbeit (vgl. Gruschka et al. 2003) soll illustriert werden, welche Effekte die Unterschiedlichkeit der Deutungen und antizipierenden Erwartungen verschiedener Akteure während der verordneten Implementation eines Schulentwicklungsinstruments haben können. Hierbei soll auch der Frage nachgegangen werden, inwieweit es sich hier „lediglich" um Differenzen aufgrund verschiedener Interessen handelt, oder um Unterschiede aufgrund verschiedener „subjektiver Rationalitäten", oder ob nicht vielmehr voneinander abweichende Orientierungen an einer Organisationslogik bzw. einer Individuallogik als Erklärungsgrund für divergierende Rationalitätsunterstellungen dienen können.

Um die Komplexität der Analysen in Grenzen zu halten, werden nur die Sichtweisen einiger Mitglieder von Schulleitungen denjenigen von Lehrkräften gegenübergestellt. Eine umfassende Analyse müsste freilich auch Deutungen von Eltern, Schüler/innen sowie anderen außerschulischen Akteuren wie etwa kooperierenden Unternehmen in der Region oder natürlich der Schulaufsicht berücksichtigen. Die Beschränkung auf die Perspektiven von zwei Akteursgruppen erlaubt es aber womöglich eher, sich einmal deutend und verstehend auf die jeweils unterschiedlichen „Rationalitäten" einzulassen, als dies möglich wäre, wenn man sich selbst gleich wieder mit der „realen Komplexität" einer Vielfalt von Akteurgruppen überforderte. Die Sache ist so schon komplex genug.

Ziel ist es also vielmehr exemplarisch anhand zweier Akteursgruppen am Beispiel einer schulentwicklerischen Innovation zu zeigen, wie unterschiedliche Rationalitätsunterstellungen in der Handlungskoordination wirksam werden können und wie dies insbesondere in Schulentwicklungsprozessen virulent wird. Abschließend wird danach zu fragen sein, welche Konsequenzen sich aus dem Wissen um solche Zusammenhänge ziehen lassen.

2 Die Sicht von Schulleitungsmitgliedern auf den Implementationsprozess

Schulleitungen befinden sich in doppelter Hinsicht in einer Zwitterstellung: Sie müssen als Vermittlungsinstanz zwischen Lehrer/innen und der Administration fungieren und sind selbst in der Frage ihrer Organisationszugehörigkeit doppelt situiert: einerseits schulintern, andererseits Teil der Schuladministration. Als in die Schule hineinreichendes Glied der Schulaufsicht einerseits und als Vertreter der Kolleg/innen andererseits geraten die Schulleitungen, wenn sie administrativ verordnete Schulprogrammarbeit managen sollen, in eine Situation, die die für ihre Rolle ohnehin typische (vgl. Miller 2001; Bonsen 2003) Ambivalenz verschärft (vgl. Rauscher 1995; Buchen et al. 1995; Riedel 1998). Haenisch (2004,

243) beschreibt die vielfältigen und zum Teil auch widersprüchlichen Anforderungen im Rahmen administrativ verordneter Schulprogrammarbeit wie folgt: „Wie in den Interviews immer wieder betont wird, haben die Schulleiterinnen und Schulleiter bei der Schulprogrammarbeit einen äußerst wichtigen Part. Sie müssen immer dahinter her sein, auch antreiben, sie müssen aber auch Geduld haben, die Kolleginnen und Kollegen nicht unnötig drängeln, immer wieder den Sinn aufzeigen und die Arbeit auch mal für eine bestimmte Zeit ruhen lassen." (Haenisch 2004, 243)[1] Bauer (2004) dokumentiert eine Kommunikationsblockade in einem Rückmeldegespräch, die aus einer solchen schwierigen Akteurkonstellation resultiert. Darin wird deutlich, dass die Schulleitung nicht nur die externen Anforderungen der Schulbehörde ins Kollegium und die internen Einschätzungen der Lehrkräfte nach außen vermitteln muss, sondern dass sich die Vermittlung nach außen zudem noch an zumindest zwei wichtige Akteurgruppen richten muss: an die Schulaufsicht und die Eltern: „Da mehrere Elternvertreter anwesend sind, fühlt sich die Schulleitung aufgerufen, das gemeinsam erstellte Produkt zu vertreten und zu verteidigen. Behutsam gegebene kritische Hinweise seitens der Schulaufsicht werden defensiv abgewehrt." (Bauer 2004, 160)

Bezogen auf die schulinterne Kommunikationsaufgabe für die Schulleitungen bzw. deren Vertreter/innen ist festzuhalten, dass sie vielfach auch Mitglieder der Steuergruppe sind. Kanders konstatiert für NRW, dass dies immerhin an 89 % der Schulen der Fall war (vgl. Kanders 2004, 120f.). Der Schulleitung kommt damit auch die Aufgabe zu, die Steuergruppe zu motivieren (vgl. Bauer 2004, 162), wobei sie den erhöhten Aufwand und die Belastungen der Lehrkräfte als größtes Problem bei der Schulprogrammarbeit (an-)erkennt (vgl. Kanders 2004, 131). Einige Schulleitungen scheinen auf dieses Motivationsproblem und die diagnostizierte Arbeitsbelastung ihrer Lehrkräfte durch die vermehrte Übernahme von Aufgaben in der Schulprogrammarbeit zu reagieren, die – dem Konzept nach – eigentlich als Form partizipativer Handlungskoordination vorgesehen ist:

„Immerhin konnte festgestellt werden, dass vor allem in den Real- und den Hauptschulen die Schulleitungen des öfteren im ‚Alleingang' die Bestandsaufnahmen durchführen (Realschule 33 %/ Hauptschule 37 %). Ein ähnliches Bild zeigt die Verteilung bezüglich der Diagnose. Während der weitaus größte Teil (70 % der befragten Schulen) angibt, die Dateninterpretation erfolgte gemeinsam im Kollegium, gibt dennoch ein Drittel an, nicht in gleicher Weise zu verfahren." (Jürgens 2004, 104)

---

1   Zu den neuen Anforderungen an die Kompetenzen von Schulleiter/innen vgl. Rauch (2000). Zu den Aufgaben der Schulleitung bei der Implementierung bereits beschlossener Programme vgl. Baulecke (2004).

Das ambivalente Verhältnis der Schulleitung zu den Prinzipien der Schulprogrammarbeit, das sich aus ihrer doppelten Vermittlungsfunktion ergibt, drückt sich beispielsweise auch darin aus, dass sich – in Übereinstimmung mit vielen Lehrkräften – über die Hälfte der befragten Schulleitungen skeptisch bis ablehnend gegenüber Formen externer Evaluierung zeigten (vgl. Jürgens 2004, 113), gleichzeitig aber als nach außen hin für die Schule Verantwortliche sich die Schulleitungen um die Außenwirkung ihrer Schule sorgen müssen. So hält beispielsweise Bauer (2004, 161) fest: „Die Schulleitung wünscht Rückmeldung von außen, und zwar von einem, der auch andere Schulen und Schulprogramme kennt."

Die Doppel- bzw. Mehrfachrolle der Schulleitung führt wohl auch zu der (von der Einschätzung der Lehrkräfte abweichenden) zumindest nach außen hin dokumentierten überwiegend positiven Haltung gegenüber der Schulprogrammarbeit: „Generell wird die Nützlichkeit von Schulprogramm und Schulprogrammarbeit von Schulleitungsmitgliedern am höchsten beurteilt, es folgen die Mitglieder der Schulprogrammgruppe und dann die übrigen Lehrkräfte." (Kanders 2004, 131)

Wie Schulentwicklungsarbeit insgesamt fordert auch Schulprogrammarbeit die Beteiligten dazu auf, sich mit ihrer Rolle innerhalb der Institution neu auseinander zu setzen. Das gilt auch für Schulleitungen (vgl. Wissinger 1996). Innerhalb der durch die Schulprogrammarbeit sich verändernden Akteurkonstellationen muss sie sich positionieren. Ein stellvertretender Schulleiter, der zugleich Pädagogischer Leiter einer Gesamtschule ist, äußert sich hierzu folgendermaßen:

„Meine persönliche Einstellung zum Schulprogramm, die ist eigentlich durch meine Stellung als Pädagogischer Leiter auch irgendwo definiert, ja. Ich bin der Meinung, dass es nur gut sein kann, wenn eine Schule versucht oder ein Kollegium oder die in der Schule Zusammenarbeitenden, da gehören auch die natürlich die Schüler vor allem dazu, um die geht's ja, und auch die Eltern, zu definieren versuchen, was sie eigentlich mit ihrer Arbeit erreichen wollen und wo die Stärken, vielleicht auch Schwächen, an denen man arbeiten muss, der Schule liegen."

Hatte dieser stellvertretende Schulleiter in einem vorangegangenen Interviewpassus explizit dargelegt, wie ihm als Professionellem über die Definitionsmacht der administrativen Weisung das Verfügungsrecht genommen ist, die Schulprogrammarbeit aus pädagogischen Gründen abzulehnen, so ist demgegenüber an dieser Stelle die scheinbar bruchlose Internalisierung des Auftrags bemerkenswert, wenn er davon spricht, dass seine „persönliche Einstellung" durch seine berufliche Stellung innerhalb der Institution „definiert" sei. Durch die Definitionsmacht der Administration und seiner Akzeptanz gegenüber deren Weisungsbefugnis scheint ihm der Modus der Handlungskoordination praktisch schon vorgegeben: Er selbst kann sich qua Amt nur noch immanent zum Konzept verhalten. Er folgt damit der „Organisationslogik" und kann allenfalls die Art und Weise, wie er das Schulprogramm füllt, variieren, während er zugleich in die Position kommt, alle anderen Beteiligten am Schulprogrammarbeitsprozess dazu aufzurufen, über Verhandlungen ihre neuen Formen der Handlungskoordination frei auszuhandeln, sie neu zu „definieren" (vgl. Heinrich 2005).

Die Identifikation mit der Schulprogrammarbeit „qua Amt" kann die Schulleitung nun aber in die prekäre Lage bringen, aus der Sicht des Kollegiums als „Handlanger" des Ministeriums zu erscheinen und damit nicht mehr als redliche Interessensvertretung der eigenen Schule gegenüber der Schulaufsicht. Als stellvertretender Schulleiter einer Schule muss der zuvor Zitierte auf die Möglichkeit positiver Veränderung auf der Organisationsebene hoffen, nicht zuletzt weil er weiß, dass dies das Kriterium für die Bewertung seiner Arbeit ist. Deshalb identifiziert er sich sehr stark mit den in der Schulentwicklungsliteratur formulierten Prognosen: „Und es ist wissenschaftlich erwiesen, dass eine Schule, die sich ändern will, mit Hilfe eines Schulprogramms, 10 bis 15 Jahre braucht, um einen Status sozusagen, der negativ ist, in einen positiven Status zu verwandeln, insbesondere ist das das Image-Problem." In dieser Hinsicht meint er auch bereits positive Effekte für seine Schule verzeichnen zu können. Seine problematische Stellung gegenüber dem Kollegium bleibt indes bestehen, denn für die einzelnen Lehrkräfte ist es durchaus nicht selbstverständlich, dass sie ihre eigenen Interessen zum Gesamtwohl der für sie vielleicht abstrakten, da lebensweltlich anders verankerten Institution Schule zurückstellen (vgl. Gather-Thurler/Perrenoud 2005). Hatten sie sich vielleicht vorher eine Nische gesucht, innerhalb derer sie ihre eigenen pädagogischen Vorstellungen realisieren konnten, so werden sie nun dazu gezwungen, zugunsten einer Corporate Identity diese Randexistenz aufzugeben (vgl. Lohmann/Hajek/Döbrich 1997; v. Lüde 1995). Die Perspektive auf eine langwierige positive Entwicklung der Schule innerhalb eines Zeitrahmens von 10 bis 15 Jahren kann aus dieser Position schnell in den Hintergrund treten angesichts der tagesaktuellen Einschränkungen.

Wenn dann seitens der Lehrkräfte Kritik formuliert wird, reagieren die Mitglieder von Schulleitungen zuweilen auch mit Unverständnis. Ein 52jähriger Leiter der gymnasialen Oberstufe einer Gesamtschule etwa kritisiert solchen Widerstand mit den folgenden Worten:

> „Also es ist schon wichtig, dass eine Schule sich, im Grunde genommen, so quasi auch nach außen als: Wir sind die Schule mit diesem, diesem Schulprogramm, mit diesem Profil, deutlich macht, was auf der anderen Seite nicht heißt, dass man alles und jedes machen kann. [...] Also das heißt, es gibt schon 'ne gewisse Weise, auch vergleichbare Angaben. Und das, was der Kollege[2] da irgendwie, der sich da immer

---

2   Referiert wird hier auf eine Person aus der Impulsgeschichte für das Interview. Zur Form der Interviewführung innerhalb der Studie vgl. ausführlich Heinrich (2006).

so schrecklich eingeschränkt fühlt, in seiner pädagogischen Freiheit, das ist natürlich auch in einer gewissen Weise eine naive Vorstellung. Pädagogische Freiheit besteht nicht darin, dass ich meinen Schülern alles beibringen kann, was ich will, sondern es gibt halt bestimmte Rahmenvorgaben, also vom Schulgesetz über Kursstrukturpläne bis hin zu Fachkonferenzbeschlüssen, an die ich mich zu halten habe. Und das sind natürlich Einschränkungen, und je mehr solche Einsch..., also je mehr solche Leitlinien von allen Beteiligten diskutiert werden, desto demokratischer sind sie. Pädagogische Freiheit ist nicht Anarchie einfach, so schön Anarchie manchmal auch sein kann, also aber es muss ein, ein Maß an allgemeiner Vergleichbarkeit vorhanden sein."

Die Kommentierung dieser Lehrerklage über die Einschränkungen durch ein Mitglied der Schulleitung zeigt einerseits, dass der Leiter der Gymnasialen Oberstufe das grundsätzliche Dilemma der möglichen Differenz zwischen Organisationslogik und Individuallogik kennt, es aber zu relativieren versucht, indem er es ganz deutlich noch einmal als den „Normalfall" herausstellt. Mit dieser im Kern richtigen Diagnose thematisiert er freilich andererseits nicht die prekäre mögliche „Verschärfung des Normalfalls" durch die neuen Formen der Handlungskoordination in der Schulprogrammarbeit: die Möglichkeit, dass in einer solchen Schulprogrammarbeit eine Regelungsdichte neuer Qualität erzeugt wird, die für die Einzelnen dann doch eine Einschränkung darstellen könnte, die über den „bisherigen Normalfall", nämlich die Ausrichtung an den Richtlinien, Kursstrukturplänen etc. hinausgeht. Mit einer argumentatorischen Volte gelingt es ihm sogar, die zusätzlichen Regelungen nicht als Verschärfung, sondern als Entschärfung des Problems umzudeuten: „Und das sind natürlich Einschränkungen, und je mehr solche Einsch..., also je mehr solche Leitlinien von allen Beteiligten diskutiert werden, desto demokratischer sind sie."

Diese Sichtweise verliert aus dem Blick, dass über die bisherigen Einschränkungen (Richtlinien etc.) nicht diskutiert werden wird, oder wenn das der Fall sein sollte, ohne reale Chance darauf, sie durch die Diskussion an einer Schule realiter zu verändern. Sie werden vielmehr als landesweite Vorgaben – jenseits der demokratisierenden Diskussionen in einem Kollegium – weiterhin bestehen bleiben. Eine Demokratisierung kann allenfalls in den Bereichen stattfinden, die durch die Schulprogrammarbeit zusätzlich noch mittels gemeinsamer Vereinbarungen geregelt werden. Unberücksichtigt bleibt, dass auch solche demokratischen Zusatzregelungen eben zusätzliche Regulierungen bleiben, die potenziell Verfügungsrechte Einzelner zum Treffen von Entscheidungen beschneiden können. Die Befürchtungen, dass in einer solchen Schulprogrammarbeit eine Regelungsdichte neuer Qualität erzeugt wird, bleiben bestehen. Auch wenn neue Regeln in einem demokratischen Prozess ausgehandelt werden, besteht die Gefahr für einzelne Lehrkräfte, sollten sie überstimmt werden, dass für sie, rein subjektiv, „Vorschriften" hinzukommen, die sie vorher nicht befolgen mussten. Es zeigt sich, dass die Mitglieder der Schulleitung im Rahmen der administrativ verordneten Schulprogrammarbeit dazu gezwungen sind, noch deutlicher im Sinne der Gesamtorganisation „Schule" und nicht im Sinne einzelner Lehrkräfte – deren Interessenvertretung sie ja zugleich auch sein müssen – zu argumentieren. Das ist sicherlich kein bemerkenswerter Befund, da Personen in Leitungsfunktionen immer sehr viel stärker dazu gezwungen sind, sich mit der Organisation als Ganzer zu identifizieren, und ihre Handlungslogik danach auszurichten. Im Falle der administrativ verordneten Schulprogrammarbeit wird dieses Problem divergierender Deutungsrahmen – Nutzen für die Organisation bzw. Einzelperson – jedoch noch einmal in einer problematischen Form kontextualisiert, indem das Schulprogrammkonzept die Leitungspersonen dazu zwingt, die Lehrkräfte davon zu überzeugen, dass diese Organisationsentwicklungsmaßnahme (= Organisationslogik) ihrer individuellen Entwicklung als Pädagog/innen im Sinne einer „eigenen Definition des Arbeitsplatzes" (vgl. Heinrich 2005) dienlich sei (= Individuallogik). Die Schulleitung ist damit dazu gezwungen, die Widersprüchlichkeit zwischen „organisationsentwicklerischer Rationalität" und „Individualrationalität" ostentativ zu negieren. Dass dies auf Seiten der Lehrkräfte irritieren muss, ist nicht verwunderlich.

3   Die Sicht von Lehrkräften auf den Implementationsprozess

Die zuvor aufgezeigte Problematik divergierender Deutungsmuster seitens der Schulleitungen spiegelt sich in der bereits zitierten Interviewstudie zur Schulprogrammarbeit entsprechend auch in Aussagen von Lehrkräften. Eine Realschullehrerin bspw. macht deutlich, dass es aus ihrer Sicht für die Schulleitung eigentlich keine Möglichkeit gibt, bei ihren Durchsetzungsversuchen diese Individuallogik zu übergehen oder sie durch organisationsbezogene Argumentationskunst zu eskamotieren: *„[...] der eine wird es ablehnen, weil er sich überfordert fühlt. Der andere wird es ablehnen, weil er sich unter Umständen kontrolliert fühlt. Genauso gibt es eben welche, die sagen: 'Warum nicht?' Ich denke, das ist egal, wie man es präsentiert."* Eine 60jährige Realschullehrerin berichtet demgegenüber von einer diplomatischen Vorgehensweise ihres Schulleiters. Bezogen auf ein in der Interviewsituation vorgelegtes Szenario formuliert sie:

> „Ich habe eine Schwierigkeit. Schulprogramm heißt immer in diesem Fall was Neues schaffen. Uns ist das Schulprogramm anders vorgestellt worden. Wir fassen das zusammen, was wir machen, werden uns darüber klar, was wir verbessern können, was wir vielleicht praktischer zusammenfassen können und wie wir sozusagen den neuen Richtlinien nachkommen können. Also nicht nur das Neue, sondern wir leisten ja schon seit Jahren was."

Der Passus aus diesem Interview zeigt eindrücklich, wie stark das mit der Schulprogrammarbeit intendierte Setzen eines organisationsentwicklerischen Reformimpulses von der Art und Weise der Präsentation des Reforminstrumentes abhängig ist. Hier muss indes angemerkt werden, dass die „schonende" Vermittlung des Projekts durch den Schulleiter im Sinne der Organisationsentwicklung auch als ambivalent zu bewerten ist. Das Reforminstrument „Schulprogrammarbeit" zielt direkt auf Innovation qua Programmfindung. Zwar soll es sich im Sinne einer Qualitätssicherung auch auf den Status quo einer Schule beziehen, doch soll die Analyse dazu beitragen, durch neue Zielsetzungen auch spürbare Qualitätssteigerungen zu bewirken, und zwar nicht nur auf den Feldern, auf denen eine Schule ohnehin schon aktiv ist. Der Schulleiter hat somit schon bei seiner Vorstellung des Projekts „Schulprogrammarbeit" diesem den innovativen Stachel genommen.

Damit soll nicht gesagt sein, dass die von der Lehrerin beschriebene Bestandsaufnahme, Kontrolle und Reflexion unproduktiv sei. Deutlich wird aber, dass die Schulprogrammarbeit, wenn sie als das Alte im neuen Gewand vorgestellt wird, nicht mehr die Irritation bei den Akteuren auslösen kann, die vielleicht ein Ausbrechen aus verkrusteten Handlungsroutinen ermöglicht hätte (vgl. Gruschka et al. 2003). Zumindest diejenigen, die nicht an einer Reform auf Organisationsebene interessiert sind, werden ihre pädagogische Freiheit dafür nutzen, weiter so zu unterrichten und zu erziehen wie bisher. Es droht damit in dieser Situation eine Anpassung an den Status-quo-ante, wie sie auch in anderen Forschungsprojekten als Phänomen beschrieben wurde (vgl. Altrichter/Posch 1999; Altrichter 2000a; Heinrich/Altrichter 2007). Um Widerstand aus dem Kollegium gegen eine bestimmte Innovation (vgl. Bohnsack 1995) abzufedern, wird deren Novität entweder heruntergespielt oder es werden sogar im Instrument vorgesehene unangenehme organisationsentwicklerische Maßnahmen – wie beispielsweise die Evaluation – nur halbherzig verkündet.

An dieser Stelle wird allerdings deutlich, dass der beschriebene Schulleiter nicht die Rückzugsstrategie gewählt hat und entsprechend auch nicht nur eine Anpassung an den Status-quo-ante provozieren wird. Er agiert vielmehr – wie die Lehrerin selbst anmerkt – „diplomatisch", indem er versucht, die hinter dem Entwicklungsinstrument liegende Rationalität zu verdeutlichen, um damit für die „Organisationslogik" zu begeistern:

> „Ja, indem er sagte: Erst einmal, das ist nichts Neues, wir fassen einfach mal das zusammen, was wir machen, was wir seit Jahren machen. Und dann schafft man von vornherein nicht so sehr den Aspekt der Belastung, sondern er sagt: Unter Umständen ist es eine Entlastung, weil Einzelkämpfer sich in diesem Programm wieder finden und sagen: Mensch, der macht genau das Gleiche, was Ähnliches, das könnten wir vielleicht sinnvoller zusammenfassen in der und der Stufe, als dass zwei eine

ähnliche Sache, ein ähnliches Projekt in zwei verschiedenen Stufen versuchen. Also von daher denke ich, ist es günstig, das nicht zu sehr als Maßgabe von oben zu präsentieren, sondern auch eventuell einen Vorteil im Sinne einer Arbeitsentlastung den Kollegen vorzustellen."

Die Lehrerin zeigt hier auf, wie der Schulleiter an ihrer Schule eine Schnittmenge gefunden hat zwischen der „Organisationslogik" und der „Individuallogik". Implizit spricht die Lehrerin nämlich selbst die im Sinne einer Organisationsentwicklung „problematischen Kandidat/innen" an, wenn sie auf die *„Einzelkämpfer"* (s.o.) verweist,[3] die eben primär der „Individualrationalität" folgen, dann aber im gleichen Atemzug von den möglichen Synergieeffekten durch die Organisationsrationalität spricht, die selbst für diese Gruppe von Lehrkräften denkbar wären. Damit ist das Argument eines, das die Vermittlung zwischen der Logik des Instruments und den Vorstellungen der Einzelnen versucht. Auf die kritische Rückfrage, dass dies doch womöglich etwas die Tatsache verdecke, dass es sich letztlich doch um eine „Maßgabe von oben" handele, antwortet diese Lehrerin entsprechend: *„Das ist richtig. Aber man kann ja auch Maßgaben, sage ich, <u>nur</u> als von oben angeben, man kann sie aber auch als <u>sinnvoll</u> vertreten. Und dann hat man natürlich, sage ich mal, von den Kontra-Leuten weniger."* Es wird deutlich, dass der Schulleiter hier darum bemüht war, das verordnete Instrument anzukündigen, ohne aber damit die Akteurkonstellation nachhaltig aus der Balance bzw. der augenscheinlich vorherrschenden „prästabilierten Harmonie" zu bringen. Insofern darf das Instrument – wie diese Lehrerin sehr wohl reflektiert – nicht als Top-Down-Oktroy wahrgenommen werden. Der Schulleiter war nun in mehrerlei Hinsicht diplomatisch. Im Sinne einer Einspruchsvorwegnahme expliziert er die im Innovationsinstrument enthaltene Organisationslogik im Sinne einer vorweggenommenen Rechenschaftslegung. Die in Aussicht gestellten Arbeitserleichterungen durch die Innovation können hier einen Anreiz darstellen.

Deutlich wird hier aber auch, dass der Schulleiter als Vorgesetzter bestimmte Freiräume der Interpretation genießt, um im Sinne seiner persönlichen Vorstellungen von Organisationsentwicklung taktieren zu können. In diesem Fall hat er einen Mittelweg gewählt, der womöglich den Fortgang der Schulprogrammarbeit mehr befruchtet als so manche Initiierung im strengen Sinne des Instruments bzw. im Sinne einer de-facto-Rücknahme der im Innovationsinstrument enthaltenen Ansprüche. Indem er sowohl auf das Vertraute verweist („*nichts Neues"*), das es nur zu explizieren gilt, entschärft er Befürchtungen. Gleichzeitig verweist er aber darauf, dass allein schon durch die Explikation und folglich Sichtbarkeit

---

3   Vgl. hierzu die Typologie von Eder/Altrichter (2004) im Rahmen ihrer Erhebung zur Schulprogrammarbeit.

der Arbeiten der Einzelnen ein Wechsel in der Handlungskoordination innerhalb des Kollegiums stattfinden könnte, der über Synergieeffekte zu Arbeitserleichterungen führt. Damit entsteht ein Szenario, in dem zwar die Form der Handlungskoordination wechselt (Explikation/ Verschriftlichung), dieser Wechsel aber zugleich nicht grundsätzlich die Akteurkonstellation berührt. Dass dies eintritt, ist zwar unwahrscheinlich, da solche Kooperationen wie die angeführte nie ohne Wechsel der Akteurkonstellation stattfinden, aber es entsteht der Eindruck, als würde aus diesem Wechsel der Handlungskoordination nichts Weitreichendes folgen. So besteht für den Schulleiter noch die Möglichkeit, zu einem späteren Zeitpunkt innovativere Impulse innerhalb der Schulprogrammarbeit zu setzen, wenn diese erst einmal grundsätzlich vom Kollegium akzeptiert wird.

Hinzu kommt, dass eine diplomatische Präsentation des neuen Instrumentes, die nicht unmittelbar den technokratischen Verpflichtungs- und Kontrollcharakter der Schulprogrammarbeit im Sinne einer kontrollierten Evaluation herauskehrt, vielleicht auch die Mehrheiten in einem Kollegium zugunsten der Schulprogrammarbeit beeinflussen kann. Innerhalb solcher Überzeugungsarbeit besteht immer auch die Gefahr, dass die Fronten sich verhärten könnten. Die Argumente, die im Zuge solcher Innovationsmaßnahmen vorgebracht werden, sind nicht immer dazu angetan, die vermeintlichen „Reformmuffel" zu aktivieren. Sind deren Bedenken fundiert und diese Begründungen gegen den Charakter des Instruments selbst gerichtet, so kann eine Propagierung der Vorteile, die einfach nur die Logik fortschreibt, die schon im propagierten Reforminstrument selbst enthalten ist, die Aversionen der Skeptischen eher noch potenzieren. Bei Lehrkräften, die das Schulprogrammkonzept aufgrund seiner Nähe zur Organisationsentwicklung und der damit verbundenen betriebswirtschaftlichen Denkungsart ablehnen, würde so etwa sicherlich die folgende Anmerkung des 29jährigen Referendars, der gerne die Schulprogrammarbeit befördert sehen würde, allein schon aufgrund der Wortwahl auf Protest stoßen:

> „Da würde ich es so machen, wie in der umweltökonomischen Debatte und würde mittlerweile, das kann ich auch auf andere Bereiche übertragen, über Anreize gehen. Anreize schaffen für die Lehrer, die sich dagegen stemmen und versuchen zu argumentieren, dass es in sehr kurzer Zeit unter Umständen eine Arbeitserleichterung sein kann, dass es durch den Austausch auch, ja dass sogar ein Materialaustausch sein kann, dass Schüler, die sehr große Probleme machen, einen stressen, dass die unter Umständen, ja unter Umständen ja auch wirklich vor allem auf Dauer durch eine Verhaltensänderung auch eine Erleichterung sein können. Ich würde versuchen, Anreize zu schaffen für die Lehrer, die im Moment sich strikt dagegen wehren, um denen das schmackhaft zu machen."

Für diejenigen Lehrkräfte, die in der „Neuen Schulentwicklung" eine Effektivitätsfetischisierung erblicken, dürfte eine Incentive-Strategie, wie sie hier (und

andernorts noch deutlicher, vgl. Heinrich/Mayr 2005, 56f.) vorgeschlagen wird –
die Abwehr noch forcieren. Dieses Reform-"Klientel" (vgl. Altrichter/Eder 2004,
221) orientiert sich eher noch an Idealen der Zweckfreiheit von Bildung. Diese
Gruppen durch gegenüber dem pädagogischen Ethos „extrinsisch fundierte
Lockangebote" zur Mitarbeit zu gewinnen, dürfte vergeblich sein. Dort wäre es
wahrscheinlich produktiver, selbst mit einem gewissen Realismus dafür zu plä-
dieren, den Vorgang nicht durch unnötige Rhetorik noch brisanter zu machen, als
er ohnehin schon ist und möglichst wenig Aufhebens davon zu machen, so zumindest ein 33jähriger Gesamtschullehrer. Dieser berichtet davon, wie die Auf-
forderung zur Schulprogrammarbeit – er sollte das Vorwort zum Schulprogramm
schreiben – an ihn herangetragen wurde:

> „Als ein Muss, als eine Pflicht, die zu erfüllen ist, erst mal, in erster Linie. Und dann
> in zweiter Linie wurde es natürlich, um Akzeptanz zu schaffen, von der Schulleitung
> schon auch versucht, zu sagen, welche Vorteile es dir bietet. Aber letztlich überwog
> doch so die Vorstellung, wir müssen es 'eh machen, also machen wir das Beste dar-
> aus. Und nicht: 'Es ist sinnvoll und deswegen machen wir es. Und wenn wir es nicht
> sinnvoll finden, wehren wir es ab.' Weil die Möglichkeit gab es de facto eigentlich
> nicht."

Der Lehrer reflektiert nüchtern die eingeschränkte Handlungsfreiheit des Vorge-
setzten und stellt damit das Gespräch mit seinem Schulleiter in einen weiteren
Horizont der Handlungskoordination. Ihm ist bewusst, dass sein Vorgesetzter
nicht das Verfügungsrecht hat, sich aufgrund eigener Erwägungen für oder gegen
die Erstellung eines Schulprogramms zu entscheiden, er also „qua Amt" auf die
Organisationslogik verpflichtet ist (vgl.o.). Angesichts dieser Lage hat der Lehrer Verständnis dafür, dass der Vorgesetzte gar nicht anders kann, als – im Modus des Verweises auf die Pflichterfüllung – Verantwortung für die Arbeit am
Schulprogramm (hier die Erstellung des Vorworts) zu delegieren. Er scheint
daher diese Delegation gar nicht als „Beeinflussung" oder „Verhandlung" (vgl.
S. 36 in diesem Band) wahrzunehmen, sondern vielmehr als eine Bitte der Schulleitung, sich doch mit ihr zu solidarisieren. Indem die Schulleitung gegenüber
dem Lehrer ihre Identifikation mit der Schulaufsicht und deren Auftrag nur halbherzig formuliert („in zweiter Linie" […] „natürlich, um Akzeptanz zu schaffen"
[…] schon auch versucht, zu sagen, welche Vorteile es dir bietet"), gleichsam
auch nur als Pflichterfüllung, kann sie auf diese Weise sogar die Beziehung zum
Lehrer stabilisieren, indem sie sich ihm gegenüber als in gleicher Weise „Betrof-
fener" darstellt. Die Haltung „wir müssen es 'eh machen, also machen wir das
Beste daraus" kann metaphorisch umschrieben werden mit dem Bild: „Wir sitzen alle im gleichen Boot!" Diese Metapher wiederum wäre eine sinnbildliche
Darstellung für die damit von der Schulleitung gegenüber dem Lehrer kommuni-
zierte Akteurkonstellation: Der Schulleiter schlägt sich argumentativ damit auf

die Seite der „Individuallogik der Professionellen und erklärt sich damit in seinem Denken als mehr der pädagogischen Rationalität der Profession verpflichtet und weniger der „Organisationslogik" der Schulentwicklung bzw. der Administration. Mit einer solchen Form der Solidarisierung und der Übernahme der Professionsrationalität hat allerdings erneut die Anpassung an den Status-quo-ante gegriffen, sodass die Akteure – in der Furcht davor, die Konstellationen tief greifend zu verändern – mittels eines bewährten Modus der Handlungskoordination die Akteurkonstellation vor Ort unangetastet lassen, ja diese sogar eher stabilisieren.

Der Auffassung, dass sich die Organisationslogik und die Individuallogik der Professionellen nicht einander vermitteln ließen, widerspricht ein junger Realschullehrer, wenn er dafür plädiert, dass die Schulleitung vielmehr den Modus der Verhandlung verändern sollte, um an die Deutungsmuster der Lehrkräfte anschlussfähig zu werden:

> „Wie man das einführen könnte? Schwere Frage. Vielleicht hätte das dann irgendwie erst mal gar nicht den Titel des 'Schulprogramms' bekommen dürfen, sondern, was ist denn das: Selbstreflexion von einer Schule. Die sollen sich mal beschreiben, wir schreiben mal einen Aufsatz über uns. Stück für Stück. Und daraus kann man ja sagen, so jetzt mehr Struktur, mehr Punkte rausholen, was sind hier die Besonderheiten. Und wo die Leute dann auch so wahrscheinlich so eine Sache schreiben. Locker wäre vielleicht besser. [...] Nicht so den Druck. Die Leute zu gewinnen, sich selbst zu reflektieren, irgendwie."

In diesem Fall wäre die Mittlerfunktion der Schulleitung gegenüber den Lehrkräften in einem klassischen Sinne erfüllt. Die Anschlussfähigkeit des Innovationsinstruments wird in diesem Beispiel einerseits durch eine explizite Anknüpfung an ein Deutungsmuster der Lehrkräfte vollzogen, indem es das pädagogische Moment der Selbstreflexion aufgreift und damit in einer argumentatorischen Umdeutung die Organisationsentwicklung in einen Bildungsprozess umschreibt. Zugleich wird diese Verknüpfung auch implizit hergestellt, indem er diese Selbstreflexion dann geradezu als didaktischen Prozess illustriert: Die „Anweisungen zur Textarbeit" („[...] *wir schreiben mal einen Aufsatz über uns. Stück für Stück. Und daraus kann man ja sagen, so jetzt mehr Struktur, mehr Punkte rausholen, was sind hier die Besonderheiten*") sind geradezu pädagogischer Duktus (vorzugsweise von Lehrkräften mit der Fakultas für das Fach Deutsch). Auf diese – explizite sowie implizite – Weise könnte die Schulleitung dieser Ansicht nach die ihr übertragene Vermittlungsfunktion in Form einer Übersetzungsleistung von Organisationslogik in pädagogische Individuallogik erfüllen.

4   Konsequenzen aus dem Wissen um die wechselseitigen Rationalitätsunterstellungen

Insgesamt zeigen die Analysen, dass es sich als relativ schwierig erweist, die erste Ebene verschiedener „subjektiver Rationalitäten" und die zweite Ebene einer Unterscheidung von „Organisationslogik" einerseits und „Individuallogik" andererseits klar zu trennen. Das mag allerdings auch mit dem vorliegenden Datenmaterial bzw. der Erhebungsmethode zusammen hängen. In den Interviews sind die Akteure immer schon in gewisser Weise – jenseits der Gesprächssituation selbst – vom realen Handlungszwang entlastet und können sich somit selbst schon distanzierend und reflektierend zu den in Frage stehenden Phänomenen verhalten.

In diesem Zusammenhang ist dann allerdings schon wieder bemerkenswert, wie schlüssig sich ihre Deutungen auf der Folie der Differenzierung zwischen einer „Organisationslogik", d.h. der Vorstellung von einer „Rationalität", die sich auf der Aggregatebene von Organisationen ergibt und einer „Individuallogik", i.e. der Vorstellung einer Rationalität, die sich auf der Ebene einer Einzelperson ergibt, lesen lässt. Analysiert man vor diesem Hintergrund die wechselseitigen Rationalitätsunterstellungen der Akteure, dann lässt sich dennoch – auch an dem vorliegenden Material – erahnen, welche Übersetzungsleistungen notwendig wären, um solche Irritationen oder Ambivalenzen in Schulentwicklungsprozessen zu vermeiden. Es bestätigt sich einerseits die Vermutung, dass viele Rationalitätsunterstellungen und Mehrdeutigkeiten daraus resultieren, dass Schulleitungshandeln qua funktionaler Rollenzuschreibung dazu zwingt, eher einer „Organisationslogik" zu folgen und traditionelles Lehrerhandeln eher dazu angelegt ist, einer „Individuallogik" zu folgen, die nach dem „richtigen pädagogischen Handeln im Einzelfall" fragt. Es deuten sich aber auch Möglichkeiten der Vermittlung an, wenn sich die Akteure auf die unterschiedlichen – funktional vorgegebenen – Deutungsmuster einlassen, so dass bspw. Lehrkräfte auch die Zwänge der Schulleitungen erkennen. Gleichwohl zeigen auch Äußerungen, wie die des Leiters der gymnasialen Oberstufe einer Gesamtschule, der gegen „Anarchie" (s.o.) im Kollegium polemisiert, wie stark die „qua Amt" internalisierte Organisationslogik das Verständnis für die Individuallogik zum verschwinden bringen kann, sodass in der Folge wieder die Gefahr besteht, dass die Schnittmenge zwischen den „subjektiven Rationalitäten" der Lehrkräfte und der Schulleitung sich so verschmälert, dass gegenseitige Unterstellungen von „Irrationalität" wieder greifen könnten, ganz im Sinne der Empörungsformel: „Das können die doch nicht ernst meinen!"

Würden diese analytischen Ergebnisse normativ gewendet, ließe sich zeigen, wie über das Einfühlen in die jeweilige Logik des Anderen eine produktivere Handlungskoordination möglich werden könnte, die ohne wechselseitige Unterstellung von Irrationalität auskäme. Der Blick auf wechselnde Akteurkonstellationen durch Innovationen wäre zudem für Schulleitungen insbesondere dann aufschlussreich, wenn sie die Schnittmengen von „subjektiven Rationalitäten" unterschiedlicher Akteure erkennen, von denen sie zuvor niemals geglaubt hätten, dass diese innerhalb einer bestimmten Konstellation eine Allianz bilden könnten. Für eine solche Analyse müssten die Schulleitungen freilich zunächst einmal einen genaueren Eindruck von den jeweiligen Rationalitäten der einzelnen Akteure haben. Dass sich letztlich auch nach der Analyse solcher Konstellationen das „Problem" des komplexen Bedingungsgefüges aus Intentionen und Antizipationen in Steuerungshandlungen nicht aufheben lässt, ist kein Argument gegen deren Analyse. Die „perfekte Steuerung" wird es ohnehin nie geben und sie würde innerhalb einer normativ auf Humanisierung ausgerichteten Schulkultur ja ohnehin eher eine Horrorvorstellung denn ein Ideal darstellen. Die Hoffnung wäre vielmehr, dass viele Handlungen anderer Akteure, die auf den ersten Blick als „irrational" oder gar „pathologisch" erscheinen, auf diese Weise erklärbar werden und dadurch zumindest gesichert bliebe, dass die jeweils anderen „Parteien" auch weiterhin als rationale Verhandlungspartner ernst genommen werden könnten.

Literatur

Altrichter, Herbert/Eder, Ferdinand (2004): Das „Autonomie-Paritätsmuster" als Innovationsbarriere? In: Holtappels, Heinz Günter (Hrsg.): Schulprogramme – Instrumente der Schulentwicklung. Konzeptionen, Forschungsergebnisse, Praxisempfehlungen. Weinheim/München, S. 195–221.

Altrichter, Herbert/Posch, Peter (1999): Wege zur Schulqualität: Studien über den Aufbau von qualitätssichernden und qualitätsentwickelnden Systemen in berufsbildenden Schulen. Innsbruck.

Bauer, Karl-Oswald (2004): Dialog zwischen Schulaufsicht und Schule – Qualitative Analyse von Dialoggesprächen zur Schulprogrammarbeit. In: Holtappels, Heinz Günter: Schulprogramme – Instrumente der Schulentwicklung. Konzeptionen, Forschungsergebnisse, Praxisempfehlungen. Weinheim/München, S. 155–174.

Baulecke, Ingrid (2004): Schulprogramm beschlossen – was nun? Beginn der Arbeit für die Schulleitung als Führungskraft. In: Schul-Management 35, H. 5, S. 34–35.

Böttcher, Wolfgang/Terhart, Ewald (Hrsg.) (2004): Organisationstheorie in pädagogischen Feldern. Wiesbaden.

Bohnsack, Fritz (1995): Widerstand von Lehrern gegen Innovationen in der Schule. In: Die Deutsche Schule 87, H. 1, S. 21–37.

Bonsen, Martin (2003): Schule, Führung, Organisation. Eine empirische Studie zum Organisations- und Führungsverständnis von Schulleiterinnen und Schulleitern. Münster.

Buchen, Herbert/Horster, Leo/Rolff, Hans-Günter (Hrsg.) (1995): Schulleitung und Schulentwicklung. Stuttgart.

Esser, Hartmut (1999): Soziologie – Allgemeine Grundlagen. Frankfurt a.M., New York.

Gather-Thurler, Monica/Perrenoud, Philippe (2005): Arbeitsorganisation als zentrale Dimension der Schulentwicklung. In: Journal für Schulentwicklung. Jg. 9, H. 2, S. 10–18.

Gruschka, Andreas/Heinrich, Martin/Köck, Nicole/Martin, Ellen/Pollmanns, Marion/ Tiedtke, Michael (2003): Innere Schulreform durch Kriseninduktion? Fallrekonstruktionen und Strukturanalysen zu den Wirkungen administeriell verordneter Schulprogrammarbeit. Frankfurter Beiträge zur Erziehungswissenschaft. Frankfurt am Main.

Haenisch, Hans (2004): Gelingensbedingungen für die Entwicklung und Umsetzung des Schulprogramms – Ergebnisse einer qualitativen Studie. In: Holtappels, Heinz Günter: Schulprogramme – Instrumente der Schulentwicklung. Konzeptionen, Forschungsergebnisse, Praxisempfehlungen. Weinheim/München, S. 223–244.

Heinrich, Martin (2001): Schulentwicklungsforschung in der „neuen Reformphase". Paradigmenwechsel, andere Nomenklatur, Aktivismus oder Marginalisierung? In: Die Deutsche Schule 93, H. 3, 304–318.

Heinrich, Martin (2005): Schulprogrammarbeit als „eigene Definition des Arbeitsplatzes"? In: Journal für Schulentwicklung, H. 2, 37–45.

Heinrich, Martin (2006): Zur methodischen Funktion von Dilemmainterviews als Erhebungsverfahren in der Schulentwicklungsforschung am Beispiel einer Untersuchung zur Autonomiefrage in der Schulprogrammarbeit. In: Mammes, I./Rahm, S./Schratz, M. (Hrsg.): Schulpädagogische Forschung – Perspektiven innovativer Ansätze – Organisations- und Bildungsprozessforschung. Innsbruck 2006, S. 83–95.

Heinrich, Martin (2007): Governance in der Schulentwicklung. Von der Autonomie zur evaluationsbasierten Steuerung. Wiesbaden: VS–Verlag für Sozialwissenschaften.

Heinrich, Martin/Altrichter, Herbert (2007): Schulentwicklung und Profession. Der Einfluss von Initiativen zur Modernisierung der Schule auf die Lehrerprofession. In: Helsper, Werner/Busse, Susan/Hummrich, Merle/Kramer, Rolf-Torsten (Hrsg.): Pädagogische Professionalität in Organisationen. Neue Verhältnisbestimmungen am Beispiel der Schule. Wiesbaden: VS Verlag für Sozialwissenschaften 2007, S. 129–145.

Heinrich, Martin/Mayr, Petra (2005): ÖKOLOG – Analyse und Ausblick. In: BMBWK (Hrsg.): Schwerpunktprogramm Ökologisierung von Schulen – Bildung für Nachhaltigkeit – ÖKOLOG. Wien, S. 53–64.

Jürgens, Eiko (2004): Schulprogrammarbeit auf dem Prüfstand – Befunde einer empirischen Studie. In: Holtappels, Heinz Günter (Hrsg.): Schulprogramme – Instrumente der Schulentwicklung. Konzeptionen, Forschungsergebnisse, Praxisempfehlungen. Weinheim/München, S. 103–116.

Kanders, Michael (2004): Schulprogrammarbeit in NRW. In: Holtappels, Heinz Günter: Schulprogramme – Instrumente der Schulentwicklung. Konzeptionen, Forschungsergebnisse, Praxisempfehlungen. Weinheim/München, S. 117–136.

Leithwood, Kenneth (1994): Leadership for School Restructering. In: Educational Administration Quarterly, Vol. 30, No 4, 1994, pp. 498–518.

Lohmann, Armin/Hajek, Manfred/Döbrich, Peter (1997): Identität und Schulprogramm. Die Steinwaldschule: Der Weg zum selbständigen und sozialen Lernen. Lichtenau/München.

Lüde, Rolf v. (1995): Corporate Identity und Schulprogramm. In: Buchen, Herbert/Horster, Leo/Rolff, Hans-Günter (Hrsg.): Schulleitung und Schulentwicklung. Stuttgart.

Miller, Susanne (2001): Schulleiterinnen und Schulleiter. Eine empirische Untersuchung an Grundschulen Nordrhein-Westfalens. Hohengehren.

Oevermann, Ulrich (2000): Die Methode der Fallrekonstruktion in der Grundlagenforschung sowie der klinischen und pädagogischen Praxis. In: Kraimer, Klaus (Hrsg.): Die Fallrekonstruktion. Sinnverstehen in der sozialwissenschaftlichen Forschung. Frankfurt a.M., S. 58–157.

Parsons, Talcott et al. (1951): Some Fundamental Categories of the Theory of Action: A General Statement. In: Parsons, Talcott/Shils, Edward (eds.): Toward a General Theory of Action. Cambridge, MA: Harvard University Press, S. 3–29.

Rauch, Franz (2000): Das Schulprogramm als Herausforderung für die Schulleitung. In: Erziehung und Unterricht 150, H. 3/4, S. 237–247.

Rauscher, Heinz (1995): Innovationen – eine Aufgabe für die Schulleitung. Schulleiter-Handbuch Bd. 75. Braunschweig.

Riedel, Klaus (1998): Schulleiter urteilen über Schule in erweiterter Verantwortung. Ergebnisse einer empirischen Untersuchung. Neuwied.

Schley, Wilfried/Schratz, Michael (2005): Ergebnisorientierte Führungsverantwortung als Antwort auf PISA. In: Lernende Schule: Schulleitungsbeilage, H. 28, S. 1–4.

Schratz, Michael (2005): Abschied vom primus inter pares – Schulleitung zwischen Beruf und Berufung. In: Büeler, Xaver/Bucholzer, Alois/Roos, Michaela (Hrsg.): Schulen mit Profil. Forschungsergebnisse – Brennpunkte – Zukunftsperspektiven. Mit einem Vorwort von Helmut Fend. Innsbruck, S. 181–192.

Wissinger, Jochen (1994): Schulleiter-Beruf und Lehreridentität – zum Rollenkonflikt von Schulleiterinnen und Schulleitern. Ein Beitrag zur Schulentwicklungsforschung. In: Zeitschrift für Sozialisationsforschung und Erziehungssoziologie 14, S. 38–57.

Wissinger, Jochen (1996): Perspektiven schulischen Führungshandelns. Eine Untersuchung über das Selbstverständnis von SchulleiterInnen. Weinheim.

Wissinger, Jochen (2000): Rolle und Aufgaben der Schulleitung bei der Qualitätssicherung und -entwicklung von Schulen. In: Zeitschrift für Pädagogik, 46. Jg., Nr. 6, S. 851–865.

Wissinger, Jochen (2007): Does School Governance matter? Herleitungen und Thesen aus dem Bereich „School Effectiveness and School Improvement". In: Altrichter, Herbert/Brüsemeister, Thomas/Wissinger, Jochen (Hg.) (2007): Educational Governance – Handlungskoordination und Steuerung im Bildungssystem. Wiesbaden, S. 115–129.

Nils Berkemeyer, Tobias Feldhoff & Thomas Brüsemeister

Schulische Steuergruppen – ein intermediärer Akteur zur Bearbeitung des Organisationsdefizits der Schule?

Spätestens mit den ernüchternden Ergebnissen deutscher Schulen bei internationalen Leistungsstudien wie TIMSS und PISA ist in der Fachöffentlichkeit, aber auch darüber hinaus, ein nachhaltiges Bewusstsein für eine Qualitätsoffensive im Schulbereich entstanden. Exemplarisch hierfür stehen die sieben Handlungsfelder, auf die sich die KMK relativ kurz nach Erscheinen der PISA 2000 Ergebnisse verständigt hat. Die Arbeitsfelder sind:

> „1. Maßnahmen zur Verbesserung der Sprachkompetenz bereits im vorschulischen Bereich
> 2. Maßnahmen zur besseren Verzahnung von vorschulischem Bereich und Grundschule mit dem Ziel einer frühzeitigen Einschulung
> 3. Maßnahmen zur Verbesserung der Grundschulbildung und durchgängige Verbesserung der Lesekompetenz und des grundlegenden Verständnisses mathematischer und naturwissenschaftlicher Zusammenhänge
> 4. Maßnahmen zur wirksamen Förderung bildungsbenachteiligter Kinder, insbesondere auch der Kinder und Jugendlichen mit Migrationshintergrund
> 5. Maßnahmen zur konsequenten Weiterentwicklung und Sicherung der Qualifikation von Unterricht und Schule auf der Grundlage von verbindlichen Standards sowie eine ergebnisorientierte Evaluation
> 6. Maßnahmen zur Verbesserung der Professionalität der Lehrertätigkeit, insbesondere im Hinblick auf diagnostische und methodische Kompetenzen als Bestandteil systematischer Schulentwicklung
> 7. Maßnahmen zum Ausbau von schulischen und außerschulischen Ganztagsangeboten mit dem Ziel erweiterter Bildungs- und Fördermöglichkeiten, insbesondere für Schülerinnen und Schüler mit Bildungsdefiziten und besonderen Begabungen“ (KMK 2002, 7).

Im Folgenden geht es weder um die Frage, ob die gewählten Arbeitsfelder vielversprechend für die Verbesserung des Bildungssystems insgesamt sind, noch um die Entwicklung von Ausgestaltungsvorschlägen einzelner Entwicklungsschwerpunkte. Der hier vorgelegte Aufsatz möchte noch davor ansetzen, indem

gefragt wird, welche Ressourcen und vor allem welches Know How der Einzelschule eigentlich zur Verfügung steht, um extern wie intern artikulierte Reform-
anforderungen in systematische Schulentwicklung zu transformieren. Bekannt-
lich verfügen Schulen nicht über eine Personalabteilung, einen Controllingstab
oder über eine Entwicklungsabteilung, die die angebotenen „Produkte" optimie-
ren. Wer also kann in Schulen die Rolle eines „Change Agents" (vgl. Holtappels
2007) übernehmen, der die Organisation und die Angebote der Schule weiterentwickelt? Die Schulleitung allein ist mit dieser Aufgabe überfordert, ganz
gleich wie kompetent und engagiert sie agiert (vgl. Rolff 2007; Berkemey-
er/Rolff 2005; Huber in diesem Band). Darum ergibt sich für Schulen die Notwendigkeit neue Wege, Strukturen und Rollen zu finden, um die anstehenden
Aufgaben zielgerichtet zu meistern.

Vor dem Hintergrund dieser grob vereinfacht dargestellten Ausgangslage
möchte der Aufsatz zunächst die oben bereits kurz skizzierten Anforderungen an
die Schule unter Rückgriff auf seit Mitte der 80er Jahre zu beobachtende Moder-
nisierungsphasen des Schulsystems erläutern. In einem nächsten Schritt soll das
Veränderungspotenzial pädagogischer Organisationen und hier ganz konkret das
der Schule organisationstheoretisch beleuchtet werden, um daraus ableitend
Organisationsdefizite – so jedenfalls unsere These – der Schule aufzuzeigen.
Daran anschließend stellen wir die Bearbeitung des Organisationsdefizits durch
die Einführung der Dienstvorgesetzteneigenschaft der Schulleitungen sowie
schulischer Steuergruppen am Beispiel des Modellvorhabens „Selbstständige
Schule" NRW vor. Um im Rahmen des Buches die Frage zu untersuchen „Warum tun die das?" greifen wir zunächst auf, dass es sich bei Steuergruppen um
einen neuen Akteur auf einer innerschulischen intermediären Ebene handelt. Wir
skizzieren also zunächst ein „Da tut jemand was". Anschließend gehen wir im
empirischen Teil unseres Beitrages der Frage nach „Was tun die da?" in dem wir
die Arbeitsweisen der Steuergruppen, mitsamt der Schulleitung als Steuergruppenmitglied, skizzieren. Zum Schluss betrachten wir das Gesamtgefüge dieser
neuen Schulorganisation bestehend aus Schulleitung, Steuergruppe und Kollegium, indem wir unseren Blick auf die Binnen- und die Außenwahrnehmung von
Steuergruppen im Rahmen der innerschulischen Kultur richten und die Frage
aufgreifen „Wie finden die das?".

1   Neue Anforderung an Schule im Spiegel dreier Modernisierungsphasen

In den letzten Jahrzehnten lassen sich drei zentrale Entwicklungslinien nachzeichnen, aufgrund derer sich das Verständnis und die Anforderungen an die

Einzelschule – von der verwalteten zur gestaltenden Schule – verändert haben. Die erste Phase markiert den Perspektivenwechsel vom Gesamtsystem zur Einzelschule, daran schlossen sich Diskussionen um eine erweiterte Autonomie an. Seit der TIMSS-Studie und spätestens seit der PISA-Studie wird ein Paradigmenwechsel von der Input- zur Outputsteuerung diskutiert (für eine vergleichbare Entwicklungseinteilung vgl. Altrichter/Brüsemeister/Heinrich 2005).

1. Die erste Phase der Entwicklung ist durch den Perspektivenwechsel vom Schulsystem hin zur „Einzelschule als Handlungseinheit" (Fend 1986) gekennzeichnet. Mit diesem Perspektivenwechsel im Zuge der „Krise der Außensteuerung" (vgl. Rolff 1998) wurde die äußere Schulreform in Form einer planungszentrierten Rahmensteuerung (Rolff 1993), durch Reformstrategien in Form von Konzepten der systematischen Einzel-schulentwicklung abgelöst (vgl. Dalin/Rolff 1990). Die Fokussierung auf die Einzelschule wurde einerseits durch das Scheitern von Gesamtsystemstrategien begründet und andererseits durch die Entwicklung von Konzepten der Organisationsentwicklung. Für die Entdeckung der Einzelschule als Handlungseinheit sind neben diesen Erkenntnissen zwei Quellen wesentlich: Zum einen die empirischen Befunde Fends, wonach die Unterschiede zwischen Schulen derselben Schulform mitunter stärker sind, als diejenigen Unterschiede zwischen den Schulformen (vgl. Fend 1986/1998) und zum anderen die Rezeption der Konzepte und Ansätze der Organisationsentwicklung (vgl. French/Bell 1999). Einen ersten programmatischen Entwurf, der die Entwicklung der Einzelorganisation Schule vorsieht, stammt von Dalin, Rolff und Buchen (1990) und trägt den bezeichnenden Titel „Institutionelles Schulentwicklungsprogramm". Wenige Jahre später wurde der Titel in „Institutioneller Schulentwicklungsprozess" umbenannt, um die für Organisationsentwicklung typische Prozesshaftigkeit stärker zu betonen. Innerhalb dieser Rahmenkonzeption tauchen schulische Steuergruppen erstmalig in systematischer Form in der deutschsprachigen Literatur auf und innerhalb der Schule werden bislang nicht gekannte Organisationseinheiten zur Koordinierung und Strukturierung von Entwicklungsprozessen geschaffen, die ganz gezielt die Schule als Organisation zum Gegenstand ihrer Arbeit macht (vgl. Dalin/Rolff 1990), beispielsweise bei der Entwicklung und Erstellung von Schulprogrammen (vgl. Holtappels 2004).

2. Als konsequente Weiterentwicklung einer Hinwendung zur Einzelschule als Strategie der Gesamtsystementwicklung werden Konzepte einer erweiterten Verantwortung der Einzelschule diskutiert (vgl. Pfeiffer 2004; Bildungskommission NRW 1995; Rolff 1993). Die in der ersten Modernisierungsphase angestoßenen Schulentwicklungsprozesse sollen nun durch mehr Eigenständigkeit, Selbstverantwortung und schließlich deutlich vergrößerte Handlungskompetenzen verstärkt werden. Mit der Fokussierung auf die Einzelschule wurde nun auch deren Status im Rechtsgefüge des Gesamtsystems zum Gegenstand der Diskus-

sion. Unter dem Begriff der „Schulautonomie" werden entsprechend seit nunmehr gut 15 Jahren zahlreiche Reformbemühungen subsumiert, die letztlich allesamt die Frage der Reorganisation (Verwaltung, Finanzierung, Organisation und Auftrag) der Schule und des Schulsystems zum Thema haben (Rürup 2007).[1]

3. Die dritte Entwicklungsphase wird nicht selten mit der Parole „von der Input- zur Outputsteuerung" bezeichnet (vgl. Koch/Fisch 2004), wohl wissend, dass diese Bezeichnung eher irreführend ist, da sie, ohne die Lektion „Steuerungskrise durch Gesamtsystemstrategien" zur Kenntnis genommen zu haben, neuerlich Allmachtsphantasien suggeriert. Worum es näher betrachtet tatsächlich geht, ist eine Umstellung der Schulgovernance (vgl. Brüsemeister 2004) auf eine outputorientierte Inputsteuerung, beispielsweise durch Bildungsstandards und deren Überprüfung in Form zentraler Prüfungen. Auch die Messung des Systemoutputs durch Kompetenztests steuert im Übrigen zunächst einmal gar nichts. Sie ist ein Instrument des Systemmonitorings, also der Beobachtung. Inwieweit die Beobachtung dann weitergenutzt wird, kann sehr unterschiedlich sein, wie beispielsweise die Forschergruppe um Tillmann zeigen konnte (vgl. Tillmann 2008). Eine Anpassung an die Beobachtung (im Sinne des Wunsches „gut abzuschneiden") ist Entscheidung der Schule; aber auch dies ist verkürzt, da eine Entscheidung der Form: „Wir steigern die Schülerleistungen" hoch voraussetzungsvoll ist und zum anderen nicht allein im Entscheidungsbereich der Einzelschule liegt. Die Schulinspektion ist ein weiteres Beispiel für die Umstellung auf eine zentral organisierte Form der Steuerung. Die einzelne Schule wird gegenwärtig also durch ein ganzes Set von Maßnahmen umstellt, die sich dem Handlungsfeld fünf der KMK zuordnen lassen, die zusammengenommen ein neues Steuerungssystem ergeben sollen. Bildungsstandards geben von Schülerinnen und Schülern zu erreichende Kompetenzniveaus vor; die Überprüfung, wie Standards in Schulen umgesetzt werden, obliegt im Rahmen eines Systemmonitorings der Zentrale sowie im Mehrebenensystem eingeführte intermediären Instanzen, insbesondere der Schulinspektion. Die Umsetzung der Standards sowie Gegenmaßnahmen, wenn negative Abweichungen von Standards beobachtet werden, obliegen den Schulleitungen, die – im Zuge einer stärkeren Eigenverantwortung der Einzelschulen – mehr Entscheidungsrechte erhalten sollen. Dies erfordert gleichursprünglich ein kollektives Reagieren der Lehrerschaft und damit eine Umformung der individualistischen zu einer kollektiven Profession.

---

1   Der erste Modellversuch zur Schulautonomie fand Anfang der 1990er Jahre in Bremen statt, ohne dass von ihm aus aber eine entscheidende „Innovationswelle" hat ausgehen können (Burkard/Rolff 1994, 260). Erst Ende der 1990er Jahre und mit Beginn des neuen Jahrtausends häufen sich die Versuche, Autonomie in Schulen zumeist in Modellversuchen weiter zu verwirklichen. Ganz neu ist die Diskussion allerdings nicht, da bereits der deutsche Bildungsrat (1973) mehr Selbstständigkeit von Schulen auf seiner Agenda hatte.

Insbesondere soll ein systematisches, von der Schuladministration ausgehendes Beobachtungs- und somit auch Kontrollsystem aufgebaut werden, dass sukzessive neue Regelungsstrukturen erzeugt (vgl. Kussau/Brüsemeister 2007b, 71f.). In der dritten Phase lässt sich somit wieder eine Hinwendung zur Gesamtsystemsteuerung erkennen (vgl. Altrichter/Heinrich 2007, 90-93). Welche Anforderungen resultieren aus den in den einzelnen Phasen initiierten Maßnahmen für die Schulen?

In der ersten Phase sollten Schulen beginnen, eigene Organisationsstrukturen wahrzunehmen und bewusst zu gestalten. Dies wurde und wird bis heute vorwiegend mit den Begriffen Leitbild-, Schulprogramm- und Teamentwicklung verknüpft (vgl. Rolff 1993; Dalin/Rolff/Buchen 1990). In der darauf folgenden Phase wird – zumindest von Schulen, die sich an entsprechenden Modellversuchen und Pilotprojekten beteiligt haben – die Erprobung erweiterter Handlungsspielräume im organisatorischen wie pädagogischen Sinne erwartet. Dazu kommen Anforderungen, das eigene Handeln intern und teilweise auch extern zu evaluieren, um die Qualität der schulischen Arbeit reflexiv zu entwickeln und zu sichern. In der aktuellen dritten Phase werden Schulen flächendeckend mit Anforderungen systematischer Schulleistungsevaluation (z.B. Lernstandserhebungen NRW) sowie einer flächendeckenden Prozessevaluation (Schulinspektion) konfrontiert.

Wie können diese vielfältigen und oft neuen Anforderungen von einer Organisation bewältigt werden, deren Ablauf- wie Aufbauorganisation traditionell eher schwach ausgeprägt ist[2] und zudem vom Professionsverständnis ihrer Mitglieder ausgehend, Organisation nicht selten mit Bürokratie und Herrschaft konnotiert und darum dieser eher ablehnend gegenüber stehen (vgl. Lortie 2002, Krainz-Dürr 2000)? Bevor diese Defizite in der Organisation der Einzelschule näher beschrieben werden, soll im folgenden Teil des Beitrags eine theoretische Folie zur Veränderung pädagogischer Organisationen skizziert werden, vor deren Hintergrund die Defizitbeschreibungen theoriebasiert erfolgen können.

2 Ansätze zur Veränderung pädagogischer Organisationen

Die Veränderung von Organisationen ist ein viel diskutiertes und bearbeitetes Thema nicht nur in der Organisationstheorie. Die zunehmende Tendenz Einzel-

---

2   Mit einer schwach ausgeprägten Organisation ist hier gemeint, dass auf der Ebene der Einzelschule bislang kaum relevante Entscheidungen getroffen worden sind, die unmittelbar auf das Verhalten und die professionellen Haltungen Einfluss haben. Dies ist u.E. den schwach verankerten Elementen der Aufbauorganisation geschuldet. Fachkonferenzen, die schlafenden Riesen (vgl. Rollf o.ä.), sind hierfür ein Beispiel.

schulen in ihrer Organisationsförmigkeit wahrzunehmen und ihre Selbstorganisationsfähigkeit zu stärken, ist im Folgenden Anlass den Theoriediskurs im Anschluss an Terhart, der bereits einen informativen Überblick und Transfer für schulische Organisationen vorgelegt hat, zu skizzieren, um so das von uns angenommene Organisationsdefizit theoretisch zu fundieren. Dies erscheint trotz der in Phase drei zu beobachtenden Zentralisierungstendenzen notwendig, da die Zentralisierung von Steuerung mit Maßnahmen einher gehen, die die Schule eindeutig als Organisation adressieren (vgl. Berkemeyer 2008).

Terhart (2001) skizziert in seinem Aufsatz „Die Veränderung pädagogischer Organisationen" drei Konzepte der Veränderung pädagogischer Organisationen.

Das erste Konzept bezeichnet Terhart als „mechanische Organisationsvorstellung: Veränderung durch ‚planned change'". Dieses Konzept basiert auf der „Bürokratietheorie Webers sowie auf ‚scientific management'" und ist demnach einem „rationalistischen Menschenbild" verpflichtet (a.a.O., 54).

Die Vorstellungen der Planbarkeit und Regulierung von Großsystemen sowie einer technologischen Umsetzung des Geplanten dominieren dieses Konzept, ebenso Kausalzuschreibungen folgender Art: Schulen werden sich in gewünschter Weise verändern, weil sie an dem durch die Politik formulierten Programm mit seinen Maßnahmen teilnehmen. Wenn also alle Schulen das gleiche Programm durchlaufen, werden sich alle Schulen entsprechend verändern.

Für Terhart liegt die Unzulänglichkeit des Konzepts auf der Hand, weshalb ihn nicht die Anwendung, sondern die Funktion „solcher rechtwinkligen Vorstellungen im Denkhaushalt von Organisations- und Innovationstheorien [interessieren]" (a.a.O., 55). Er ist der Meinung, die Funktion des Konzepts in der Legitimation eines wichtigen Mythos[3] sehen zu können, der aus den Elementen „Rationalität, Transparenz, Standardisierung, Kontrolle, etc." (ebd.) besteht. Im Sinne Terharts ließe sich dann der weiter oben beschriebene „Paradigmenwechsel" der Steuerung des Schulsystems als politisches Manöver interpretieren, dass Transparenz, Kontrolle, etc. suggeriert. Der Glaube, man könne dies „einfach so tun", ist vermutlich ein zentraler Mythos komplexer Gesellschaftsformen und antwortet auf die Frage „Warum tun die das?".

Das zweite Konzept bezeichnet Terhart als „sozialkonstruktionistische Organisationsvorstellung: die konstante Umerfindung der Organisation" (ebd.). Aus

---

3   Der Bedeutung von Mythen für den Menschen hat Herbert Marcuse mit seinem berühmt gewordenen Satz „Der Mensch ist mythenpflichtig" Nachdruck verliehen. Innerhalb der Organisationstheorien spielen Mythen ebenfalls eine zentrale Rolle (vgl. Dalin 1999, 74-81; Brüsemeister 2002; Meyer/Rowan 1977). Wichtig scheint uns der Zusammenhang zwischen existentiellen Bedürfnissen und Mythenbildung. Man sollte Mythen also nicht mit Märchen (im umgangssprachlichen Sinne) verwechseln. Sie bieten aufgrund ihrer Unhintergehbarkeit eine – wenn auch trügerische – Sicherheit. Darum ist die Dekonstruktion von Mythen als Aufgabe der Erziehungswissenschaft immer auch eine Verunsicherung (vgl. Lenzen 1996).

dieser Perspektive betrachtet „entstehen Institutionen aus der allmählichen Verdichtung von ursprünglich einfachen, nicht-institutionalisierten Handlungsketten, bzw. Verknüpfungen von Handlungsketten" (ebd.).

Momente der Verabredung und Vereinbarung als Formen der Konstruktion neuer Wirklichkeiten sind in dieser Theorielinie zentral. Kommunikation und Sprache rücken in den Mittelpunkt des Interesses, Semantik erscheint als machtvolles Gestaltungsinstrument. Sprache und Welt sind nicht mehr notwendig aufeinander bezogen, da der Bezeichnungsvorgang oftmals auf bereits Bezeichnetes rekurriert. Wandel, so die Vorstellung, kann durch die Macht der Sprache initiiert werden, da diese Wirklichkeit durch das Subjekt konstituiert wird. Terhart weist zu Recht darauf hin, dass diese Position dem historischen Charakter von Organisationen oder Sozietäten keinerlei Rechnung trägt.

Gerade aber in dem gewachsenen und tradierten Regelsystem einer Organisation, sind oft die Hindernisse einer Veränderung zu sehen. Die konstruktionistische Perspektive kann entsprechend als auf „‚Kulturwandel' bezogene Form der Veränderungsgestaltung" bezeichnet werden, die – wie er dann weiter kritisch bemerkt – ebenfalls planbar ist,

> „wenn die Betroffenen gar nicht realisieren, dass sie das Objekt von Planung sind, ja man als Innovator sogar selbst davon überzeugt ist, dass man eigentlich nicht wirklich plant, sondern die jeweilige Organisation und ihre Kultur eigendynamisch in Bewegung gerät und man dies nur begleitet. Denn dies ist die leitende Idee: Die Organisation *selbst* muss zu einem eigendynamischen, problemlösenden, kurzum zu einem ‚lernenden' Sozialorganismus werden [Senge 1996]" (a.a.O., 57, Herv.i.O.).

Das dritte Konzept bezeichnet Terhart als „systemtheoretische Organisationsvorstellung: Beobachtung von Unsteuerbarkeit?" (ebd.). Terhart entwickelt diese Perspektive im Anschluss an Luhmann, der der Unterscheidung von Unterscheidungen durch Beobachtung eine zentrale Rolle gibt. Luhmann identifiziert „pädagogische Organisationen [als] eine brisante Kombination von schwacher Binnentechnologie bei hohen und höchsten Erwartungen an ihre Leistungsfähigkeit" (ebd.). Diese Perspektive verleiht der Einzelschule *als Organisation* eher einen passiven Charakter. Terhart spricht sogar von einer „*subjektlosen Modellvorstellung* von Organisation bzw. organisationalem Wandel" (a.a.O., 58, Herv.i.O.).

Terhart sieht in dem von Luhmann/Schorr konstatierten Technologiedefizit des Erziehungssystems ein gelungenes Erklärungsmuster für zahlreichen Misserfolge schulischer Reform.[4] Theoretischen Überlegungen, wie eben im Anschluss an Terhart vorgestellt, liefern verschiedene Reflexionsfolien, um die Schule als

---

4   Luhmann führt dieses Problem in seinem Aufsatz: Strukturelle Defizite – Bemerkungen zur systemtheoretischen Analyse des Erziehungssystems weiter aus (Luhmann 1987, 57-75).

Organisation zu beleuchten und sie hinsichtlich ihres Veränderungspotenzials zu befragen.

3 Organisationsdefizite der Schule

Die drei organisationstheoretischen Ansätze weisen auf drei zum Teil sehr unterschiedliche Dimensionen und Konstitutionsmerkmale von Organisation hin. Während Ansätze des ‚planned change' oder ‚scientific management'auf Planung, Kausalität, Rationalität und Technologie hinweisen und sie auch als orientierende Handlungsmuster vorschlagen, verweist die sozialkonstruktionistische Perspektive auf sogenannte weiche Faktoren, die sich unter dem Begriff der Kultur subsumieren lassen und insbesondere in der anglo-amerikanischen Schulforschung einen hohen Stellenwert einnehmen. Inhaltlich wird dabei postuliert, dass besonders Einstellungen und Werthaltungen als Bestandteile bzw. Ausdruck spezifischer Organisationskulturen expliziert werden müssen, um diese bearbeitbar zu machen und so schließlich Veränderungsprozesse zu initiieren. Die systemtheoretische Perspektive rückt gesamtsystemische Zusammenhänge verstärkt in den Blick, wobei für das Erziehungssystem ein Technologiedefizit diagnostiziert wird, dass die gezielte Steuerung der Systemleistungen (Lernfortschritte von Schülern) erheblichen Unsicherheiten aussetzt.

Alle Ansätze können als kritische Analyseinstrumente betrachtet werden, die Schwierigkeiten bei der Veränderung von Organisationen erklären und daraus wiederum Handlungsempfehlungen ableiten. Insofern lassen sich bei allen Organisationen Organisationsdefizite feststellen, wobei dies eher in einem graduellen Sinne zutreffend ist (es geht dabei um die Frage wie gut eine Organisation organisiert ist). Schulen als besondere soziale Organisationen (vgl. Rolff 1993) sind u.E. defizitär in der Hinsicht, dass sie kaum über für Organisationen typische Merkmale und Eigenschaften verfügen.

Im Sinne des „plannend change" wäre nun zu fragen, wer eigentlich Veränderung planen soll, wer den Auftrag für die Planung erteilen kann und schließlich, wer die Umsetzung des Geplanten einfordern und kontrollieren darf. Es gibt in vielen Schulen kein mittleres Management, das man mit solchen Aufgaben betrauen kann und auch kaum Instanzen, die unter Inkaufnahme von Konflikten Umsetzungsprozesse kontrollieren. Das Autonomie-Paritätsmuster (vgl. Altrichter/Posch 1996; Lortie 1972) erschwert bislang die Herausbildung eines mittleren Managements, das unterrichtsrelevante Entscheidungen treffen kann. Zugleich wird dabei die Frage nach der richtigen organisationalen Technologie zur Veränderung gestellt. Schulprogrammarbeit, Öffnung von Schule (GÖS), Unterrichtsentwicklung, Steuergruppen können jeweils als solche zum Teil konkurrierende, zum Teil sich ergänzende Strategien der Veränderung verstanden werden.[5]

Mit der Entwicklung eines Schulprogramms beginnt die Organisation Schule mit einer Selbstbeschreibung oder einer auf die Zukunft gerichteten Sozialkonstruktion (siehe oben); dies ist tatsächlich neu für Schulen und fordert eine organisationale Antwort. Dabei spielen Tatsachen weniger eine Rolle als Absichten, also eine Zukunft, die in späteren Programmen, dies ist der Vorteil, wieder vergessen werden kann. Solche Selbstbeschreibungen sind zumeist wenig kritisch, da dadurch der Zweck der Selbstbeschreibung gefährdet werden könnte. Selbstbeschreibungen betonen Stärken und die Besonderheiten der Organisation (vgl. hierzu Kieserling 2005). Schulen haben mit solchen Prozessen noch wenig Erfahrung und auch mit den Konsequenzen, die diese nach sich ziehen. Was geschieht, wenn das Programm wirkungslos bleibt? Was ist zu tun, wenn sich nach der Verabschiedung des Programms niemand mehr daran erinnern kann oder will? Was, wenn es nicht eingehalten werden kann, etwa weil die Ziele zu hoch gesteckt waren? Wer trägt innerhalb der Organisation die Verantwortung und Sorge für die Umsetzung bzw. im negativen Fall für die Nichtumsetzung? Und schließlich, kann es sich die Organisation erlauben, eines ihrer ersten eigenständigen Produkte, ganz gleich welcher Güte, überhaupt kritisch zu beurteilen, beispielsweise durch strikte Rückbindung an alltägliches Arbeiten?

Die Gefahr von Selbstbeschreibungen ist, dass sie je nach Anfertigungsgüte und Ritualisierbarkeit den Eindruck vermitteln können, dass sich die Organisation tatsächlich verändert hat. Utopie und Gegenwart beginnen dann zu verschwimmen und die Reformarbeit droht in einem solchen Szenario unterzugehen. Darum ist es wichtig, Selbstbeschreibungen mit Fremdbeschreibungen abzugleichen und den Modus der Selbstbeschreibung reflexiv zu wenden. Denn insbesondere für die Schule als organisationalen Sonderfall gilt, dass organisationales Lernen nicht notwendig im Produktionsprozess, also im Unterricht wieder findbar sein muss.

Am deutlichsten wird das Organisationsdefizit im systemtheoretischen Ansatz betont und prinzipiell nicht für lösbar erachtet. Darum gibt es auch kaum systemtheoretische Empfehlungen für organisationalen Wandel (vgl. aber die – hoch abstrakten – Ideen bei Baecker 1997). Somit fehlen eine innerorganisatorische Produktions- bzw. Unterrichtstechnologie und eine das Mehrebenensystem Schule umfassende interorganisationale „Orientierungstechnologie".

---

5   Ein Grundproblem aller analytischen Perspektiven mit normativer und einer Handlung empfehlenden Perspektive ist wohl, dass sie immer rational argumentieren und somit letztlich paradox bleiben, wenn sie Rationalität in Frage stellen, weil unklar bleibt, welche Rationalität Geltung beanspruchen kann.

Trotzdem oder vielleicht gerade deshalb steht die eigenverantwortliche Schule mitsamt dem Versuch einer Stärkung der einzelschulischen Organisationsstrukturen in vielen Bundesländern auf der Tagesordnung. Als Beispiel stellen wir nachfolgend das Modellvorhaben „Selbstständige Schule NRW" vor. Wir gehen zunächst auf die allgemeinen Rahmenbedingungen des Modellvorhabens (MV) und auf das Konzept des schulinternen Management ein, in das diese neue Struktur eingebettet ist. Das MV ist vor allem als spezifischer Kontext zu sehen, in dem der „neue" Akteur Steuergruppe agiert. Es stellt somit eine wichtige Interpretationsfolie dar für die empirische Befunde und den Fragen nach dem „Was tun die?" und „Wie wird dies von den schulischen Akteuren beurteilt?"

4   Modellvorhaben „Selbstständige Schule NRW"

Bei dem Modellvorhaben „Selbstständige Schule NRW" handelt es sich um ein Gemeinschaftsprojekt des Ministeriums für Schule und Weiterbildung NRW und der Bertelsmann Stiftung. Im Projekt erproben seit September 2002 und noch bis August 2008 278 Schulen aller Schulformen ein erhöhtes Maß an Eigenverantwortung in verschiedenen Handlungsfeldern (vgl. Abb. 1).

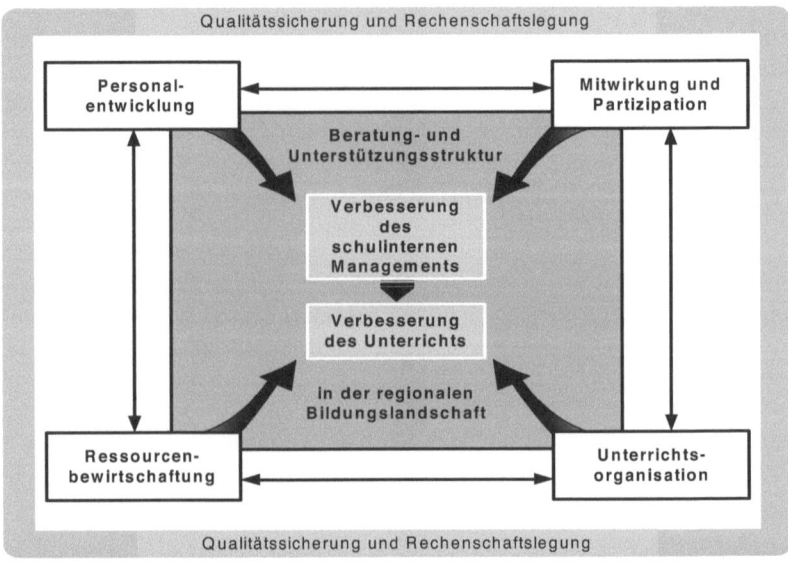

Abbildung 1:   Ziele des Modellvorhabens (in Anlehnung an Projektleitung 2004)

Ziel des Projekts ist die Weiterentwicklung des Unterrichts und der Aufbau regionaler Bildungslandschaften (vgl. Brabeck/Lohre 2004, 33). Diese übergreifenden Ziele wurden in den nachstehenden vier Arbeitsfeldern verfolgt: Systematische Unterrichtsentwicklung zur Förderung der Lernkompetenz bei Schülerinnen und Schülern; Verbesserung des schulinternen Managements; eigenverantwortliches und effizientes Arbeiten im Rahmen größerer Gestaltungsfreiräume in den Bereichen Personal- und Ressourcenbewirtschaftung, Unterrichtsorganisation, Mitwirkung und Partizipation; Aufbau eines Systems der Qualitätsentwicklung/-sicherung zur Rechenschaftslegung. Um eine gemeinsame Verpflichtung der am Modellvorhaben beteiligten Kooperationspartner (Projektleitung, Modellregionen, Schulträger und Modellschulen) auf die Projektziele zu erreichen, hat die Projektleitung mit den beteiligten Schulträgern und den einzelnen Schulen Kooperationsvereinbarungen ausgehandelt. Die Schulen verpflichten sich ferner, ihre schulischen Entwicklungsvorhaben in den o.g. Arbeitsfeldern, besonders im Bereich der Unterrichtsentwicklung und des schulinternen Managements zu benennen und diese im Projektzeitraum durchzuführen.

Des Weiteren richten die Schulen jeweils eine schulische Steuergruppe ein, die sich um Belange des schulinternen Managements kümmern (vgl. Berkemeyer/Holtappels 2007) und verpflichten sich, an den im Rahmen des Projekts angebotenen Fortbildungen, die aus einem Entwicklungsfonds bezahlt werden, teilzunehmen. Die Verfügungsrechte über die Mittel liegen bei der regionalen Steuergruppe[6] der Modellregion (vgl. Berkemeyer 2007). Der überwiegende Teil der Mittel soll vor allem in umfangreiche Fortbildungen für die regionalen und schulischen Steuergruppen, Schulleitungen und Lehrerräte, Evaluationsberater sowie der Unterrichtsentwicklung fließen.

Stärkung der Organisation durch die Verbesserung des schulinternen
 Managements im Modellvorhaben
Die Projektträger gehen in ihrem Konzept davon aus, dass erweiterte Formen von Selbstständigkeit in den vier Handlungsfeldern nur dann zu einer nachhaltigen Verbesserung der schulischen Qualität führen, wenn gleichzeitig die Führungs- und Managementkompetenzen auf der Organisationsebene durch eine Erweiterung und Verbesserung des schulinternen Managements gestärkt werden (vgl. Weisker 2004).

Diese Stärkung der Schule auf Organisationsebene soll im Projekt durch zwei zentrale Maßnahmen erfolgen. Erstens soll die Schulleitung durch erweiterte Befugnisse als Dienstvorgesetzte sowie weiteren Spielräumen in den Berei-

---

6   Im Rahmen des Aufbaus regionaler Bildungslandschaften richtet jede Modellregion eine so genannte regionale Steuergruppe ein, die aus Mitgliedern der drei Bänke Schulträger, Schulaufsicht und Projektschulen besteht

chen Personal- und Ressourcenbewirtschaftung gestärkt werden. Zweitens soll sie durch die Einführung von schulischen Steuergruppen unterstützt werden. Insofern folgt das MV dem Vorschlag von Dalin und Rolff, durch die Einführung eines neuen Akteurs „schulische Steuergruppe" die Schule organisatorisch zu stärken.

Stärkung der Schulleitung durch erweiterte Kompetenzen
Der Schulleitung als zentralem Führungs- und Managementorgan der Schule wird im MV eine hohe Bedeutung beigemessen. Sie soll, unterstützt durch die Steuergruppe, die Schule in eine erweiterte Selbstständigkeit führen. Um diese Aufgabe adäquat erfüllen zu können, wird sie von Seiten des Projektträgers mit erweiterten Kompetenzen ausgestattet. Diese umfassen neben den sogenannten Dienstvorgesetzteneigenschaften auch erweiterte Möglichkeiten der Personalentwicklung. Die Dienstvorgesetzteneigenschaften umfassen beamten-, tarif- und vergütungsrechtliche Entscheidungen, wie z.B.: spezifische Aspekte der Einstellung von Lehrerinnen und Lehrern, dienstliche Beurteilungen und Ausübung von Disziplinarbefugnissen (vgl. Verordnung Selbstständige Schule: kurz VOSS § 4). Im Gegenzug übernimmt der Lehrerrat an den betreffenden Schulen in den beteiligungspflichtigen Fragen nach dem Landespersonalvertretungsgesetzt die Aufgaben des Personalrates (vgl. dazu Voss §4 und §5).

Einführung von schulischen Steuergruppen
Wie erwähnt setzt das Modellvorhaben neben einer Stärkung der Schulleitung auf die Einführung schulischer Steuergruppen und damit auf die Stärkung der Organisation. Diese Stärkung der schulischen Infrastruktur greift den Ansatz auf, dass eine

> „systematische und umfassende Verbesserung der Qualität schulischer Arbeit und insbesondere des Unterrichts [...] einen komplexen innerschulischen Entwicklungsprozess [erfordert], den es professionell zu managen gilt" (Weisker 2004, 55).

Im Rahmen dieser innerschulischen Entwicklungsprozesse übernimmt die Steuergruppe – als wesentliches Strukturelement – die Aufgabe der professionellen Steuerung und Koordinierung des Schulentwicklungsprozesses der Schule. Hier zeigt sich, dass auch die Projektträger die Notwendigkeit eines Mehr an Organisation in Form „eines professionellen Schulentwicklungsmanagements" zur Bewältigung der aktuellen schulischen Aufgaben annehmen. Somit kann die Einführung von Steuergruppen als Reaktion auf ein von den Verantwortlichen identifiziertes Organisationsdefizit gesehen werden. Im Besonderen hat die Steuergruppe im Modellvorhaben für eine gemeinsame Ausrichtung der einzelnen Entwicklungsbemühungen zu einem Gesamtkonzept schulischer Qualitätsentwicklung Sorge zu tragen. Um dieses Ziel zu erreichen, ist es notwendig, durch eine gezielte Forcierung der Kommunikation und Kooperation der einzelnen Gremien, Projekte und Abteilungen untereinander, Transparenz über die stattfindenden Entwicklungsprozesse herzustellen (vgl. Weisker 2004, 55ff.). Ihr Mandat und ihren Auftrag erhält die Steuergruppe von der Lehrer- bzw. Schulkonferenz.

Konkrete Aufgaben schulischer Steuergruppen sind:

▪ Prozesse der Zielklärung;
▪ Strategieentwicklung, insbesondere in Bezug auf die Entwicklung des Unterrichts;
▪ Wahrnehmung der Aufgaben des Projektmanagements, inklusive einer Evaluationsplanung und Projektdokumentation.

Organisationstheoretische Kommentierung
Mit der Einführung der Dienstvorgesetzteneigenschaft für Schulleitungen sowie schulischer Steuergruppen setzt das Modellvorhaben „Selbstständige Schule" auf Hierarchie, aber auch auf eine besondere Konstruktion im Bereich des mittleren Managements. Die Stärkung der schulischen Hierarchie in den Person des Schulleiters lässt sich mit Bezug auf Terhart in das rationale Modell des ‚scientific Managements' einordnen. Sie ist verbunden mit der Vorstellung, dass ein Mehr an Hierarchie quasi automatisch – im Weickschen[7] Sinne – zu einer engeren Kopplung schulischer Prozesse führt (vgl. Weick 1976, 1982). Also wird hier im Gegensatz zu Luhmann nicht das Nichtvorhandensein einer Technologie als Problem der Organisation Schule artikuliert, sondern eher ein Fehlen von notwendigen Zuständigkeiten und Entscheidungsbefugnisse auf der schulischen Ebene, um eine bereits vorhandene, aber nicht näher spezifizierte Technologie, die im Managementkontext anzusiedeln ist, anzuwenden. Jedoch ist die Einführung von Steuergruppen nicht in eine mechanische Organisationsvorstellung durch „planned change", wie Terhart es beschreibt, einzuordnen. Steuergruppen agieren vielmehr als intermediäre Akteure, die sowohl durch Elemente von Organisation als auch von Profession gekennzeichnet sind (vgl. Berkemey-

---

7   Weicks (1976) Analysefokus von Organisationen liegt auf Form und Gestaltung der Kopplung von Systemelementen. Er unterscheidet dabei zwei Formen der Kopplung: „loosely coupling" und „tightly coupling". Eng gekoppelte Organisationen lassen sich nach Weick (1982) durch vier Kriterien beschreiben: 1. In Systemen existieren klare Regeln. 2. Die vorhandenen Regeln sind den Mitgliedern des Systems bekannt und es herrscht Einigkeit über die Regeln. 3. Das System verfügt über ein Kontrollsystem zur Überprüfung und Erfassung der Einhaltung der Regeln. 4. Es gibt ein Feedback- bzw. Sanktions-Konzept im Falle der Abweichung von Regeln. Systeme sind – so Weick – nur dann eng gekoppelt, wenn alle vier Kriterien erfüllt sind. Lose Kopplung definiert Weick pragmatisch als Antagonismus der engen Kopplung.

er/Brüsemeister/Feldhoff 2007). Schulische Steuergruppen lassen sich theoretisch als internes Beratungsgremium zwischen Organisation und Profession verstehen. Als Gremium, das aus Lehrkräften besteht, können Professionsthemen organisational bearbeitet werden und organisationale Anforderungen professionsförmig transformiert werden. Steuergruppen sind also eher in der sozialkonstruktionistischen Organisationsvorstellung zu verorten. Sie besitzen das Potenzial die unterschiedlichen Kulturen bzw. kulturellen Aspekte[8] innerhalb der Schule aufzugreifen, zu kondensieren und zu transformieren. Es geht eher darum wechselseitig Perspektiven füreinander aufzuschließen und diese auf der Organisationsebene transparent zu machen und den Akteuren Handlungsalternativen anzubieten. Auch wenn sie sich hierfür im Modellvorhaben einer Technologie – dem Projektmanagement[9] – bedienen, die dem ‚scientific Management' zuzuordnen ist, agieren sie aufgrund fehlender formaler Befugnisse eher im Modus der Aushandlung und Beratung. Dabei muss insbesondere die Flexibilität dieses Gremiums als günstig angenommen werden, da es weder festen Regeln folgen muss, noch abstrakt allumfassend planerisch tätig zu sein hat. Aufgrund dieser Eigenschaft kann weiterhin angenommen werden, dass schulische Steuergruppen trotz einer gewissen exponierten Stellung innerhalb der Aufbauorganisation Schule weithin akzeptiert werden und zudem Wirksamkeit entfalten können. Erste empirische Hinweise hierfür konnten bereits vorgelegt werden (vgl. Berkemeyer/Holtappels 2007). Mit dieser Kommentierung wollen wir die organisationstheoretische Betrachtung neuer Formen des schulinternen Managements im Modellvorhaben abschließen und uns anhand der Daten aus der Begleitforschung der Frage zu wenden: Welche Erfahrungen sind mit dieser schulischen Organisationsarchitektur gemacht worden sind?

5   Neue Organisationsstrukturen im Spiegel empirischer Befunde

Im Folgenden werden solche Daten ausgewertet, die über Aufgaben einerseits und die Wahrnehmungen der unterschiedlichen Gruppen zur Steuergruppenarbeit andererseits Auskunft geben, dargestellt. Konkret geht es vorerst um die Frage

---

8   Hiermit sind zum einen die von uns skizzierten kulturellen Aspekte von Organisation und Profession gemeint. Zum anderen geht es aber auch um kulturelle Aspekte, die sich in den unterschiedlichen Strömung des Kollegiums (z.B. Reformer vs. Bewahrer, naturwissenschaftliche vs. geisteswissenschaftlicher Fächer uvm.) widerspiegeln.

9   Die Steuergruppen haben zu Beginn des Modellvorhabens an umfangreichen Fortbildungen teilgenommen, deren Inhalte sich stark am Projektmanagement orientiert haben (vgl. Feldhoff 2007).

„Welche Chancen und Risiken ergeben sich für die Schulleitung durch die Steuergruppe?" Dabei betrachten wir auch die besondere Konstruktion der Steuergruppe. Die Schulleitung hat eine Doppelrolle inne: einerseits die Leitung der Schule und anderseits die eines Steuergruppenmitglieds.

5.1 Unterstützung der Schulleitung durch die Steuergruppe

Die Stärkung der Organisationsebene durch die Einführung von Steuergruppen kann als Unterstützung der Schulleitung gedeutet werden. Auf zwei Formen dieser neuartigen Unterstützung wird näher eingegangen: Zum einen auf Entlastung durch die Übernahme von Organisationsaufgaben durch die Steuergruppe und zum anderen auf Beratung der Schulleitung von Seiten der Steuergruppe.

Zur Entlastungsfunktion der Steuergruppe
Die Hauptaufgabe der Steuergruppe liegt - wie bereits erwähnt - in der Koordinierung der schulischen Entwicklungsprozesse. Sie übernimmt insofern Verantwortung für Teilbereiche, die vor der Einführung der Steuergruppe in den Verantwortungsbereich der Schulleitung fielen. Demnach sollte die Schulleitung in den o.g. Aufgaben durch die Steuergruppen entlastet werden. Tabelle 1 zeigt, inwiefern dies von den beiden Akteuren beobachtet wird. Hierbei erweist sich, dass sowohl die Schulleitungen (MW=3,09) als auch die Steuergruppen (MW=3,02) eine Entlastung der Schulleitung durch die Steuergruppen wahrnehmen. Der nicht signifikante Mittelwertsunterschied unterstreicht die Kongruenz der Wahrnehmungen. Inwiefern die Entlastung über eine reine Übernahme von Aufgaben hinausgeht, etwa im Sinne einer Entlastung von Verantwortung, kann aus den Daten nicht abgeleitet werden.

Steuergruppe als Beratungsgremium für Entscheidungen
Des Weiteren stellt die Steuergruppe für die Schulleitung ein Beratungsgremium dar. Die Schulleitung hat die Möglichkeit die Steuergruppe in ihre Entscheidungsprozesse mit einzubeziehen und sich somit ein kollegiales Feedback einzuholen. Im Sinne eines Professionsverständnisses erfolgt hierbei die Sinnausleuchtung von Problemen zwischen Professionellen innerhalb einer „closed community" (vgl. Brüsemeister 2005; Lazega 2005). Dabei findet die Problemselektion und Problembearbeitung in einer quasi-beratungsförmigen Kommunikation statt. Steuergruppen nehmen sich zu diesem Zweck eine Auszeit vom Handlungsdruck in der Schule, um Orientierungswissen zu erarbeiten, d.h. zunächst einmal Sinnmöglichkeiten zu entdecken und festzuhalten (vgl. Berkemeyer/Brüsemeister/Feldhoff 2007). Dies bezieht sich auf Arbeitsformen der Steuer-

gruppe, Argumente „professionell", wie in einer Wertegemeinschaft und ohne Begrenzung durch Hierarchie, zu diskutieren und abzuwägen.

Neben der beratungsförmigen Arbeit hat die Schulleitung auch die Möglichkeit, die Steuergruppe in Entscheidungsprozesse mit einzubeziehen. Dabei kann sie sich die besondere Rolle der Steuergruppenmitglieder mit einer relativen Nähe zum Kollegium zu nutzen machen, da diese weiterhin Mitglieder des Kollegiums sind und somit die Stimmung und Haltung des Kollegiums zu bestimmten Sachverhalten antizipieren können. Bezieht die Schulleitung die Steuergruppe in wichtige Entscheidungen ein, kann diese durch ihre Verankerung im Kollegium für eine breitere Entscheidungsbasis sorgen. Die Steuergruppe kann infolgedessen als Bindeglied zwischen der Schulleitung als Leitungsorgan auf der Organisationsebene und dem Kollegium auf der Professionsebene fungieren (vgl. ebd.). Die Steuergruppe oszilliert somit zwischen der Professions- und Organisationsebene.

Items	Erhebung	MW	SD	N	D
Die Schulleitung wird durch die STG entlastet.	Schulleitung	3,09	1,037	96	n.s.
	Steuergruppe	3,02	,629	247	
Die Schulleitung zieht die STG bei wichtigen Entscheidungen zur Rate.	Schulleitung	3,45	,766	96	0.43
	Steuergruppe	3,14	,643	248	
Die Schulleitung beteiligt die STG bei wichtigen Entscheidungen.	Schulleitung	3,34	,844	96	0.37
	Steuergruppe	3,05	,688	249	

Die Antwortkategorien der verwendeten Skalen gehen von trifft nicht zu (1) bis trifft zu (4).
Die Daten der Steuergruppenmitglieder wurden auf Schulebene aggregiert.
Die Schulleiterinnen und Schulleiter wurden für den Vergleich aus der Steuergruppe herausgefiltert.
Wiss. Begleitforschung Selbstständige Schule NRW   © bfp und IFS

Tabelle 1:   Zum Verhältnis von Schulleitung und Steuergruppe

Doch inwieweit werden diese beiden Aspekte, der Beratung und Beteiligungen bei wichtigen Entscheidungsprozessen von den Schulleitungen, genutzt? Nach Aussage von Schulleitungen und Steuergruppen ist die Steuergruppe für die Schulleitung ein wichtiges Beratungsgremium. Wenn auch die „reine" Beratung geringfügig höher eingeschätzt wird (vgl. Tab 2) als die Beteiligung bei Entscheidungen, liegt die Wahrnehmung der Schulleitung (MW=3,45/3,34) jeweils über der der Steuergruppen (MW=3,14/MW=3,15): Die Mittelwertunterschiede bewegen sich im Bereich kleiner Effekte von (d=.43 bzw. d=.37).

5.2 Doppelrollen und Rollenkonflikte

Die Schulleitung hat durch die Konstruktion der Steuergruppe eine Doppelmitgliedschaft (vgl. Abbildung 2). Sie ist zum einen weiterhin Leitung der Schule als oberster Verantwortungsinstanz, zum anderen ist sie gleichberechtigtes Mitglied der Steuergruppe.

Aus dieser besonderen Rollenkonstellation ergeben sich spezielle Bedingungen für die Interaktion zwischen den beiden Akteuren Schulleitung und Steuergruppe. Durch das Fehlen formaler Befugnisse sowie juristisch festgeschriebener Aufgaben und Kompetenzen der Steuergruppe kann das Verhältnis Schulleitung–Steuergruppe als ein dynamisches Gefüge beschrieben werden. Dabei bezieht sich die Dynamik sowohl auf die Inhalts-, als auch auf die Beziehungsebene: Innerhalb dieses Gefüges müssen sowohl Aufgaben als auch die damit verbundenen Machtverhältnisse sozusagen „just in time" in der Interaktion ausgehandelt werden. Dabei ist Schulleitung durch mögliche Intra-Rollenkonflikte in ihren Managementfähigkeiten herausgefordert. Sie muss unter anderem abwägen, wann sie als „Schulleitung" und wann als „normales" Steuergruppenmitglied agiert. Daraus ergeben sich Verteilungsanlässe: Welche Aufgaben sollen nur von der Schulleitung, welche gemeinsam und welche nur von der Steuergruppe bearbeitet werden und wer soll bei einer gemeinsamen Bearbeitung die Führung übernehmen? Dadurch entsteht im Sinne von Governance eine Kontrolle durch wechselseitige Beobachtung (Kussau/Brüsemeister 2007b, 103-107).

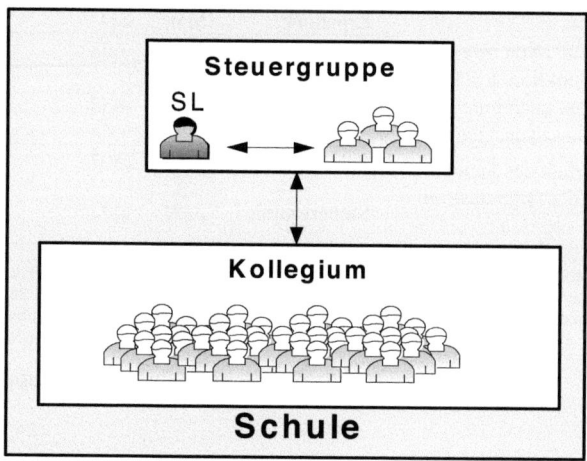

Abbildung 2: Schnittstellen zu den anderen schulischen Akteuren

Für die empirische Analyse von Rollenkonflikten (nun nicht nur auf die Schulleitung bezogen) wurden in der Befragung der wissenschaftlichen Begleitforschung
zum einen das Item „Die Schulleitung nutzt ihre Vorgesetztenfunktion, um Entscheidungen auch innerhalb der Steuergruppe durchzusetzen" verwendet. Zum
anderen wird aufgrund des Fehlens formaler Befugnisse und Zuständigkeiten
sowie der Fülle potentieller Aufgabenfelder schulischer Steuergruppen die Skala
„Rollenklarheit der Steuergruppe in der Organisation Schule" herangezogen. Sie
beinhaltet Aspekte wie Transparenz der Kooperationsstruktur zwischen Schulleitung und Steuergruppe, klare Definition der Zuständigkeiten etc. In diesen beiden Gesichtspunkten differieren die Einschätzungen von Steuergruppen und
Schulleitung (vgl. Tab. 2). Während die Schulleitung sich eher als zurückhaltend
bezüglich ihrer Machtposition sieht, nimmt die Steuergruppe die Schulleitung als
Machtpromotor deutlicher wahr, wenngleich insgesamt die Mittelwerte daraufhin deuten, dass nur in wenigen Steuergruppen Machtfragen besonders bedeutsam sind ($MW_{SL}=1,64$/$MW_{STG}=2,04$). Bezüglich der „Rollenklarheit der Steuergruppe in der Organisation Schule" zeigt sich folgendes Bild: Während für die
Schulleitung Rollenklarheit in hohem Maße gegeben ist, schätzen die Steuergruppe diese etwas niedriger ein ($MW_{SL}=3,40$/$MW_{STG}=3,09$). Die beiden Mittelwertunterschiede weisen eine mittlere Effektstärke auf. Insgesamt resultiert
hieraus jedoch, dass in den meisten Steuergruppen Rollenklarheit angenommen
werden darf.

Item/Skala	Erhebung	MW	SD	N	D
Schulleitung nutzt ihre Vor-gesetztenfunktion, um Ent-scheidungen auch innerhalb der STG durchzusetzen.	Schulleitung	1,64	,698	96	0.59
	Steuergruppe	2,04	,658	249	
Rollenklarheit der Steuer-gruppe in der Organisation Schule	Schulleitung	3,40	,507	96	0.63
	Steuergruppe	3,09	,477	248	

Die Antwortkategorien der verwendeten Skalen gehen von trifft nicht zu (1) bis trifft zu (4). Die Daten der
Steuergruppenmitglieder wurden auf Schulebene aggregiert. Die Schulleiterinnen und Schulleiter wurden
für den Vergleich aus der Steuergruppe herausgerechnet. Wiss. Begleitforschung Selbstständige Schule
NRW   © bfp und IFS

Tabelle 2:   Unterschiede zwischen Schulleitung und Steuergruppe

5.3 Multiperspektivische Betrachtung von zentralen Dimensionen der Steuergruppenarbeit

Neben der *Rollenklarheit* der Steuergruppe in der Organisation Schule sind u. E. nach noch zwei weitere Faktoren zur Bewertung der Nützlichkeit schulischer Steuergruppen zur Beseitigung des Organisationsdefizits entscheidend: Erstens hängt ihr Handeln stark von der *Akzeptanz* ab, die ihr vom Kollegium entgegengebracht wird und zweitens kommt es – eng mit der Akzeptanzfrage zusammenhängend – darauf an, wie wirksam das Handeln der Steuergruppe eingeschätzt wird. Wie wird die Steuergruppenarbeit nun von den drei Akteuren Schulleitung, Steuergruppe und Kollegium in diesen drei Dimensionen wahrgenommen?

Skalen	Erhebung	MW	SD	N
Rollenklarheit der Steuergruppe in der Organisation Schule	Schulleitung	3,40	,507	94
	Steuergruppe	3,09	,477	248
	Lehrer	2,50	,378	78
Akzeptanz der Steuergruppe in der Schule	Schulleitung	3,11	,482	95
	Steuergruppe	2,80	,490	251
	Lehrer	2,66	,447	78
Wirksamkeit der Steuergruppe	Schulleitung	3,31	,567	95
	Steuergruppe	3,17	,447	250
	Lehrer	2,66	,430	78

Die Antwortkategorien der verwendeten Skalen gehen von trifft nicht zu (1) bis trifft zu (4). Die Daten der Steuergruppenmitglieder und Lehrkräfte wurden auf Schulebene aggregiert. Die Schulleiterinnen und Schulleiter wurden für den Vergleich aus der Steuergruppe herausgerechnet. Wiss. Begleitforschung Selbstständige Schule NRW   © bfp und IFS

Tabelle 3: Dimensionen der Steuergruppenarbeit

Effektstärken	Erhebung	Schullei-tung	Steuer-gruppe	Lehrer
Rollenklarheit der Steuer-gruppe in der Organisation Schule	Schulleitung	-	.63	2.01
	Steuergruppe	.63	-	1.37
	Lehrer	2.01	1.37	-
Akzeptanz der Steuergruppe in der Schule	Schulleitung	-	.63	.968
	Steuergruppe	.63	-	.298
	Lehrer	.968	.298	-
Wirksamkeit der Steuer-gruppe	Schulleitung	-	.274	1.29
	Steuergruppe	.274	-	1.16
	Lehrer	1.29	1.16	-

Tabelle 4: Effektstärken der Dimensionen der Steuergruppenarbeit

Haben Schulleitung und Steuergruppe die Rolle der Steuergruppe in der Schule noch als relativ klar definiert angesehen, ist diese für die Lehrkräfte unklarer (vgl. Tabelle 3). Sie unterscheiden sich sowohl von den Schulleiterinnen und Schulleitern (d=2.01), als auch von den Steuergruppen (d=1.37) deutlich (vgl. Tab. 4).

Bei der Einschätzung der Akzeptanz der Steuergruppe sind die Diskrepanzen der schulischen Akteure nicht so groß. Während die Schulleiterinnen und Schulleiter die Akzeptanz recht hoch einschätzen, sind die Steuergruppen und Lehrkräfte kritischer. Die Schulleiterinnen und Schulleiter unterscheiden sich in ihrer Einschätzung signifikant von den Steuergruppen. Der Unterschied entspricht einem mittleren Effekt (d=0.63). Die Effektstärke des Unterschieds zwischen Schulleitungen und Lehrkräften entspricht einem großen Effekt (d=0.968). Dagegen ist der Unterschied zwischen Steuergruppen und Lehrkräften mit d=0.298 gering. Die Wirksamkeit der Steuergruppe wird dagegen von allen drei Akteuren positiver bewertet. Doch auch hier zeigen sich deutliche Unterschiede zwischen den Gruppen. Während die Schulleiterinnen und Schulleiter und die Steuergruppen die Wirksamkeit sehr hoch einschätzen, sind die Lehrkräfte wieder deutlich kritischer als die beiden anderen Gruppen ($d_{LK/SL}$=1.29, $d_{LK/STG}$=1,16).

6   Interpretation der Ergebnisse

Vor dem Hintergrund der theoretischen Beschreibung in Kapitel 2 und 3 können die vorgelegten Befunde nun zusammenfassend interpretiert werden. Die Steuergruppe wird sowohl von den Schulleitungen, als auch von den Steuergruppenmitgliedern als wichtiges Beratungsgremium und als Entlastung für die Schulleitung anerkannt. Die Differenz in der Wahrnehmung von Schulleitung und Steuergruppe vor allem in Bezug auf *Rollenklarheit* der Steuergruppe in der Schule deutet auf ein Konfliktpotenzial hin, dass durch die Doppelrolle Schulleitung und Steuergruppen-Mitglied entsteht, allerdings nur in wenigen Steuergruppen als reales Problem existiert oder wahrgenommen wird.

In den unterschiedlichen Einschätzungen der zentralen Dimensionen der Steuergruppenarbeit durch die drei Akteure Schulleitung, Steuergruppe und Lehrkräfte zeigt sich ein Zusammenhang zwischen Hierarchie und Zustimmung: Je höher in der Hierarchie oder je deutlicher die Organisationsrolle, desto höher ist die jeweilige Zustimmung ausgeprägt.

Die Befunde sind unserer Ansicht nach insofern überraschend, als es sich bei Steuergruppen um einen neuen Akteur handelt, der auf so gut wie keine Geschichte oder organisatorische Vorbilder zurückgreifen kann. Wie im Einzelnen die Konstitutionsprozesse verlaufen, ist sicher noch weiter zu klären. Nicht von der Hand zu weisen ist jedenfalls, dass sich schulische Steuergruppen in den untersuchten 278 Schulen als weitgehend handlungsfähiger Akteur etabliert haben und Rollenkonflikte nur vereinzelt Relevanz besitzen.

Der Beitrag hat in Ansätzen gezeigt was „die" tun und wie „die anderen" das finden. Dadurch wurde für eine neue innere Akteurskonstellation in Schulen sensibilisiert. Steuergruppen können insbesondere als Gremium innerer Beratung verstanden werden. Sie macht offensichtlich Elemente des Kollegiums bzw. der Profession einerseits sowie der Organisation andererseits füreinander relevant. Dieser Befund erscheint uns weiterer Untersuchung wert. Die wahrscheinlich größte Leistung von Steuergruppen in diesem Zusammenhang könnte in ihrem Interdependenzmanagement liegen. Durch die zweiwertige Rationalitätslogik (Profession und Organisation) erhält die Steuergruppe einen ambimediären Charakter, d.h. zum einen ist sie ein intermediärer Akteur, der in einem dynamischen Gefüge zwischen Profession und Organisation oszilliert und als Bindeglied zwischen beiden wirkt. Zum anderen verhält sie sich dabei ambivalent. Sie erbringt im Sinne des Interdependenzmanagements Transferleistungen in zwei Richtungen: Durch ihre Verankerung im Kollegium kann sie Organisationsentscheidungen auf die Ebene der Profession transferieren und somit an die Lehrkräfte adressieren. In der anderen Richtung kann sie Erwartungen/Befürchtungen der Lehrkräfte auf die Organisationsebene transformieren und diese mit der Schulleitung aushandeln. Sie schließt die Perspektiven der jeweiligen Seite füreinander auf, ohne sich selbst dabei auf eine der beiden Seiten festlegen zu müssen. Dies gelingt, indem sie selbst als intermediärer Akteur im Sinne von Governance aus Mitgliedern des Lehrerkollegiums (stellvertretend für die Profession) und der Schulleitung (stellvertretend für die Organisation) besteht, die ihrerseits innerhalb der Steuergruppe über Aushandlungsprozesse miteinander „lose" gekoppelt sind. Dies erscheint für das Mehrebenensystem Schule, das aus divergierenden Rationalitätslogiken unterschiedlicher Akteure besteht, grundsätzlich erstaunlich.

Literatur

Altrichter, Herbert/Brüsemeister, Thomas/Heinrich, Martin (2005): Merkmale und Fragen einer Governance-Reform am Beispiel des österreichischen Schulwesens. In: Österreichische Zeitschrift für Soziologie, 30 (4), S. 6–28.

Altrichter, Herbert/Heinrich, Martin (2007): Kategorien der Governance-Analyse und Transformation der Systemsteuerung in Österreich. In: Altrichter, H./Brüsemeister, T./Wissinger, J. (Hg.): Educational Governance: Handlungskoordination und Steuerung im Bildungssystem. Wiesbaden: VS-Verlag, S. 55–103.

Altrichter, Herbert/Posch, Peter (1996): Mikropolitik der Schulentwicklung: Förderliche und hemmende Bedingungen für Innovationen in der Schule. Innsbruck: Studienverlag

Baecker, Dirk (1997): Wieviel Organisation braucht die Organisation? Oder Warum wir uns mit schlechtdefinierten Systemen wohler fühlen, in: Organisationsentwicklung 16, Nr. 2, S. 18–25.

Berkemeyer, Nils (2008): Schulleitung zwischen Evaluation und Organisation: In: Eubel, Klaus-Dieter/Brüsemeister, Thomas (Hrsg.): Evaluation, Wissen und Nichtwissen. Wiesbaden: VS Verlag, S. 35–60.

Berkemeyer, Nils/Brüsemeister, Thomas/Feldhoff, Tobias (2007): Steuergruppen als intermediäre Akteure in Schulen. In: Berkemeyer, N./Holtappels, H.G. (Hg.): Schulische Steuergruppen und Change Management. Weinheim und München: Juventa, S. 61–84.

Berkemeyer, Nils/Holtappels, Heinz Günter (Hrsg.) (2007): Schulische Steuergruppen und Change Management. Weinheim und München: Juventa.

Berkemeyer, Nils/Rolff, Hans-Günter (2005): Innovationsmanagement durch Steuergruppen? In: Journal für Schulentwicklung, Jg. 9, Heft 4, S. 20–27

Berkemeyer, Nils/Schneider, Ralph (2004): Professionalisierung im Kontinuum Lehrerbildung. In: Grimm, Andrea: Die Zukunft der Lehrerbildung. Rehburg-Loccum, S. 63–94

Berkemeyer, Nils/Schneider, Ralph (2006): Welche Lehrerinnen und Lehrer braucht die Schulentwicklung? Kompetenzorientierte Vorschläge zur Erweiterung des Professionsverständnisses von Lehrkräften. In: Plöger, Wilfried (Hrsg.): Was müssen Lehrerinnen und Lehrer können? Paderborn: Schöningh .

Brabeck, Heribert/Lohre, Wilfried (2004). Bildung gestalten – Selbstständige Schule.nrw. Das Profil des gemeinsamen Projekts des MInisteriums für Schule, Jugend und Kinder und der Bertelsmannstiftung. In: Projektleitung „Selbstständige Schule" (Hrsg.): Beiträge zu „Selbstständige Schule". Verantwortung und Qualität. Band 1: Grundlagen des Projekts. Troisdorf: Bildungsverlag EINS, S. 31–45.

Brüsemeister, Thomas (2002): Myths of Efficiency and the School System: observed at the levels of interaction, organisation and society. In: Amos, Karin/Keiner, Edwin/Proske, Matthias/Radtke, Frank-Olaf (eds.): Globalisation: Autonomy of education under siege? Shifting Boundaries between Politics, Economy and Education. European Educational Research Journal 1 (2), S. 234–255

Brüsemeister, Thomas (2004): Schulische Inklusion und neue Governance: Zur Sicht der Lehrkräfte. Münster: Monsenstein und Vannerdat.

Brüsemeister, Thomas (2005): Wo Interaktion ist, soll Organisation werden: Zur Einführung von Qualitätsmanagement in Schulen. In: Jäger, Wieland/Schimank, Uwe (Hrsg.). Organisationsgesellschaft: Facetten und Perspektiven, Wiesbaden: VS-Verlag, S. 313–343.

Burkard, Christoph/Rolff, Hans-Günter (1994): Steuerleute auf neuem Kurs? Funktion und Perspektiven der Schulaufsicht für die Schulentwicklung. In: Rolff, Hans-Günter/Klemm, Klaus/Bauer, Karl-Oswald/Pfeiffer, Hermann/Schulz-Zander, Renate H. (Hrsg.): Jahrbuch der Schulentwicklung: Daten, Beispiele, Perspektiven. Band 8. Weinheim und München: Juventa, S. 205–265.

Dalin, Per (1999): Theorie und Praxis der Schulentwicklung. Neuwied: Luchterhand.

Dalin, Per/Rolff, Hans-Günter/Buchen, Herbert (1990). Institutionelles Schulentwicklungsprogramm. Soest: Soester Verlagskontor.

Deutscher Bildungsrat (1973): Empfehlungen der Bildungskommission. Zur Reform von ...

Feldhoff, Tobias (2007): Qualifizierungsmaßnahmen der schulischen Steuergruppen im Rahmen des Modellvorhabens „Selbstständige Schule" NRW. In: Berkemeyer, Nils/Holtappels, Hans-Günter (Hg.): Schulische Steuergruppen und Change Management. Weinheim und München: Juventa, S. 139–156.

Fend, Helmut (1986): „Gute Schulen–Schlechte Schulen". Die einzelne Schule als pädagogische Handlungseinheit. In: Die Deutsche Schule, 78, S. 275–293.

Fend, Helamut (1998): Qualität im Bildungswesen: Schulforschung zu Systembedingungen, Schulprofilen und Lehrerleistung. Weinheim: Juventa.

French, Wendell L./Bell jr., Cecil H.(1994): Organisationsentwicklung, 4. Aufl., München: UTB.

Holtappels, Heinz Günter: (2004). Schulprogramme – Instrumente der Schulentwicklung. Konzeptionen, Forschungsergebnisse, Praxisempfehlungen. Weinheim: Juventa.

Holtappels, Heinz Günter (2007): Ganztagsschule in Deutschland: Ergebnisse der Ausgangserhebung der „Studie zur Entwicklung von Ganztagsschulen". Weinheim: Juventa.

Kanders, Michael, Rösner, Ernst (2006): Das Bild der Schule im Spiegel der Lehrermeinung. Ergebnisse der 3. IFS-Lehrerbefragung 2006. In: Wilfried Bos u. a. (Hrsg.): Jahrbuch der Schulentwicklung Band 14. Weinheim und München, S. 81–123.

Kieserling, Andre (1999): Kommunikation unter Anwesenden: Studien über Interaktionssysteme. Frankfurt am Main: Suhrkamp.

Kieserling, Andre (2005): In: (Hrsg.): Organisationsgesellschaft. Wiesbaden: VS Verlag,

KMK (2002). „Das Bildungswesen in der Bundesrepublik Deutschland 2002". Verfügbar über: www.kmk.org/aktuell/jahresbericht2002_1.pdf

Koch, Stefan/Fisch, Rudolf (Hrsg.) (2004): Schulen für die Zukunft: Neue Steuerung im Bildungswesen. Baltmannsweiler: Schneider Verlag Hohengehren.

Krainz-Dürr, Marlies (2000): Zur Mikropolitik von Schulentwicklungsprozessen. In: Krüger, Heinz-Hermann/Wenzel, Hartmut (Hrsg.): Schule zwischen Effektivität und sozialer Verantwortung. Opladen: Leske und Budrich, S. 125–140.

Kussau, Jürgen/Brüsemeister, Thomas (2007a): Analyse der Handlungskoordination im Mehrebenensystem der Schule: Ein begrifflicher Aufriss. In: Altrichter, Herbert/Brüsemeister, Thomas/Wissinger Jochen (Hg.): Educational Governance: Handlungskoordination und Steuerung im Bildungssystem. 2.Aufl. Wiesbaden: VS-Verlag, S. 15–54.

Kussau, Jürgen/Brüsemeister, Thomas (2007b): Governance, Schule & Politik: Zwischen Antagonismus und Kooperation. Wiesbaden: VS-Verlag.

Lazega, Emmanuel (2005): A Theory of Collegiality and its Relevance for understanding Professions and knowledge-intensive Organisations. In: Klatetzki, Thomas/Tacke, Veronika (Hrsg.): Organisation und Profession. Wiesbaden: VS-Verlag, S. 221–252.

Lenzen, Dieter (1996): Handlung und Reflexion: Vom pädagogischen Theoriedefizit zur reflexiven Erziehungswissenschaft. Weinheim und Basel: Beltz.

Lortie, Dan C. (1972): Team Teaching. Versuch der Beschreibung einer zukünftigen Schule. In: Dechert, H.-W.(Hrsg.) Team Teaching in der Schule. München, S. 37–76.

Lortie, Dan C. (2002): Schoolteacher. Chicago and London: Chicago and London: The University Chicago Press.

Luhmann, Niklas (1987): Soziologische Aufklärung 4: Beiträge zur funktionalen Differenzierung der Gesellschaft.. Opladen: Westdeutscher Verlag.

Luhmann, Niklas/Schorr, Karl-Eberhard (1988): Reflexionsprobleme im Erziehungssystem (2. Aufl.). Frankfurt am Main: Suhrkamp.

Meyer, John W./Rowan, Brian (1977): Institutionalized Organizations: Formal Structure as Myth and Ceremony. The American Journal of Sociology, Vol. 83, S. 340–363.

Pfeiffer, Sabine (2004): Arbeitsvermögen: Ein Schlüssel zur Analyse (reflexiver) Informatisierung 1. Aufl. Wiesbaden: VS- Verlag.

Projektleitung "Selbstständige Schule" (Hrsg.) (2006): Entwicklung ist messbar. Zwischenbericht der wissenschaftlichen Begleitforschung des Projekts „Selbstständige Schule". Troisdorf: Bildungsverlag EINS.

Rolff, Hans-Günter (1993): Wandel durch Selbstorganisation: Theoretische Grundlagen und praktische Hinweise für eine besserer Schule. Weinheim und München: Juventa.

Rolff, Hans-Günter (1995): Wandel durch Selbstorganisation: Theoretische Grundlagen und praktische Hinweise für eine bessere Schule. Weinheim: Juventa.

Rolff, Hans-Günter (1998): Entwicklung von Einzelschulen: Viel Praxis, wenig Theorie und kaum Forschung: Ein Versuch Schulentwicklung zu systematisieren. In: Rolff, H.-G./Bauer, K.-O./Klemm, K./Pfeiffer, H.(Hrsg.): Jahrbuch der Schulentwicklungsforschung. Band 10. Weinheim und München: Juventa, S. 295–326.

Rolff, Hans-Günter (2007): Studien zu einer Theorie der Schulentwicklung. Weinheim: Beltz

Rürup, Matthias (2007): Innovationswege im deutschen Bildungssystem. Wiesbaden: VS-Verlag.

Senge, Peter (1996): Die fünfte Disziplin: Kunst und Praxis der lernenden Organisation. Stuttgart: Klett-Cotta.

Terhart, Ewald (2001): Lehrerberuf und Lehrerbildung: Forschungsbefunde, Problemanalysen, Reformkonzepte. Weinheim: Beltz.

Tillmann, Klaus-Jürgen/Dedering, Kathrin/Kneuper, Daniel/Kuhlmann, Christian/Nessel, Ina (2007): PISA als bildungspolitisches Ereignis. Oder: Wie weit trägt das Konzept der „evaluationsbasierten Steuerung"? In: Brüsemeister, Thomas/Eubel, Klaus-Dieter (Hrsg.): Evaluation, Wissen und Nichtwissen. Anschlussfragen an evaluationsbasierte Steuerung. Wiesbaden, S. 117–140.

Weick, Karl E. (1976): Educational Organizations as Loosely Coupled Systems. Administrative Science Quarterly, 21 S. 1–19.

Weick, Karl E. (1982). Administering Education in Loosely Coupled Schools.Education Digest, 48, (4), 28.

Weisker, Katrin (2004): Innovationen wirkungsvoll umsetzen. Steuerungsstrukturen im Projekt „Selbstständige Schule". In: Engelking, Gerhard/Hoppe, Claudia/Kober,Ulrich/Lohre, Wilfried/Madelung, Petra (Hrsg.): Beiträge zu „Selbstständige Schule": Verantwortung für Qualität. Troisdorf: Bildungsverlag Eins, S. 46–59.

III

Empiriebasierte Analysen neuer Steuerungs-Instrumente

Matthias Rürup

Föderaler Wettbewerb als Modus deutscher Bildungsreform? – Anspruch, Differenzierung und aktuelle Tendenzen

Was bedeutet die Föderalismusreform 2006 für die zukünftige deutsche Bildungspolitik? Der folgende Essay geht dieser Frage mittels einer Grundsatzerörterung nach, wie ein föderaler Wettbewerb im deutschen Bildungssystem überhaupt vorstellbar sei. Unterschieden wird dabei zwischen zwei konfligierenden, einander aber unter Umständen auch ergänzenden Formen des föderalen Wettbewerbs: zwischen einem Ideen- und einem Verdrängungswettbewerb. Anhand aktueller Tendenzen der Schulreform wird eine Einschätzung ihres gegenwärtigen Verhältnisses und ihrer aktuellen Bedeutung für die deutsche Schulentwicklung versucht.

I

Erfolgreiche Bildungsreform im deutschen Bundesstaat ist letztlich immer nur als Reform von unten vorstellbar; als ein gegenseitiges Anschauen und voneinander Abschauen der Länder voneinander, das über länderübergreifende Akteursstrukturen wohl Beschleunigungen und Bündelungen erfahren kann, aber keine eigenständige – top-down geplante und gesteuerte – Ausgestaltung (s. Glotz/Faber 1994, Lange 2007, Rürup 2007). Hintergrund und Ursache ist der Bildungsföderalismus, also der Umstand, dass alleinig die Länder für die Gestaltung des allgemein bildenden Schulwesens verantwortlich sind. Diese Kompetenz verteidigen sie ausgesprochen streit- und eifersüchtig gegen Ambitionen des Bundes, als Rahmengesetzgeber in diesem Bereich tätig zu werden. So ist die Geschichte der Bundesrepublik Deutschland einerseits als Geschichte der beständigen Versuchung einer Übertragung bildungspolitischer Kompetenzen von den Ländern auf den Bund zu schildern, andererseits aber auch als das fortwährende und weitgehende Scheitern dieser Bemühungen (s. Füssel 1988, S. 436, Rürup 2005).

Mit der Föderalismusreform des Jahres 2006 allerdings hat sich diese anhaltende Tendenz in bemerkenswerter Weise umgekehrt (Mager 2005, Wollenschläger 2007). Erstmals in der bundesdeutschen Geschichte waren die Länder im Rahmen einer Reformdiskussion zur bundesstaatlichen Ordnung in der Lage, den Status Quo der bildungspolitischen Kompetenzverteilung nicht nur zur erhalten, sondern ihre Gestaltungsrechte gegenüber denen des Bundes auszubauen. Insbesondere die im Zuge der so genannten ersten deutschen Bildungsreform in den 1960er Jahre in das Grundgesetz aufgenommenen eingeführten Gemeinschaftsaufgaben (Art. 91b Alt GG) wurden wieder zurückgenommen. Die vormalige Aufgabe der gemeinsamen Bildungsplanung wurde nunmehr begrenzt auf die Möglichkeit von Bund und Ländern, „auf Grund von Vereinbarungen zur Feststellung der Leistungsfähigkeit des Bildungswesens im internationalen Vergleich und bei diesbezüglichen Berichten und Empfehlungen" zusammenzuwirken (Art. 91b Neu, Abs. 2 GG), also weitere PISA-Erhebungen und eine gemeinsame Bildungsberichterstattung durchzuführen. Mit der Neufassung des Art. 104b des Grundgesetzes sollen darüber hinaus finanzielle Förderinitiativen des Bundes in den Ländern vorbehaltenen Regelungsbereichen ausgeschlossen werden.

Die bisherigen Befugnisse des Bundes zur Rahmengesetzgebung u.a. für das Hochschulwesen und das Beamtenrecht (Art. 75 Alt, Abs. 1 und 1a GG) wurden generell in die Kategorie konkurrierender Gesetzgebung überführt und zugleich beschnitten (Art. 72 Neu, Abs. 3, Nr. 6 GG zusammen mit Art. 74 Neu, Abs. 27 und 33 GG). So wurden die Gestaltung der Laufbahnen, der Besoldung und der Versorgung aus den Befugnissen des Bundes zur Regelung der Statusrechte und -pflichten der Beamten ausgenommen. Zudem dürfen die Länder von Bestimmungen über Hochschulzugänge und -abschlüsse – den einzigen hochschulrechtlichen Fragen, für die der Bund noch Gestaltungskompetenzen besitzt – abweichen. Schließlich wurde nunmehr ausdrücklich geregelt, dass in europapolitischen Angelegenheiten der schulischen Bildung, der Kultur oder des Rundfunks ein vom Bundesrat benannter Vertreter der Länder die Rechte wahrnehmen soll, die der Bundesrepublik Deutschland als Mitgliedstaat der Europäischen Union zustehen (Art. 23 Neu, Abs. 6 GG).

II

Zumindest im bildungspolitischen Bereich kann das deklarierte Grundziel der Föderalismusreform 2006 als weitgehend verwirklicht angesehen: die Entscheidungskompetenzen von Bund und Länder zu entflechten (Sturm 2008, für eine generell kritische Diskussion s. allerdings Scharpf 2006. Reutter 2006). Über die voraussichtlichen Wirkungen dieser Reform sind die öffentlichen und publizistischen Meinungen allerdings geteilt. Von den Kritikern wird insbesondere ein für die ärmeren Länder ruinöser Wettbewerb um qualifizierte Lehrkräfte befürchtet, indem die neuen Möglichkeiten des Beamtenrechts zur Abwerbung und Bindung eingesetzt werden (Mager 2005, Münch 2008). Die Beendigung der gemeinsam von Bund und Ländern getragenen Modellversuchsförderung im Schulwesen wird bedauert – und von ihr bisher getragene Innovationsmöglichkeiten im deutschen Schulwesen werden als gefährdet betrachtet (Steinert 2006, Thöne 2006, Landfried 2006). Die Gefahr einer europapolitischen Handlungsunfähigkeit der Bundesrepublik in der Schulpolitik wird betont (Bartelt 2005).

Die Fürsprecher der Föderalismusreform verweisen hingegen darauf, dass die Politikverflechtung zwischen Bund und Ländern zunehmend als „Falle" für effektive und effiziente Entscheidungsfindungen (Scharpf/Reissert/Schnabel 1979), als Gefährdung des Parteienwettbewerbs (Lehmbruch 1976, 2000) und des gesellschaftlichen Innovationspotentials gewirkt und ein Umsteuern erforderlich gemacht hätte. Notwendigkeit und Bedeutung eines solidarischen Föderalismus, von nationaler Koordination und Abstimmung von Mindeststandards wird keineswegs bestritten, jedoch betont, dass die „überzogene" Angleichung der Vergangenheit zurückgenommen werden müsse. Nicht die Bewahrung oder Wiedererlangung regionaler Vielfalt ist normativer Bezugspunkt, sondern die Akzeptanz und Förderung *neuer* regionaler Unterschiede. Vielfalt ist Zukunftsmodell, weniger Tradition. Unabhängig von Regelungsdetails wird dabei als Leitidee der Föderalismusreform 2006 hervorgehoben, dass ein föderaler Ideenwettbewerb gesamtstaatlich geplante Reformen letztlich zu ersetzen vermöge. Im Wechselspiel von Konkurrenz, Ablehnung und Übernahme der angestrebten Vervielfältigung gliedstaatlich-regionaler Reforminitiativen würden schneller und quasi eigenwüchsig passgenauere und anschlussfähigere Reformkonzepte generiert, als dies einer prinzipiell den konkreten Handlungssituationen fern stehenden Bundesadministration möglich wäre.

Ebenso würde ein regional erprobtes Modell, wenn es in weiteren Ländern übernommen wird, weit weniger gesellschaftlichen Widerstand provozieren – da ja schon erwiesenermaßen erfolgreich – als z.B. ein am Reißbrett entworfener gesamtstaatlicher Bildungsplan. Letztlich würde ein föderaler Ideenwettbewerb auch dem Wettbewerb der Parteien zugute kommen, ihre Chance zur Profilierung und gegenseitigen Abgrenzung steigern und damit auch die Attraktivität und Legitimation der auf Parteienkonkurrenz beruhenden parlamentarischen Demokratie möglicherweise erhöhen. Damit ist diese Wettbewerbsideologie diametral entgegengesetzt einer bis weit in die 1990er vorgebrachten Würdigung der Beharrungsfähigkeit gerade des deutschen Bildungsföderalismus gegenüber tiefgreifenden Reformanwandlungen einzelner Parteien oder Ideologen. Die föderale Machtzerteilung in der Bildungspolitik wurde - vorwiegend von konservativen politischen Standpunkten - als Garant einer geringeren Irrtumsanfälligkeit des Gesamtsystems und seiner moderat-konsensuellen Weiterentwicklung betrachtet. Nunmehr wird dagegen betont, dass gerade durch die mögliche Separierung von Schulentwicklungen im Bildungsföderalismus Reformen begünstigt würden.

Prinzipiell verweist die neue Wettbewerbsargumentation damit auf eine dem föderalen Nebeneinander verschiedener Entwicklungsvarianten inhärente Möglichkeit (Oeter/Boysen 2005, Schwager 2005). Demnach könnte sich auch ohne zentrale Institution der Problemformulierung und Problembearbeitung durch Kumulation einzelstaatlicher Veränderungen ein Gesamtsystemwandel ergeben, der von einer übergreifenden (aber nicht notwendigerweise politischen) Institution nur noch verbalisiert werden muss, um ihn als neue gesamtstaatliche Realität wahrzunehmen (s. Hesse/Ellwein 2004, 47).

Doch ist diese Möglichkeit bisher mehr Behauptung und Ideologie als für den deutschen Bildungsföderalismus bestätigte und historisch wie analytisch differenziert aufgearbeitete Erfahrung. So resümiert Müller (1975, 89f) für die 1950er und 1960er Jahre: „Die föderale Entscheidungsstruktur in der Bundesrepublik (...), hätte im Prinzip, durch die Toleranz gegenüber regionalen Sonderentwicklungen, durch die Möglichkeit der Konkurrenz bildungspolitischen Erfahrungsaustauschs, Reformen fördern können. Übereinstimmend wird ihre bildungspolitische Wirkung jedoch negativ beurteilt. (...) Sonderanstrengungen der Länder hatten nur in wenigen Fällen über ihre Grenze hinausweisenden reforminitiierenden Einfluß. Das Gegenüber von Stadtstaaten und Flächenstaaten, von CDU- oder SPD-bestimmten Regierungen kam weniger der reformfördernden Konkurrenz als dem reformhemmenden Argument der jeweiligen Anders- und Eigenartigkeit der Verhältnisse zugute."

Und Anweiler (1991, 8-9) kommt zu der Einschätzung: „Die Bundesrepublik verfügt nicht über ein transparentes, in der pädagogischen Öffentlichkeit bekanntes sowie hinreichend wirksames ‚Vermittlungssystem' zwischen Versuchen und Innovationen einerseits und den verschiedenen Adressaten andererseits. Der anzutreffende ‚administrative Wettbewerb' der Länderbehörden im Bildungsbereich ist nicht identisch mit einem produktiven Ideenwettbewerb, der zu Innovationen führen kann. Der in der Kultusministerkonferenz angelegte Zwang zum Kompromiß auf den kleinsten gemeinsamen Nenner erweist sich dann als hemmend, wenn selbst relativ bescheidene Innovationen, wie z.B. Schulversuche mit verkürzter Gymnasialzeit, auf große Schwierigkeiten stoßen."

Spricht dies nun gegen föderalen Wettbewerb als Modus der deutschen Schulsystementwicklung?

III

Zukünftig – so behaupten die schulpolitischen Akteure gegenwärtig zumindest – wohl eher nicht. Seit der zweiten Hälfte der 1990er Jahre zeichnet sich ein deutlicher Wandel nicht nur in dem Willen der Länder ab, miteinander in einen verstärkten Wettbewerb zu treten (zusammenfassend KMK 2004a und b). Auch werden zunehmend länderübergreifende Strukturen aufgebaut, die Informationen über Entwicklungen in den einzelnen Ländern und Erfahrungen mit Innovationen sammeln, zugänglich machen und verbreiten sollen. Dazu zählen die Vereinheitlichung der schulstatistischen Erhebungen der Länder im Rahmen eines gemeinsamen Minimalprogramms (s. Avenarius u.a. 2003b, 48-55) und die Neuausrichtung der Modellversuchsprogramme der BLK (Brockmeyer 1999, Wilhelmi 2000) mit einem verstärkten Innovationstransfer als ausdrücklichem Ziel (s. Gräsel/Nikolaus 2006). Auch die Einrichtung einer nationalen Bildungsberichterstattung (Avenarius u.a. 2003a, s. auch Rürup 2004, Konsortium Bildungsberichterstattung 2006), des Instituts der Länder für Qualität im Bildungswesen (IQB) im Jahr 2005 und die Förderung und Verstetigung von länderübergreifenden Schulleistungsuntersuchungen (KMK/IQB 2006) können als Instrumente eines forcierten bildungspolitischen Wettbewerbs betrachtet werden. Die KMK hat zudem seit 1998 einzelne ihrer Beschlüsse für mehr Vielfalt und Wettbewerb im Bildungswege geöffnet, ein Prozess der aktiven Begrenzung der länderübergreifenden Vereinbarungspraxis, der sich auch gegenwärtig fortsetzt (s. KMK 1999a, b, KMK 2006a, b, c).

Auch für die bisherige Geschichte der Schulentwicklung in Deutschland ist die Diagnose eines nur sehr begrenzten oder fehlenden Wettbewerbs der Länder zu hinterfragen. Schließlich kann Schulreform in Deutschland angesichts der bestehenden föderalen Kompetenzverteilung grundsätzlich nur als ein kumulatives Anhäufen von Einzelentwicklungen auf Länderebene vorgestellt werden. Erst diese zusammengenommen verdienen dann eventuell das Prädikat einer neuen bundesweiten Praxis. Im Kern beruht damit die Entwicklung des deutschen Schulwesens prinzipiell und immer schon auf einem föderalen Wettbewerb. Dieser mag in seinem Umfang und seinen Wirkungen begrenzt und optimierbar sein, der generelle Sachverhalt seiner Existenz und schulreformerischen Bedeutsamkeit ist allerdings nicht zu leugnen.

IV

In einer anderen Hinsicht ist das mit der Idee des föderalen Wettbewerbs Gemeinte aber durchaus ungesichert und fraglich. Der Versuch einer begrifflich-systematischen Klärung, auf welchen Mechanismen ein föderaler Wettbewerb beruhe verweist auf Widersprüche und offene Fragen.

Ein vollkommener Wettbewerb setzt die bewusste Konkurrenz vieler voneinander unabhängiger Anbieter prinzipiell vergleichbarer Produkte auf einem gemeinsamen Markt um die Gunst von in ihren Entscheidungen ebenfalls unabhängigen Abnehmern voraus. Ein Marktzutritt neuer bzw. ein Marktaustritt bisheriger Anbieter und Abnehmer darf dabei nicht behindert, Produktionsmöglichkeiten müssen gleich, Informationen transparent und Ressourcen problemlos beweglich sein. Und schließlich muss eine Konkurrenzsituation bestehen, in der rationale Akteure ihre Handeln auf ihre je persönliche Gewinn- und Nutzenmaximierung (s. auch Olten 1998).

Die Länder der Bundesrepublik Deutschland sind jedoch als Anbieter von schulpolitischen Programmen prinzipiell nicht voneinander unabhängig. Sie sind immer auch Teil einer Solidargemeinschaft (des Bundesstaates), die sich gegenüber anderen Marktteilnehmern (anderen Staaten) abgrenzt und strategisch zusammenschließt. Entsprechend sind die separaten Interessen der Länder beständig durch gemeinsame Interessen aller Länder überlagert. Zudem sind die Länder als Teil eines größeren Ganzen regelmäßig aufgefordert, entstehende Divergenzen der Länderentwicklungen durch Koordinationsanstrengungen immer wieder auf ein vergleichbares Maß zurückzuführen. Der Wert der Vergleichbarkeit der bundesstaatlichen Lebensverhältnisse und die Sicherung der möglichst ungehinderten Mobilität begrenzen damit systematisch den Vorteil, den ein Bundesland gegenüber anderen durch erfolgreiches Marktverhalten erlangen kann. Gerade in der Bundesrepublik Deutschland ist ein entsprechendes öffentliches Interesse an Einheitlichkeit besonders ausgeprägt (Lange 2007). „In Deutschland nämlich", so der frühere Bayerische Kultusminister Hans Maier anlässlich des 50-jährigen Bestehens der KMK, „erwartet man vom Kulturföderalismus paradoxerweise nicht nur, wie anderswo, die Bewahrung föderaler Eigenheiten der Länder, sondern auch, und fast im selben Atemzug, die Stiftung kultureller Einheit und politischer Homogenität im Gesamtstaat" (Maier 1998, 23).

Hinzu kommt, dass eine Konkurrenz der deutschen Bundesländer in der Schulpolitik durch die mangelnde Verfügbarkeit wirksamer Mechanismen der Kennzeichnung und Sanktionierung von Markterfolg und Marktversagen begrenzt ist. Die Kriterien zur Beurteilung von erfolgreicher Schulpolitik sind nicht nur vielfältig und strittig, sie stehen auch durchaus nicht immer in einem Ergänzungsverhältnis: Unterschiedliche Schulpolitiken verbinden sich mit verschiedenen Zielvorstellungen und sind so kaum vergleichbar; Handlungsmöglichkeiten und Herausforderungen der Bundesländer weisen mehr oder weniger große Unterschiede auf; zukünftige Handlungsmöglichkeiten sind nicht durchweg durch vorhergehende Handlungserfolge optimierbar; die geographische Lage der Bundesländer bleibt konstant. Und nicht erst seit PISA wird auf die Unterschiedlichkeit der sozioökonomischen Rahmenbedingungen der Bundesländer als Erklärungshintergrund für Entwicklungs- und Qualitätsunterscheide verwiesen (s. Carnap/Edding 1962, Böttcher/Budde /Klemm 1988, Hovestadt/Klemm 2002).

Zudem fehlt ein Abnehmer der Schulpolitiken der Länder, der ohne große Restriktionen in der Lage wäre, zwischen den verschiedenen Angeboten der Länder zu wählen. Zumindest für die schulpflichtigen Kinder und deren Familien würde eine Wahl zwischen Schulpolitiken immer räumliche Mobilität voraussetzen. Auch für eine Konkurrenz der Bildungsangebote auf dem Arbeitsmarkt ist eine überregionale Bewerbermobilität notwendig. Darüber hinaus müsste das Entscheidungsverhalten der Arbeitgeber gewährleisten, dass die Bewerbungschancen stark vom jeweiligen Ausbildungsland abhängig sind. Solche Informationen sind zumindest nicht gesichert. Entsprechende Entscheidungspräferenzen dürften aber durch das deutsche Berechtigungswesen generell gemindert sowie durch die Rangordnung der Schulabschlüsse weitgehend überlagert sein.

Letztlich ist nicht einmal die Bereitschaft der Länder zur Konkurrenz institutionell gesichert und auf Dauer gestellt. Durch die länderübergreifenden Koordinationsbedarfe besteht für jedes Bundesland jederzeit die prinzipielle Möglichkeit, die schulpolitischen Aktivitäten anderer Bundesländer zu begrenzen und damit aus dem Wettbewerb der Konzepte wieder auszusteigen. Schließlich müssen sich die Länder auf die gegenseitige Anerkennung der Abschlüsse einigen, die in ihren jeweiligen Bildungssystemen vergeben werden – besonders bei der Hochschulzugangsberechtigung und bei Zugangsvoraussetzungen für Beschäftigungen im öffentlichen Dienst. Sobald Schulreformen in einzelnen Ländern bisherige Gestaltungspraxen von Schule stark verändern, ist es immer möglich, dass andere Ländern mit Verweis auf diese Reformen, die Anerkennung der Schulabschlüsse verweigern oder zumindest damit drohen. Gerade vor der Hintergrund einer dem Bildungsföderalismus kritisch gegenüberstehenden Öffentlichkeit, können so in den länderübergreifenden Politikarenen Verhandlungen über die Fortführung landesspezifischer Schulreformen erzwungen werden (s. Rürup 2006, Scharpf 1994).[1] .

---

[1] Allerdings sind die Verhandlungspositionen der Bundesländer unterschiedlich, nämlich abhängig von ihrer Bevölkerungsstärke und davon, ob sie Studierende bzw. Arbeitsuchende eher importieren und exportieren. Länder mit einem wenig ausgebauten Hochschulsystem und bundesweit sehr mobilen Schulabsolventen stehen dabei unter einem stärkeren Anpassungsdruck, als Länder die eventuell mit einer landesbezogenen Hochschulzugangsberechtigung und einem

Damit sind zwar nicht jegliche Möglichkeiten schulpolitischer Konkurrenz zwischen den Ländern aufgehoben. Ihr sind aber deutliche Grenzen aufgezeigt. Der Wettbewerb muss von allen Ländern dauerhaft bejaht werden und muss so auch für alle dauerhaft attraktiv sein. Eine wichtige Konesequenz ist, dass eine Verbesserung der Wettbewerbssituation eines Landes zu Lasten der anderen nur relativ sein kann und sich nicht wird beständig steigern lassen können. Letztlich muss die vorteilhafte Entwicklung in bestimmten Ländern auch die der anderen greifbar positiv beeinflussen – insbesondere dadurch, dass alle Länder an den Erfolgskonzepten partizipieren können, sofern sie wollen. Föderaler Wettbewerb beruht so auf einem beständigem Wechsel und Ineinandergreifen von dezentralen Entwicklungen und zentraler gegenseitiger Information und Abstimmung, auf Divergenz und Konvergenz. Er ist grundsätzlich konstituiert als „Ideenwettbewerb" (Steigerung von Kreativität und Innovativität zum Nutzen aller durch Experiment und Erfahrungsaustausch) statt als „Verdrängungswettbewerb" (Durchsetzung und Verstetigung der eigenen Vorstellungen und Konzepte auf Kosten der Handlungsfähigkeit von Konkurrenten mit allen zur Verfügung stehenden Mitteln).

V

Diese Engführung der Argumentation auf die Grenzen des Wettbewerbs von Gliedstaaten in einem Bundesstaat unterschlägt, dass im Gefüge der politischen Arenen einer repräsentativen Demokratie durchaus auch Elemente eines virilen „Verdrängungswettbewerbs" aufzufinden sind. Akteure hierbei sind allerdings nicht die Bundesländer, sondern die Parteien in ihrem Werben um Mitglieder und Wählerstimmen (Parlamentssitze, Parlamentsmehrheiten und Regierungsverantwortung). Das Kriterium des Markterfolgs einer Partei ist dabei eindeutig: die Verdrängung von Konkurrenzparteien aus der Regierungsverantwortung bzw. der Steigerung der eigenen parlamentarischen Gestaltungsmöglichkeiten zu Lasten der politischen Gegner. Der Erfolg ist auch konkret beurteilbar (maßgebend sind die erreichten Wählerstimmen bei Wahlen) und er hat direkte Konsequenzen für die weitere Handlungsfähigkeit einer Partei. Fortgesetzte Misserfolge vermögen sogar die Existenz von Parteien zu gefährden, entsprechend sind sie fortwährend gezwungen, sich programmatisch und personell an veränderte politische Bedingungen anzupassen und auf Aktivitäten politischer Gegner zu reagieren. So sind Parteien in ihrem Handeln auf fortwährende Innovation verwie-

---

bereit ausgebauten Hochschulsystem die Studieninteressen ihrer wenig mobilen Landeskinder im Wesentlichen selbst abdecken können.

sen, beständige Quellen und Katalysatoren des Neuen. Hinzu kommt, dass neue Parteien durch ihren Markteintritt bisher stabilisierte Konkurrenzstrukturen immer wieder aufzuheben und auch Traditionsparteien in ihrer Position und Existenz anzugreifen vermögen. Konkurriert wird im Parteienwettbewerb allerdings nicht in erster Linie um konkrete Konzepte, deren Umsetzung erfolgversprechend erscheint oder nachweislich erfolgreich ist, sondern um das prinzipielle Vertrauen in die Handlungskompetenz und das zukünftige Handeln des jeweiligen politischen Personals. Die Abhängigkeit des Markterfolgs von massenhafter Zustimmung erhöht dabei die Attraktivität populistischer Kommunikationsformen sowie eine Emotionalisierung und Personalisierung der Parteienkonfrontationen. Reformkonzepte werden dabei ähnlich wie Patente behandelt; sie sind Eigentum der Parteien und identifizieren und festigen deren Marktpositionen. Eine direkte Übernahme von Gestaltungsansätzen zwischen Parteilagern ist so grundsätzlich behindert. Übernimmt eine Partei dennoch Ideen von der anderen, so nur unter Änderung zentraler Begrifflichkeiten und Betonung der konzeptuellen Unterschiede im Detail. Dies schließt temporäres und thematisch begrenztes kooperatives Verhalten der Parteien im Rahmen von Regierungskoalitionen und Oppositionsbündnissen oder angesichts besonders gravierender und dringlicher Handlungsherausforderungen nicht aus. Die Vielfalt der durch die Parteien organisierten und einbezogenen gesellschaftlichen Interessen und die Unmöglichkeit, aus Kooperation, Kartellen und Koalitionen dauerhaft Vorteile zu schöpfen (Wahlerfolg kann nicht gemeinsam maximiert werden), reduzieren allerdings die Chancen eines längerfristigen durch die Parteien getragenen Ideenwettbewerbs erheblich.

VI

Beide hier unterschiedenen Formen von Wettbewerb sind in der politischen Entscheidungskonstellation des deutschen Bundesstaates nicht nur präsent, sie greifen auch ineinander. So ist das letztlich auf Ideenwettbewerb verpflichtete Konkurrieren von Bundesländern durch die Möglichkeit einer Parallelisierung von Länder- und Parteipositionen begrenzt. Schließlich repräsentieren die jeweils in Regierungsverantwortung stehenden Parteien die Bundesstaaten in den länderübergreifenden schulpolitischen Verhandlungsarenen. Zumindest in BLK und KMK ist so die Möglichkeit der Überlagerung von Mechanismen der wettbewerbsbasierten Kooperation durch Formen der parteipolitischen Konfrontation immer angelegt. Sie prägten schon die schulpolitischen Kontroversen der 1970er Jahre, die auch und gerade über Beschlussblockaden und Anerkennungsverweigerungen in der KMK ausgetragen wurden (s. Bundesminister für Bildung und

Wissenschaft 1978). Die allmähliche Auflösung der Konfrontationen zwischen den sozialliberal oder sozialdemokratisch regierten A-Ländern und unionsregierten B-Länder Anfang der 1980er Jahre wurde letztlich durch einen länderübergreifenden Koordinationsverzicht erreicht, durch den Wegfall jeder verbindlichen Planungsbemühung auf gesamtsstaatlicher Ebene und den Rückzug auf kurzfristig orientierte Länderpolitiken.

Zwar sind die Möglichkeiten einer konzeptuellen Gegenüberstellung und Polarisierung von Parteipositionen prinzipiell unbegrenzt, da sie letztlich nur mittels Entwürfen und Visionen ausgetragen werden. Die parteipolitische Kontroverse ist jedoch durch die eingeschränkten Verwirklichungschancen zu weit reichender Konzepte angesichts der länderübergreifenden Begrenzungen divergierender Schulentwicklungen praktisch begrenzt. Vor allem Ansätze einer äußeren, auf die organisatorischen Strukturen der Bildungsgänge der Sekundarstufe I bezogenen Reform sind in ihren Umsetzungschancen gemindert und taugen so kaum zum längerfristigen Ausweis besonderer parteipolitischer Handlungskompetenz. Was als Konzept kaum oder keine politischen Realisierungschancen hat, ist wenig geeignet, über eine Wahlkampagne hinaus Wählerzustimmung zu binden und Vertrauen zu erzeugen. Die Enttäuschungsgefahr ist groß.

Aber auch der herausgehobene Einfluss der Schulverwaltung auf die Praxis der Schulreform (sowohl in den Ländern als auch in länderübergreifenden Koordinationsgremien) und die erhebliche Verrechtlichung und Verfahrensorientierung des Schulwesens schmälern die Prägekraft der Parteikonfrontation. Welche Partei auch immer regiert, sie ist gezwungen, Rücksichten zu nehmen auf die bestehende Organisationsstruktur des Schulwesens, auf Verwaltungsrationalitäten und auf die prinzipiellen Grenzen der Steuerbarkeit von Schule und Schulentwicklung. So mögen zwar parlamentarische Debatten von Parteikonflikten und -gegensätzen geprägt sein: im Regierungshandeln und damit in der Dynamik und im Umfang der verwirklichten Schulreform ist ihre Bedeutung reduziert.

VII

Aber nicht nur die wahrscheinliche Verschränkung und gegenseitige Schwächung beider Prinzipien des Wettbewerbs ist hervorzuheben, auch auf ihre mögliche gegenseitige funktionale Ergänzung in situativ und gegenstandsbezogen flexiblen Entscheidungsprozessen der politischen Akteure ist zu verweisen.

So scheint ein Ideenwettbewerb von Bundesländern (Schulsystemen) eine optimale Form von Schulentwicklung, wenn länderübergreifend ähnliche Prioritätensetzungen und Handlungsherausforderungen existieren, ohne dass diese sofortiges Agieren oder schnelle Erfolge erzwingen. Schließlich braucht Ideenwettbewerb Zeit. Länderspezifisch muss erst einmal Neues erfunden, erprobt und begutachtet werden, ehe die Neuerung als auch im nationalen Maßstab als attraktiv, Erfolg versprechend und implementationswürdig beobachtet und anerkannt werden kann. Hier wird deutlich, dass der Ansatz eines Ideenwettbewerbs eng mit dem Ideal rationaler Entscheidungen auf Grundlage (wissenschaftlichen) gesicherten Wissens verknüpft ist. Das insbesondere von der OECD hierfür promotete Schlagwort lautet „Evidence based policy" (s. OECD 2004, OECD/CERI 2007). Schulpolitische Reformen sollen sich an bewährten Konzepten andere Staaten oder anderer politischer Handlungsfelder orientieren. Die Bewährung festzustellen, ist hierbei Aufgabe einer institutionell gestärkten und internationalisierten empirischen Bildungsforschung im Rahmen eines systematischen Monitorings von Schulsystementwicklungen. Mit Rückblick auf die gescheiterten Ansprüche der deutschen Bildungsgesamtplanung in den 1970er Jahren (s. Hüfner u.a. 1986, Poeppelt 1978) und auf Forschungen zur Verwendung und Verwendbarkeit wissenschaftlichen Wissens in der Politik (s. Beck/Bonß 1989, Heid/Halei 2005, Fuchs 2003, König/Zedler 1989) ist allerdings Skepsis bezüglich der Erfolgsaussichten dieser Strategie angebracht. Die Vorhersehbarkeit und bewusste Gestaltbarkeit gesellschaftlicher Entwicklungen ist ebenso begrenzt wie die Eindeutigkeit und Sicherheit wissenschaftlicher Erkenntnisse (für PISA: Hopmann/Brinek/Retzl 2007). Sicherlich führt der Ansatz der „Evicence based policy" zu einer deutlichen Erweiterung der verfügbaren Wissensbasis für politische Entscheidungsprozesse und zu einem Ausbau von Dienstleistungsbeziehung zwischen Wissenschaft und Politik und entsprechender intermediärer Institutionen (z.B. der deutschen Bildungsberichterstattung). Die Auswahl, Interpretation und strategische Nutzung des „evidenten" Wissens unterliegt aber weiterhin politischen und parteilichen Interessensabwägungen. Angesichts der politischen Rhythmisierung von Entscheidungsprozessen durch Wahlen und öffentlich-mediale Stimmungsschwankungen ist dabei eine reine Evidenzorientierung unwahrscheinlich. Zeit- und rechercheaufwendigen Entscheidungsabläufe, wie sie ein (idealer) Ideenwettbewerb impliziert, sind vielleicht für weniger kontroverse, weniger komplexe und weniger störanfällige Entscheidungsmaterien nahe liegend, jedoch nicht für die Schulpolitik als ganzes und zu allen Zeiten.

Die Mechanismen des Verdrängungswettbewerbs versprechen hingegen gerade bei aktuellen, komplexen und kontroverse Themen eine deutliche Beschleunigung und Vereinfachung von Bewertungsprozessen. Grundmerkmal parlamentarischer Demokratie ist schließlich, dass Sachverhalte durch Abstimmungen entschieden werden, nicht durch Befunde empirischer Forschung. Das Interesse der Parteien an Profilierung und Abgrenzung ist zudem beständige Quelle für neue Reformideen, mit denen Handlungsfähigkeit und Sachkompetenz aufgewiesen werden kann. Die Parteikonkurrenz ist *eine* wichtige Quelle für Innovationen, die sich in länderspezifisch heterogenen Praxen der Schulgestaltung manifestieren und Basis dafür sind, dass es überhaupt sind Macht im bundesweiten Ländervergleich nach Evidenzen gelingender oder misslingender Schulreform zu suchen. Schließlich sind Wahlen als Abstimmungen über politische Konzepte bedeutsam, die unabhängig von wissenschaftlichen Untersuchungen zu eigenen Entscheidungen über die Tauglichkeit von Reformen führen. Insbesondere bei einem bundesweiten schulpolitischen Dissens dürften sie länderübergreifend als Bevölkerungsbefragung für oder gegen bestimmte Entwicklungsrichtungen der Schulreform bedeutsam werden, und entsprechende Anpassungen oder auch Neuorientierungen in der Bildungspolitik motivieren. Während ein Ideenwettbewerb als idealer Mechanismus der Lösungsfindung für zeitlich stabile, gegrenzte und klar konturierte Probleme erscheint, verspricht der parteibezogene Verdrängungswettbewerb so Vorteile für die Generierung neuer Reformideen und bei der Entscheidung von krisenhaften und kontroversen Politikthemen. Gerade im Hinblick darauf, dass Schulpolitik. Ideen- und Verdrängungswettbewerb sind so nicht ausschließlich konkurrierende, sondern sich ergänzende Prinzipien. Ihr zeit- und themenabhängig unterschiedlich starkes Hervortreten könnte sogar als ein produktives Ergänzungsverhältnis beschrieben werden: als ein dynamisches Wechselspiel der Eröffnung und Begrenzung von politischen Handlungsspielräumen, von Dezentralisierung und Zentralisierung, von Konflikt und Konsens.

VIII

Wettbewerb ist jedoch nicht alles! Recht verstanden ist der Föderalismus als Prinzip eines Staatsaufbaus von vornherein auf die Gleichzeitigkeit von Kooperation und Konkurrenz orientiert. „Einheit in der Vielfalt" war auch der programmatische des Titel des Festbandes zum 50-jährigen Bestehen der KMK (s. KMK 1998). Das Ideal der Einheitlichkeit tritt dabei als ein relativierendes Element gegenüber den bisherigen Diskussionen verschiedener Formen des föderalen Wettbewerbs auf. Als Repräsentanz der bundesstaatlichen Verbundenheit und Solidarität der Akteure steht das Lob der *Einheit* in der Vielfalt für die bewusste Begrenzung des Wettbewerbs der Länder und ihrer eigenständigen Handlungsfähigkeit. Dass man auch *nicht* miteinander konkurrieren könne und dies in bestimmten (im Inhalt und Umfang durchaus variablen) Entscheidungsfeldern auch nicht dürfe, ist so zumindest im Kontext des Ideenwettbewerbs der Schulpolitiken der Länder grundsätzlich angelegt. Aber auch auf der Ebene der Parteienkonkurrenz besteht – zumindest grundsätzlich – ein vergleichbares Wettbewerbsverbot, wenn es nämlich um die generelle Zustimmung zur Verfassung und um die staatstragenden und -erhaltende Funktionen der Parteien geht. Empirisch ist in der Analyse und Beurteilung schulpolitischer Entwicklungsdynamiken so nicht nur zwischen verschiedenen Formen des Wettbewerbens zu unterscheiden, sondern auch darauf hinzuweisen, dass bestimmte (veränderliche) Sachverhalte aus dem Wettbewerb der Länder und Parteien von vornherein ausgenommen sind. Die aktuelle politische Diskussion zur Gestalt und Zukunft des deutschen Bundesstaates reflektiert dies durchaus, indem sie lediglich relativ zur bisher entstandenen bundesstaatlichen materialen Angleichung und prozeduralen Verflechtung eine Stärkung der Wettbewerbselemente vorschlägt. Auch für die gegenwärtige Neuordnung des Verhältnisses schulpolitischer Absprachen und Impulse über Beschlüsse der KMK und eigenständiger Handlungsmöglichkeiten der Länder und Parteien ist nur eine Neubalancierung des Verhältnisses von Konkurrenz und Kooperation zu konstatieren – und gerade kein Verzicht auf länderübergreifend einheitliche Rahmenvorgaben. Zwar werden KMK-Vereinbarungen über Bildungsgänge und Abschlüsse gegenwärtig um Detailregelungen bereinigt (s. KMK 2006 b, c); zugleich werden aber mit den nationalen Bildungsstandards in bisher unbekannter Tiefe länderübergreifende curriculare Anforderungen für die einzelnen Schularten und Fächer definiert – und zwar nicht nur auf die Abschlüsse bezogen, sondern auch schon für voraus liegende Etappen in den Schulkarrieren. Der Aufbau eines umfassenden Monitoringsystems des Bildungswesens, bestehend aus ländervergleichenden und internationalen Leistungsstanderhebungen sowie einer systematischen Aufbereitung bildungsstatistischer Daten und national repräsentativer Bildungssurveys im Rahmen der nationalen Bildungsberichterstattung (s. KMK/IQB 2006), schafft darüber hinaus eine neuartige Abhängigkeit des politischen Handelns von den Terminen und Inhalten dieser Veröffentlichungen. Nie zuvor musste sich die Schulpolitik der Länder so intensiven nationalen Normierungen stellen!

Zu verkennen ist allerdings nicht der Wandel in der Form dieser nationalen Normvorgaben. Die Bildungsstandards und Indikatoren der Bildungsberichterstattung fixieren vor allem Anforderungen für die Inputs (schulische Finanzen und Ausstattungen, Ausbildung des Personals, vorgegebene Bildungszeit als Ressourcen für Bildungsprozesse) und Outputs des Bildungssystems (Leistungen der Qualifizierung für gesellschaftliche Bedarfe, Befähigung zur gesellschaftlichen Teilhabe und zur eigenen Lebensgestaltung). Die konkrete Gestaltung von Schule und Unterricht (also der Prozess der Bildung) wird hingegen weitgehend unnormiert gelassen und so prinzipiell als ein Feld parteipolitischer und föderaler Konkurrenz offen gehalten.

Ob der so neu geordnete und akzentuierte Wettbewerb der Parteien und Länder um die besten schulpolitischen Konzepte sich in seinen Ergebnissen und seiner Dynamik qualitativ von der bisherigen vorsichtigen, diskontinuierlichen und in ihrer Intensität vor allem von externen (kosmopolitischen) Handlungsaufforderungen und Problemkonstellationen abhängige Praxis deutscher Schulreform unterscheiden wird, ist allerdings sehr fraglich.

So fördert die weitgehende Begrenzung der Bildungsstandards und Bildungsindikatoren auf Input- und Outputaspekte die Möglichkeit der Länder und Parteien auf Konkurrenzen in kontroversen schulorganisatorischen Entscheidungsfeldern generell zu verzichten und ein Nebeneinander unterschiedlicher Konzepte zu praktizieren. Die vorliegenden Indikatorenrankings in den Input- und Output-Dimensionen von Schule legen dabei gerade einen auf sie focussierten „Schönheitskontest" der Länder nahe: wer am meisten Geld investiere, die umfangreichsten Stundentafeln verordnen würde, die meisten höherwertigen Abschlüsse vergebe, die geringsten Sitzenbleiber-Quoten ausweise u.ä.. Dabei eröffnet die Vielfalt der Messergebnisse und Einzelranglisten zugleich umfangreiche politische Interpretations- und Handlungsspielsräume, die Einzelbefunde infrage zu stellen, auf politisch weitgehend unbeeinflussbare Aspekte zurück zu führen oder auch unterschiedliche und konkurrierende Wettbewerbe um Leistung, Transparenz, Modernität oder Gerechtigkeit auszurufen.

Gegenwärtig zumindest ist ein verändertes und intensiviertes Lernen der Länder voneinander ebenso wenig zu konstatieren wie eine härtere parteipolitische Auseinandersetzung. Der Konsens, dass die deutsche Schule mehr operative staatlich-politische Unabhängigkeit (Eigenverantwortung) brauche und zugleich durch externe Evaluationen intensiver in ihrer Arbeit begleitet werden müsse (v.a. Schulinspektionen, Lernstandserhebungen und zentrale Abschlussprüfungen), ist bundesweit und parteiunabhängig wirksam. Wir erleben gegenwärtig eine schulpolitische große Koalition – bei der vielleicht eine leichte Konkurrenz um die beste Strategie und Geschwindigkeit der Implementation beobachtbar ist - aber keine wirkliche Auseinandersetzung. Dabei von einem Ideenwettbewerb der Länder zu reden, erscheint schon deswegen verfehlt, weil die Länder Trends wie die Schulinspektion für sich schneller adaptieren, als nationale Befunde über Erfolge und Wirksamkeit überhaupt vorliegen. Die Impulse und Erfahrungen an denen sich die deutsche Bildungspolitik gegenwärtig orientiert, haben wenn, dann einen internationalen Bezug (vorwiegend auf die Niederlande, England oder Kanada). Die in den Landeswahlkämpfen sich abbildende Parteienkonkurrenz hingegen operiert zwar mit den vorliegenden Befunden zur Schülerleistung und zur Schulausstattung – eine neuartige Qualität der parteibezogenen Auseinandersetzungen und Lösungskonzepte ist allerdings nicht zu konstatieren: soweit überhaupt Kontroversen zu verzeichnen sind, werden einerseits alte schulstrukturelle Debatten nur unter neuen Namen fortgeführt (Schleswig-Holstein, Mecklenburg-Vorpommern) und andererseits parteipolitisch austauschbare kurzfristige Sonderinvestitionen in Schulausstattungen versprochen (kein Stunden-ausfall, Ganztagsschule).

Die umfänglicher aufbereiteten und öffentlich präsentierten Daten zum Bildungswesen führen grundsätzlich nicht zu besseren Abwägungsmöglichkeiten zwischen polarisierten schulpolitischen Ansätzen, sondern verweisen auf die Komplexität des Bildungssystems und die Schwierigkeiten seiner rationalen und prospektiven Planung und Steuerung. Plakative Debatten werden erschwert. Dies führt wohl letztlich zu einer zusätzlichen Aufwertung der Kultusadministration als Expertin für Schulentwicklung und Schulverwaltung und öffentlich wenig transparente Sonderdiskurse zwischen den Kultusbeamten, den länderspezifischen und nationalen Interessenverbänden im Bildungsbereich und der empirischen Bildungsforschung. Einen föderalen Wettbewerb impliziert dies gerade nicht, sondern eine intensivierte Schulgestaltung in außerparlamentarischen Verhandlungsnetzwerken.

Zu polarisierten Konzepten verfestigende parteipolitische Standpunkte – die mit Abflauen des schulpolitischen PISA-Konsenses wieder Gewicht gewinnen dürften – können in dieser Konstellation, wenn überhaupt, dann nur auf eine ähnliche destruktive, die Dynamik der deutschen Schulreform bremsende Weise wirksam werden wie in der Vergangenheit. Über den Verweis auf länderübergreifende Abstimmungsbedarfe und Vereinheitlichungsnotwendigkeiten können einzelne Länder und Ländergruppen erneut versuchen, die eigenen Gestaltungsvorstellungen auch Landesregierungen mit anderer parteilicher Färbung aufzuzwingen. Und dies gelingt umso besser und umso wirksamer, wenn damit der Status Quo der Schulgestaltung bewahrt werden soll. Für einen föderalen Wettbewerb sind dies letztlich ungünstige Ausgangsbedingungen.

Literatur

Anweiler, Oskar (1991): Innovationen und Bildungswesen in der Bundesrepublik Deutschland unter vergleichendem Aspekt. In: Albach, Horst (Hrsg.) (1991): Innovation und Erziehung: Deutschland und Japan. Wiesbaden, S. 3–17.

Avenarius, Hermann/ Ditton, Hartmut/ Döbert, Hans / Klemm, Klaus/ Klieme, Eckhard / Rürup, Matthias/ Tenorth, Heinz-Elmar/ Weishaupt, Horst/ Weiß, Manfred (2003a): Bildungsbericht für Deutschland: Erste Befunde. Opladen.

Avenarius, Hermann/ Ditton, Hartmut/ Döbert, Hans / Klemm, Klaus/ Klieme, Eckhard / Rürup, Matthias/ Tenorth, Heinz-Elmar/ Weishaupt, Horst/ Weiß, Manfred (2003b): Bildungsbericht für Deutschland: Konzeption. Online: http://www.kmk.org/doc/publ/bildungsbericht/konzeption.pdf (Letzter Zugriff: Februar 2008).

Bartelt, Sandra (2005): Die Europafähigkeit des Grundgesetzes und die Föderalismuskommission. Ein Abgesang. In Die öffentliche Verwaltung (2005) 21, S. 894–902.

Beck, Ulrich/ Bonß, Wolfgang (Hrsg.) Weder Sozialtechnologie noch Aufklärung? Analysen zur Verwendung sozialwissenschaftlichen Wissens. Frankfurt am Main.

Böttcher, Wolfgang/ Budde, Hermann/ Klemm, Klaus (1988): Schulentwicklung im Ländervergleich: Föderalismus, Nord-Süd-Gefalle und Schulentwicklung. In: Rolff, Hans-Günter/ Klemm, Klaus/ Pfeiffer, Hermann/ Rösner, Ernst (Hrsg.) (1988): Jahrbuch der Schulentwicklung 5. Weinheim, S. 4974.

Böttcher, Wolfgang / Rürup, Matthias (2007): Föderale Struktur des Bildungswesens und Schulentwicklung. In: van Buer, Jürgen/ Wagner, Cornelia (Hrsg.) (2007): Qualität von Schule - Entwicklungen zwischen erweiterter Selbstständigkeit, definierten Bildungsstandards und strikter Ergebniskontrolle. Frankfurt am Main, S. 153–166.

Brockmeyer, Rainer (1999): Qualitätsverbesserung in Schulen und Schulsystemen. Expertise verfasst für die Projektgruppe „Innovationen im Bildungswesen" der Bund-Länder-Kommission für Bildungsplanung und Forschungsförderung (BLK). – Bonn.

Bundesminister für Bildung und Wissenschaft (Hrsg.) (1978): Bericht der Bundesregierung über die strukturellen Probleme des föderativen Bildungssystems. - Bonn.

Carnap, Roderich v. / Edding, Friedrich (1962): Der relative Schulbesuch in den Ländern der Bundesrepublik 1952-1960. Frankfurt/Main.

Ellwein, Thomas (1998): Die deutsche Gesellschaft und ihr Bildungswesen. Interessenartikulation und Bildungsdiskussion. In: Führ, Christoph/ Furck, Carl-Ludwig (Hrsg.) (1998): 1945 bis zur Gegenwart. Handbuch der Bildungsgeschichte. Band 6. München, S. 87–109.

Fend, Helmut (2003): Beste Bildungspolitik oder bester Kontext für Lernen? Über die Verantwortung von Bildungspolitik für pädagogische Wirkungen. Online: http://dipf.de/publikationen/tibi/tibi6_fend_1.pdf. (Letzter Zugriff: Februar 2007).

Fuchs, Hans-Werner (2003): Zum Verhältnis von Bildungsforschung und Bildungspolitik. Kritische Anmerkungen aus aktuellem Anlass. In: Döbert, Hans/ Kopp, Botho v./ Martini, Renate/ Weiß, Manfred (2003): Bildung vor neuen Herausforderungen: Historische Bezüge – Rechtliche Aspekte – Steuerungsfragen – Internationale Perspektiven. Neuwied, S. 231–239.

Füssel, Hans-Peter (1988): Kooperativer Föderalismus im Bildungswesen - In: Recht der Jugend und des Bildungswesens (1988) 6, S. 430–442.

Glotz, Peter/ Faber, Klaus (1994): Richtlinien und Grenzen des Grundgesetzes für das Bildungswesen. - In: Benda, Ernst/ Maihofer, Werner/ Vogel, Hans-Jochen (Hrsg.) (1994): Handbuch des Verfassungsrechts der Bundesrepublik Deutschland. Berlin, S. 1363–1424.

Gräsel, Cornelia/ Nikolaus, Reinhold (Hrsg.) (2006): Innovation und Transfer – Expertisen zur Transferforschung. Baltmannsweiler.

Heid, Helmut/ Harteis, Christian (Hrsg.) (2005): Verwertbarkeit. Ein Qualitätskriterium (erziehungs-)wissenschaftlichen Wissens? Wiesbaden.

Hesse, Joachim J./ Ellwein, Thomas (2004): Das Regierungssystem der Bundesrepublik Deutschland, Band 1. 8. Auflage. Opladen.

Hopmann, Stefan T./ Brinek, Gertrude/ Retzl Martin (Hrsg.) (2007): PISA zufolge PISA – PISA According to PISA. Wien, Berlin.

Hovestadt, Gertrud/ Klemm, Klaus (2002): Schulleistungen in Deutschland: Internationales Mittelmaß und innerdeutsche Leistungsspreizung. In: Rolff, Hans-Günter/ Holtappels, Heinz Günter/ Klemm, Klaus/ Pfeiffer, Hermann/ Schulz-Zander, Renate (Hrsg.): Jahrbuch der Schulentwicklung 12. Weinheim, S. 51–74.

Hüfner, Klaus/ Naumann, Jens/ Köhler, Helmut/ Pfeffer, Gottfried (1986): Hochkonjunktur und Flaute: Bildungspolitik in der Bundesrepublik Deutschland (1967-1967). Stuttgart.

KMK (Hrsg.) (1998): Einheit in der Vielfalt: 50 Jahre Kultusministerkonferenz 1948-1998. Neuwied/Kriftel.

KMK (1999a): 285. Plenarsitzung der Ständigen Konferenz der Kultusminister und -senatoren der Länder in der Bundesrepublik Deutschland am 4. und 5. März 1999 in Bonn. Pressemeldung vom 05.03.1999. Online: www.kmk.org/aktuell/pm990305.htm#top1. (Letzter Zugriff: Januar 2007).

KMK (1999b): 286. Plenarsitzung der Ständigen Konferenz der Kultusminister und -senatoren der Länder in der Bundesrepublik Deutschland am 27. und 28. Mai 1999 in Leipzig. Pressemeldung vom 28.5.1999. Online: www.kmk.org/aktuell/pm990528.htm#top2 (Letzter Zugriff: Januar 2007).

KMK (2004a): Föderalismus braucht Wettbewerb und Kooperation. Reform der Kultusministerkonferenz – Effizientere Entscheidungsstrukturen und Konzentration auf Kernaufgaben. Pressemeldung vom 02.12.2004. Online: www.kmk.org/aktuell/pm041202a.htm (Letzter Zugriff: Januar 2007)

KMK (2004b): Reform der Kultusministerkonferenz. – Pressemeldung vom 02.12.2004; www.kmk.org/aktuell/pm041202b.htm. (Letzter Zugriff: Januar 2007).

KMK (2006a): Ergebnisse der 313. Plenarsitzung der Kultusministerkonferenz. Pressemeldung vom 03.03.2006. Online: http://www.kmk.org/aktuell/pm060303.htm (Letzter Zugriff: Januar 2007).

KMK (2006b): Vereinbarung über die Schularten und Bildungsgänge im Sekundarbereich I. Beschluss der Kultusministerkonferenz vom 03.12.1993 i.d.F. vom 02.06.2006. Online: http://www.kmk.org/doc/publ/Vereinbarung_schularten_bildungsgaenge.pdf (Letzter Zugriff: Januar 2007).

KMK (2006c): Vereinbarung zur Gestaltung der gymnasialen Oberstufe in der Sekundarstufe II. Beschluss der Kultusministerkonferenz vom 07.07.1972 i.d.F. vom 02.06.2006. Online: www.kmk.org/doc/publ/Vereinb-z-Gestalt-d-gymOb-i-d-SekII.pdf (Letzter Zugriff Januar 2007).

KMK / IQB (2006): Gesamtstrategie der Kultusministerkonferenz zum Bildungsmonitoring. Neuwied.

König, Erwin/ Zedler, Peter (Hrsg.) (1989): Rezeption und Verwendung erziehungswissenschaftlichen Wissens in pädagogischen Handlungs- und Entscheidungsfeldern. Weinheim.

Konsortium Bildungsberichterstattung (2006): Bildung in Deutschland. Ein indikatorengestützter Bericht mit einer Analyse zu Bildung und Migration. Bielefeld.

Landfried, Klaus (2006): Statement zur Anhörung der Föderalismusreform. – Online: www.bundestag.de/ausschuesse/a06/foederalismusreform/Anhoerung/04_Bildung/ Stellungnahmen/Prof__Dr__Klaus_Landfried.pdf (Stand: Mai 2006).

Lange, Hermann (2007): Föderales Handeln in einer nicht-föderalen Gesellschaft? Föderalismus und Bildungspolitik. In: Erziehungswissenschaft, 18 (2007), 35, 137-164.

Lehmbruch, Gerhard (1976): Parteienwettbewerb im Bundesstaat. Stuttgart.

Lehmbruch, Gerhard (2000): Parteienwettbewerb im Bundesstaat. 3. Auflage, Wiesbaden.

Mager, Ute (2005): Die Neuordnung der Kompetenzen im Bereich von Bildung und Forschung – Eine kritische Analyse der Debatte in der Föderalismuskommission. In: Recht der Jugend und des Bildungswesens (2005) 3, S. 312-322.

Maier, Hans (1998): Die Kultusministerkonferenz im föderalen System. In: KMK (Hrsg.) (1998): Einheit in der Vielfalt: 50 Jahre Kultusministerkonferenz 1948-1998. Neuwied/Kriftel, S. 21–33.

Müller, Peter (1975): Politische Struktur und Schulreform. In: Braun, Fank/ Glowka, Detlef/ Mende, Klaus-Dieter/ Müller, Peter / Thomas, Helga/ Zimmer, Jürgen (Hrsg.) (1975): Schulreform und Gesellschaft. Band II. Berlin.

Münch, Ursula (2008): Materielles Abweichungsrecht der Länder und föderative Asymmetrien in der bundesdeutschen Bildungspolitik. In: Europäisches Zentrum für Föderalismus-Forschung (Hrsg.): Jahrbuch des Föderalismus 2007. Föderalismus, Subsidiarität und Regionen in Europa, Baden-Baden: Nomos Verlagsgesellschaft, S. 224–237.

OECD (2004): Innovation in the Knowledge Economy. Implications for Education and Learning. Paris.

OECD/CERI (2007): Evidence in Education: Linking research and policy. Paris.

Oeter, Stefan/ Boysen, Sigrid (2005): Wissenschafts- und Bildungspolitik im föderalen Staat – ein strukturelles Problem? In: Recht der Jugend und des Bildungswesens 2005 (3), S. 296–311.

Olten, Rainer (1998): Wettbewerbstheorie und Wettbewerbspolitik. München; Wien.

Poeppelt, Karin S. (1978): Zum Bildungsgesamtplan der Bund-Länder-Kommission. Weinheim.

Reutter, Werner (2006): Regieren nach der Föderalismusreform. In: Aus Politik und Zeitgeschichte (2006) 50, S. 12–17.

Rürup, Matthias (2004): Bildungsberichterstattung – begriffliche Annäherungen an eine neue gesellschaftliche Praxis. – In: Zeitschrift für Bildungsverwaltung (2004) 1, S. 79–92.

Rürup, Matthias (2005): Der Föderalismus als institutionelle Rahmenbedingung im deutschen Bildungswesen   -   Perspektiven   der   Bildungspolitikforschung.   Online: http://www.dipf.de/publikationen/tibi/tibi9_foederalismus_ruerup.pdf (Letzter Zugriff: Januar 2007).

Rürup, Matthias (2006): Bildungspolitische Entscheidungsfindung in der KMK. Eine Analyse der Diskussion um 12 oder 13 Schuljahre bis zum Abitur. Erfurt.

Rürup, Matthias (2007): Innovationswege im deutschen Bildungssystem. Die Verbreitung der Idee „Schulautonomie" im Ländervergleich. Wiesbaden.

Scharpf, Fritz W. (1994): Optionen des Föderalismus in Deutschland und Europa. Frankfurt/M.; New York.

Scharpf, Fritz W. (2006): Weshalb wurde so wenig erreicht. In: Aus Politik und Zeitgeschichte (2006) 50, S. 6–11.

Scharpf, Fritz W./ Reissert, Bernd/ Schnabel, Fritz (1976): Politikverflechtung. Theorie und Empirie des kooperativen Föderalismus in der Bundesrepublik. Kronberg.

Schwager, Robert (2005): PISA-Schock und Hochschulmisere – Hat der deutsche Bildungsföderalismus versagt? In: Perspektiven der Wirtschaftsforschung, (2005) 2, S. 189–206.

Steinert, Wilfried (2006): Stellungnahme des Bundeselternrats zur Föderalismusreform im Bereich Bildung. Online: http://www.bundestag.de/ausschuesse/a06/foederalismusreform/Anhoerung/04_Bildung/ Stellungnahmen/Wilfried_Steinert.pdf (Stand: Mai 2006)

Sturm, Roland (2008): Von der Symmetrie zur Asymmetrie – Deutschlands neuer Föderalismus. In: Europäisches Zentrum für Föderalismus-Forschung (Hrsg.): Jahrbuch des Föderalismus 2007. Föderalismus, Subsidiarität und Regionen in Europa, Baden-Baden: Nomos Verlagsgesellschaft, S. 27–41.

Thöne, Ulrich (2006): Statement zur Anhörung der Föderalismusreform. – Online: www.bundestag.de/ausschuesse/a06/foederalismusreform/Anhoerung/04_Bildung/ Stellungnahmen/Ulrich_Thoene.pdf (Stand: Mai 2006).

Wilhelmi, Hans-Herbert (2000): Innovationspolitik auf gesamtstaatlicher Ebene. Ein Lernprozess. In: Haan, Gerhard de/ Hamm-Brücher, Hildegard/ Reichel, Noerbert (Hrsg.): Bildung ohne Systemzwänge. Innovationen und Reformen. Neuwied; Berlin, S. 9–22.

Wollenschläger, Ferdinand (2007): Die Föderalismusreform: Genese, Grundlinien und Auswirkungen auf die Bereiche Bildung und Wissenschaft. In: Recht der Jugend und des Bildungswesens, 2007 (1), S. 8–19.

Zedler, Peter (2000): Wandlungen des Reformdiskurses. Konfliktlinien leitender Orientierungs- und Bewertungsmaßstäbe in der Schulentwicklung. In: Krüger, Heinz-Hermann/ Wenzel, Hartmut (Hrsg.) (2000): Schule zwischen Effektivität und sozialer Verantwortung. Opladen, S. 16–41.

Bettina Gördel

Die Einführung der nationalen Bildungsstandards in drei Bundesländern – eine explorative Studie zu Implementierungsstrategien

Als Ursache für die unterdurchschnittlichen Ergebnisse der deutschen Bundesländer bei internationalen Leistungsstudien wird u.a. das Fehlen outputorientierter Steuerung, d.h. von Steuerung über ein auf Ergebnissen von externen und internen Evaluationen gestütztes Qualitätsmanagement auf verschiedenen Systemebenen, angegeben (Arbeitsgruppe Internationale Vergleichsstudie 2003). Daher entschied sich die Kultusministerkonferenz (KMK) mit den Konstanzer Beschlüssen schon im Jahr 1997 für verschiedene Reformmaßnahmen, die die Ermittlung von Schülerleistungen und damit ein outputgestütztes schulisches Qualitätsmanagement ermöglichen sollten (KMK 23./24.10.1997). Im Zusammenhang dieser Entwicklung ist insbesondere der KMK-Beschluss zur Einführung national verbindlicher Bildungsstandards zu nennen (KMK 10.05.2001, 5./6.12.2001 & 23./24.05.2002). Mit KMK-Beschluss vom Februar 2002 wurde vereinbart, mit dem Schuljahr 2004/05 die „erste Generation" der Bildungsstandards[1] für den mittleren Schulabschluss in den Schulalltag einzuführen (KMK-Pressemitteilung 18.02.2003).

Ziel der Untersuchung ist es, die je eigenen Rationalitäten und Implementierungsstrategien im ministeriellen Steuerungshandeln bei der Einführung der Bildungsstandards der Bundesländer Baden-Württemberg, Brandenburg und Mecklenburg-Vorpommern aufzuzeigen: „Warum tun die das?" Demzufolge werden das administrative Steuerungshandeln bzw. die Implementierungsmaß-

---

1   Diese Bildungsstandards wurden für den mittleren Schulabschluss in den Fächern Mathematik, Deutsch und die erste Fremdsprache (= „erste Generation der Bildungsstandards") (vgl. KMK 4.12.2003), für den Primarschulbereich in den Fächern Mathematik und Deutsch (vgl. KMK 15.10.2004), für den Hauptschulabschluss in den Fächern Mathematik, Deutsch und der ersten Fremdsprache (vgl. KMK 15.10.2004) und für den mittleren Schulabschluss in den Fächern Biologie, Chemie und Physik (vgl. KMK 16.12.2004) verabschiedet.

nahmen der drei Bundesländer einem Referenzrahmen zugeordnet und auf ihn hin analysiert, um auf diese Weise die jeweiligen Handlungskoordinationen der Steuerungsakteure zu erklären.[2] Der Referenzrahmen bezieht sich idealtypisch (1) auf strukturelle Voraussetzungen für die Einführung der nationalen Bildungsstandards, wie sie in der Bildungsforschung für die deutschen Bundesländer in der Expertise „Zur Entwicklung nationaler Bildungsstandards" (Klieme et al. 2003, so genannte Klieme-Expertise) formuliert wurden sowie (2) auf die steuerungsstrategische Prozessqualität der Implementierung, wie sie sich aus der Klieme-Expertise und der handlungstheoretischen Steuerungstheorie, insbesondere dem Modell des „kooperativen Staates" und den ihm zugrunde liegenden Handlungskoordinationen ergibt.

Das Modell der Steuerung durch den kooperativen Staat geht von den gleichen Akteurkonstellationen und Regelungsformen / Handlungskoordinationen wie die sozialwissenschaftliche Governance-Forschung aus (Mayntz 2004; Braun 2001). Da der Steuerungsansatz des kooperativen Staates akteurzentriert ist, eignet er sich insbesondere dazu, das Steuerungshandeln, d.h. die Handlungskoordinationen der Ministerien und das ihnen eigene rationale Handeln in den vorhandenen oder im Aufbau befindlichen Regelungs- und Leistungsstrukturen herauszuarbeiten.

Für die Klieme-Expertise und den kooperativen Staat als Referenzrahmen zur Erklärung der je eigenen Rationalitäten des ministeriellen Steuerungshandelns sprechen, dass davon ausgegangen wird, dass sie bewusst oder unbewusst handlungsleitend für die Steuerungsakteure in den Kultusministerien waren. Denn zum einen beruft sich die KMK bei der Einführung der Bildungsstandards außer auf die eigenen Vorgaben ausdrücklich auf die Ergebnisse der Klieme-Expertise (KMK-Pressemitteilung 18.02.2003). Zum anderen spricht für das Modell des kooperativen Staates, dass dieser als eine Ausbildung des aktivierenden Staates das z.Zt. vorherrschende Leitbild für das Steuerungshandeln der öffentlichen Verwaltung darstellt (vgl. Schuppert, 2000). Bei der Analyse der Implementierungsmaßnahmen der drei Bundesländer werden Beispiele der Standardeinführung sowie der Steuerung dieses Prozesses

---

2   Von September 2004 bis August 2005 wurden die Maßnahmen zur Einführung der Bildungs-
    standards dieser drei wie auch der anderen 15 Bundesländer durch eine Internetrecherche er-
    mittelt. Dazu wurden offizielle Dokumente, Rechtsgrundlagen, Pressemitteilungen sowie In-
    ternetdarstellungen mit Hilfe der Kategorisierung und einer qualitativen Inhaltsanalyse ausge-
    wertet. Schließlich wurden die ermittelten Informationen der Internetrecherche über einen Fra-
    gebogen „Bildungsstandards - Synopse der Umsetzung in den Bundesländern" an die Kultus-
    ministerien und Landes- bzw. Qualitätsinstitute (je ein Vertreter) abgeglichen. Baden-
    Württemberg, Brandenburg und Mecklenburg-Vorpommern wurden exemplarisch zur Erklä-
    rung der Handlungsintentionen in den Kultusministerien ausgewählt, da von diesen Bundes-
    ländern beide Institutionen den Fragebogen beantwortet haben.

hervorgehoben, um daraufhin die allgemeinen Implementierungsstrategien für das jeweilige Bundesland aufzuzeigen. Daher hat der Vergleich sowohl eine ideographische als auch eine evolutionistische Funktion.[3] Ein abschließender Vergleich der drei Bundesländer zeigt den bundesländerübergreifenden steuerungsstrategischen Entwicklungstrend der Bildungsstandard-Reform.

1 Die Einführung der Bildungsstandards: ein Referenzrahmen

1.1 Strukturelle Voraussetzungen für die Einführung nationaler Bildungsstandards

Um Bildungsstandards im Kontext eines umfassenden Systems der schulischen Qualitätssicherung nutzen zu können, rät die Klieme-Expertise den Bundesländern, mit Einführung von Bildungsstandards die betroffenen schulischen Institutionen umzustrukturieren sowie neue Strukturen auf den verschiedenen Ebenen des Schulsystems aufzubauen (vgl. Abb. 1) (Klieme et alt. 2003).

---

3   Ein Vergleich hat eine ideographische Funktion, wenn er auf die Suche nach dem Besonderen eines untersuchten Aspektes angelegt ist. Dem gegenüber hat ein evolutionistischer Vergleich die Suche nach dem Entwicklungstrend zum Ziel.

Strukturelle Konsequenzen der Einführung von Standards für das Schulsystem

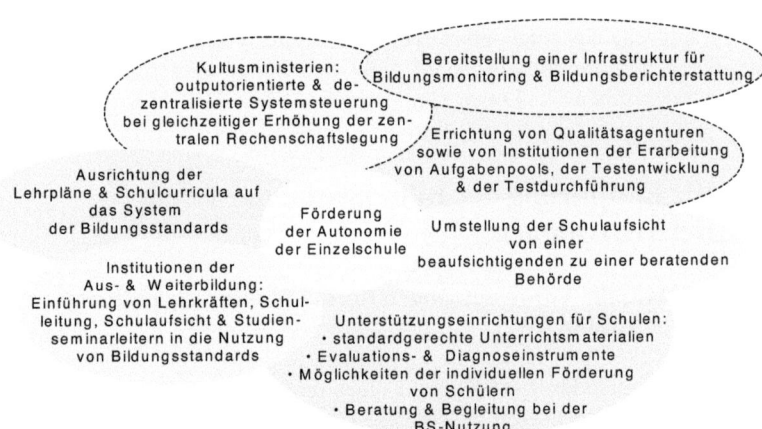

Gestrichelt umrandete Ovale = neu einzuführende Strukturen & Prozesse

Abbildung 1: Elemente des Strukturwandels aufgrund der Einführung von Bildungsstandards in das Schulsystem

Die Klieme-Expertise sieht bestimmte staatliche und nicht-staatliche strukturelle Rahmenbedingungen als notwendige – aber nicht hinreichende – Voraussetzungen für eine optimale Standardeinführung und -nutzung an. Die Expertise macht außerdem Angaben zu den Aufgabenbereichen dieser Institutionen, damit eine hohe Strukturqualität des Schulsystems zu einer hohen Prozess- und Ergebnisqualität bei der Implementierung der Standards in den Schulen führt. Im Wesentlichen handelt es sich dabei um die acht Aufgabenbereiche (Klieme et al. 2003):

1. Stärkung der Forschung und Förderung des wissenschaftlichen Nachwuchses

2. Bildungsmonitoring auf Bundes- und Länderebene (strukturelle Vorentscheidungen müssen getroffen werden, wie z.b. über Stichproben- oder Gesamtüberprüfung der Schulen, freiwillige oder verpflichtende Monitoringteilnahme, Bestimmung der Auswertungsebenen, Art des Umgangs mit den Ergebnissen, Jahresabstand, Altersjahrgänge, Fächer der Erhebungen oder über eine entsprechend ausgerichtete Infrastruktur)

3. Interne und externe Schul- und Klassenevaluationen (Entwicklung von Evaluationsinstrumenten, Beratungsleistungen)

4. Individualdiagnostik (Entwicklung von Diagnoseinstrumenten Unterrichtsmaterialien, Beratungsleistungen, Fortbildungsprogrammen)
5. Dezentralisiertes und dereguliertes Steuerungssystem (Anpassung der Kern- und Schulcurricula auf die Bildungsstandards, Verbindung der „Leitfunktion nationaler Bildungsstandards" mit der „Orientierungsfunktion von Lehrplänen" [Klieme et al. 2003])
6. Autonomie der Einzelschule und Rechenschaftspflicht (externe und/oder interne Überprüfungen des Leistungsstandes der Schüler, und/oder Schulinspektionen)
7. Entwicklung der Schul- und Unterrichtsqualität (Schulprogrammarbeit als Orientierungshilfe zur Einführung und zum Erreichen von Bildungsstandards) (Klaffke 2003)
8. Unterstützungssysteme (Schulaufsicht, Landesinstitute und Lehreraus- und -fortbildungseinrichtungen, Institutionen der Testentwicklung und -durchführung, schulische Netzwerke sowie sonstige Beratungsinstitutionen).

Aufgrund der vielfältigen strukturellen Interdependenzen fordert Böttcher mit Gandal und Vraneck „das Konzept einer ‚konzertierten' standardbasierten Reform" (Böttcher 2003; Priebe 2003), das die beschriebenen acht Bereiche sinnvoll miteinander verknüpft und koordiniert. Tatsächlich steht und fällt die qualitätssichernde und -entwickelnde Funktion von Bildungsstandards mit der Qualität ihrer Implementierung und der Steuerung der oben genannten acht Bereiche. Die Wirkung der Bildungsstandards kann sich v.a. dann entfalten, wenn gleichzeitig zum Aufbau unterstützender institutioneller Strukturen entsprechende Implementierungsstrategien angewandt werden.

1.2 Die Steuerungsprozesse bei der Einführung der Bildungsstandards

1.2.1 Die Implementierungsprozesse aus Sicht der Bildungsforschung

Zu einer nachhaltigen Einführung von Bildungsstandards schlägt die Klieme-Expertise eine Abfolge von Arbeitsschritten vor, die Teil eines strategischen Implementierungskonzepts sind. Einen Überblick über dieses Konzept mit seinen Elementen und Strukturen sowie deren Interaktionen ergibt die folgende Abbildung 2.

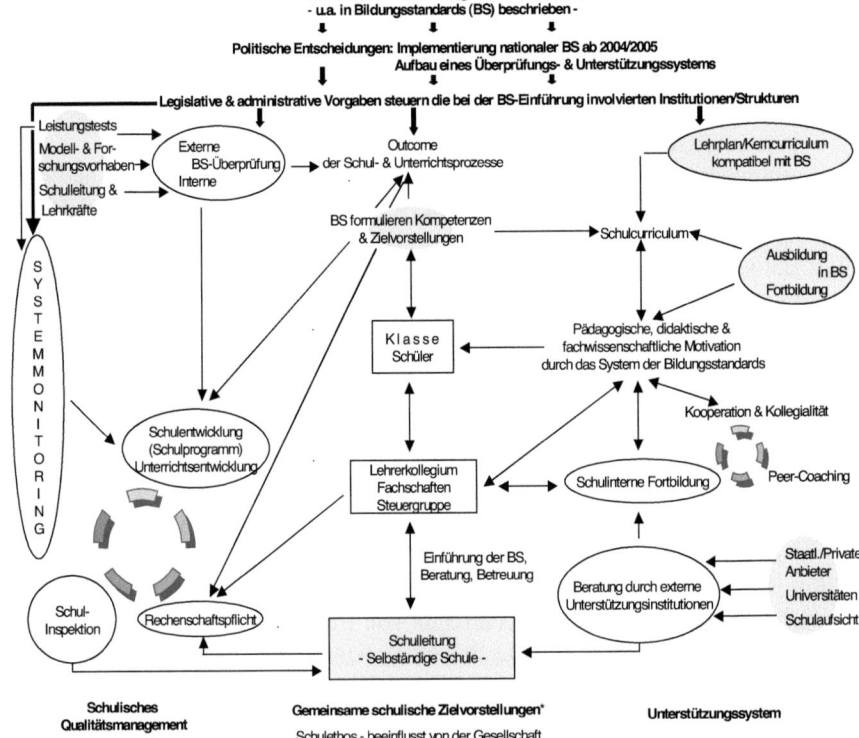

Umrandete Rechtecke:	Institutionen/Strukturen in der Einzelschule, deren Prozesse sich mit der BS-Einführung verändern.
Umrandete Ovale:	Unterstützungsinstitutionen/-strukturen, deren Aufbau und/oder Prozesse sich aufgrund der BS-Einführung verändern bzw. die erst neu aufgebaut werden müssen, um die BS zu implementieren.
Ovale ohne Umrandung:	Unterstützungsinstitutionen/-strukturen von denen die Implementierung der BS ausgeht. Sie werden durch legislative und administrative (formal-legal-prozedurale) Vorgaben angestoßen.
Elemente ohne Umrandung:	Prozesse/Strukturen, die sich aus der Einführung der BS ergeben.
Unterbrochene Kreise:	Ein sich selbst beeinflussendes Kreislaufsystem d. betroffenen Elemente.

Abbildung 2: Die Elemente des outputorientiert gesteuerten Schulsystems und ihre Beziehungen nach der Einführung der Bildungsstandards (Grundlage der Abbildung entnommen aus Huber 2003, S. 38).

Bei der Einführung der Bildungsstandards sollten von den Kultusministerien so wenige Vorgaben wie möglich gemacht werden, da sich die Strukturen „schneller, effizienter und mit höherer Akzeptanz entwickeln (...), wenn unterschiedliche Akteure mit einem hohen Grad an fachlicher Kompetenz und Autonomie ‚Produkte' erstellen, die dann öffentlich diskutiert, verbessert und schließlich von zuständigen staatlichen Gremien (...) zur regulären Nutzung freigegeben werden" (Klieme et al. 2003). Diesem Steuerungsprinzip entsprechend schlägt die Expertise vor, an drei verschiedenen strukturellen Bereichen anzusetzen: (1) der Selbstständigen Schule und ihrer Eigenständigkeit in der pädagogischen Arbeit, (2) der Qualifikation der Lehrkräfte und Schulleitungen und (3) dem Ausbau von Ressourcen bzw. Unterstützungsinstitutionen für die Schule.

Die Klieme-Expertise sieht die folgenden Implementierungsstrategien und -phasen, die auf den Aufbau bzw. Ausbau der drei genannten Bereiche zielen, als besonders wichtig für eine erfolgreiche Standardeinführung an:

1. Öffentlichkeitsarbeit: Der Erfolg der Bildungsstandards und eines outputorientierten Steuerungssystems hängt wesentlich von ihrer Akzeptanz bei den Akteuren im Schulsystem und insbesondere bei der Lehrerschaft ab. Nur durch eine fundierte Öffentlichkeitsarbeit können sich die betroffenen Kerngruppen der Tragweite und Funktion der standardbasierten Reform des Schulsystems, ihrer Zeitspanne und ihres Umfangs sowie der Chancen und Risiken für die konkrete Unterrichts- und Schularbeit bewusst werden. Die Öffentlichkeitsarbeit sollte zeitlich bereits vor der Standardeinführung einsetzen, um während der Einführungsphase auf ein hinreichendes akzeptierendes Verständnis für das Thema zurückgreifen zu können.

2. Rahmenbedingungen: Frühzeitig müssen für die Schulen Rahmenbedingungen, wie z.B. Information, Anleitung, Fortbildung und Beratung vorhanden sein. Daher sollten die oben unter Punkt 8) beschriebene Unterstützungssysteme noch vor Implementierungsbeginn der Reform zum Schuljahr 2004/05 auf die Bildungsstandards hin ausgerichtet sein.

3. Steuerungsstrategie: In der ersten Implementierungsphase vom Schuljahr 2004/05 bis Schuljahr 2006/07 sollte eine Mischung von „top-down"- und „bottom-up"-Steuerung ablaufen.
    Das bedeutet, es

-   sollten die Einrichtungen der Lehrerbildung (Universitäten, Studienseminare und Fortbildungsinstitute) neben Informationen zur Begründung der Bildungsstandards auch Wissen über Forschungsergebnisse, Kompetenzmodelle und über Funktionen der Bildungsstandards im Bildungssystem vermitteln.

-   sollten die Landesinstitute den Schulen Informationen über ihre zukünftigen Unterstützungsangebote geben können. Schulentwicklungsberater sollten die Schulen bei der Umsetzung und der Überprüfung von Standards beraten und standardbasierte Lehrpläne sollten entwickelt werden.

- sollte die Schulaufsicht ihre Doppelfunktion von Aufsicht und Beratung in einem outputorientierten Schulsystem erklären und den Schulen Hilfe bei der Standardumsetzung anbieten.

- sollten Kultusministerien oder Landesinstitute den Schulen relativ konkrete Verfahrenspläne für die Arbeit mit den Bildungsstandards unterbreiten. Die Schulen sollten dazu aufgefordert werden, die Standards mit dem Schulcurriculum abzugleichen und v. a. den Aspekt des kumulativen Lernens zu erfüllen sowie ein Schulprogramm zu erarbeiten.

4. Netzwerkarbeit: Spätestens in dieser ersten Implementierungsphase sollte auch die Abstimmung der Unterstützungsleistungen zwischen Universitäten, Lehrerfortbildungseinrichtungen, Landesinstituten, Qualitätsagenturen und Schulaufsicht landesweit oder auch bundesländerübergreifend erfolgen.

1.2.2 Die Implementierungsprozesse aus Sicht der Politikwissenschaft: der kooperative Staat

1.2.2.1 Politisches Steuerungshandeln

Politischem Steuerungshandeln stellt sich das Problem, wie der Staat seine Ziele in Zeiten der zunehmenden gesellschaftlichen Komplexität in einem bestimmten Politikfeld umsetzen kann. Die Klieme-Expertise hat dahingehend inhaltliche Maßstäbe für ein schulisches Qualitätsmanagement bei der Einführung von Bildungsstandards gesetzt. In diesem Abschnitt werden die politikwissenschaftlichen Forderungen an ein effektives Steuerungshandeln im idealtypischen Steuerungsmodell des kooperativen Staates und seiner Steuerungsinstrumente vorgestellt.

Der Begriff „Steuerung" bezieht sich auf die Methoden oder das Regelsystem, mit dem ein Staat die soziale Ordnung in der Gesellschaft herzustellen anstrebt (Braun 2000; Mayntz 1996). Mit Voigt umfasst der Tatbestand „politische Steuerung" lediglich eine Absicht des politischen Systems, nicht aber auch den Steuerungserfolg, da dieser durch komplexe Prozesse in den gesellschaftlichen Teilsystemen positiv wie negativ beeinflusst und sogar vereitelt werden kann (Voigt 1996; Lange 2000). Das Steuerungshandeln des Staates hat zum einen die Zielsetzung bzw. Funktion, eine (Um-)Verteilung der gesellschaftlichen Ressourcen vorzunehmen. Zum anderen bezieht sich staatliche Steuerung auf die Koordination gesellschaftlicher Akteure und Instanzen. Für die Fragestellung der Untersuchung ist nur die zweite Funktion, die Koordinationsfunktion der staatlichen Steuerung, von Bedeutung.

Zwei unterschiedliche Koordinationstypen lassen sich bestimmen. Es ist zum einen die vertikale, staatliche Koordination (top-down-Ansatz) und zum anderen die horizontale, gesellschaftliche Selbstorganisation (bottom-up-Ansatz). Sowohl beim top-down- als auch beim bottom-up-Ansatz stehen dem Staat zwei verschiedene Steuerungsformen zur Verfügung. Diese sind die formale und die materiale Steuerung. Formale Steuerung bedeutet die Festsetzung bestimmter Verfahrensregeln entweder durch die Gesetzgebung des Staates oder durch die Selbstorganisation der Gesellschaft, z.B. durch Gewohnheitsrecht. Materiale Steuerung beinhaltet, dass der Staat durch von ihm gesetzte Ziele den Aktivitätsrahmen der gesellschaftlichen Akteure vorgibt. Materiale Steuerung bedeutet nicht, dass der Staat den Akteuren vorgibt, wie die Ziele zu erreichen sind (vgl. Abb. 3). Mit den Bildungsstandards steuert der Staat z.B. einen gesellschaftspolitischen Bereich durch Globalzielsetzungen und überlässt ihre formal-prozedurale Umsetzung der horizontalen, gesellschaftlichen Selbstorganisation, d.h. den Schulen.

Nimmt man nun den vertikalen Koordinationsansatz als Beispiel, so kann sich der Staat für eine rein formale oder eine rein materiale Steuerung ebenso wie auch für eine Verbindung der beiden Steuerungsformen entscheiden. Diese drei Steuerungsoptionen hat der Staat auch, wenn er sich für die horizontal gesellschaftliche Selbstorganisation entscheidet. Als dritte Variante kann der Staat auch die vertikale top-down-Steuerung und die horizontale bottom-up-Steuerung kombinieren, so dass sich für den Staat zwei verschiedene Steuerungskonstellationen und -möglichkeiten ergeben, je nachdem welche Steuerungsform (material oder formal) er wählt (vgl. Braun 2001).

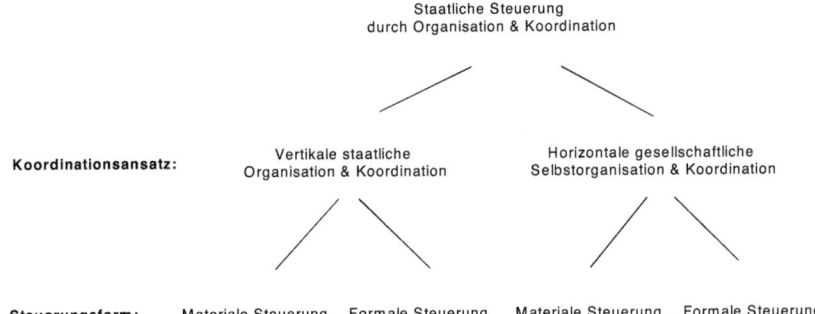

Abbildung 3:   Die Möglichkeiten staatlicher Steuerung

1.2.2.2   Der kooperative Staat: ein Modell staatlichen Steuerungshandelns[4]

Kombination von vertikaler staatlicher Steuerung und horizontaler zivilgesell-schaftlicher Selbstorganisation. Die Ergebnisse von Policy-Analysen und Implementationsstudien zeigen, dass es nicht um ein Entweder-Oder von staatlicher und gesellschaftlicher Steuerung gehen kann, sondern nur um eine Kooperation dieser beiden Bereiche – das so genannte *Government with Society* –, wenn die Implementierung von Politikprogrammen erfolgreich sein soll. Diese Kooperation wird im Theoriemodell des kooperativen Staates eingefordert. Braun führt zu dieser kooperativen Steuerungs- bzw. Koordinationsform aus, dass zum einen „dabei die inter- und intraorganisatorische Konzertierung zwischen staatlichen und gesellschaftlichen Organisationen" im Mittelpunkt steht und, dass zum anderen „die ‚Kooperation' von politischen und gesellschaftlichen Kräften zwischen der vertikalen, staatlichen Organisation und der horizontalen Selbstorganisation" (Braun 2001, S. 116) angesiedelt ist. Diese beiden Charakteristika der Koordinationsform des kooperativen Staates – die Interdependenz von vertikaler und horizontaler Organisation – zeigen, dass der Staat die eigenen Verwaltungsstrukturen nicht immer für die besten Umsetzungsstrukturen zur Erreichung von politischen Zielen hält, da „das Selbstentfaltungspotential der gesellschaftlichen Kräfte einer

---

4   Eine ausführliche Darstellung der Theorie des kooperativen Staates findet sich bei Braun 2000, S. 99-176.

staatlichen Regulierung in vielen Fällen überlegen sein kann" (Braun 2001, S. 111; Blanke 2001; Dose 2003). Wichtige Schlüsselbegriffe dieses Steuerungsansatzes – die auch die Klieme-Expertise verwendet – sind daher „Modernisierung der Staatsorganisation durch die Einführung des New Public Management-Modells bzw. Neuen Steuerungs-Modells", „Deregulierung", „Delegation", „Dezentralisierung" und „Partizipation".

Um die Interdependenz von vertikaler und horizontaler Organisation umzusetzen, hat die Steuerungstheorie des kooperativen Staates folgende Prinzipien für die staatliche Steuerung gesetzt:

1. Staatliche materiale Rahmenzielvorgaben: Adressaten und Betroffene sind bei der Formulierung der staatlichen Globalziele mit einzubeziehen. Diese sind von den mit ihrer Umsetzung betrauten Akteuren operativ zu konkretisieren.

2. Formal-prozedurale Delegierung: Umsetzung der Staatsziele durch zivilgesellschaftliche Selbstorganisation bei gleichzeitiger staatlicher Bereitstellung von Opportunitätsstrukturen zur Koordination der gesellschaftlichen Akteure.

3. Staatliche Überprüfung von Aufgaben: gesellschaftliche Rechenschaftslegung über die Umsetzung der Staatsziele und Vornahme von Korrekturen in der globalen Zielsetzung und/oder in der Selbstorganisation der verschiedenen gesellschaftlichen Akteure.

4. „Strukturierung" der Gesellschaft: indirekte Steuerung[5] der Gesellschaft über die Bereitstellung von Verhaltensangeboten, z.B. in Form von Verfahrensvorschriften, institutionellen Leistungsstrukturen oder Regelungsstrukturen (Braun & Giraud 2003).

Interdependenzmanagement: Die Gestaltung von Regelungs- und Leistungsstrukturen. Regelungsstrukturen, d.h. aus gesellschaftlichen Akteuren bestehende Verhandlungssysteme in Form von Policy-Netzwerken, und Leistungsstrukturen, d.h. intermediäre staatliche, quasi- oder nicht-staatliche Organisationen, stellen für den kooperativen Staat die bevorzugten Steuerungs- und Implementierungsstrukturen für Politikprogramme dar (Braun 2001). In beiden Arten von Strukturen versucht der Staat seine Steuerungshoheit durch ein so genanntes Interdependenzmanagement der Akteure durchzusetzen. Interdependenzmanagement hat immer die staatliche subsidiäre Hilfe zur gesellschaftlichen Selbsthilfe und Selbstverantwortung zum Ziel. Dabei nimmt der kooperative Staat seine Führungsfunktion mittels indirekter Steuerung wahr. Diese ist durch eine dezentrale

---

5   Mit indirekter bzw. weicher Steuerung werden Steuerungsweisen bezeichnet, bei denen der Staat seine Steuerungsmacht delegiert oder den Steuerungsadressaten Freiraum bei der Ausführung staatlicher Vorgaben lässt.

Kontextsteuerung und eine indirekte Einflussnahme auf die Maßnahmen der Leistungs- und Regelungsstrukturen charakterisiert. Unter Kontextsteuerung versteht man eine lediglich formale Steuerung, keine inhaltliche Verhaltenssteuerung, welche Systeme zur Selbststeuerung in einen Kontext mit anderen Systemen stellt. Dadurch soll die Selbstorganisation der Subsysteme so verschoben werden, dass ihre Aktivitäten mehr auf das Gemeinwohl hin orientiert werden. Bei einer dezentralen Kontextsteuerung nimmt der Staat eine aktive Steuerung bzw. Kontrolle vor, um bestimmte Entwicklungen in den Teilsystemen zu fördern.

Der Staat beauftragt für diesen Kontrollvorgang gesellschaftliche Leistungs- oder Regelungsstrukturen, welche er wiederum kontrolliert. Der Kontrollvorgang dieser Strukturen wird vom Staat durch verbindliche Kontextregelungen (Normen und Verfahren) vorgegeben und standardisiert (Braun 2000, 2001). Als Beispiel kann die Setzung der Bildungsstandards durch die KMK angegeben werden, die die Qualität im Schulsystem, d.h. in der Leistungsstruktur „Schule" sichern und vergleichbar machen sollen. Dazu wurden mehr oder weniger „formale" Zielvorgaben gesetzt, die die Auswahl der konkreten Inhalte und den didaktischen Weg der Vermittlung den Schulen bzw. Lehrkräften überlassen. Die Überprüfung des Erreichens der Bildungsstandards haben die Bundesländer an das Institut zur Qualitätsentwicklung im Bildungswesen (IQB), an ihre Landes- bzw. Qualitätsinstitute oder an die Schulen selber unter Setzung allgemein geltender Kontrollnormen abgegeben.

Indirekte Kontextsteuerung. Indirektes Steuerungshandeln des Staates kann sich auch auf die Kontextbedingungen des Handelns in Netzwerken beziehen. Zum Beispiel können die Zusammensetzung von Netzwerken, die Gestaltung von Agenden, Entscheidungsregelungen sowie die Setzung von Zeitlimits im Sinne des Staates gestaltet werden, so dass die Entscheidungen eines Netzwerks den gewünschten direktiven Effekt auf die Handlungen der Leistungsstrukturen (z.B. Schulen) im zu steuernden Politikfeld haben (Lange 2000). Der indirekte Steuerungseffekt kann dann noch durch die Setzung von Anreizstrukturen für die intermediären Organisationen verstärkt werden, damit diese den staatlichen Zielen entsprechend in die Steuerungsfelder eingreifen. Solche Anreizstrukturen sind z.B. die Instrumente des New Public Management, mit denen ehemals öffentliche und staatsförmig organisierte Bereiche (teil-)privatisiert und marktförmig umgestaltet werden, oder die indirekte Steuerung intermediärer Organisationen durch die Vereinbarung von globalen Zielrahmen und Verfahrensregelungen oder durch Rechenschaftslegung und ein regelmäßiges Controlling (vgl. Abb. 4; Blanke 2001; Braun & Giraud 2003; Kelman 2002).

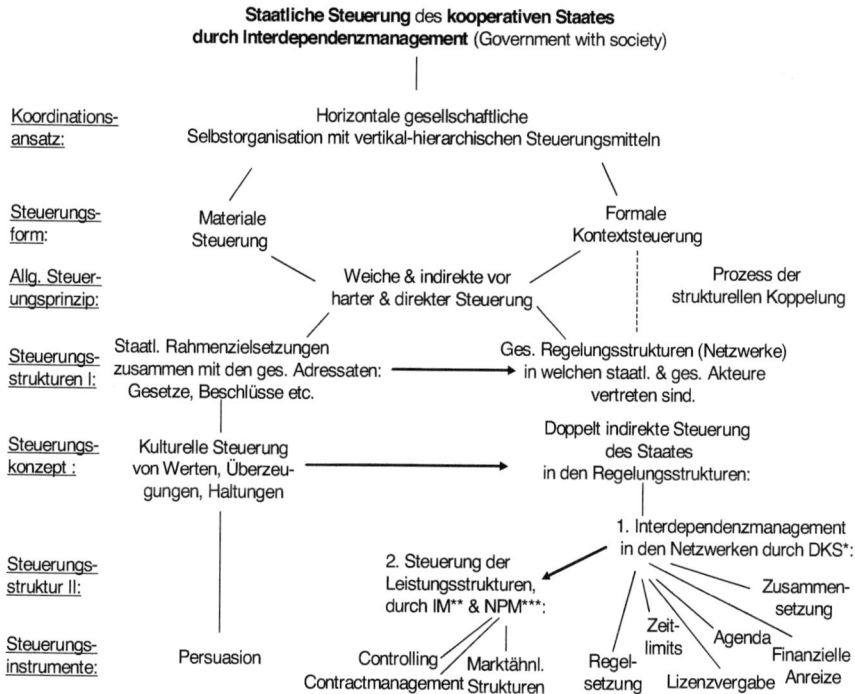

* DKS = Dezentrale Kontextsteuerung
** IM = Interdependenzmanagement
*** NPM = New Public Management

Abbildung 4: Staatliche Steuerung im Kooperativen Staat durch
Interdependenzmanagement

Typische staatliche Implementierungs-Instrumente. Zuletzt sollen nun typische
Implementierungsinstrumente des kooperativen Staates und seiner bevorzugten
horizontal-indirekten, dezentralen Strategie der Kontextsteuerung genannt werden.[6] Die klassischen Instrumentenprogramme sind regulative Programme, positive oder negative Anreizprogramme oder persuasive Programme. Ihnen werden
in der Literatur drei Grundtypen von Instrumenten zugewiesen. Es sind die

---

6   Das Kapitel basiert auf folgender Grundlagenliteratur zur Implementationsforschung: Kauf-
     mann & Rosewitz 1983; Mayntz 1983; Scharpf 1983; Dahme & Grunow 1983; Grunow 1983;
     König & Dose 1989.

Grundtypen „Recht/ Regulierung", „Geld/ Finanzierung/ Opportunitätsstrukturen" und „Überzeugung/ Informierung".

Mit der Wahl der Steuerungsinstrumente können die Adressaten direkt oder indirekt beeinflusst werden. Direkte Steuerungsinstrumente beruhen auf Zwang (Gebot/Verbot), während indirekte Instrumente auf Anreiz und nur mittelbare rechtliche, finanzielle oder persuasive Lenkung setzen. Zu Letzteren gehören insbesondere auch die auf staatliche Leistungsstrukturen gerichteten Instrumente der Dezentralisierung, Deregulierung und des New Public Management (Braun & Giraud 2003).

Horizontale Instrumente werden eingesetzt, um einen bestimmten Zweck zu erreichen. Häufig wird dieser Einsatz von räumlichen, funktionalen oder inhaltlichen Prioritäten im Implementierungsprozess bestimmt, um angesichts mangelnder Ressourcen die strategischen Ziele etappenweise zu realisieren. Die Klieme-Expertise rät den Bundesländern zu einer der Implementierung zeitlich vorgelagerten Phase mit einer bundesweiten PR-Kampagne – die als Überzeugungsinstrument einzuordnen ist –, um die Adressaten und die Gesellschaft über Tragweite, Funktion, Umfang und Zeitspanne der Einführung von Bildungsstandards zu informieren. Die Öffentlichkeitsarbeit sollte sich dann in einer ersten Implementierungsphase auf die Schulen als Adressat konzentrieren, wobei es darum geht, insbesondere die Lehrerschaft über die inhaltliche Begründung des Standardkonzeptes, die konkreten Chancen für die Unterrichtsarbeit, die Anforderungen an Schulen und Lehrer sowie über das im Aufbau befindliche Unterstützungssystem zu informieren. Erst in einer zweiten Einführungsphase, sollten die Lehrer dann an Fortbildungskursen teilnehmen.

Der Einsatz vertikaler Instrumente dient dazu, einen die Implementierung unterstützenden gesellschaftlichen Prozess oder die Wirkungen eines anderen Steuerungsinstrumentes zu verstärken. Nach den Vorschlägen der Klieme-Expertise bedeutet dies, dass sich die stimulierenden Wirkungen der Instrumente „Fortbildungskurs", „innerschulische Fortbildung", „Beratungseinrichtungen" und „Bereitstellung von Plattformen für schulische Netzwerke" gegenseitig unterstützen sollen.

Chronologische Instrumente werden – wegen ihres logischen Ablaufs oder auf Grund von Ressourcenknappheit – zeitlich gestaffelt eingesetzt (vgl. Vorschläge der Klieme-Expertise).

Eine solche problemorientierte Sichtung des Kontextes und ein auf ihn abgestimmter Einsatz der Instrumente ermöglicht eine spezifische Steuerungsstrategie. Für die Einführung der Bildungsstandards empfiehlt die Klieme-Expertise, den Schulen „relativ konkrete Verfahrenspläne" (Klieme et al. 2003, S. 140) zur Einführung und Umsetzung der Bildungsstandards zu unterbreiten und ansonsten einem indirekten, verschiedene Instrumente kombinierenden Steuerungsprogramm zu folgen: dem rechtlich-regulierenden Typus durch eine staatliche regulative Ergebnissteuerung (Setzung von Bildungsstandards und Rahmenlehrplänen, schulische Rechenschaftslegung, Stärkung der Selbstständigkeit der Einzelschule); dem Instrumententypus des positiven finanziell-materiellen Anreizes (Beratungs- und Unterstützungsangebote, Netzwerke); sowie dem Typus der Persuasion (Öffentlichkeitsarbeit, Information und Fortbildungskurse, Aushandlung) (Dose 2001, 2003; König 2001; Lütz 1995).

Kulturelle Steuerung. Zum Typus der Persuasion ist auch das Moment der „Kulturellen Steuerung" zu zählen. Darunter wird verstanden, die „Kultur" als Steuerungsressource anzusehen, da sie zu neuen Möglichkeiten, höherer Präzision und zu größerer Erfolgswahrscheinlichkeit bei Steuerungsmaßnahmen und Implementationsprozessen verhilft. Unter dem Begriff Kultur werden zum einen die teilsystemübergreifenden Werte, Präferenzordnungen, Traditionen, Geisteshaltungen und Verhaltensweisen, kurz, ein affektiver und normativer Orientierungshorizont der gesamten Gesellschaft verstanden. Zum anderen kann man mit Kultur aber auch eine, zwar in die gesellschaftsübergreifende Kultur eingebettete, von dieser in speziellen Werten, Normen und Verfahrensweisen aber abweichende und ausdifferenzierte Kultur meinen, die Bevölkerungsgruppen aufgrund eines gemeinsamen Glaubens, politischer Überzeugung, Geschichte oder Berufs etc. entwickelt haben.

Das Medium Kultur stellt somit einen gesellschaftlichen Ordnungsfaktor dar, der dem Steuernden hilft, die gesellschaftliche Komplexität zu reduzieren (Braun 2000). Einen solchen „reflexiven Kontext" (Beyerle 1994, S. 267, zitiert nach Braun 2000, S. 162) der Akteure und Adressaten gilt es zu beachten und für den Steuerungs- und Implementierungsprozess zu nutzen, damit dieser so reibungslos wie möglich verläuft und von den Adressaten angenommen wird. Über das kulturelle Medium können direkt die Akzeptanz, Unterstützung und Motivation der Individuen, Organisationen und Systeme für die steuerungspolitischen Maßnahmen erreicht werden. Auf welche Weise dies geschieht, ist insbesondere von den Strukturen der Organisationen oder Teilsysteme und ihrem Konzept der Lebenswelt abhängig (Schimank & Lange 2001). Um motivierte Haltungen zu erzeugen, ist es nötig die Akteure und Adressaten von den Vorzügen und der Notwendigkeit der zu implementierenden Neuerungen, die ihr Leben zunächst einmal verändern und auch verkomplizieren werden, zu überzeugen (Persuasion). Überzeugung ist am besten durch die Vermittlung von Informationen zu erreichen, Motivation durch das Ansprechen der Gefühle von Personen, wie z.B. durch den Appell an Werte wie Mitgefühl, Verantwortung, Solidarität oder Loyalität (Weiss 2002; Münch 2001).

2   Die Implementierung der Bildungsstandards in drei Bundesländern: Länderdarstellung und ihr analytischer Vergleich mit dem Referenzrahmen

Im Folgenden werden die durch die Internetrecherche und Fragebogenuntersuchung im Zeitraum von September 2004 bis August 2005 gewonnenen Daten zur Einführung der Bildungsstandards für die Bundesländer Baden-Württemberg, Brandenburg und Mecklenburg-Vorpommern dargestellt. Diese Ergebnisse werden mit den idealtypischen Vorgaben des Referenzrahmens verglichen, um die Steuerungsmaßnahmen vor diesem Hintergrund zu erklären. Aufgrund der Fülle der Informationen muss sich der Beitrag allerdings auf die Darstellung einiger Eckpunkte beschränken. So wird z.b. nicht auf die Entwicklungen im Bereich der eigenverantwortlichen Schule eingegangen – von allen drei Bundesländern wird angegeben, die Eigenverantwortung der Einzelschule zu unterstützen und auszubauen –, welche als eine wesentliche Voraussetzung für die erfolgreiche Einführung der Bildungsstandards gilt. Länderdarstellungen und Vergleich beziehen sich auf die Strukturen, welche die Einführung der Bildungsstandards unterstützen, auf die Überprüfungsstrukturen für die Bildungsstandards auf Individual-, Klassen-, Schul- und Systemebene sowie auf die Steuerungsstrategien und Implementierungsinstrumente des jeweiligen Bundeslandes zur Einführung der Bildungsstandards. Schließlich wird ein evolutionistischer Gesamttrend aller drei Bundesländer bei der Einführung der Bildungsstandards herausgearbeitet und dieser in die Begrifflichkeiten des Governancekonzepts eingeordnet.
An dieser Stelle soll auch darauf hingewiesen werden, dass es sich aufgrund des methodischen Ansatzes der Studie um eine reine Analyse der Außendarstellung der Bundesländer aufgrund der im Internet recherchierten Informationen handelt. Es lässt sich daher nicht beurteilen, ob und inwieweit die dargestellten Maßnahmen zur Einführung der Bildungsstandards tatsächlich durchgeführt werden.

2.1 Baden-Württemberg

Welche Strukturen unterstützen die Einführung sowie die interne und externe Überprüfung der Bildungsstandards?
Baden-Württemberg setzt sich seit dem Jahr 2001 unabhängig von der KMK mit dem Thema der Standardsetzung auseinander. Baden-Württemberg-eigene Bildungsstandards wurden im Mai 2003 beschlossen und es wurden auf diese Standards ausgerichtete Bildungspläne erarbeitet. Die neuen Bildungspläne und die in ihnen enthaltenen Bildungsstandards traten mit dem Schuljahr 2004/05 in Kraft. Sowohl die Baden-Württembergischen Bildungsstandards als auch die

Bildungspläne sind nach Angaben des Bundeslandes mit den von der KMK 2003 erlassenen Bildungsstandards kompatibel.

Zum Bildungsplan und den Bildungsstandards entwickelt das vom Kultusministerium rechtlich unabhängige Landesinstitut für Schulentwicklung Lehrmaterialien sowie Instrumente für die Fremd- und Selbstevaluation. Außerdem unterstützt es die Schulen bei ihrer Umsetzung und Evaluierung. Im Umgang mit den Bildungsplänen und den Bildungsstandards werden Multiplikatoren für die Lehrerfortbildung ausgebildet sowie Qualifizierungsmodule für die Ausbildung von schulischen Evaluationsteams gestaltet.

Baden-Württemberg hat – nach eigenen Angaben – als erstes Bundesland mit der systematischen Evaluation begonnen. Es werden zentrale Prüfungen, wie z.b. zentral gestellte Vergleichsarbeiten, Diagnosearbeiten und Lernstandsüberprüfungen durchgeführt. Das Landesinstitut ist für die Aufbereitung der erhobenen Daten sowie für die Ausarbeitung des Bildungsberichts in Baden-Württemberg zuständig. Evaluationsteams, d.h. Inspektionen überprüfen die Schulen auf ihre Qualitätsentwicklung hin. Im Februar 2005 begann die Startphase der schulischen Selbstevaluation (SEV).[7]

Welche Steuerungsstrategien wendet das Bundesland bei der Einführung der Bildungsstandards an?

Die Priorität des Bundeslandes bei der Einführung der Bildungsstandards liegt auf der Bildungsplanreform, welche die Einführung der KMK-Bildungsstandards einschließt. Die Steuerung der Einführung des Bildungsplanes und damit einhergehend der sie enthaltenen Bildungsstandards verläuft über die verschiedenen Ebenen der Gesetzgebung des Bundeslandes: 1. Ebene: die Bildungsstandards werden gemäß Schulgesetz für die Schulen festgelegt; 2. Ebene: die Bildungsstandards werden an ausgewählten Beispielen, deren Niveaudarstellung verbindlich ist (nicht die Beispiele selbst), konkretisiert; 3. Ebene: es werden Umsetzungsbeispiele gegeben. Die Beispiele der Ebenen 2 und 3 sowie ein stetig wachsender Aufgabenpool werden im Internet ständig aktualisiert.

Die konkreten Implementierungsstrategien basieren auf einer horizontal-indirekten formalen Kontextsteuerung, welche auf Information und Persuasion setzt und schrittweise vor sich geht. Seit dem Frühjahr 2002 wurden die Bildungspläne in einem kontinuierlichen Diskussionsprozess mit der Öffentlichkeit erarbeitet. Vor dem offiziellen Implementierungsbeginn der Bildungspläne und Standards wurden im September 2003 die überarbeiteten Bildungspläne samt

---

7   Den Schulen werden im Internet unterschiedliche Evaluationsinstrumente (EiS) zur Verfügung gestellt. Dazu gehören ein Leitfaden zur Selbstevaluation, ein Orientierungsrahmen für die Prüfung der Schulqualität, verschiedene Schul- und Leistungstests (Lernstandsdiagnostik), Literaturangaben oder das Evaluationsinstrument SEIS der Bertelsmann-Stiftung.

erklärender CD-ROM schon an die Schulen gesandt. Auf diese Weise konnten sich die Schulen ein Schuljahr lang auf die neuen Bildungspläne vorbereiten. Zum Schuljahr 2004/05 wurden die Bildungspläne zusammen mit einer informierenden Einführungsbroschüre den Schulen zur Implementierung übergeben. Die Broschüre beschreibt die Grundgedanken des neuen Bildungsplans und stellt das Konzept der Bildungsstandards vor. Außerdem enthält sie ausgewählte Beispiele zum Einsatz der Bildungspläne und -standards.

Ähnlich zeitlich gestaffelt wie die Einführung der Bildungspläne und somit der Bildungsstandards geht auch die Einführung der Selbstevaluation vor sich. Im Schuljahr 2005/06 soll die Selbstevaluation noch auf freiwilliger Basis geschehen. Nach dieser Startphase werden die Schulen zur systematischen Fremd- und Selbstevaluation verpflichtet. Genauso wie bei der Einführung der Bildungsstandards in die Unterrichtsarbeit werden die Schulen bei ihrer Überprüfung, trotz ihrer Rechenschaftspflicht nur indirekt gesteuert. Zum einen drohen keine Sanktionen bei Nichterreichung der Bildungsstandards. Zum anderen dienen die Evaluationsergebnisse dem Landesinstitut für Schulentwicklung dazu, zusammen mit den Schulen ein auf sie zugeschnittenes Qualitätskonzept zu entwickeln. Mit der Einrichtung des Landesinstituts für Schulentwicklung als selbstständige und rechtsfähige Anstalt des öffentlichen Rechts kann die Strategie Baden-Württembergs der Philosophie des horizontal-gesellschaftlichen Koordinationsansatzes des kooperativen Staates zugeordnet werden. Das Kultusministerium hat seinen Zuständigkeitsanspruch im Bereich der Schulentwicklung – zu dem auch die Einführung und Überprüfung der Bildungsstandards gehört – vollständig an eine untergeordnete staatliche Leistungsstruktur abgegeben. Damit nimmt das Landesinstitut eine Mittlerfunktion zwischen Staat und Schulen ein, welches zu der indirekten Steuerung des kooperativen Staates führen kann. Diese Kompetenzverlagerung soll eine schnellere und effizientere Arbeitsweise im Bereich der Schulentwicklung ermöglichen, da das Landesinstitut bei fachlichen Entscheidungen keiner Rücksprache und Zustimmung vom Kultusministerium mehr bedarf. Die Aufgabendelegierung an das Landesinstitut geschieht allerdings unter dem Vorbehalt des Kultusministeriums, in die Abläufe des Instituts mittels Interdependenzmanagement und dezentraler Kontextsteuerung, z.B. in Form von Personalentscheidungen oder durch die Abgrenzung des Zuständigkeitsbereiches und den gesetzten Verfahrensregelungen innerhalb der Agentur eingreifen zu können (vgl. § 4 ff. Gesetz zur Einrichtung des Landesinstituts für Schulentwicklung, Baden-Württemberg vom 14.12.2004). Außerdem untersteht das Landesinstitut – nach § 12 I des Gesetzes zur Einrichtung des Landesinstituts für Schulentwicklung – der Rechtsaufsicht durch das Kultusministerium. Dieses kann jederzeit Berichte über die Aufgabenerfüllung verlangen (Referenzangaben siehe Literaturverzeichnis unter „Internetseiten Baden-Württemberg").

2.2 Brandenburg

Welche Strukturen unterstützen die Einführung sowie die interne und externe Überprüfung der Bildungsstandards?

Brandenburg beschränkt sich in seinen Unterstützungsstrukturen zur Einführung der Bildungsstandards insbesondere auf drei wichtige Voraussetzungsbereiche für die Standardeinführung. Es sind die Bereiche Anpassung der Rahmenlehrpläne auf die Bildungsstandards, Information und Unterstützung sowie Aus- und Fortbildung. Die Bildungsstandards wurden durch „Implementationsbriefe" des Landesinstituts für Schule und Medien (LISUM) eingeführt, die auf die einzelnen Unterrichtsfächer abgestimmt sind. Die Briefe, die vom Umfang und Inhalt her eher Broschüren ähneln, enthalten Informationen über das Zusammenwirken von Standards und Rahmenlehrplänen, über die Funktion der Bildungsstandards sowie über ihre Umsetzung in den betroffenen Fächern. Außerdem enthalten sie Hinweise für die Erarbeitung und Anpassung schuleigener Lehrpläne. Darüber hinaus verteilte das Landesinstitut eine CD-ROM mit Veröffentlichungen zu dem Thema der Bildungsstandards. In die Informationskampagne werden auch Schüler und Eltern miteinbezogen, indem z.B. die Landesgremien der Schülervertretungen über die Bildungsstandards informiert oder Broschüren auf die Schüler hin konzipiert werden.

Darüber hinaus stellen die Schulämter den Schulen im Rahmen ihres Beratungs- und Unterstützungssystems (BUSS) Fachberater sowie Schulentwicklungs- und Evaluationsberater an die Seite. Bei der Entwicklung von Diagnose- und Evaluationsinstrumenten kooperiert das Bundesland mit dem Land Mecklenburg-Vorpommern. Zentrale Prüfungen werden in der Klasse 10 und zum Abitur sowie Vergleichsarbeiten in den Klassen 4, 5 und 8 durchgeführt. Ab dem Schuljahr 2005/06 besuchen Schulvisitationsteams die Schulen. Die Informationsbroschüre „Schulvisitation im Land Brandenburg" beschreibt die vorgegebenen Qualitätskriterien und Methoden der Visitationen. Die Qualitätskriterien orientieren sich an dem im Februar 2005 eingeführten Qualitätsrahmen „Schulqualität in Brandenburg".

Mit der Fortbildungsphase zum Thema „Bildungsstandards" begann das Land Brandenburg schon als die KMK die Bildungsstandards noch entwickelte, also circa im Schuljahr 2002/03. Die Qualifizierungskurse des Landesinstitutes sind auf Lehrkräfte, Schulleitungen, Schulaufsicht sowie die BUSS-Berater ausgerichtet. Die Fortbildungen geben einen Überblick über die Anforderungen und die Umsetzung der Standards und stellen die Standards in einen Zusammenhang mit den Rahmenlehrplänen. Die gut konzipierte, zeitlich schon sehr weit fortgeschrittene sowie alle wichtigen Akteure berücksichtigende Fortbildungsarbeit Brandenburgs „übererfüllt" die zeitlichen Planungsvorschläge der Klieme-Expertise sogar. Die Bildungsstandards sind auch Bestandteil der Lehrerausbildung.

Welche Steuerungsstrategien wendet das Bundesland bei der Einführung der Bildungsstandards an?
Das Land Brandenburg verbindet die Einführung und praktische Umsetzung der Bildungsstandards mit der Weiterführung der Implementation der Rahmenlehrpläne. Rahmenlehrpläne und Bildungsstandards werden bei ihrer jeweiligen Einführung als vertikal wirkende Instrumente eingesetzt. Die Rahmenlehrpläne nehmen für die Bildungsstandards zudem noch die Funktion eines horizontalen Instrumentes mit regulierendem Charakter ein, da sie den Lehrern während des Einführungsprozesses der Standards ein vertrauter und sie in ihrer „Standard"-Arbeit lenkender Orientierungsrahmen sind.

Hervorzuheben ist, dass Brandenburg auch die Landesschülervertretung in den Implementierungsprozess mit einbezieht. Das Steuerungskonzept des kooperativen Staates betont, dass der Erfolg von Reformen und Implementationen zu einem wesentlichen Teil vom Einbezug aller Adressaten abhängt. Dies trifft auch auf die Einführung der Bildungsstandards zu, denn in Wissenschaft und Politik wird es als allgemeines Ziel angesehen, die Schüler im Umgang mit den Bildungsstandards zu befähigen, damit diese ihre Leistungen einordnen und im Prozess des eigenverantwortlichen Lernens gezielt verbessern können. Damit liegt ein weiterer Schwerpunkt der Implementierungsstrategie Brandenburgs auf dem Steuerungstyp der Persuasion. Er wird durch das Instrumentenbündel „Information und Fortbildung" umgesetzt und richtet sich an die auf allen Ebenen des Schulsystems beteiligten Adressaten und Akteure der Standardeinführung. Die gut konzipierte, zeitlich schon sehr weit fortgeschrittene sowie alle wichtigen Akteure berücksichtigende Fortbildungsarbeit Brandenburgs geht über die zeitlichen Planungsvorschläge der Klieme-Expertise sogar noch hinaus.

Insgesamt setzt Brandenburg bei der Einführung der Bildungsstandards auf eine weiche Steuerungsstrategie. Durch die Koppelung des indirekten Steuerungsinstrumentes der Persuasion mit den eher direkt regulierenden Elementen der Rahmenlehrpläne und der Implementierungsbriefe wird aber dennoch die Steuerungshandlung eines aktiven Staates erkennbar. Das Instrument der Implementierungsbriefe dient dazu, die Einführungsprozesse in den Schulen anzustoßen, ohne die Lehrer allzu sehr in ihrer pädagogischen Freiheit zu beschränken oder sie aber durch ungenügende Vorschläge für die neu auf sie zukommende Unterrichtsarbeit zu überfordern. Gerade vor dem Hintergrund der schon bestehenden Fortbildungsangebote setzt das Land regulierende und aktivierende Einführungsstrategien ausgewogen ein. Dieser Balanceakt zwischen hoheitlich-vertikaler und gesellschaftlich-horizontaler Steuerung charakterisiert das Steuerungsmodell des kooperativen Staates.

Generell kann man den Implementierungstrend Brandenburgs als „akteur- und adressatenorientiert" charakterisieren. Das bedeutet, dass der Implementierungsprozess durch die Motivierung und Aktivierung der beteiligten Personen angestoßen und gleichzeitig durch den Einsatz weicher, aber regulierender Steuerungsinstrumente auf die gesetzten Ziele des Bildungsministeriums hingelenkt wird (vgl. Ministerium für Bildung und Sport des Landes Brandenburg (Hrsg.) November 2004; weitere Referenzangaben siehe Literaturverzeichnis unter „Internetseiten Brandenburg").

2.3 Mecklenburg-Vorpommern

Welche Strukturen unterstützen die Einführung sowie die interne und externe Überprüfung der Bildungsstandards?

Das Bundesland hat konkrete Implementierungskonzepte für die einzelnen Bildungsstandard-Fächer erarbeitet. Darüber hinaus setzt das Landesinstitut für Schule und Ausbildung (LISA) im Schuljahr 2004/05 erstmals Fachberater zur Beratung und Evaluation von Unterricht ein. Bei der Entwicklung von Tests und Evaluationsinstrumenten sowie der Erstellung eines Aufgabenpools arbeitet das Bundesland mit dem Landesinstitut von Brandenburg zusammen. Die Überprüfung der Bildungsstandards erfolgt über das Abitur, die Übergangsprüfungen von der Jahrgangsstufe 10 in die Jahrgangsstufe 11, die Realabschlussprüfung und über Vergleichsarbeiten. Der Aufbau eines Systems von Schulinspektionen ist in Planung. Neben den Fachberatern, die den Schulen bei der Selbstevaluation behilflich sind, setzt das Bundesland auf das im Verbund mit Hessen durchgeführte Kooperationsprojekt START. Bei dem Projekt führen „Lehrer für Lehrer" auf Anforderung „kollegiale" Schulevaluationen und Peer-Reviews vor Ort durch.

Mit dem Schuljahr 2005/06 wird, wie von der Klieme-Expertise vorgeschlagen, mit der zweiten Ausbildungsphase der Lehrer bezüglich der Bildungsstandards begonnen, d.h. mit der Schulung im Umgang mit den Bildungsstandards. Das Landesinstitut LISA bietet Fortbildungsveranstaltungen zum Thema der Bildungsstandards im Bereich Mathematik und Deutsch, zur Durchführung von Vergleichsarbeiten sowie zur individuellen Förderung an.

Darüber hinaus hat das Bildungsministerium des Bundeslandes ein neues pädagogisches Leitkonzept für Schulen entworfen, das u.a. auf Bildungsstandards setzt. Seit Sommer 2005 finden zu diesem Leitkonzept in allen staatlichen

Schulämtern „zielführende Dienstberatungen" mit den Schulleitungen statt (vgl. Bildungsministerium Mecklenburg-Vorpommern 22.06.2005). Mit dem Schuljahr 2005/06 beginnt eine einjährige, auf das Leitkonzept zugeschnittene Lehrerfortbildung. Sie enthält u.a. auch Themen zum Umgang mit Bildungsstandards, Arbeiten im Team, Unterrichtsgestaltung in heterogenen Lerngruppen sowie zum schulischen Qualitätsmanagement. In diesem ersten Fortbildungsjahr werden zunächst jeweils drei Lehrer pro Schule berücksichtigt, ca. 1300 Lehrer insgesamt. Diese Lehrer sollen den Kern des Lehrerteams der Jahrgangsstufe 5 im Schuljahr 2006/07 bilden.

Welche Steuerungsstrategien wendet das Bundesland bei der Einführung der Bildungsstandards an? Die Prioritäten Mecklenburg-Vorpommerns bei der Einführung der Bildungsstandards liegen auf der Information und Unterstützung sowie der Lehrerfortbildung. Weiche Steuerungsprinzipien werden durch härtere Implementierungsstrategien flankiert, aufgrund derer das neue Schulkonzept der Qualitätsentwicklung und mit ihm die Bildungsstandards eingeführt werden sollen. Die einzelnen Implementierungsinstrumente – Information, Implementierungskonzepte, Fachberater, Fortbildungen im Umgang mit den Bildungsstandards, pädagogisches Leitkonzept mit zielführenden Dienstberatungen und gezielten Fortbildungen (u.a. zu den Bildungsstandards) – werden durch vertikale, horizontale und chronologische Steuerungsstrategien miteinander verbunden, um so ihre Effektivität zu erhöhen. Besonders hervorzuheben ist hier die Art und Weise der Einführung des neuen pädagogischen Leitkonzeptes, dessen Bestandteil die Bildungsstandards sind. Multiplikatoreffekte in der Fortbildung und die systematische Ausrichtung des Schulsystems ab der Jahrgangsstufe 5 auf die bildungspolitischen Neuerungen lassen auf eine gut durchdachte, auf schulische Unterstützung setzende Steuerungsstrategie schließen. Trotz der vielfältigen weichen und indirekten Steuerungselemente, wie z.B. die Implementierungskonzepte oder die Fachberater, setzt Mecklenburg-Vorpommern deutliche, den bildungspolitischen Prozess dirigierende Machtinstrumente ein, um eine Balance herzustellen. Beispiele sind die „zielführenden Dienstgespräche" zwischen Schulämtern und allen Schulleitungen des Landes, die anschließende obligatorische Fortbildung von jeweils drei Lehrern jeder Schule oder auch die Überprüfung der Bildungsstandards durch zentrale Prüfungen und Vergleichsarbeiten.

Bei der Erarbeitung von Informationen, Materialien oder standardkompatiblen Rahmenlehrplänen scheint das Bundesland dem Vorschlag der Klieme-Expertise zu folgen, eine Arbeitsteilung mit anderen Bundesländern vorzunehmen. Durch den Rückgriff auf das Instrument des Netzwerkes als Leistungsstruktur kann das Land wichtige Ressourcen personeller wie finanzieller Art einsparen.

Insgesamt setzt das struktur- und finanzschwache Bundesland auf die gesellschaftliche Solidarität und Unterstützung bei der Entwicklung von Schulqualität. Die Bildungsstandards sind in das Konzept zur Qualitätsentwicklung der Schulen in Mecklenburg-Vorpommern einbezogen. Dieses Konzept basiert auf der Idee der kulturellen Steuerung, indem es auf die Motivation, Leistungsbereitschaft und die Unterstützung seitens der Gesellschaft als Basis der schulischen Qualitätsentwicklung setzt. In Pressemitteilungen wird die Bedeutung des Faktors Bildung nicht nur für den einzelnen Menschen, sondern auch für die Zukunft des Bundeslandes herausgehoben (vgl. Bildungsministerium Mecklenburg-Vorpommern 25.08.2004, 11.10.2004, 22.06.2005). Häufig wird zur gesamtgesellschaftlichen Mitarbeit aufgefordert, damit junge Menschen wegen guter Bildungs- und Lebenschancen im Bundesland bleiben oder zuziehen anstatt in das übrige Bundesgebiet abwandern zu müssen. Dabei betont das Bundesland v.a. den Faktor der individuellen Förderung, um auf diese Weise die Chancengleichheit im Bildungssystem zu erhöhen. Bildungsstandards, wird seitens des Bildungsministeriums betont, ermöglichen in diesem Zusammenhang die Forderung und Förderung von Schülerleistungen sowie die Anstrengungsbereitschaft der Schüler. Zugleich ermöglichen sie eine kontinuierliche Entwicklung des gesamten Schulsystems. Die Betonung der individuellen Förderung als prioritärem Ansatz der Bildungsoffensive Mecklenburg-Vorpommerns spiegelt sich auch in dem – zwar sehr kleinen – Angebot von Fortbildungskursen zum Umgang mit Bildungsstandards und der Individualförderung wider. Besser entwickelt sind dagegen die Konzepte der schulbezogenen, obligatorischen Lehrerfortbildung und der schulischen Qualitätsentwicklung.

Der Vergleich der Maßnahmen zur Einführung von Bildungsstandards mit dem Referenzrahmen zeigt zum einen, dass Mecklenburg-Vorpommern im Rahmen seiner Möglichkeiten die Einführung der Bildungsstandards zu realisieren versucht. Dabei erfüllt das Bundesland viele der von der Klieme-Expertise aufgestellten Anforderungen. Zum anderen wird deutlich, dass auch Mecklenburg-Vorpommern den vom kooperativen Staat vorgeschlagenen indirekten Steuerungsweg einschlägt. Das Bundesland nimmt seine Steuerungsfunktion insbesondere als aktivierender und motivierender sowie die gesellschaftliche Beteiligung einfordernder Staat wahr, damit die Bildungsstandards in Zukunft bei der schulischen Bildungsarbeit beachtet werden (Referenzangaben siehe Literaturverzeichnis „Internetseiten Mecklenburg-Vorpommern").

3 Zusammenfassung: Evolutionistischer Trend und ideographische Besonderheiten bei der Standardeinführung

Abschließend kann festgestellt werden, dass alle drei Länder vielen Gesichtspunkten des Referenzrahmens gerecht werden. Wegen des frühen Zeitpunktes der Untersuchung war davon auszugehen, dass die Idealvorstellungen der Klieme-Expertise von einem ausgebauten Standardsystem nicht umfassend erfüllt würden. Aber alle drei Länder genügen den Anforderungen der Bildungsforschung für die erste Phase der Implementierung sowohl auf der Struktur- als auch auf der Prozessebene. Die graduellen qualitativen und quantitativen Unterschiede und verschiedenen Schwerpunktsetzungen zwischen den Bundesländern lassen sich auf ihre unterschiedliche strukturelle, finanzielle und personelle Lage zurückführen.

Ein evolutionistischer Trend lässt sich hinsichtlich der strukturellen Ausgestaltung der drei Standardsysteme feststellen. Dieser Trend trifft nicht nur auf die Anfangsphase der Standardeinführung zu, sondern ist auch bei den noch in Planung befindlichen Strukturen eines Monitoringsystems festzustellen. Der systematische Aufbau eines solchen Überprüfungssystems der Standarderreichung soll in den nächsten Phasen der Standardeinführung erfolgen. Alle drei Bundesländer weisen bei ihrer Darstellung der noch in Planung befindlichen oder schon bestehenden Leistungs- und Opportunitätsstrukturen ein untereinander übereinstimmendes Konzept auf, nämlich u.a. die Angleichung der Lehrpläne mit den Bildungsstandards, die Anpassung der Landesinstitute und Fortbildungsinstitute auf die neuen Aufgaben, Beratungsangebote oder die Einrichtung von Überprüfungsformen wie zentralen Vergleichsarbeiten und Schulinspektionen. Diese Übereinstimmung ist aber wohl eher darauf zurückführen, dass die beschriebenen äußeren Strukturen der Leistungssysteme (nicht ihre inneren Ablaufprozesse) zu den unabänderlichen Bedingung für ein auf Standards basierendes Schulsystem gehören, wie es die Ergebnisse der Arbeitsgruppe Internationale Vergleichsstudie „Vertiefender Vergleich der Schulsysteme ausgewählter PISA-Teilnehmerstaaten" (2003) zeigen.

Auf der Prozessebene ist zwischen den Bundesländern kein allgemeiner Entwicklungstrend festzustellen, obwohl alle drei Implementierungsstrategien die Ratschläge der Klieme-Expertise je auf ihre Weise widerspiegeln. Darüber hinaus zeigen alle Steuerungskonzepte die typischen Charakteristika eines kooperativ steuernden Staates auf. Dennoch ergeben sich die ideographischen Besonderheiten der Bundesländer vielmehr aus der Art und Weise wie sie die Implementierung der Bildungsstandards organisieren und den Einführungsprozess lenken, als aus der Ausgestaltung der Infrastruktur. Die Länder mussten u.a. wegen unterschiedlicher kontextueller Bedingungen verschiedene Steuerungswege innerhalb des Konzeptes des kooperativen Staates einschlagen und verschiedene Schwerpunkte setzen – ein Umstand der zu den dargestellten Unterschieden und Besonderheiten bei der Einführung der Bildungsstandards führt.

In dieser ersten Phase der Standardeinführung ergibt sich vielleicht noch kein unterschiedliches Strukturbild in den Bundesländern, so doch aber ein Flickenteppich verschiedener Steuerungs- und Implementierungskonzepte – vorausgesetzt ein Vergleich der anderen fünfzehn Bundesländer mit dem Referenzrahmen würde zu einem ähnlichen Ergebnis wie diese Untersuchung kommen.

Drückt man diese Ergebnisse in den Begrifflichkeiten des Governancekonzepts aus, wie sie von Martin Heinrich im Einführungsartikel „Von der Steuerung zu Aushandlungsprozessen als neue Form der Handlungskoordination" dargelegt wurden, so ist gemäß dem dort dargelegten Konzept der „Handlungskoordination" festzustellen, dass alle drei Bundesländer bei ihren Einführungsstrategien versuchen, die betroffenen Akteure vor Ort, d.h. Schulleitungen, Lehrkräfte, Lehrer oder Schüler etc. zu involvieren, um auf diese Weise einer rigiden Durchgriffssteuerung entgegenzuwirken und Umdeutungen bei der Standardimplementierung in einem gewissen Umfang zuzulassen. Als Beispiel sind u.a. die Implementierungsbriefe bzw. -konzepte zu den Bildungsstandards oder zum Bildungsplan in Baden-Württemberg zu nennen, die Orientierung und Anregungen geben sollen, aber nicht den Anspruch erheben, eins zu eins umgesetzt zu werden.

Da bislang noch keine Erfahrungen mit den Bildungsstandards gesammelt werden konnten und somit die verschiedenen Akteure im Schulsystem in ihrem Umgang mit den Bildungsstandards von den für die Implementierung Verantwortlichen in den Kultusministerien noch nicht beobachtet werden konnten – das Monitoringsystem befindet sich noch im Aufbau – und daher auch ein Management von Interdependenzen der involvierten Akteure noch nicht möglich ist, beschränken sich die Modi der Handlungskoordination in der analysierten Einführungsphase v.a. noch auf den Modus der Beeinflussung durch Information, Fortbildung oder Beratungsleistungen. Aber auch der Modus der Aushandlung ist im Aufbau begriffen, wie es sich im Rechenschafts- und Inspektionssystem der Bundesländer zeigt, nach dem aufgrund der einzelschulischen Evaluations- und Inspektionsergebnisse mit den Schulen individuelle Zielvereinbarungen abgeschlossen werden sollen. In die gleiche Richtung zielen auch die Beratungssysteme der drei Bundesländer oder das Bemühen Mecklenburg-Vorpommerns, den Schulen das neue Konzept der Qualitätsentwicklung durch „zielführende" Gespräche mit den Schulleitungen zu vermitteln. Somit werden von den drei

Bundesländern die verschiedensten Regelsysteme in Anspruch genommen, um innerhalb der verschiedenen Modi der Handlungskoordination zu agieren.

Literatur

Arbeitsgruppe Internationale Vergleichsstudie. (2003): Vertiefender Vergleich der Schulsysteme ausgewählter PISA-Teilnehmerstaaten. Bonn.

Bildungsministerium Mecklenburg-Vorpommern. (25.08.2004): Pressemitteilung „Gute Schule in Mecklenburg-Vorpommern - Zwölf Leitsätze zur Schulentwicklung". Schwerin.

Bildungsministerium Mecklenburg-Vorpommern. (11.10.2004): Pressemitteilung „Konzept zur Qualitätsentwicklung der allgemein bildenden und beruflichen Schulen in Mecklenburg-Vorpommern". Schwerin.

Bildungsministerium Mecklenburg-Vorpommern. (22.06.2005): Pressemitteilung „Gute Schule für unser Land, bessere Chancen für unsere Kinder - Rede des Ministers für Bildung, Wissenschaft und Kultur". Schwerin.

Blanke, Bernhard (2001): Verantwortungsstufen und Aktivierung im Sozialstaat - Steuerungsfragen der Modernisierung. In: Burth, H. P./Görlitz, A. (Hrsg.): Politische Steuerung in Theorie und Praxis. Baden-Baden, S. 147–166.

Böttcher, Wolfgang (2003): Starke Standards. Bessere Lernergebnisse und mehr Chancengleichheit. In: Lernende Schule. Themenheft Bildungsstandards 24 (2003), S. 4-9.

Braun, Dietmar (2000): Politische Gesellschaftssteuerung zwischen System und Akteur. In: Lange, Stefan/Braun, Dietmar: Politische Steuerung zwischen System und Akteur. Eine Einführung. Opladen, S. 99–164.

Braun, Dietmar (2001): Diskurse zur staatlichen Steuerung. Übersicht und Bilanz. In: Burth, Hans-Peter/Görlitz, Axel (Hrsg.): Politische Steuerung in Theorie und Praxis. Baden-Baden, S. 101–132.

Braun, Dietmar/Giraud, Olivier (2003): Steuerungsinstrumente. In: Schubert, Klaus/Bandelow, Nils C. (Hrsg.): Lehrbuch der Politikfeldanalyse. München, S. 147–174.

Dahme, Heinz-J./Grunow, Dieter (1983): Implementation persuasiver Programme. In: Mayntz, Renate (Hrsg.): Implementation politischer Programme II. Ansätze zur Theoriebildung. Opladen, S. 117–141.

Dose, Nicolai (2001): Problemorientierte politische Steuerung. In: Burth, Hans-Peter/Görlitz, Axel (Hrsg.): Politische Steuerung in Theorie und Praxis. Baden-Baden, S. 315–337.

Dose, Nicolai (2003): Trends und Herausforderungen der politischen Steuerungstheorie. In: Grande, Edgar/Prätorius, Rainer (Hrsg.): Politische Steuerung und neue Staatlichkeit. Baden-Baden, S. 19–58.

Grunow, Dieter (1983): Interorganisationsbeziehungen im Implementationsfeld und ihre Auswirkungen auf die Umsetzung und die Zielerreichung politischer Programme. In: Mayntz, R.enate (Hrsg.): Implementation politischer Programme II. Ansätze zur Theoriebildung. Opladen, S. 142–167.

Huber, Stephan G. (2003): Qualifizierung von Schulleiterinnen und Schulleitern im internationalen Vergleich. Eine Untersuchung in 15 Ländern zur Professionalisierung von pädagogischen Führungskräften für Schulen. Kronach.

Kaufmann, Franz-Xaver/Rosewitz, Bernd (1983): Typisierung und Klassifikation politischer Maßnahmen. In: Mayntz, Renate (Hrsg.): Implementation politischer Programme II. Ansätze zur Theoriebildung. Opladen, S. 25–49.

Kelman, Steven J. (2002): Contracting. In: Salamon, Lester M. (Hrsg.): The Tools of Government. A Guide to the New Governance. Oxford, S. 282-318.

Klaffke, Thomas (2003): Von Absichtserklärungen zu überprüfbaren Standards. Verbindlichkeit über das Schulprogramm herstellen. In: Lernende Schule 24 (2003). Themenheft Bildungsstandards, Beilage: Schulleitung in der lernenden Schule, S. 4f.

Klieme, Eckhard/Avenarius, Hermann/Blum, Werner et al. (2003): Zur Entwicklung nationaler Bildungsstandards. Eine Expertise. Bonn.

König, Klaus (2001): ‚Public Sector Management' oder Gouvernanz-, Steuerungs- und Strukturierungsprobleme öffentlicher Verwaltung. In: Burth, Hans-Peter/Görlitz, Axel (Hrsg.): Politische Steuerung in Theorie und Praxis. Baden-Baden, S. 293–315.

König, Klaus/Dose, Nicolai (1989): Klassifizierungsansätze staatlicher Handlungsformen. Eine steuerungstheoretische Abhandlung. Speyer.

Kultusministerkonferenz KMK. (23./24.10.1997): 280. Sitzung der Kultusministerkonferenz. Konstanzer Beschluss zur Durchführung länderübergreifender Vergleichsuntersuchungen zum Lern- und Leistungsstand von Schülerinnen und Schülern. Konstanz.

Kultusministerkonferenz KMK. (10.05.2001): Weiterentwicklung des Schulwesens in Deutschland seit Abschluss des Abkommens zwischen den Ländern der Bundesrepublik zur Vereinheitlichung auf dem Gebiet des Schulewesens vom 28.10.1964 i.d.F. vom 14.10.1971. Bonn.

Kultusministerkonferenz KMK. (5./6.12.2001): 296. Sitzung der Kultusministerkonferenz. Definition von sieben vorrangigen Handlungsfeldern als Konsequenz aus PISA. Bonn.

Kultusministerkonferenz KMK. (23./24.05.2002): Bildungsstandards zur Sicherung von Qualität und Innovation im föderalen Wettbewerb der Länder. Bonn.

Kultusministerkonferenz KMK. (4.12.2003): Vereinbarung über Bildungsstandards für den Mittleren Schulabschluss (Jahrgangsstufe 10). Bonn.

Kultusministerkonferenz KMK. (15.10.2004): Vereinbarung über Bildungsstandards für den Primarbereich (Jahrgangsstufe 4). Bonn.

Kultusministerkonferenz KMK. (15.10.2004): Vereinbarung über Bildungsstandards für den Hauptschulabschluss (Jahrgangsstufe 9). Bonn.

Kultusministerkonferenz KMK. (16.12.2004): Vereinbarung über Bildungsstandards für den Mittleren Schulabschluss (Jahrgangsstufe 10) in den Fächern Biologie, Chemie, Physik. Bonn.

Kultusministerkonferenz KMK-Pressemitteilung. (18.02.2003): Wolff: Bildungsstandards sind der richtige Weg für mehr Qualität im Unterricht – Studie bestätigt Arbeit der Kultusministerkonferenz nach PISA. Bonn.

Lange, Stefan (2000): Politische Steuerung als systemtheoretisches Problem. In: Lange, Stefan/Braun, Dietmar: Politische Steuerung zwischen System und Akteur. Opladen, S. 15–98.

Lütz, Susanne (1995): Politische Steuerung und die Selbstregelung korporativer Akteure. In: Mayntz, Renate/Scharpf, Fritz W. (Hrsg.): Gesellschaftliche Selbstregelung und politische Steuerung. Frankfurt a.M., S. 165–192.

Mayntz, Renate (1983): Implementation von regulativer Politik. In: Dies.(Hrsg.): Implementation politischer Programme II. Ansätze zur Theoriebildung. Opladen, S. 50–74.

Mayntz, Renate (1996): Politische Steuerung: Aufstieg, Niedergang und Transformation einer Theorie. In: Beyme von, Klaus/Offe, Claus (Hrsg.): Politische Theorien in der Ära der Transformation. PVS-Sonderheft 26. Opladen, S. 148–168.

Mayntz, Renate (2004): Governance Theory als fortentwickelte Steuerungstheorie? Vortrag gehalten auf der Konferenz „Governance-Forschung: Stand und Entwicklungslinien", 4.-6. März 2004, Berlin (http://www.mpi-fg-koeln.mpg.de/pu/workpap/wp04-1/wp04-1.html).

Ministerium für Bildung und Sport des Landes Brandenburg (Hrsg.). (November 2004): Orientierungsrahmen Schulqualität in Brandenburg. Qualitätsbereiche und Qualitätsmerkmale guter Schulen. Potsdam.

Münch, Richard (2001): Politische Steuerung im Kontext von Netzwerken, Institutionen, Professionen und Kulturen. In: Burth, Hans-Peter/Görlitz, Axel (Hrsg.): Politische Steuerung in Theorie und Praxis. Schriften zur Rechtsphilosophie 12. Baden-Baden, S. 187–220.

Priebe, Botho (2003): Bildungsstandards: Es gibt viel zu tun, packen wir's an! - Aber wie? Lernende Schule 24 (2003). Themenheft Bildungsstandards, S. 20–24.

Scharpf, Fritz W. (1983): Interessenlagen der Adressaten und Spielräume der Implementation bei Anreizprogrammen. In: Mayntz, Renate (Hrsg.): Implementation politischer Programme II. Ansätze zur Theoriebildung. Opladen, S. 99–116.

Schimank, Uwe/Lange, Stefan (2001): Gesellschaftsbilder als Leitbilder politischer Steuerung. In: Burth, Hans-Peter/Görlitz, Axel (Hrsg.): Politische Steuerung in Theorie und Praxis. Schriften zur Rechtsphilosophie 12. Baden-Baden, S. 221–246.

Schuppert, Gunnar F. (2000). Verwaltungswissenschaft. Verwaltung, Verwaltungsrecht, Verwaltungslehre. Baden-Baden: Nomos.

Voigt, Rüdiger (1996): Des Staates neue Kleider. Entwicklungslinien moderner Staatlichkeit. Baden-Baden.

Weiss, Janet A. (2002): Public Information. In: Salamon, L. M. (Hrsg.): The Tools of Government. A Guide to the New Governance. Oxford, S. 217–254.

Internetseiten

Baden Württemberg

Gesetz zur Einrichtung des Landesinstituts für Schulentwicklung als selbständige und rechtsfähige Anstalt des öffentlichen Rechts.
http://www.leu.bw.schule.de/bild/Gesetz-LS.pdf (16.06.2005).

Baden-Württembergische Bildungsstandards und Bildungsplan
http://www.bildung-staerkt-menschen.de/schule_2004/bildungsplan_kurz (25.07.2005).
http://www.bildungsstandards-bw.de (25.07.2005).
http://www.schule-bw.de/unterricht/bildungsstandards (25.07.2005).

Die Evaluationsinstrumente des Landesinstitutes für Schulentwicklung
http://www.eis-bw.de (27.07.2005).

Brandenburg

http://www.lisum.brandenburg.de (20.05.2005).

Mecklenburg-Vorpommern

http://www.kultus-mv.de (13.05.2005).
http://www.bildung-mv.de (13.05.2005).

Implementierung der Bildungsstandards
http://www.bildung-mv.de/bildungsstandards/bildungsstandards-hinweise.htm (23. 07.2005).

Kooperationsprojekt START
http://www.bildung-mv.de/schule/schulentwicklung/kooperationsprojekt/START.htm (23. 07.2005).

Jürgen Kussau

Zur Mitarbeiterbeurteilung als Instrument schulischer Qualitätssicherung[1]

Qualitätssicherung ist gekennzeichnet durch einen systemischen Ansatz, in dem ein Rädchen ins andere greift – institutionell in der Konstruktion von Agenturen der Qualitätssicherung und aufeinander abgestimmter Verfahren der Informationssammlung und -weitergabe, inhaltlich in systematisch-hierarchisch geordneten Beobachtungskriterien (Referenzrahmen o.ä.). Soweit handelt es sich um ein *umfassendes, integriertes* und *„hyperrationalistisches"* Programm (Wise 1977), das überdies als *unilateraler staatlicher Steuerungsimpuls* über die Schule „kommt".

In der Dimension *umfassend-integriert* besetzt Qualitätssicherung (zum Begriff Harvey/Green 2000) die Stelle, die historisch als Begründung und Stabilisierung von Schule zu beschreiben ist. Schule organisieren und gute Schule organisieren sind identische Vorgänge (Kann man absichtsvoll eine schlechte Schule organisieren?). Die Rede von Qualität als einem neuen Merkmal von Schule ergibt nur dann Sinn, falls die bisherige Schule *nicht* auf Qualität ausgerichtet war. Mit dem Qualitätsbegriff wird ein selbstverständlicher, impliziter Anspruch in eine explizite Besonderheit verwandelt. Dabei ist es beinahe als Ironie der Geschichte zu bezeichnen, dass heute wie zu Zeiten ihrer Institutionalisierung die allgemeine, öffentliche Schule vor einer gewandelten, aber doch vergleichbaren Aufgabe steht, aus der sich die Qualitätsdiskussion eigentümlich heraushält. So wie seinerzeit die Schulpflicht durchgesetzt werden musste, geht es jetzt erneut darum, wie die Schule *alle* Kinder erreicht – jenseits der Erfüllung ihrer formalen Schulpflicht.

Qualitätsbegriff und -sicherung dienen, neben Bemühungen um eine tatsächliche Verbesserung der Schule, der Rechtfertigung (empirische Legitimation) und sind immer auch unter dem Begriff der Performanz in seiner Doppelbe-

---

1   Überarbeitete und erweiterte Fassung eines Referats auf der 68. Tagung der AEPF vom 10. – 13. September 2006 in München. Symposium: Übergänge der Qualitätsentwicklung und -sicherung im Schulwesen. Das Manuskript wurde Ende 2006 abgeschlossen. Für kritische Bemerkungen und Anregungen danke ich Roman Langer und einem anonymen Gutachter.

deutung zu fassen: als tatsächliche Leistung und als „theatralische" Darstellung eines Rationalitätsmythos, etwa im Gewand von „accountabilty" (Legnaro 2004, 206f; Power 1997), wobei Rechenschaftslegung ihrerseits wieder Kontrollansprüche (mit-) beinhaltet. Die Kennzeichnung von Qualitätssicherung als *hyperrationalistisch* spielt darauf an, dass ihr geordneter Systemcharakter so etwas wie eine Theorie der Schule voraussetzt, in der hauptsächlich über die Sammlung von Informationen die Faktoren guter Bildung benenn- und (re-)kombinierbar sind. Systematische Beobachtung und verbesserte Beobachtungstechniken durchbrechen die informationelle Unzugänglichkeit der Profession.

Mit einem *unilateralen staatlichen Steuerungsimpuls* soll schließlich, ebenfalls im Anschluss an die historische Ausgangslage, angedeutet werden, dass Qualitätssicherung ein einseitig gerichteter Impuls ist. Qualitätssicherungsmodelle organisieren absenderzentriert die Informationssammlung und -weitergabe, nicht jedoch die Verwendung und Rezeption bei den AdressatInnen. Nicht intendierte Folgen sind damit in das Modell bereits systematisch eingebaut. Qualitätsagenturen (Inspektorat bz. im Kanton Zürich: Neue Schulaufsicht) und Evaluationsverfahren können in die schulische Regelungsstruktur implantiert werden, sie sind damit aber noch nicht implementiert. In der Governanceperspektive muss sich eine Koordinationsstruktur, die dem umfassenden Qualitätsanspruch gerecht wird, erst noch auf der schulischen, lokalen und/oder regionalen Ebene ("regional governance") herausbilden (Kussau/Brüsemeister 2007).

Qualitätssicherung setzt auf verschiedenen Ebenen des Schulsystems an.[2] Die Mitarbeiterbeurteilung (MAB), wie sie hier am Beispiel ihrer Handhabung im Kanton Zürich näher betrachtet werden soll, beobachtet systematisch die LehrerInnen als individuelle Akteure. Dieser Ansatz liegt ebenso eigentümlich quer zum reformerisch bevorzugten Zugang zur Schule als pädagogische und organisatorische Einheit, wie er berücksichtigt, dass Organisationseinheiten sich aus individuellen Akteuren zusammensetzen und diese als primäre ProduzentInnen von Schulleistungen und als primäre „Beobachtungseinheiten" unersetzlich sind. Weil in der Qualitätssicherung die Referenz auf individuelle und organisierte Akteure weniger wichtig erscheint als die Produktion verwendbarer Informationen über die Bedingungen schulischer Qualität, folgt einem ersten Teil, der sich spezifisch mit der MAB befasst, ein zweiter Schritt mit einigen allgemeineren Notizen zur Qualitätssicherung.

Einer kurzen Darstellung der Entstehungsgeschichte (1.) und des Verfahrens der MAB (2.), schließt sich eine theoretische Interpretation einiger Aspekte in der Governanceperspektive an, nämlich die wechselseitige Angewiesenheit zwischen Evaluationsbehörde und LehrerInnen und ihre Auswirkungen (3.1), die

---

2   Und spart dabei das institutionelle Umfeld der Schule – Politik, Verwaltung, Schulaufsicht – aus.

Logik der Angemessenheit im Verhältnis zur Forderung, explizite Informationen zu liefern (3.2), die Konkurrenz verschiedener qualitätsrelevanter Informationen (3.3) und schließlich den Tauschmodus von Beobachtung und Beeinflussung gegen Informationen (3.4). Anschließen werde ich (4.) generellere Bemerkungen zur Logik der Qualitätssicherung im Kontext von Politik, Informationsbasierung und institutionellem Wissen und dabei das Argument stark machen, Qualitätsinformationen um Informationen zu ergänzen, die sich mit den politischen und sozialen Beziehungen der beteiligten Akteure beschäftigen (Governance).

1 Zur Geschichte der Mitarbeiterbeurteilung

Die Mitarbeiterbeurteilung war ursprünglich nicht als spezifisch schulbezogene Qualitätssicherungsmaßnahme angelegt. Sie entstand im Zusammenhang mit einer strukturellen Besoldungsrevision des Zürcher Staatspersonals, mit deren Hilfe die personalpolitischen Spielräume der Verwaltung denen der Privatwirtschaft konkurrenzfähig angenähert werden sollten. Dabei ging es vor allem um die Einführung eines Leistungslohns auf der Grundlage einer Mitarbeiterbeurteilung. Erst im Zuge der *Zürcher Volksschulreform* und der aufkommenden Qualitätsdebatte wurde der Aspekt der schulischen Qualitätssicherung unter besonderer Berücksichtigung von Fördermaßnahmen hinzugefügt. Als Instrument der Qualitätssicherung bleibt es jedoch nach wie vor daran gebunden, „brauchbare Grundlagen für die Lohnwirksamkeit der Beurteilung zu erarbeiten" (Wendelspiess 2005, 151). Angesichts knapper Finanzen kam das finanzielle Anreizinstrument bisher allerdings noch nicht zum Einsatz.

Gegen Bedenken aus der Lehrerschaft wurde in mehrjähriger Arbeit das Modell einer „lohnwirksamen Lehrerbeurteilung" entwickelt. Jeder Versuch der Lehrerorganisationen, diese Beurteilung zu verhindern, scheiterte politisch, nicht zuletzt aus Gründen der Rechtsgleichheit gegenüber dem übrigen Staatspersonal (Wendelspiess 2005, 145f). Als Besonderheit zu erwähnen ist die Zuordnung der MAB zur kommunalen Schulbehörde (Schulpflege), die sich aus per Volkswahl bestellten BürgerInnen, also Laienpersonal, zusammensetzt (Milizbehörde) und der die unmittelbare öffentliche Aufsicht der „Volks"-Schule obliegt (Kussau 2006; Kussau 2007a). Diese Trägerschaft ist in der Schweiz gleichermaßen typisch wie in letzter Zeit eher ungewöhnlich. Zwar werden zahlreiche Aufgaben der lokalen Organisierung der Schule im milizförmigen Nebenamt erledigt; umgekehrt wandern zahlreiche Aufgaben an die Schulleitungen, verfachlichte Organisationen bzw. ExpertInnen (z.B. an den schulpsychologischen Dienst). So beziehen andere Kantone die Schulleitung als professionelle Instanz neben dem ebenfalls professionellen kantonalen Inspektorat stärker als der Kanton Zürich in die MAB mit ein (Legler 2005, 137; vgl. auch Dubs 2005), ein Zugang, den mittlerweile auch der Kanton Zürich geht. Einerseits handelt es sich dabei um ein Entgegenkommen an die Lehrerschaft, die eine Laienaufsicht als „professionelle Kränkung" verstehen müssen (mündliche Aussage eines leitenden Mitarbeiters der Bildungsdirektion des Kantons Zürich).[3] Zum anderen passt die Laien-MAB nicht in den Kreislauf evaluationsbasierter Steuerung, das funktionalen Fragen, wie eine leistungsfähige Schule zu erzeugen ist, einen eindeutigen Vorrang gegenüber konstitutionellen Fragen einer öffentlichen Volksschule zuweist.

2   Zum Verfahren der Mitarbeiterbeurteilung

Das Verfahren setzt an den LehrerInnen als *individuellen* Akteuren an und ist eingefügt in ein Modell der Qualitätssicherung, das zwischen personaler, schulischer und Systemebene unterscheidet:

Personale Ebene (individuelle LehrerInnen)	Selbstbeobachtung: Selbstevaluation des Unterrichts
	Fremdbeobachtung: MAB
Schulische Ebene (Schule als Einheit)	Selbstbeobachtung: Selbstevaluation der Schule
	Fremdbeobachtung: Neue Schulaufsicht
Systemebene	Selbstbeobachtung: Schulstatistik und Hörensagen
	Fremdbeobachtung: Schulmonitoring

Abbildung 1:   Drei Ebenen der Qualitätssicherung

Die MAB findet in einem geregelten *und* rechtsförmigen Verfahren statt, gegen dessen Ergebnisse („Beschluss" der Schulpflege) das Rechtsmittel des Rekurses (Widerspruchs) eingelegt werden kann. Die Form der Rechtsverbindlichkeit ist deshalb wichtig, weil die Schulpflege als Anstellungsbehörde fungiert. Die Beurteilung findet in einem Turnus von vier Jahren statt und wird i.d.R. durch ein Dreierteam in einem Schuljahrsquartal durchgeführt. Sie umfasst sechs Unterrichtsbesuche. Zur Vorbereitung der MAB ist jede LehrerIn verpflichtet, ein selbstevaluatives „Dossier Unterricht und Planung" auszuarbeiten, in dem die

---

3   Die Zürcher Lehrerschaft stritt historisch bisher vergeblich für eine stärkere professionelle Aufsicht (Ziegler 1993, 16; 24) – zu Lasten einer öffentlichen Volksaufsicht (Kussau/Oertel 2005; Kussau/Rosenmund 2005).

„zentralen pädagogischen Fragen" angesprochen werden (BiD 2002, 16). Den Unterrichtsbesuchen, die mit Hilfe eines standardisierten Formulars protokolliert werden, folgt der „Beobachtungsbericht" der Evaluationsgruppe, der sich auf die in der Übersicht 2 genannten Punkte A. und B. bezieht. Daneben fertigt die Gruppe einen „Erkundungsbericht", der die Punkte C. und D. erfasst. Seine Grundlage ist nicht der Unterrichtsbesuch, sondern ein Gespräch mit den LehrerInnen, nicht zuletzt auch auf der Grundlage des Dossiers Unterricht und Planung. Auf einer „Integrationssitzung" führen die SchulpflegerInnen ihre Erkenntnisse zu einer Gesamtbeurteilung zusammen. Danach findet ein „Beurteilungsgespräch" mit jeder einzelnen beurteilten Lehrkraft statt, gedacht als Kontrastierung von Fremd- und Selbstbeschreibung. Abschließend fasst die Schulpflege einen „Beschluss", der Fördermaßnahmen und Vereinbarungen, etwa über Weiterbildungsmaßnahmen mit den jeweiligen LehrerInnen enthalten kann. Die Gesamtbeurteilung bleibt als „Personaldossier" in der Gemeinde und ist nicht als Arbeitszeugnis für allfällige Stellenbewerbungen zu verwenden.

Zugrundegelegt werden der Mitarbeiterbeurteilung folgende Beurteilungskriterien (BiD o.J.; Wendelspiess 2005, 150).

A. Klassenführung	Grundhaltung Gemeinschaftsförderung Beziehungen zu den einzelnen Schüler/innen
B. Unterricht	Zielorientierung Geeignete Lehr- und Lehrformen Förderung eigenverantwortlichen Lernens
C. Engagement für Lehrerteam und Schule	Zusammenarbeit im Kollegium und mit Spezialisten Mitwirkung in Schulhaus, Schulgemeinde und Schulwesen
D. Öffnung der Schule	Auseinandersetzung mit Veränderung und persönliche Weiterbildung

Abbildung 2:   Beurteilungskriterien der MAB

Die Einstufung der LehrerInnen erfolgt in fünf „Notenstufen":

- Übertrifft die Anforderungen deutlich;
- entspricht den Anforderungen vollumfänglich;
- entspricht den Anforderungen;
- entspricht den Anforderungen teilweise;
- genügt den Anforderungen nicht.

3 Zu Governance-Aspekten der MAB

Nach bisherigen Erfahrungen mit der MAB, die 2003 evaluiert wurde (EvaMAB 2003[4]), schwanken die Einschätzungen der LehrerInnen zwischen der Anerkennung, dass via Beobachtung erstmals eine ausdrückliche Würdigung ihrer Arbeit – Beobachtung als Anerkennung – erfolgt und Misstrauen, kontrolliert zu werden. „Anerkennung und die Möglichkeit, Fehler und Schwächen zwecks Verbesserung offenzulegen" ziehen einige LehrerInnen sogar einem „Lohnzuschlag" vor (EvaMAB 2003, 68f). Insgesamt ist knapp die Hälfte der LehrerInnen mit ihren MAB-Erfahrungen zufrieden (ebd., 54).

Externe Evaluation ist den (Zürcher) LehrerInnen nicht unbekannt. Nur macht es einen Unterschied, ob es sich um formlose Unterrichtsbesuche handelt oder um kriteriengestützte Evaluation. Diese Form ist „fremd". Qualitätssicherung führt dazu, dass LehrerInnen (a) die Vertrautheit mit ihrer Schule (zunächst) abhanden kommt und damit (b) ihre „vertrauenswerten Rezepte" als ein „Denken-wie-üblich" an Geltung verlieren. Nur die Erfahrung kann zeigen, ob und wie die LehrerInnen die externe Evaluation in ihre Routinen einbauen. Dabei ist damit zu rechnen, dass sie sich (wie wir alle) nur für die Ausschnitte aus ihrer Arbeit interessieren, die in ihrer „aktuellen oder potentiellen Reichweite" liegen (Zitate Schütz 1972, 58, 59, 55).

3.1 Wechselseitige Angewiesenheit von Behörde und LehrerInnen

Die Mitarbeiterbeurteilungen fielen, wenigstens im ersten Durchgang, überdurchschnittlich gut aus. Wie ist das zu erklären?

Zwischen Behörde und LehrerInnen wurde, nicht intendiert, jedoch der institutionellen Logik folgend, ein implizites Stillhalteabkommen oder auch ein „heimliches Bündnis"[5] geschlossen. An systematischer Unterrichtsbeobachtung – im Unterschied zu distanzierter Beobachtung mittels Leistungstests etc. – lässt sich demonstrieren, wie sich eine politisch-administrative Hierarchisierung im Schulsektor in funktionaler Hinsicht verkehrt (Kussau/Brüsemeister 2007). Formal gibt es keine Zweifel an der Zugangsberechtigung der Behörde zur Unterrichtsbeobachtung. Solange aber LehrerInnen unverzichtbar und kollektiv nicht zu ersetzen sind, die Behörde also auf „ihre" LehrerInnen angewiesen ist, genügt ein formales Beurteilungsmandat nicht (außer es geht allein um Rechenschafts-

---

4   Teile dieser Untersuchung sind in Beiträgen bei Sigrist/Wehner/Legler 2005 eingearbeitet.
5   Den Begriff verdanke ich Thomas Brüsemeister.

legung und nicht um – positive[6] – Entwicklung). Die Behörde muss sich, um ihre Beobachtung durchführen zu können, der Akzeptanz der LehrerInnen versichern (vgl. auch Heinrich 2007, 177).

Denn „street level"-Personal (Lipsky 1980) wie LehrerInnen und die kommunale Schulbehörde verfügt über spezifische Handlungs- und Reaktionspotentiale, die es einer Gebots-Befolgungs-Beziehung entziehen. Zu nennen sind vor allem die besonderen Tätigkeitsmerkmale des Lehrberufs wie interaktive, partikuläre und situative Arbeitsformen, die ständige „gebotskritische" Anpassungsleistungen verlangen, sowie die pädagogische Autonomie der LehrerInnen mitsamt ihrem faktischen Vetopotential gegenüber schulpolitischen Vorgaben (Kussau/Brüsemeister 2007). Für die Behörde folgt daraus die Notwendigkeit, sich bei ihrer Klientel Vertrauen zu erwerben, sogar entgegen rechtlichen Vorschriften. Andernfalls wird der „soziale Friede" zwischen Gemeindebehörde und Schule gestört (vgl. auch Kussau/Rosenmund 2005, 98-100). Der „Friedenspflicht" können sich politische Akteure und eine Zentralbehörde wie die Bildungsdirektion entziehen, die in erheblicher Entfernung zur Schule stehen, nicht jedoch die kommunale Behörde, solange sie dafür zuständig ist, dass Schule auch morgen wieder geordnet stattfindet. Sie ist angehalten, gleichsam unbewusst die „Gabe" zu tauschen, sich in der Beurteilung zurückzuhalten, um die eigene Position zu bewahren und die reibungslose Funktionsfähigkeit der Schule zu sichern. Kurz gesagt: Wenn die LehrerInnen nicht bei Laune gehalten werden, gelingt Schule nicht, jedenfalls keine qualitätsvolle Schule.[7]

Das Stillhalteabkommen ist aber nicht nur durch die Behördenabhängigkeit von den LehrerInnen und deren spezifischer Empfindlichkeit gegenüber externer Kontrolle begründet. Die Schulpflege weiß, dass die LehrerInnen um die Verletzlichkeit der Behörde wissen. Hier haben wir es mit einem Fall (unbewusst) „angewandter" doppelter Kontingenz zu tun (vgl. dazu z.B. Esser 2000, 6). Egos Handeln muss danach mit Alters Reaktionen rechnen, mit seinen Erwartungen, Bewertungen, Entscheidungen und beeinflusst damit wieder die Folgen von Egos Handlungen. Wenn nun die Schulpflege die LehrerInnen systematisch lohnwirksam zu beurteilen hat, dann kennt sie ihre eigene – aus Sicht der Profession – Schwachstelle, die sie bei ihrer Beobachtung berücksichtigen muss: ihren Laienstatus mitsamt ihrem Mangel an professionellen, vor allem pädagogischen Wissensbeständen. Deshalb handelt es sich um eine rationale Strategie der Behörde, ihre Beurteilungen im Wissen um die Empfindlichkeiten der LehrerInnen vor-

---

6 Leicht wird übersehen, dass Schulen sich auch zum Schlechteren hin entwickeln können.

7 „Die Erfahrung zeigt, dass jegliche Elemente von ‚naming and blaming' die Lehrerschaft und die Schulen sofort in defensives Verhalten, Mängelvertuschung und Unterlaufen des Systems abdrängt" (LCH 2002f; vgl. auch EvaMAB 2003, 47; 72). Schließlich geht es nicht zuletzt um die Weiterbeschäftigung im Lehrberuf.

sichtig anzusetzen, auf die Beurteilung pädagogischer Kompetenzen weitgehend zu verzichten (Kussau/Rosenmund 2005, 85-89) und ihr, immer prekäres, Vertrauenskapital bei den LehrerInnen nicht aufs Spiel zu setzen. Die MAB gelingt entsprechend dort am besten, wo die Behörde genau die Grenze zum „Pädagogischen" beachtet, Grenzverletzungen also tunlichst vermeidet und ihre Beurteilungen auf extrafunktionale Gesichtspunkte beschränkt (z.b. Kritik und Anregungen am und zum Sozialverhalten).

Diesen Befund kann man, so die These, erweitern: Dem „Gesetz" angewandter doppelter Kontingenz zufolge müssen sich auch in Deutschland die (untere) Schulaufsicht ebenso wie die geplanten Inspektorate fügen, selbst wenn es sich dabei um professionelles Personal handelt. Die Erklärungsstelle des verletzlichen Laienwissens besetzt dabei die Eigenschaft der externen EvaluatorInnen, die Schulen als „Fremde" zu betreten.[8] Wollen sie gehaltvolle Informationen sammeln, genügt auch ihnen kein formaler Zutritt zum Schulhaus. Die Empfindlichkeiten der LehrerInnen und ihre Reaktionsstrategien sind zu kalkulieren; sie können von einem über-sich-ergehen-Lassen über Kulissenschieberei bis hin zu Täuschung reichen.

Ist diese Erklärung noch stark an die Zürcher Modalitäten gebunden, fällt weitere Erklärung generalisierbarer aus. Zur interdependenten Beziehungssituation kommt hinzu, dass der MAB zwar kantonale (zentrale) Qualitätsmaßstäbe zugrundeliegen, sie aber lokal anzuwenden sind. Wenn der Kanton an einer kantonsweiten Qualitätssicherung interessiert ist, müssen die Beurteilungskriterien möglichst einheitlich angewendet werden.[9] Dieses Ziel ist durch die MAB bisher noch nicht befriedigend erreicht worden. Zwar hielt sich wohl die Mehrheit an die Maßstäbe und Verfahren, aber es kam doch immer wieder zu lokalen Abweichungen, Anpassungen, Schwerpunktsetzungen. Sogar Kriterien wie „Gerüchte, (...) Parteizugehörigkeit etc." flossen z.T. in die Beurteilung ein (EvaMAB 2003, 25). Die MAB, aber auch Visitationen deutscher Inspektorate, unterliegen damit immer auch dem Maßstab „lokaler Angemessenheit" (Kussau/Rosenmund 2005, 94).

---

8   Die MAB wird von den LehrerInnen umso kritischer bewertet, je weniger den EvaluatorInnen entweder Professionalität zugeschrieben wird oder sie über keine Kenntnisse der konkreten örtlichen Situation verfügen. Diese Bewertung läuft darauf hinaus, dass für eine MAB nur die Schulleitung in Frage kommt oder die MAB einzig als Selbstevaluation zu denken ist bzw. via Hospitation von KollegInnen (vgl. auch EvaMAB 2003, 71). Fremdheitbeobachtung erweist sich als zwiespältig. Einerseits mangelt es ihr an Informationen über spezifische Schulsituationen, andererseits erzeugt ihr „fremder Blick" bestimmte Informationen, die in der Selbstbeobachtung übersehen werden.

9   Auch wenn es heißt: „Innerhalb einer zulässigen Bandbreite sind keine ‚kantonal einheitlichen' Standards angestrebt" (BiD 2002, 9).

Sie wird verstärkt durch die Orientierung an „personal-situativer Angemessenheit". Denn die MAB wie die Beurteilung durch das Inspektorat erfolgt nicht in Form von personal anonymen Leistungstests, sondern im Modus der *Beobachtung unter Anwesenden* und im Modus der *Interaktion* (Beurteilungsgespräch). Dem Maßstab der personal-situativen Angemessenheit werden sich auch die Neue Schulaufsicht sowie die geplanten Inspektorate stellen müssen, selbst wenn letztere keinen lokalen Hintergrund haben[10]; und sogar dann, wenn die Inspektionsgruppen ständig wechseln und nicht dem „Gesetz des Wiedersehens" folgen, wird eine Logik der Angemessenheit durchschlagen[11], weil nur sie die Schultüren für valide *und* entwicklungsrelevante Informationen öffnet

3.2 Die Logik der Angemessenheit im Verhältnis zum Ziel, explizite Informationen zu sammeln

Die Logik der Angemessenheit erfordert ihren Preis im Blick auf ein Ziel von Qualitätssicherungsmaßnahmen. Programmatisch handelt es sich bei der MAB um „*ein* Element der Qualitätsentwicklung" (BiD 2002, 5; kursiv J.K; die folgenden Zitate ebd.). Erreicht werden sollen damit

- eine „offene Begegnung" zwischen LehrerInnen und Beurteilungsbehörde zu schaffen und damit eine „zeitgemässe Feedback-Kultur";
- eine „transparente Ausgangslage" im Umgang zwischen LehrerInnen und Behörde;
- „gut abgestützte Aufschlüsse über" individuelle „Profile" der LehrerInnen, die sich zudem dazu eignen, Hinweise darauf zu erhalten, wie sie ihre Fähigkeiten der „Teamentwicklung" zur Verfügung stellen können.

Diesem Programm liegt, wie Qualitätssicherungsmodellen insgesamt, die Idee zugrunde, Informationen über individuelle Akteure aus dem Ungefähren zu holen – „verstärkte Objektivierung" (BiD 2002, 26) – und zu explizieren: „ (...) das unverwechselbare Profil einer Lehrerpersönlichkeit geht vor allem aus *präzisen* Kommentaren, konkreten Beispielen und *trennscharfen* Einstufungen einzelner Dimensionen hervor" (ebd., 9f; kursiv J.K.), wobei man sich relativierend dar-

---

10   Der unmittelbare Vergleich zwischen MAB und Inspektorat bezieht sich lediglich auf die Dimension: *interaktive Beobachtungsform.*

11   Der Begriff beruht auf der Unterscheidung zwischen einer „logic of appropriateness", die sich institutionellen, situativen etc. Bedingungen anpasst und einer „logic of consequentiality", die sich mit besten oder optimalen Strategien befasst (March/Olsen 1989, 23). Dieser Differenz dürften auch Implementationsprozesse unterliegen. Während die Programmlogik Orientierung an einem Optimum erfordert, muss Umsetzung sich immer mit den je spezifischen Umständen „vor Ort" auseinandersetzen.

über im Klaren ist, mit „Augenmass" und nicht mit dem „Metermass" beurteilen zu müssen (ebd., 8). Schon bislang führte die Schulpflege regelmäßige Unterrichtsbesuche durch. Die Verwendung dieser Eindrücke blieb aber in das Ermessen der einzelnen Behördenmitglieder gestellt. Jedenfalls existierte kein geteilter Kriterienkatalog; auch bestand keine Dokumentationspflicht – mit dem Ergebnis von Unverbindlichkeit oder manchmal auch Willkür. „Beurteilt wurde in der Volksschule schon immer – nicht selten hinter vorgehaltener Hand" (BiD 2002, 3). Wenn freilich die Logik der Angemessenheit durchschlägt, besteht der Preis in der paradoxen Sammlung unscharfer, jedoch valider Informationen.

3.3 Die MAB in Konkurrenz mit anderen Qualitätsinformationen

Die folgenden Bemerkungen beruhen zwar auf empirisch informierten Überlegungen, nicht jedoch auf systematischer Untersuchung. Deshalb verstehen sich die Aussagen eher als Fragen und Notizen zu einer unterscheidenden (kritischen) Forschungsskizze – immer eingedenk, dass empirische Vielfalt theoretische Ableitungen übersteigt und damit ständig aufs Neue herausfordert.

Das Zürcher Modell der Qualitätssicherung setzt neben der Externen Evaluation der „Schule als Einheit" durch die Neue Schulaufsicht (BiD 2001; Binder/Trachsler 2002; Oertel 2006) auf die individuelle MAB durch die Schulpflege. Die Evaluationsaufgabe ist säuberlich aufgeteilt. Eine zu untersuchende These, die von der Absenderperspektive (Informationssammlung und -weitergabe) auf die Adressenseite umstellt und die Frage nach Informationsrezeption (Verstehen) umstellt, lautete, ob nicht die Zürcher Form der interaktiven Beobachtung die bereits vom Absender am ehesten für die LehrerInnen verständlich übersetzte Informationsquelle ist, die eigene Leistungsfähigkeit einzuschätzen. Sie erfolgt in einem geregelten Verfahren, kriteriengestützt, aber lokal und personal angepasst, damit wieder mit implizitem Annahmen aufgeladen, face-to-face kommuniziert und eher verstehbar, erst recht dann, wenn damit positive oder negative Lohnsanktionen verbunden sind. Die MAB zielt auf die einzelne LehrerIn ab, auf den Typus der EinzelkämpferIn, und enthält im Prinzip einen ökonomischen Leistungsanreiz. Die These wäre deshalb, dass diese Information als verständlichste Information anderen Qualitätsinformationen überlegen ist, weil die in der Qualitätssicherung abgestimmt gedachten Informationssequenzen auf der Seite der Wahrnehmung hierarchisch geordnet werden – individuelle vor kollektiver, sanktionsfähige vor rein beobachtender Evaluation - und damit die gedachten Synergieeffekte unterlaufen. Verfahren der Qualitätssicherung müssen einer dreifachen Belastung standhalten: Sie müssen (a) die notwendigen Informationen erzeugen, die die Schule besser machen; sie müssen (b) der *politisch* definierten Hierarchie (vielleicht auch Heterarchie) der beteiligten Akteure mitsamt ihren „Verfügungsrechten" (Braun 2001, 247) angepasst sein – z.b. unbefragt rechtfertigungsfreier Zugang externer Qualitätsagenturen zur Schule und in das Klassenzimmer; und sie müssen schließlich (c) als funktionierende *soziale* Beziehungen ausgebildet werden. Dabei ist zu vermuten, dass Informationen, geschichtete Organisationsleistungen in geordneten Verfahren und Politik-/Sozialbeziehungen sich nicht umstandslos, gar harmonisch, integrieren lassen (Integration als Begrenzung und Relativierung von Maßstäben, Handlungslogiken, Verfahrensklarheit etc.).

Zwar besteht in der Informationssammlung und -weitergabe eine Aufgabenteilung zwischen Schulpflege und Neuer Schulaufsicht. In der Wirkung kann die Aufgabenteilung jedoch (nicht intendiert) in Konkurrenz umschlagen, Konkurrenz im Blick auf die Relevanz der Informationsrezeption und ihres –verstehens. Qualitätsinformationen geraten nämlich allein schon dadurch in Konkurrenz zueinander, dass sie von unterschiedlichen Akteuren in unterschiedlichen Verfahren und mit unterschiedlichen Beobachtungsmethoden und -formen produziert werden. Das trifft auch für die MAB zu. Sie könnte in einer, bisher nicht untersuchten Konkurrenz zur Neuen Schulaufsicht stehen, die sich auf die Evaluation der Schule als pädagogisches und organisatorisches Kollektiv bezieht. Auf der einen Seite werden die LehrerInnen über die MAB mit auf sie zugeschnittenen Daten konfrontiert; auf der anderen Seite kommen Schulhausdaten dazu. Es handelt sich dabei um Daten aus zwei *verschiedenen* Kontexten mit *verschiedenen* Informationsinhalten und Bezugspunkten mit der Fähigkeit, Verwirrung bei den AdressatInnen zu stiften.

So ist z.B. der Fall denkbar, dass in einem Schulhaus alle LehrerInnen individuell gut beurteilt werden, die Externe Evaluation aber zum Ergebnis kommt, dass es kollektive Defizite gibt.[12] Wie sind solche Befunde zu interpretieren und welcher Befund entfaltet mehr Qualitätseffekte? Wird ein Zusammenhang zwi-

---

12   Gute individuelle LehrerInnen machen noch keine gute Schule, z.B. dann, wenn sie sich außergewöhnlich stark auf ihre eigene Klasse konzentrieren. Hier schlägt die segmentäre, nicht funktionale Differenzierung der Arbeitsorganisation der Schule (Jahrgangsklassen oder segmentär differenzierten Lerngruppen) durch, die überdies das Autonomie-Paritäts-Muster begünstigt, das individuelle Profilierung schnell als Konkurrenz deutet (Altrichter/Heinrich 2006). Auch bei der Zürcher MAB wurde befürchtet, dass eine lohnwirksame MAB die schulinterne Kooperation und Koorientierung tangiert (Wendelspiess 2005, 153), weil individuelle Beurteilungs- und sogar Lohndifferenzen das Lehrerkollegium spalten (vgl. dazu allgemein: Münster 2006). Vgl. auch die MAB-Kriterien, die vornehmlich individuelle, auf Unterricht und SchülerInnen bezogene Leistungen „abfragen" (s. 2.: dort die Punkte A., B. und D.) und nur eine kollektive Orientierung. Entsprechend den Kriterien und ohne Ansehen ihrer Gewichtung untereinander, werden eher individuelles Handeln und Leistungen als kollektives Handeln gratifiziert (vgl. EvaMAB 2003, 25). Zu gelungener Teambildung vgl. Büeler/Buholzer/Roos 2005; zur Schulorganisation Kuper 2002.

schen beiden Informationssorten hergestellt, oder wird die „Effektübertragung"
(Luhmann[13]) auf das Schulhauskollektiv unterbrochen, wenn eine LehrerIn individuell gut beurteilt wurde? Schwindet dann die Koorientierung auf die KollegInnen und die Schule als Einheit? Eine Hypothese lässt sich aus dieser Beschreibung ableiten: Eine wirkungsstarke, erst recht lohnwirksame und rechts-
verbindliche Evaluation *individueller* LehrerInnen, erschwert die Konstituierung
einer organisierten Schule als korporativen Akteur mit Handlungsfähigkeiten
jenseits der Fähigkeiten seiner individuellen Akteure (allgemein: Scharpf 1997,
52-58), wie sie mit der Schule als pädagogischer Einheit angestrebt wird. Die
Reformprogrammatik, die die Schule als Einheit besonders betont, würde unbe-
absichtigt „umgedreht".

Kommt hinzu, dass die Rückmeldungen aus der MAB und der Neuen
Schulaufsicht mitsamt den erforderlichen Übersetzungsleistungen in mindestens
zwei Varianten denkbar sind:

▪ LehrerInnen erhalten synoptisch aufbereitete Informationen aus der Qualili-
tätssicherung, in der alle relevanten Daten zusammengefasst sind – individuelle, Schulhaus- und Systemdaten. Eine solche Synpose müsste indes erst
einmal analytisch entworfen und dabei verschiedene Referenzebenen aufeinander beziehen. Die Informationsweitergabe wäre dann als Gebrauchs-
anweisung zu verstehen, die eine eindeutige Lesart vorgibt, eindeutige Rezeption jedoch nicht garantieren kann. Im vorliegenden Fall werden die Daten der MAB und der Neuen Schulaufsicht jedoch isoliert voneinander erhoben und präsentiert. Zwischen Schulpflege und Neuer Schulaufsicht gibt
es keine Interaktionen, Absprachen, Informationsaustausch, gemeinsame
Beurteilungen (nicht zuletzt aus datenschutzrechtlichen Gründen).
▪ LehrerInnen müssen sich aus den verschiedenen zur Verfügung stehenden
Daten selbst einen Reim machen. Die synpotische Leistung wird dann in die
LehrerInnen hineinverlagert, die individuelle und Schulhausbeurteilungen
synthetisieren müssen. Nicht intendierte – und politisch oder inspektoral
nicht „einfangbare" - Rezeptions- und verwendungsfolgen sind in beiden
Fällen zu erwarten.

---

13   In Interdependenzbeziehungen ist der Mechanismus der Effektübertragung eingebaut. Sie
      kann als unverzichtbare Leistungsvoraussetzung einen positiven Wert annehmen, indem
      „fördernde Leistungen (...) intensiviert werden" können oder die systemische Leistungsfähig-
      keit hemmen, indem ein negativer Effekt sich auf andere Systemteile überträgt. Durch Inter-
      dependenzunterbrechung „können störende Umwelteinwirkungen in Teilsystemen abgekap-
      selt und neutralisiert werden; andere, fördernde Leistungen können intensiviert werden, ohne
      daß jedes Ereignis alle Teile anginge und alles mit allem abgestimmt werden müßte" (Luh-
      mann 1967, 629).

Explizierung von Wissen und Transparenz der Schule erfordern Schriftlichkeit –
Dokumentierung - in Form von Berichten (Brüsemeister 2004). Neben der Organisierung von verschriftlichten Qualitätssicherungsmaßnahmen – der Input-Seite
– kommt auf der Output-Seite die Notwendigkeit von Übersetzung (Czarniawska
2000) oder „Verwandlung" (Beck/Bonß 1989, 26f) hinzu. Anders gesagt: Die
Schulhausdaten, die in den individuellen Unterrichtskontext wandern, müssen
von den LehrerInnen, „umkontextuiert" werden (Kreissl 1993).[14] Die Mitteilung
einer Information wird erst dann zu einer anschlussfähigen Kommunikation,
wenn sie verstanden wird – und im Fall der Qualitätssicherung -, wenn die Informationen entwicklungsbezogen übersetzt werden können (außer das Interesse
an der Informationssammlung richtet sich ausschließlich auf Rechenschaftslegung). In beiden genannten Fällen sind die von unterschiedlichen Akteuren produzierten Informationssorten von den LehrerInnen zu verstehen oder auch in
selbsterzeugte   Sinnkontexte   zu   übersetzen,   „nachzuerfinden"   (Kus-
sau/Brüsemeister 2007) und setzen dazu Bereitschaft und Fähigkeit voraus. Diese Feststellung gilt für sprachliche Kommunikation ebenso – die „Macht der
Worte" - wie für in Zahlen gefasste Informationen – die „Herrschaft der Zahlen"
– und erst recht für die Kombinationen beider Informationssorten.

3.4 MAB als Tausch von Beobachtung und Beeinflussung gegen Informationen

Über die MAB werden die *individuellen* Akteure der LehrerInnen vom *Staat*
bzw. im Auftrag des Staates beobachtet und sanktioniert und nicht die Schule als
pädagogische Einheit - im Sinne von Qualitätssicherungsmodellen durchaus
konsequent (Ditton 2000; Maag Merki 2005). Dieser Ansatz ist „nicht nur ge-
rechtfertigt, sondern in hohem Masse notwendig" (Maag Merki 2005, 68). Die
gesamte Qualitätssicherung zentriert sich auf die Lehrer/innen als individuelle
Akteure in einem Schulhauskollektiv (mitsamt den Aggregations- und De-
saggregationsproblemen vom Individuum zur Organisation, von der Organisation zum Individuum).

Die LehrerInnen werden in ihrer Leistungsfähigkeit *beobachtet*; sie erhalten
dafür einen auf sie zugeschnittenen Beurteilungsbericht, der (a) eine *Beurteilung*
ihrer Leistungsfähigkeit als Grundlage ihrer weiteren Entwicklung enthält, (b)
Fördermaßnahmen beinhalten kann – als *verpflichtende* Handlungsaufforderung

---

14   Das gilt erst recht für desaggregierte „Systemdaten", etwa aus großflächigen Leitungsunter-
      suchungen oder allgemein dem Systemmonitoring. Von Umkontextuierung zu unterscheiden
      ist die Frage der Verteilung der Informationen (vgl. Bähr 2006).

Jürgen Kussau

und/oder als (vertragsförmige) „*Vereinbarung*" (BiD 2002, 23) - und (c) *positive* und ggf. *negative finanzielle Sanktionen* (Anreize) und (d) schließlich sogar in *Entlassung* aus dem Beruf münden kann. Darüberhinaus erhalten sie sozial eine Würdigung ihrer Arbeit in dem Sinne, dass via Beobachtung die Relevanz ihrer Arbeit explizit anerkannt wird. Abstrakter formuliert: Die MAB stellt sich dar als Kombination von Beobachtung *und* Beeinflussung. Der Beobachtung können als positive Sanktionen in Form von Fördermaßnahmen und finanziellen Anreize ebenso folgen wie negative Sanktionen in Form eines Aufschubs von Leistungslohnzulagen (zu den Kategorien Beobachtung und Beeinflussung vgl. Schimank 2000, 207-322; Lange/Schimank 2004, 20-22). Die Bewertung der Fördermaßnahmen stellt sich dabei als ambivalent heraus: Sie sind als positive Anreize beabsichtigt, werden jedoch nicht unbedingt entsprechend wahrgenommen; Forderungen nach Weiterbildung werden vielmehr häufig als latente Kritik verstanden und Veranstaltungen auch nur begrenzt besucht (EvaMAB 2003, 71).

Tatsächliche Lohnfolgen vorausgesetzt, kann der MAB von Seiten der LehrerInnen etwas Positives abgewonnen werden. Wie aber steht es um den immateriellen Tauschertrag? LehrerInnen tauschen Beobachtungs- und Beeinflussungsverfahren gegen als Förderung ihrer Entwicklung gedachte Berichte. Die Frage ist dann: Benötigen sie diese Informationen, um (a) ihre Arbeit zu bewältigen und (b) sich weiterzuentwickeln? Wenn die Frage abschlägig beschieden wird, handelt es sich aus Sicht der LehrerInnen um einen nicht äquivalenten Tausch. Nur wenn den LehrerInnen eine selbstbestimmte Deutung der Informationen aus der Qualitätssicherung gelingt, bewahren sie sich in der Interdependenzbeziehung gegenüber der Politik das Maß an Autonomie (oder die Intensität in der Interdependenzunterbrechung), das sie für einen leistungsfähigen Unterricht benötigen, in dem sie die Ressource Vermittlungsfähigkeit *kontrollieren*, an der die Politik ein *Interesse* hat (Kussau/Brüsemeister).[15] Andernfalls werden die LehrerInnen von den Informationen aus der Qualitätssicherung, hier der MAB, abhängig und die Potentiale, die in der Selbstevaluation liegen, unterbewertet (Standaert 2000, 29). Die Interdependenzbeziehung wird damit nicht aufgehoben, aber doch in Richtung verstärkter Dependenz geschoben, indem relevante Ressourcen (Informationen) in staatlicher Hand liegen und „fremden Sinn" importieren (allgemein: Berger 2003, z.B. 222).[16] Bei der MAB lässt sich etwa eine

---

15 Diese Beziehung mit einem erheblichen Autonomiespielraum besteht selbst dann, wenn auf der einen Seite die LehrerInnen diese Interdependenz nur beschränkt wahrnehmen, indem sie sich als bürokratisch gegängelt definieren (Rumpf 1966; historisch Vogel 1977).

16 Diese Lesart ist allerdings noch zu holzschnittartig, weil sie den Status der Externen Evaluationsbehörden und -agenturen und damit die Verschiebung von Aufgaben und ihrer Zurechenbarkeit unberücksichtigt läßt. Werden Inspektorate als unabhängige Organisationen geführt, sind Dependenzbeziehungen zwischen Staat und Schule verschlungen vermittelt. Die Unabhängigkeit etwa der Inspektorate, verschafft dem Staat die Option des „blame shifting"

„leichte Tendenz" feststellen, sie mit der Vorstellung von „Unterwerfung" zu verknüpfen (EvaMAB 2003: 58), mit einer Machtdemonstration und Symptomen von „ (...) Angst, Stress, (...) Willkür, Macht, Ausgeliefertsein, Abhängigkeit" (EvaMAB 2003, 59). Und so ist dann die Frage zu stellen: Wird mit der MAB (bzw. der Qualitätssicherung insgesamt) eine Fiktion handlungswirksam etabliert, *als ob* die Schule ohne solche Informationen nicht existieren und besser werden könnte.[17] Es könnte jedoch sein, dass LehrerInnen darin gerade keine Interdependenz *wahrnehmen*. Qualitätssicherung ist jedenfalls als Misstrauenserklärung an die LehrerInnen zu verstehen.[18] Und die massiven Beobachtungsformen gekoppelt mit Beeinflussung (Lohnwirksamkeit und Fördermaßnahmen) engen ihre professionelle Autonomie ein. „Der Ruf nach ‚gemeinsamen Zielen', ‚Zusammenarbeit' und ‚Einheitlichkeit des Vorgehens in den Klassenzimmern' steht in direktem Gegensatz zur Autonomie des Lehrers" (Anderson 1991[19]). Wenn die LehrerInnen über die Qualitätssicherung beeinflussender Beobachtung unterworfen werden, ist mit diesem Schritt zu ihrer Entprofessionalisierung gleichzeitig der Schritt zu ihrer *Verfachlichung* verbunden, wobei Verfachlichung heißt, dass der Lehrberuf hohe fachliche Qualifizierung voraussetzt, seine Ausübung aber als gebundene, abhängige Beschäftigung zu verstehen ist – gebunden nicht nur an generalisierte politische Vorgaben, sondern auch an spezifische Informationen aus der Qualitätssicherung. Allgemeiner formuliert: Interdependente Beziehungen zwischen Politik und Schule (Kussau/Brüsemeister 2007) werden überintegriert – den LehrerInnen werden Möglichkeitsbeschränkungen auferlegt (Lange/Schimank 2004, 12), die auch autonome Suchbewegungen nach Qualität erschweren - und verwandeln sich unter der Hand in Dependenzbeziehungen, obwohl „Erziehung und Bildung nicht Direktresultat des normalen alltäglichen Operierens der Politik sein" können (Luhmann 1996, 29).

(Thatcher 2002) oder der „blame avoidance" (Weaver 1986). Denn Schulqualität wird zum Regelungs- und/oder Verhandlungsgegenstand der unabhängigen Evaluationsagentur mit den Schulen. Die Verantwortung für Güte und Defizite liegen in den Händen der Profession und ihrer peers; sie sind jetzt verantwortlich, nicht mehr die Politik. Die Zurechenbarkeit von Absichten, Handlungen und Wirkungen zu Akteuren wird nach „unten" verschoben (delegiert). Die „letze", freilich starke Bindung zwischen Politik und Schule liegt, neben der Finanzierung in den inhaltlichen Vorgaben des Lehrplan und neuerdings der Schulstandards mit ihrer messbaren Bindungswirkung.

17   Daran könnte man die Frage anschließen, ob und inwieweit auch LehrerInnen „an der Klarheit (ihres) Wissens interessiert (sind), d.h. an der vollen Einsicht in die Verhältnisse zwischen den Elementen (ihrer) Welt und den allgemeinen Prinzipien, die diese Verhältnisse beherrschen" (Schütz 1972, 56; Einfügungen in Klammern J.K.).

18   Ähnliches wird über die HochschulprofessorInnen berichtet (Schimank 2005, 151f).

19   Zit. nach Heinrich 2006, 175.

4   Zur Logik von Qualitätssicherung: Informationsbasierung, institutionelles Wissen und Politik

Wird der Zürcher Kontext verlassen und nur noch bespielhaft darauf verwiesen, liegen der Logik der Qualitätssicherung mindestens drei Bausteine zugrunde:

- Es handelt sich um Mischungen von *Selbst- und Fremdavaluation*;
- die Systeme sind auf umfassende informationelle *Durchdringung* sämtlicher qualitätsrelevanter Faktoren angelegt;
- es besteht die Idee, Qualitätssicherungsmodelle *integriert* zu entwickeln: die einzelnen Bestandteile sollen nahtlos ineinander greifen und Synergieeffekte erzeugen.

Qualitätssicherung als Mischung von Selbst- und Fremdevaluation
Selbstevaluation ist der Baustein in Qualitätssicherungsmodellen, bei dem die LehrerInnen Informationen über sich selbst sammeln und in Relation zu extern generierten Informationen bringen. Qualitätssicherung wird als Mischung aus Fremd- und Selbstevaluation entworfen; Selbstbeobachtung und -beeinflussung paaren sich mit Fremdbeobachtung und -beeinflussung. Die Ergebnisse aller Verfahren laufen bei den individuellen Lehrperson zusammen und tragen zu ihrer *Entwicklung* bei. Latent wird damit angenommen, dass es sich entweder um widerspruchsfreie Informationen handelt, die entwicklungsbezogen zu bündeln und anzuwenden sind, oder aber durch die Lehrperson „in sich selbst" widerspruchsfrei und damit handlungsrelevant zugerüstet werden. Differenzen, auch zwischen Fremd- und Selbstevaluation, sollen im Subjekt aufgehoben werden. Anders gesagt: Fremdbeeinflussung wird mit einer „Technologie des Selbst" verknüpft. Gefordert sind „egonomics" (Schelling 1978) und Selbstmanagement, um sich zu beeinflussen und Maßstäbe der Fremdbeeinflussung zu eigenen Maßstäben umzubauen – das ist etwas anderes als zu sagen, Fremdevaluation legt keine unbilligen, sondern relative, in der Reichweite der LehrerInnen liegende Maßstäbe an wie in der „proportionellen Aufsicht" in den Niederlanden. Es ist nicht völlig von der Hand zu weisen, dass die zugeschriebene Bedeutung von Selbstevaluation den LehrerInnen ein Maß an Handlungsspielraum vorgaukelt, der *dann* entsteht, wenn sie zu denselben Ergebnissen wie die Fremdevaluation kommen, wenn ihre Selbsttechnologie kompatiblen Anschluss an die Fremdevaluation und die Qualitätssicherungsprogrammatik findet.[20] Selbstevaluation bzw.

---

20   Ein ähnliches Argument entwickelt Martin Heinrich (2007, 167): „Wer (in der Autonomiediskussion und gesetzlichen Praxis; J.K.) auf die Vielfalt der Wege hingewiesen wird, aber

„Selbstkonzepte" werden in dieser Foucault'schen Lesart „pastoraler Regierungstechnik" der Schlüssel, um individuelle, aber auch institutionelle Widerständigkeit zu überwinden[21] (vgl. zu dieser Argumentation Bröckling/Krasmann/Lemke 2000).

Qualitätssicherung als umfassende Informationssammlung
Die Logik informationsbasierter Qualitätssicherung, vor allem das Monitoring, verträgt keine schwammigen Informationen. Vorrangig ist die Konstruktion von expliziten Informationssequenzen, die einander wechselseitig ergänzen und verstärken sowie Unschärfen und Nichtwissen minimieren (allgemein: Wehling 2001; Wehling 2006). Sie setzt auf sozialtechnologisch verwendbare, präzise Information, vor allem auch in Form von „'hard' quantitative data" (Reynolds 2005, 21) und drängt ungefähres Wissen an den Rand, selbst wenn es, wie im Fall der MAB, die Schule und die Beziehung zwischen Schule und Behörde funktionsfähig hält. Deshalb zahlt die Schulpflege als Beurteilungsbehörde auch einen Preis für ihr Stillhalteabkommen mit den LehrerInnen. Wenn es oben hieß, dass neuerdings die Schulleitung verstärkt in die MAB einbezogen wird, weil Laienevaluation nicht in das Konzept evaluationsbasierter Steuerung passt, dann muss die Laienaufsicht unter funktionalen Gesichtspunkten, qualitätsrelevante Informationen zu generieren, aus der Qualitätssicherung herausgedrängt werden.
   Bei der Qualitätssicherung geht es um die Konstruktion eines komplexen Referenzrahmens mit Kriterien und Indikatoren, mit dem Schulqualität geschaffen und gesichert werden kann. Qualitätssicherung forciert umfassende Informations*sammlung* (nicht -verarbeitung), die wesentlich unter Gesichtspunkten der Nachweispflichtigkeit autonomer Schuleinheiten steht und dort eine Spirale immer elaborierterer und explizierterer Sammelverfahren in Gang setzt. Damit bilden Messinformationen (als unabhängige Variable) den *Kern* der Qualitätssicherung und damit der Schule. In der Governanceperspektive ebenso wichtig sind indes das politische und soziale Beziehungsgefüge der Akteure (Interdependenz, Konstellationen etc.) und ein Wissen darüber. Messinformationen verwandeln sich dann in abhängige Variablen, die in interdependente Akteurkonstellationen eingebettet sind und auf Akteure, ihre Positionen, Interessen und Handlungsorientierungen zugerechnet werden können. Dann kann die Frage gestellt

---

keine weiteren Verfügungsrechte erhält, der kann schlecht 'autonomer' werden, der wird allein besser funktionieren."
21   Dieser Zusammenhang gleicht dem anspruchsvollen Vorschlag, via selbstreflexivem Recht die Rechtsdurchsetzung durch Einsicht in die Vernünftigkeit der Rechtsnorm zu ersetzen (Teubner/Willke 1984). „The key issues with successful implementation were those that were congruent with the direction already taken by the school before inspection. The least successful were those recommendations that did not fit with the practice and culture of the school" (Standaert 2000, 29f).

werden: Wer benötigt mit welcher Absicht wann warum welche Informationen, und verwendet sie wie, um eine gute Schule herzustellen – oder verweigert sich? Verfeinerung der Messinstrumente müsste Hand in Hand gehen mit Verwendungswissen in einem institutionellen Kontext. Um ein Beispiel zu nennen: Es besteht kaum Wissen darüber, wie LehrerInnen und Schulen in gerichtete Bewegung versetzt werden können[22]: Durch (latent behavioristisches) Qualitäts-Feedback, das den Ehrgeiz der LehrerInnen und Schulen anstachelt und in (staatlich induzierte) Konkurrenzbeziehungen versetzt und/oder durch institutionelle Vorkehrungen, die die Sinnhaftigkeit der Arbeit und ihre Anerkennung betonen und dabei Unterstützung nicht in Abhängigkeit verwandeln? Ist äußerer Anschub notwendig („Druck und Zug")? Müssen LehrerInnen den äußeren Anschub internalisieren (Selbstevaluation)? Internalisierung vorausgesetzt: Muss der Anschubimpuls durch externe Qualitätssicherung dauerreflexiv wach gehalten werden, damit er nicht erlahmt? Die augenblickliche Situation stellt sich dar als Mischung eines exogenen Qualitäts-Feedbacks, das LehrerInnen und Schulen „antreibt" und einem Umbau der Regelungsstruktur durch ein Inspektorat, das die Unmittelbarkeit zwischen Staat und Schule intermediär bricht und distanzierte Beobachtung (Monitoring) und Beeinflussung durch die Chance auf Verhandlungen erweitert, wobei Verhandlung weder harmonische Auflösung unterschiedlicher Handlungslogiken verspricht noch Erfolg. Der Modus der Handlungsabstimmung jedoch ändert sich.

Qualitätssicherungsmodelle speisen darüber hinaus einen, immer mit Herrschaft(sansprüchen) verbundenen[23], staatlichen Datenhunger bzw. umgekehrt: Datenhunger erzeugt u.a. informationsbasierte Qualitätssicherung, die nur mehr industriell zur Verfügung gestellt werden kann – sowohl der Form nach (standardisiert) wie der Herstellung nach (Evaluationsindustrie). Konsequente Qualitätssicherung kann solange nicht Halt machen, wie sie nicht (a) die qualitätsrelevanten Faktoren entschlüsselt hat und (b) zu ihrem jeweiligen Kern vorgedrungen ist. Eine Stoppregel existiert nicht (generell: Rosewitz/Schimank 1988). Das „Auge des Gesetzes" (Stolleis 2004) muss deshalb auch die „geschlossene Klassentür" öffnen. Dieser Zutritt betrifft jedoch nicht nur das Staatspersonal der LehrerInnen, sondern auch die allenfalls partiell zum Schulsystem gehörigen

---

22   Außerdem sollte Wissen, was gute Schulen ausmacht, von Wissen unterschieden werden, wie man (ganz bestimmte) schlechte Schulen wenigstens auf Durchschnittsniveau hebt.

23   In der „audit society" (Power) verwandeln sich Informationen rasch in potentielle Sanktions- und Accountabilitymittel und sind dann für Schulentwicklung eher hinderlich (Standaert 2000).

SchülerInnen, zu deren Potentialen auch gehört, sich Bildungsangeboten zu verweigern.[24]

Qualitätssicherung als integriertes Informationssystem
Abstrakt beinhaltet Integration von Informationen, ein umfassendes Inventar aller qualitätsrelevanten Informationen aufzubauen. Von der Informationssammlung und ihrer Aufbereitung ist die Rezeption der Informationen zu unterscheiden, der Zusammenhang zwischen der Fülle von Informationen und ihren Verwendungsaussichten (Terhart 2002). Wenn keine annähernde Übereinstimmung zwischen Bestand und Verwendung gegeben ist, weil politische und soziale Verarbeitungskapazitäten nicht Schritt halten, reduzieren Informationen gerade nicht Entscheidung unter Bedingungen von Unsicherheit. Vielmehr ist dann mit transintentionalen Verflüchtigungstendenzen zu rechnen. Wenn, wie oben vermutet, LehrerInnen die differenten Informationen über die MAB bzw. die Neue Schulaufsicht selbst bündeln müssen, ist Infomationsüberlastung ebensowenig auszuschließen wie eine selektive Informationswahrnehmung, die z.B. Individualevaluation bevorzugt. Der Konzentration auf die (unverzichtbare) Informationssammlung steht bislang keine entsprechende Konzentration auf der Frage nach den Potentialen der Informationsverarbeitung gegenüber, auch wenn an Rückmeldemodellen mittlerweile intensiv gearbeitet wird, um praktische Handlungsfähigkeit mit Qualitätsinformationen anzureichern (für die Schweiz: Schneewind 2006; allgemein: Schneewind/Merkens/Kuper 2005; Schwippert 2005; Kuper/Schneewind 2006).

Interdependenz und Interdependenzunterbrechung
Wenn permanente Reflexion in Überforderung mündet, ist nicht auszuschließen, dass LehrerInnen sich von solchen Informationen abkoppeln – gleichsam aufgezwungene Interdependenz unterbrechen -, um handlungsfähig zu bleiben (ausführlicher Kussau 2007b). Qualitätssicherung als umfassendes, integriertes Informationsinventar demonstriert die explizite Interdependenz zwischen Politik und Schule. Zugleich ist die Beziehung jedoch durch Interdependenzunterbrechungen auseinandergezogen (Luhmann 1967, 629) – als Bedingung der Leistungsfähigkeit der Schule wie der Politik. Die vielleicht bekannteste Unterbrechung in diesem Zusammenhang ist die der „pädagogischen Autonomie". Erst sie erlaubt pädagogische Vermittlung und Aneignung als Voraussetzung einer

---

24   Vgl. auch die von der deutschen Kultusministerkonferenz geplante Schüler-Datei. „Unser Ziel ist die gläserne Schule, nicht der gläserne Schüler" (Ute Erdsiek-Rave in: Wachsende Kritik an Schüler-Datei, Süddeutsche Zeitung, 22./23.10.2006).

leistungsfähigen Schule.[25] In der Terminologie der Schulentwicklung liegt in der pädagogisch erforderlichen Interdependenzunterbrechung die Begründung für eine Priorität von (nicht „pastoral" inspirierter) Selbstevaluation der Schulen – ohne oder allenfalls zurückhaltend intervenierender Fremdevaliation.

Funktional gesehen sind Interdependenz und Interdependenzunterbrechung einander gleichermaßen Voraussetzung (Kussau 2007b). Beide können je aus Sicht der zusammengeschlossenen Akteure, hier: Politik und Schule, einen positiven oder einen negativen Wert annehmen.

- Positiv: Die Akteure halten einander den Rücken frei. Die Schule muss sich nicht um ihre Ressourcen kümmern, die Politik nicht unterrichten.
- Negativ: Leistungsdefizite als negative Externalitäten strahlen auf den jeweils anderen Akteur aus, z.B. schwächt ungenügende Ressourcenausstattung die Schule ebenso wie unzulängliche schulische Leistungsbilanzen die Politik unter Druck setzen.

Interdependenzunterbrechung zwischen Politik und Schule

- Positiv: Erst pädagogische Autonomie erlaubt leistungsstarken Unterricht.
- Negativ: Auseinanderdriften von Schulen, so dass die Chance gleicher Lerngelegenheiten schwindet.

Es existiert so etwas wie eine optimale Balance zwischen Interdependenz und Interdependenzunterbrechung[26], wobei die Politik Desintegration bekümmert, während sich die LehrerInnen gegen Überintegration wehren. Wenn auch *nicht integrierte, Interdependenz unterbrechende* Autonomien funktional sind, weil nur sie den Einsatz „unbeschränkter" Fähigkeiten erlauben, wäre eine Qualitätssicherung hilfreich, die auch in der Lage ist, die Daten in ihrer Wertigkeit, Menge in das hier nur beispielhaft angedeutete interdependente Beziehungsgefüge einzufügen. Der Konnex zwischen Interdependenz und Interpendenzunterbrechung bildet die Grundlage von Auseinandersetzungen, die um die Hegemonie in Schulfragen, um „ownership", um Schule als Professionsveranstaltung u.ä. kreisen. Wenn die politisch-administrative Entwurfspraxis die notwendigen Interdependenzunterbrechungen, das rationale Abkoppeln von Zusammenhängen, vernachlässigt, sind die LehrerInnen herausgefordert, mit ihrem „Eigensinn" dafür zu sorgen – sogar um den Preis, damit eigene Schwächen und Fehlleistungen zu kaschieren. Oder die MAB unterbricht Interdependenz, indem sie die Sequenz

---

25   Anders steht es mit der demokratischen Konstitution der öffentlichen Schule. Sie muss eng an die Politik und ihre Vorgaben angebunden sein.

26   Interdependenzbeziehungen sind oftmals asymmetrisch angelegt, ein Akteur ist in wechselseitiger Abhängigkeit abhängiger als der andere.

verlässlicher Informationen durch vage oder gar zu wohlwollende Beurteilung aufweicht und in die integriert gedachte Wissenskette eine Lücke reißt.

Was tun die – und: Warum tun die das?[27]
Politisch organisierte Qualitätssicherung übernimmt die anspruchsvolle, wenn auch konventionell gedachte Aufgabe, ein *wirksames* Modell zu entwerfen, das Schulen als gute Schule konstituiert. Trotz Selbstevaluation und einkalkulierter Implementationsschleifen an den Schulen handelt es sich um ein „Steuerungsprogramm". Schule wird abhängig von seiner „Richtigkeit". Erwiese es sich als ungeeignet, liefe die Schule in die falsche Richtung. Der politisch ausgelöste Anstoß zur Qualitätssicherung folgt dem, durch Selbstevaluation (vermeintlich?) gebrochenen, Modell eines „Spiels gegen die Natur", bei dem, anders als in politischen und sozialen Situationen, Handeln nicht an anderen Akteuren mit ihren Fähigkeiten und Beschränkungen ausgerichtet ist. Es ist jedoch damit zu rechnen, dass zwar die Informationsproduktion staatlich zu kontrollieren ist, nicht oder jedenfalls weniger die Verwendung der Informationen durch die LehrerInnen. Neu ist indes, dass staatlicher Unilateralismus jetzt im Wege systematischer *Beobachtung* auf eine informatorisch gesättigte Basis gestellt wird, die erlauben soll, *rationale Beeinflussung* auszuüben. Kann systematische Schulbeobachtung mitsamt ihrer Datenproduktion als *politische* Beobachtung der Schule (mit Interesse an Accountability) Wirkungen für *schulisches* Handeln auslösen?[28]

In der Governanceperspektive kann sich Qualitätssicherung nicht nur oder vor allem auf die Generierung sozialtechnologisch verwendbarer Informationen richten, sondern auf die zusätzliche Analyse, „welche Probleme einer politischen Lösung bedürfen und welche nicht politisiert werden können" (Luhmann 1996, 32). Unter diesem Blickwinkel sind sowohl Bedarf und Verwendung von Informationen in ein institutionelles Arrangement einzufügen wie die (mögliche) Weigerung, Informationen aufzunehmen. *Politische* und *soziale* Informationen sind als *institutionelles* Wissen erforderlich, um Informationssammlung und -rezeption organisieren zu können. Schulqualität wird gerade nicht nur in Schulen hergestellt.

Der Entwurf von Qualitätssicherungsmodellen lässt eine Spannung zwischen einem rationalistisch-wissenschaftlichen Zugang zum Thema Schulqualität

---

27 So der Titel eines Symposiums: „Warum tun die das?" – Versuch einer governancetheoretischen Aufklärung möglicher Irritationen von Schulleitungen beim Blick auf andere AkteurInnen und deren Steuerungshandeln im Rahmen des Schulleitungssymposiums 2006: Eigenverantwortliche Schule – Herausforderungen für Schulleitung vom 28. – 30. September 2006 an der Universität Erfurt.

28 Politisch initiierte Beobachtung ist ein Fall asymmetrischer Beobachtung. Politik ist die Sphäre, die (noch?) nicht Qualitätssicherung unterstellt ist. Die „Evaluation" der Politik erfolgt per Wahl und nicht als „technische" Evaluation.

auf der einen Seite und der sozialwissenschaftlich aufzuklärenden Modernisie-
rungsfähigkeit sozialer Beziehungen auf der anderen Seite erkennen – „Lassen
sich soziale Beziehungen modernisieren?" (Hondrich 1996). Rationale Wissenschaft hat „Recht", während Sozialbeziehungen angemessen sind. Eine skepti-
sche Variante hält grundlegende politisch-soziale Orientierungen wie individuelles Eigeninteresse, Liebe und Freundschaft, Altruismus, Solidarität und Kollegia-
lität, Wettbewerb, Gegner- oder sogar Feindschaft und Kampf für raum-zeitlich
invariant. Politischer und sozialer Gestaltungsimpetus sucht hingegen selbst bei
einem opportunistischen „Volk von Teufeln" (Kant) nach institititonellen Arran-
gements.

Qualitätssicherung steht für einen Ansatz, der die politisch-administrative
wie die wissenschaftliche Entwurfslogik in eine ausweglose, geradezu „tragi-
sche" Lage manövriert. Informationsbasierte Hyperrationalität ist viel weniger
als überzogener Anspruch zu verstehen, sondern, neben den gerade nicht beliebi-
gen Handlungslogiken der verschiedenen Akteure, eine Teilantwort auf die Frage: Warum tun die das? Zum einen ist der Staat *die* Adresse, die zum Handeln
aufgefordert wird, gleich, ob zuständig oder nicht, fähig oder nicht. Dabei verfügt der Staat zwar über die Option, nicht zu handeln oder abzuwarten; auf sym-
bolisches „als ob", das Aktivität vorgibt, kann er jedoch angesichts öffentlicher
Erwartungen kaum verzichten. Ferner setzt die Realisierung einer Idee voraus,
Inputkapazitäten aufzubauen, die zu einem – politisch mehrheitsfähigen, administrativ praktisch handhabbaren, wissenschaftlich den eigenen Maßstäben entsprechenden – Programm führen. Selbst- und Fremderwartung richten sich aus
an Kriterien wie umfassender, sogar vollständiger Programmanlage, wider-
spruchsfreier Argumentation und Abgestimmtheit der Verfahren - alles unter
(manchmal selbst gesetztem) Zeitdruck und oftmals unzureichendem Wissen.

Externe Qualitätsbeobachtung markiert das Dilemma, in dem Schulpolitik
steckt. Der Staat darf legitimerweise die *öffentliche* Schule evaluieren (lassen)
und intervenieren. So gesehen kann er es in der *sachlichen* Dimension nicht bei
autonomer Selbstevaluation (Interdendenzunterbrechung) belassen, obwohl sie
pädagogische Voraussetzung ist. Darin liegt eine Teilerklärung für ein umfassendes Qualitätssicherungskonzept. Der Staat „beherrscht" aber allenfalls die
sachliche Dimension. In *der sozialen* Dimension stößt er bereits in der Informationssammlung auf die Logik der Angemessenheit, der nicht nur interaktive,
sondern auch abstrakte (Mess-) Beobachtung unterliegt. Die Seite der Informationsverarbeitung kontrolliert der Staat noch weniger[29], zumal dann, wenn in der
zeitlichen Dimension nicht geklärt ist, was geschieht, wenn Informationen syn-
chron in die Schulen gespeist werden oder dann, wenn sie gerade anfallen. Aus

---

29   Schon gar nicht, wenn aus der Verarbeitung Folgen für die SchülerInnen erwartet werden.

Sicht des Initiators der Qualitätssicherung ist diese ein Balanceakt, der *politisch* sein muss, aber *schulisch* allenfalls sachte sein darf. Schulische Selbstorganisation findet ihre Grenzen im öffentlichen Auftrag und dieser seine Grenzen in schulischer Autonomie.

5 Schlussbemerkung

Qualitätssicherungsmodelle sind (noch?) auf die instrumentelle Informationssammlung hin ausgerichtet. Sie „leiden" an ihrer Informationsfülle. Welche Handlungsanleitungen die LehrerInnen daraus entnehmen können ist offen, zumal das Verhältnis der vielfältigen, unterschiedlich aggregierten Daten in ihrer Relevanz nicht aufgeklärt ist. Die MAB mit ihrem Bezug auf individuelles Handeln lässt diese Leerstelle sichtbar werden. Deshalb muss Qualitätssicherung kein vergebliches Unterfangen sein. Wenn sie und auch die MAB in ihrer handlungsleitenden Bedeutung scheitern, könnten sie erfolgreich scheitern. Sie bringen dann vielleicht nicht viel, werden aber trotzdem praktiziert. „Bringen nicht viel" könnte sich jedoch auf den instrumentellen Teil, die „engineering function", der messbaren Informationen und Ergebnisse beschränken und muss nicht die selbstreflexiven „Nebeneffekte", die „enlightment function" (Wittrock/Wagner 1992, 227), betreffen. Dann sind Stillhalteabkommen nicht (nur) als Defizitbeschreibung zu verstehen, sondern sichern (auch) den vertrauensvollen Zugang zu Informationen und können „nebenbei" selbsttätige Potentiale anregen. Auch wenn nicht der Weg das Ziel ist, könnte genau der Weg den Unterschied ausmachen – um den Preis einer Lockerung des steuerungspolitischen Zugriffs auf die Schule.

Literatur

Altrichter, Herbert/Heinrich, Martin (2006): Der Einfluss von Initiativen zur Modernisierung der Schule auf die LehrerInnenprofession. Manuskript. Jetzt gedruckt als: Heinrich, Martin/Altrichter, Herbert 2008: Schulentwicklung und Profession. Der Einfluss von Initiativen zur Modernisierung der Schule auf die Lehrerprofession. In: Helsper, Werner/ Busse, Susann/ Hummrich, Merle/ Kramer, Ralf-Torsten (Hrsg.): Pädagogische Professionalität in Organisationen. Neue Verhältnisbestimmungen am Beispiel der Schule. Wiesbaden: VS, S. 205-221

Bähr, Konstantin (2006): Erwartungen von Bildungsadministrationen an Schulleistungstests. In: Kuper, Harm/Schneewind, Julia (Hg.) (2006): Rückmeldung und Rezeption von Forschungsergebnissen. Zur Verwendung wissenschaftlichen Wissens im Bildungssystem. Münster, New York, München, Berlin: Waxmann, S. 127-141.

Beck, Ulrich/Bonß, Wolfgang (1989): Verwissenschaftlichung ohne Aufklärung? Zum Strukturwandel von Sozialwissenschaft und Praxis. In: dies. (Hg.) (1989): Weder Sozialtechnologie noch Aufklärung? Analysen zur Verwendung sozialwissenschaftlichen Wissens. Frankfurt a.M.: Suhrkamp, S. 7–45.

Berger, Johannes (2003): Neuerliche Anfragen an die Theorie der funktionalen Differenzierung. In: Schimank, Uwe/Giegel, Hans-Joachim (Hg.) (2003): Beobachter der Moderne. Beiträge zu Niklas Luhmanns „Die Gesellschaft der Gesellschaft". Frankfurt a.M.: Suhrkamp, S. 207–230.

BiD (2001): Bildungsdirektion des Kantons Zürich (2001): Verfahrensschritte der Externen Schulevaluation. Qualitätssicherung an der Volksschule des Kantons Zürich. Handbuch 1. Zürich.

BiD (2002): Bildungsdirektion des Kantons Zürich (2002): Leitfaden für die Durchführung der Mitarbeiterbeurteilung von Lehrkräften der Zürcher Volksschule. 3. Aufl., Zürich.

BiD (o.J.): Bildungsdirektion des Kantons Zürich (o.J.): Formular Mitarbeiterbeurteilung für Lehrkräfte an Zürcher Volksschulen. Zürich.

Binder, Hans-Martin/Trachsler, Ernst (2002): wif!-Projekt „Neue Schulaufsicht an der Volksschule". Externe Evaluation. Luzern.

Braun, Dietmar (2001): Regulierungsmodelle und Machtstrukturen an Universitäten. In: Stölting, Erhard/Schimank, Uwe (Hg.) (2001): Die Krise der Universitäten. Leviathan Sonderheft 20. Wiesbaden, S. 243–262.

Bröckling, Ulrich/Krasmann, Susanne/Lemke, Thomas (Hg.) (2000): Gouvernementalität der Gegenwart. Studien zur Ökonomisierung des Sozialen. Frankfurt a.M.: Suhrkamp.

Brüsemeister, Thomas (2004): „Wo Interaktion ist, soll Organisation werden" – Zur Einführung von Qualitätsmanagement in Schulen. In: Jäger, Wieland/Schimank, Uwe (Hg.) (2004): Facetten der Organisationsgesellschaft. Kurs der FernUniversität Hagen. Hagen, S: 179–200.

Büeler, Xaver/Buholzer, Alois/Roos, Markus (Hrsg.) (2005): Schulen mit Profil. Forschungsergebnisse, Brennpunkte, Zukunftsperspektiven. Innsbruck, Wien, Bozen: StudienVerlag.

Czarniawska, Barbara (2000): Organizational translations: From worlds to words and numbers – and back. In: Kalthoff, Herbert/Rottenburg, Richard/Wagener, Hans-Jürgen (Guest-Editors): Facts and figures. Economic representation and practices. Ökonomie und Gesellschaft. Jahrbuch 16. Marburg, Metropolis Verlag, S: 117–142.

Ditton, Hartmut (2000): Qualitätskontrolle und Qualitätssicherung in Schule und Unterricht. Ein Überblick zum Stand der empirischen Forschung. In: Zeitschrift für Pädagogik, 41. Beiheft, Hg. Andreas Helmke: Qualität und Qualitätssicherung im Bildungsbereich. Schule, Sozialpädagogik, Hochschule, S. 73–92.

Dubs, Rolf (2005): New Public Management und die Führung der Schule. In: Sigrist, Markus/Wehner, Theo/Legler, Anne (Hg.) (2005): Schule als Arbeitsplatz. Mitarbeiterbeurteilung zwischen Absicht, Leistungsfähigkeit und Akzeptanz. Zürich: Verlag Pestalozzianum, S.. 39–60.

Esser, Harmut (2000): Soziologie. Spezielle Grundlagen. Band 3: Soziales Handeln. Frankfurt a.M. – New York: Campus Verlag.

EvaMAB (2003): Institut für Arbeitspsychologie der ETH Zürich: Wehner, Theo/Legler, Anne/Sigrist, Markus. Forschungsbereich Schulqualität & Schulentwicklung der Universität Zürich: Fend, Helmut/Maag Merki, Katharina. Pädagogische Hochschule Zürich: Hollenweger, Judith/Sieber, Peter (2003): Wissenschaftliche Evaluation der Mitarbeiterbeurteilung für Lehrkräfte der Zürcher Volksschule (EvaMAB). Bericht im Auftrag der Bildungsdirektion des Kantons Zürich. Zürich.

Harvey, Lee/Green, Diana (2000): Qualität definieren. Fünf unterschiedliche Ansätze. In: Zeitschrift für Pädagogik, 41. Beiheft. Hg. Andreas Helmke: Qualität und Qualitätssicherung im Bildungsbereich. Schule, Sozialpädagogik, Hochschule, S. 17–40.

Heinrich, Martin (2006): Autonomie und Schulautonomie. Die vergessenen ideengeschichtlichen Quellen der Autonomiedebatte der 1990er Jahre. Münster: Verlagshaus Monsenstein & Vannerdat.

Heinrich, Martin (2007): Governance in der Schulentwicklung. Von der Autonomie zur evaluationsbasierten Steuerung. Wiesbaden: VS Verlag für Sozialwissenschaften.

Hondrich, Karl Otto (1996): Lassen sich soziale Beziehungen modernisieren? Die Zukunft von Herkunftsbindungen. In: Leviathan, 24, S. 28–44.

Kreissl, Reinhard (1993): Diskurskontexte und Umkontextuierungen. In: Bonß, Wolfgang/Hohlfeld, Rainer/Kollek, Regine (Hg.) (1993): Wissenschaft als Kontext – Kontexte der Wissenschaft. Hamburg: Junius, S. 95–102

Kuper, Harm (2002): Entscheidungsstrukturen in Schulen. Eine differenzielle Analyse der Schulorganisation. In: Zeitschrift für Pädagogik, 48, S. 856–878.

Kuper, Harm/Schneewind, Julia (Hrsg.) (2006): Rückmeldung und Rezeption von Forschungsergebnissen. Zur Verwendung wissenschaftlichen Wissens im Bildungssystem. Münster, New York, München, Berlin: Waxmann.

Kussau, Jürgen (2006): Die Zürcher Schulpflege - Zustand, Entwicklungen und Aussichten. Zürich (http//www.pda.ethz/research/publikationen).

Kussau, Jürgen (2007a): „Es gibt kein fröhliches Dienen mehr" und „Ich möchte dem Staat etwas zurückgeben" – Tätige Beteiligung in den Schulpflegen und ihre sozialen und politischen Bedingungen. Qualitative Teiluntersuchung des Projekts: Freiwilligenarbeit in kommunalen Schulbehörden: Zwischen persönlichen Motiven und soziopolitischen Anforderungen. Zürich (http//www.pda.ethz/research/publikationen).

Kussau, Jürgen (2007b): Governance der Schule im Kontext von Interdependenzen und sozialem Wissen. In: Brüsemeister, Thomas/Eubel, Klaus-Dieter (Hg.) (2007): Evaluation, Wissen und Nichtwissen. Wiesbaden: VS Verlag für Sozialwissenschaften, S: 203–232.

Kussau, Jürgen/Brüsemeister, Thomas (2007): Governance, Schule, Politik. Zwischen Antagonismus und Kooperation. Wiesbaden: VS Verlag für Sozialwissenschaften.

Kussau, Jürgen/Oertel, Lutz (2005): Schule und Aufsicht zwischen pädagogischen und politischen Anforderungen. Zur Situierung der Lehrerbeurteilung. In: Sigrist, Markus/Wehner, Theo/Legler, Anne (Hg.) (2005): Schule als Arbeitsplatz. Mitarbeiterbeurteilung zwischen Absicht, Leistungsfähigkeit und Akzeptanz. Zürich: Verlag Pestalozzianum, S. 109–128.

Kussau, Jürgen/Rosenmund, Moritz (2005): Die Schulpflege im Umbruch. Von der politischen zur administrativ-fachlichen Aufsicht. In: Sigrist, Markus/Wehner, Theo/Legler, Anne (Hg.) (2005): Schule als Arbeitsplatz. Mitarbeiterbeurteilung zwischen Absicht, Leistungsfähigkeit und Akzeptanz. Zürich: Verlag Pestalozzianum, S. 81–102.

Lange, Stefan/Schimank, Uwe (2004): Einleitung: Governance und gesellschaftliche Integration. In: Lange, Stefan/Schimank, Uwe (Hg.): Governance und gesellschaftliche Integration. Wiesbaden: VS Verlag für Sozialwissenschaften, S. 9–44.

LCH (2002): LCH (Dachverband der Schweizer Lehrerinnen und Lehrer) (2002): Stellungnahme des LCH zur EDK-Vernehmlassung „Selbstevaluation von Schulen – Mindeststandards". Verabschiedet von der Delegiertenversammlung des LCH vom 15. Juni 2002. o.O.

Legler, Anne (2005): Vorgehensmodelle zur Beurteilung von Lehrpersonen an Volksschulen. Eine schweizweite Studie. In: Sigrist, Markus/Wehner, Theo/Legler, Anne (Hg.) (2005): Schule als Arbeitsplatz. Mitarbeiterbeurteilung zwischen Absicht, Leistungsfähigkeit und Akzeptanz. Zürich: Verlag Pestalozzianum, S. 131–142.

Legnaro, Aldo (2004): Performanz. In: Bröckling, Ulrich/Krasmann, Susanne/Lemke, Thomas (Hg.) (2004): Glossar der Gegenwart. Frankfurt a.M.: Suhrkamp, 204–209.

Lipsky, Michael (1980): Street-Level Bureaucracy. Dilemmas of the Individual in Public Services. New York: Russell Sage Foundation.

Luhmann, Niklas (1967): Soziologie als Theorie sozialer Systeme. In: Kölner Zeitschrift für Soziologie und Sozialpsychologie, 19, S. 615–644.

Luhmann, Niklas (1996): Das Erziehungssystem und die Systeme seiner Umwelt. In: Luhmann, Niklas/Schorr, Karl Eberhard (Hg.): Zwischen System und Umwelt. Fragen an die Pädagogik. Frankfurt a.M.: Suhrlamp, S. 14–52.

Luhmann, Niklas (2002): Das Erziehungssystem der Gesellschaft. Hg. Dieter Lenzen. Frankfurt a.M.: Suhrkamp.

Maag Merki, Katharina (2005): Die Zürcher MAB als Instrument zur Schulqualitätsentwicklung. In: Sigrist, Markus/Wehner, Theo/Legler, Anne (Hg.): Schule als Arbeitsplatz. Mitarbeiterbeurteilung zwischen Absicht, Leistungsfähigkeit und Akzeptanz. Zürich: Verlag Pestalozzianum, S. 61–80.

March, James G./Olsen, Johan P. (1989): Rediscovering Institutions. The Organizational Basis of Politics. New York, London, Toronto, Sydney, Singapore: The Free Press.

Münster, Johannes (2006): Wenn Wettbewerb schädlich ist. Sabotage im Kampf um Beförderungen und Prämien. In: WZB-Mitteilungen. Nr. 114, (Wissenschaftszentrum Berlin für Sozialforschung), Berlin, S. 49–51.

Oertel, Lutz (2006): Schulinspektion im Kanton Zürich. Empfehlungen für Schulentwicklung. In: Buchen, Herbert/Horster, Leonhard/Rolff, Hans-Günter (Hg.) (2006): Schulinspektion und Schulleitung. Stuttgart: RAABE Fachverlag für Bildungsmanagement, S. 139–156.

Power, Michael (1997): The Audit Society. Rituals of Verification. Oxford, New York u.a.: Oxford University Press.

Reynolds, David (2005): School Effectiveness: Past, Present and Future Directions. In: Holtappels, Hans Günter/Höhmann, Katrin (Hg.) (2005): Schulentwicklung und Schulwirksamkeit. Systemsteuerung, Bildungschancen und Entwicklung der Schule. 30 Jahre Institut für Schulentwicklungsforschung. Weinheim, München: Juventa Verlag, S. 11–25.

Rosewitz, Bernd/Schimank, Uwe (1988): Verselbständigung und politische Steuerbarkeit gesellschaftlicher Teilsysteme. In: Mayntz, Renate/Rosewitz, Bernd/Schimank, Uwe/Stichweh, Rudolf (1988): Differenzierung und Verselbständigung. Zur Entwicklung gesellschaftlicher Teilsysteme. Frankfurt a.M. – New York: Campus Verlag, S: 295–329.

Rumpf, Horst (1966): Die administrative Verstörung der Schule. Drei Kapitel über den beamteten Erzieher und die verwaltete Schule. Essen: Neue Deutsche Schule Verlags-Gesellschaft.

Scharpf, Fritz W. (1997): Games Real Actors Play. Actor-Centered Institutionalism in Policy Research. Boulder: Westview Press.

Schelling, Thomas C.: Egonomics, or the Art of Self-Management. In: American Economic Review, Papers and Proceedings, 68/1978, S: 290–294.

Schimank, Uwe (2000): Handeln und Strukturen. Einführung in die akteurtheoretische Soziologie. Weinheim, München: Juventa Verlag.

Schimank, Uwe (2005): Die akademische Profession und die Universitäten: „New Public Management" und eine drohende Entprofessionalisierung. In: Klatetzki, Thomas/Tacke, Veronika (Hg.) (2005): Organisation und Profession. Wiesbaden; VS Verlag für Sozialwissenschaften, S. 143–164.

Schneewind, Julia (2006): Gutachten zu Form und Einsatz von Ergebnisrückmeldungen für die Unterrichtsentwicklung. Die Instrumente Klassencockpit, Orientierungsarbeiten, Check 5. Im Auftrag der Bildungsdirektion des Kantons Zürich, Abteilung Bildungsplanung. Berlin.

Schneewind, Julia/Merkens, Hans/Kuper, Harm (2005): Erprobung eines Rückmeldeformats an Berliner Grundschulen. In: Döbert, Hans/Fuchs, Hans-Werner (Hg.) (2005): Leistungsmessungen und Innovationsstrategien in Schulsystemen. Ein internationaler Vergleich. Münster, New York, München, Berlin: Waxmann, S. 79–94.

Schütz, Alfred (1972): Der Fremde. Ein sozialpsychologischer Versuch. In: ders.: Gesammelte Aufsätze II: Studien zur soziologischen Theorie. Hg. Arvid Brodersen, Alexander von Baeyer. Den Haag: Martinus Nijhoff, S. 53–69.

Schwippert, Knut (2005): Zur gewandelten Akzeptanz von Schulrückmeldungen. In: Döbert, H./Fuchs, Hans-Werner (Hg.): Leistungsmessungen und Innovationsstrategien in Schulsystemen. Ein internationaler Vergleich. Münster, New York, München, Berlin: Waxmann, S. 63–78.

Sigrist, Markus/Wehner, Theo/Legler, Anne (Hg.) (2005): Schule als Arbeitsplatz. Mitarbeiterbeurteilung zwischen Absicht, Leistungsfähigkeit und Akzeptanz. Zürich: Verlag Pestalozzianum, S. 39–60.

Standaert, Roger (2000): Inspectorates of Education in Europe. A Critical Analysis. Utrecht (http://www. sici.org.uk/reports/index.html#publications)

Stolleis, Michael (2004): Das Auge des Gesetzes. Geschichte einer Metapher. München: Verlag C.H. Beck.

Teubner, Gunther/Willke, Helmut (1984): Kontext und Autonomie: Gesellschaftliche Selbststeuerung durch reflexives Recht. In: Zeitschrift für Rechtssoziologie, 6, S. 4–36.

Terhart, Ewald (2002): Wie können die Ergebnisse von vergleichenden Leistungsstudien systematisch zur Qualitätsverbesserung in Schulen genutzt werden ? In: Zeitschrift für Pädagogik, 48, S. 91–110.

Thatcher, Mark (2002): Analyzing Independent Regulatory Agencies in Western Europe: functional pressures mediated by context. In: Schweizerische Zeitschrift für Politische Wissenschaft, 8, 103–110.

Vogel, Peter (1977): Die bürokratische Schule. Unterricht als Verwaltungshandeln und der pädagogische Auftrag der Schule. Kastellaun: Henn.

Weaver, R. Kent (1986): The Politics of Blame Avoidance. In: Journal of Public Policy, 6, pp. 371–398.

Wehling, Peter (2001): Jenseits des Wissens? Wissenschaftliches Nichtwissen aus soziologischer Perspektive. In: Zeitschrift für Soziologie, 30, S. 465–484.

Wehling, Peter (2006): Im Schatten des Wissens? Perspektiven der Soziologie des Nichtwissens. Konstanz: UVK Verlagsgesellschaft mbH

Wendelspiess, Martin (2005): Entstehung des „Zürcher LQS". Die Mitarbeiterbeurteilung von Lehrpersonen der Volksschule (MAB). In: Sigrist, Markus/Wehner, Theo/Legler, Anne (Hg.) (2005): Schule als Arbeitsplatz. Mitarbeiterbeurteilung zwischen Absicht, Leistungsfähigkeit und Akzeptanz. Zürich: Verlag Pestalozzianum, S. 143–153.

Wise, Arthur E. (1977): Why Educational Policies Often Fail: The Hyperrationalization Hypothesis. In: Curriculum Studies, 9, pp. 43–57.

Wittrock, Björn/Wagner, Peter (1992): Policy Constitution Through Discourse: Discourse Transformations and the Modern State in Central Europe. In: Ashford, Douglas E. (ed.): History and Context in Comparative Public Policy. Pittsburgh, London: University of Pittsburgh Press, pp. 227–246.

Ziegler, Peter (1993): Die Volksaufsicht an den Zürcher Schulen 1830 bis 1993. Stäfa.

Die AutorInnen

Berkemeyer, Nils, Dipl.-Päd.: 1. und 2. Staatsexamen für das Lehramt für die Primarstufe, Projektleiter "Schulen im Team" am Institut für Schulentwicklungsforschung. Arbeitsschwerpunkte: Steuerungsprozesse im Schulsystem, Evaluation von Schulentwicklungsverläufen, Regionalisierung, Netzwerkarbeit sowie Lehrerbildungsforschung. *berkemeyer@ifs.uni-dortmund.de*

Brüsemeister, Thomas, PD Dr.: derzeit Vertretung der Professur Soziologie/Schwerpunkt Techniksoziologie am Institut für Soziologie an der RWTH Aachen. Arbeitsschwerpunkte: Empirische Bildungsforschung, Bildungssoziologie, School Governance, Organisations- und Professionsforschung. *tom@bruesemeister-online.de*

Feldhoff, Tobias, Dipl.-Päd.: Wissenschaftliche Mitarbeiter im Projekt "Wissenschaftliche Begleitforschung des Modellvorhabens Selbstständige Schule NRW" am Institut für Schulentwicklungsforschung. Arbeitsschwerpunkte: Steuerungsprozesse im Schulsystem, Schulautonomie, Theoretische u. empirische Forschung zu schulischen Steuergruppen. *Feldhoff@ifs.uni-dortmund.de*

Fuchs, Hans-Werner, Dr. phil. habil.: Privatdozent an der Helmut-Schmidt-Universität – Universität der Bundeswehr Hamburg, derzeit Vertretung der Professur für Erziehungswissenschaft mit dem Schwerpunkt Schulpädagogik an der Justus-Liebig-Universität Gießen. Arbeitsschwerpunkte: Bildungsforschung, Bildungspolitik und -verwaltung, Zeitgeschichte von Bildung und Erziehung, Schulentwicklung. *fuchs@hsuhh.de*

Gördel, Bettina: 1. Staatsexamen Sek. II/I in den Fächern Geschichte und Katholische Theologie; Master of Public Policy M.P.P. Derzeit Promotionsstipendiatin des Freistaates Thüringen und Doktorandin bei der Forschungsgruppe Bildungsmanagement (Prof. Dr. St. G. Huber), Zentrum für Lehr-/Lern- und Bildungsforschung (ZLB), Universität Erfurt. Arbeitsschwerpunkte: Steuerung von Schulsystemen. *bettina-maria.goerdel@uni-erfurt.de*

Heinrich, Martin, Prof. Dr. phil. habil.: Erstes/Zweites Staatsexamen in den Fächern Deutsch, Philosophie, Pädagogik; Professor für Bildungsforschung an der Leibniz Universität Hannover. Arbeitsschwerpunkte: empirische Professionsforschung, Bildungstheorie, Fragen der Schulentwicklung, Steuerung und Governance im Bildungswesen. *martin.heinrich@iew.phil.uni-hannover.de*

Huber, Stephan Gerhard, Prof. Dr.: Leiter des Instituts für Bildungsmanagement und Bildungsökonomie (IBB) der Pädagogischen Hochschule Zentralschweiz (PHZ), und kooptiertes Mitglied des Zentrums für Lehr-, Lern- und Bildungsforschung der Universität Erfurt sowie Research Fellow der Faculty of Humanities, University of Manchester. Arbeitsschwerpunkte sind Organisationspädagogik, Systemberatung, Bildungsmanagement, Schulqualität, Schulentwicklung, Schulmanagement, Professionalisierung von Lehrkräften und von pädagogischem Führungspersonal und international-vergleichende Bildungsforschung. www.Bildungsmanagement.net. *stephan.huber@phz.ch*

Kussau, Jürgen, Dr.: Studium der Politikwissenschaft. Soziologie und Geschichte, freiberuflicher Sozialwissenschaftler, Interessen und -Arbeitsschwerpunkte: School Governance und ihre regionalen Spielarten, Beziehung zwischen Bildungsadministration und Schule, intermediäre Schulaufsicht und Inspektorat, Verhältnis von Staat und Zivilgesellschaft (Freiwilligentätigkeit). *juergenkussau@foni.net*

Langer, Roman, Dr.: Diplom-Soziologe, Assistent am Institut für Pädagogik und Psychologie der Johannes-Kepler-Universität Linz. Arbeitsschwerpunkte: Governance und Strukturierung des Bildungssystems, kollektive Lern- und Strukturentwicklungsprozesse, transintentionale Mechanismen sozialer Selbstorganisation, Theoriekonstruktion, qualitativ-empirische Analyseverfahren, allgemeine sozialwissenschaftliche Theorie, Sozionik. *Roman.langer@jku.at*

Newiadomsky, Martina, M.A.: Erzieherin in einer katholischen Kindertagesstätte mit den Arbeitsschwerpunkten Konzeption und Bildungsqualität von Kindertageseinrichtungen sowie Übergang Kindergarten – Grundschule. Fortbildungsdozentin für Erzieherinnen; Forschungsarbeiten zum Thema Führungshandeln von Schulaufsicht, Educational Governance und qualitativen Methoden der Bildungsforschung. *martina@newiadomsky.de*

Rürup, Matthias, Dr. phil.: Derzeit Mitarbeiter an der Bergischen Universität Wuppertal. Arbeitsschwerpunkte: Bildungspolitik, Bildungsföderalismus, Schulverwaltung, Schulautonomie, Schule als Organisation, Schulinspektion, Innovationstransfer im Bildungswesen. *ruerup@uni-wuppertal.de*

If you have any concerns about our products,
you can contact us on
ProductSafety@springernature.com

In case Publisher is established outside the EU,
the EU authorized representative is:
Springer Nature Customer Service Center GmbH
Europaplatz 3, 69115 Heidelberg, Germany

Printed by Libri Plureos GmbH
in Hamburg, Germany